CB128196

Alcione de Souza Júnior
Bernardo Palhares Campolina Diniz
Bernardo Pelegrini
Paulo José San Martin

O cerrado e o seu brilho

Copyright © Associação dos Antigos Escoteiros e Escotistas Caramuru

Todos os direitos reservados. Nenhuma parte deste livro, protegido por copyright, pode ser reproduzida, armazenada ou transmitida de alguma forma ou por algum meio, seja eletrônico ou mecânico, inclusive fotocópia, gravação ou qualquer sistema de armazenagem de informações, sem a permissão expressa e por escrito da editora.

Revisão: Cleusa Pini Cirne

Capa: Mary Takiy

Ilustrações: Mary Takiy

Projeto Gráfico e diagramação: Marcelo Almeida (W/Design)

CIP-BRASIL. CATALOGAÇÃO NA FONTE
SINDICATO NACIONAL DOS EDITORES DE LIVROS, RJ

B432p

Mizumoto, Celso Norimitsu

O cerrado e o seu brilho / Celso Norimitsu Mizumoto ; ilustrações Mary Takiy - 1.ed. - São Paulo : 2009.

ISBN 978-85-62594-00-7

1. Economia. 2. História 3. Agricultura

I. Yoshisuke Ogura II. Julio Cesar Cruz III. Alcione de Souza Junior IV. Bernardo Palhares Campolina Diniz

V. Bernardo Pelegrini VI. Paulo José San Martin VII.Título.

09-1178.	CDD: 028.5	CDU: 087.5
17.03.09	20.03.09	011560

Celso Norimitsu Mizumoto
Yoshisuke Ogura
Julio Cesar Augusto Sesma Da Cruz

O cerrado e o seu brilho

CARAMURU

União dos Escoteiros do Brasil
SEMPRE ALERTA

FUNDO NACIONAL DE CULTURA
MINISTÉRIO DA CULTURA

1908-2008
100 ANOS
IMIGRAÇÃO
JAPÃO BRASIL

Sumário

Agradecimentos

É com satisfação e júbilo que buscamos resgatar a memória do desenvolvimento do Cerrado no Centenário da Imigração Japonesa no Brasil. O PRODECER, projeto binacional, permitiu ao Japão investir no aumento da produção de alimentos, mesmo sem possuir extensão de terras, e ao Brasil, incrementar a produção com a introdução de novas tecnologias. Lembramos os personagens desta proeza: os governantes, de ambos os países, que com visão de futuro desenvolveram esta parceria; os pioneiros que enfrentaram as maiores dificuldades e transformaram o Cerrado Brasileiro em possível celeiro do mundo; a Cooperativa Agrícola de Cotia, fator decisivo no desenvolvimento do Cerrado e inúmeras instituições, empresas e pessoas que participaram desta vitória.

Valorizamos os imigrantes japoneses, sua adaptação, o trabalho árduo e persistente e a acolhida do Brasil; o respaldo do Japão à seus cidadãos, mesmo em terras longínquas.

Agradecemos aos patrocinadores: Horita Empreendimentos Agrícolas Ltda. que investiu recursos próprios no projeto; Jacto Equipamentos Agrícolas S.A., Catavento Distribuidora de Livros S.A., que utilizando a Lei Rouanet de incentivo à cultura possibilitaram esta edição. À Toyster Brinquedos Ltda. e Takiy Fast Grafics agradecemos a importante contribuição.

À incansável equipe de organizadores, autores e equipe de apoio, a maioria voluntariamente, que suaram a camisa na busca de informações precisas e na melhor forma de publicar estes importantes dados, o nosso reconhecimento e gratidão.

As pessoas abaixo nominadas, representam muitas outras que colaboraram com este livro: Cecilia Noriko Ito Saito, Cintia Missue Kitano Yamamoto, Edson Eyji Sano, Ernesto Go Koike, Fernanda Monteiro da Silva Fernandes, Fernando L. Garagorry, Gilson Taigi Nishitani, Giselle Ashitani Inouye, João Carlos Azuma, Kimiko Nazima, Leonardo Mano, Mario Massao Kuwabara, Ricardo Antonio Alves Pereira e Shigueru Hayashi. A eles, nosso reconhecimento e gratidão.
Esperamos que outras iniciativas como o PRODECER floresçam, contribuindo para o bem da humanidade.

Apresentação

Este livro foi escrito objetivando resgatar a memória do desenvolvimento do Cerrado brasileiro.

Buscaram-se informações em bibliografias e entrevistas: Governador Rondon Pacheco, Ministro Alysson Paulinelli, Presidente da "Campo" e personagens que participaram diretamente, de maneira ativa ou mesmo com ressalvas, do processo de desenvolvimento do cerrado em suas diversas etapas.

A equipe, ora firme ora insegura, entra gente sai gente, caminhou de forma paulatina e persistente na obtenção do resultado final. Foi extenuante, porem agradável. Nada é tão gratificante como relatar as glórias, os fracassos e a vitória final de um processo de longo prazo.

O desenvolvimento do Centro-Oeste brasileiro e a ocupação da Amazônia é uma preocupação que remonta ao início da República. Define-se na primeira Carta da República que o comando da nação deveria ser transferido ao planalto central para viabilizar as terras longínquas, garantindo a soberania.

O processo de cooperação binacional Brasil-Japão na implantação do PRODECER formou as bases de sustentação ao desenvolvimento do Cerrado Brasileiro com apoio financeiro, tecnológico e infraestrutura. Possibilitou a formação de equipes que desenvolveram pesquisas em várias áreas. Trouxe a cultura da conservação da natureza, a cultura de implantação de projetos de longo prazo e de longa maturação, até mesmo na agricultura, e o modelo de desenvolvimento de projetos em regiões longínquas, muito longe dos grandes centros de abastecimento e de centros de consumo.

Apresenta o processo que deu certo, colaborando decisivamente para que o Brasil seja um dos pilares do abastecimento de alimentos e energia do mundo.

Prefácio

* Roberto Rodrigues

Quando olhamos para o passado recente do agronegócio brasileiro, encontrámos alguns dados notáveis.

Um dos mais extraordinários é a capacidade que o setor rural tem de se adequar com agilidade para atender à demanda interna ou externa de produtos para alimentos, fibra e energia.

Nos anos 60, o café representava quase 60% de todas as exportações do agronegócio nacional, e a soja e as carnes sequer apareciam como traços no comércio internacional.

Em 2007, o café representou menos de 7% das exportações, enquanto a soja e as carnes estiveram empatadas com 20% cada uma.

E isso não é consequência da redução das vendas do café: é resultado do espetacular crescimento da oferta de soja e de carnes em função da ampliação da fronteira agrícola, com a conquista do cerrado.

Nos anos 60, ninguém queria comprar terra no cerrado. Os agricultores das terras roxas do Paraná e de São Paulo desprezavam aquelas áreas consideradas pobres.

Dois fatos foram fundamentais para a mudança deste cenário.

O primeiro deles foi a mudança da Capital Federal para Brasília, no meio do cerrado pobre do centro-oeste brasileiro. Isto obrigou o desenvolvimento de tecnologias adaptadas à região, para reduzir os custos exorbitantes da alimentação dos moradores da capital federal, uma vez que tudo vinha de fora e de longe. O envolvimento da EMBRAPA, um pouco mais tarde, foi resultado desta circunstância e seus trabalhos foram a base da grande e exitosa marcha em direção aos cerrados.

E o segundo fato essencial foi o Prodecer, programa que os governos do Brasil e do Japão levaram a efeito nos anos 70, já com apoio da EMBRAPA, e através do qual cooperativas pioneiras tiveram a visão e a coragem de conquistar o cerrado.

Estas coisas mudaram a cara do nosso agronegócio, e a soja e a brachiaria foram a alavanca desta mudança. O crescimento das áreas plantadas com tecnologia de ponta levou o Brasil a ocupar o espaço que hoje tem no mercado agrícola mundial.

No entanto, há ainda muito mais para ser feito. Há mais cerrado para conquistar, agora sob o manto indispensável da sustentabilidade, com novas tecnologias mais preservacionistas e maior produtividade.

O cerrado é o Maracanã onde será jogada a partida final da Copa do Mundo da agricultura e da alimentação. E, graças ao cerrado, o Brasil será o grande campeão, porque tem o melhor time de agricultores e a melhor tecnologia tropical do planeta.

Capítulo 1

A comunidade Nipo-Brasileira

Celso Norimitsu Mizumoto
Júlio César Augusto Sesma da Cruz
Yoshisuke Ogura

O Japão que estava fechado ao mundo durante o Shogunato de Tokugawa passou por um processo de internacionalização desde 1853, propiciado pela Renovação Meiji, quando foi obrigado a se abrir para o comércio internacional, cedendo às ameaças do ataque militar do EUA. A abertura quebrou um longo período de isolamento internacional do Japão, no qual o seu relacionamento com o mundo ocidental era mínimo, restrito às trocas comerciais com a Holanda pelo porto de Dejima, em Nagasaki. A Restauração Meiji em 1867 transformou o Japão, e seus interesses projetaram-se para além dos limites da Ásia no intuito de alcançar maior desenvolvimento econômico, social e tecnológico.

O País é formado por um conjunto de quatro mil ilhas, sendo as quatro principais: Honshu, Hokaido, Shikoku e Kiushu, ocupando uma extensão norte sul de 2.400km que totalizam 369.813 km^2, correspondentes a 1/23 da extensão territorial brasileira.

Nos últimos anos do século XX, o cenário rural no tocante à propriedade da terra, no Japão, foi assim definido por Lehman:

> "Considerando que cerca de 5,5 milhões de famílias viviam da agricultura, numa divisão exata, caberia 1 hectare por família. Entretanto, quase metade dos pequenos lavradores explorava 0,5 hectare; um quarto explorava 1 hectare e apenas 1%, mais que 1 hectare, sendo que desses, somente 1 mil famílias cultivavam mais de 50 hectares. Vale dizer que apenas 1/3 da população agrária era constituída de proprietários; os demais eram arrendatários em condições que levavam muitas vezes a abandonar o campo em busca da cidade. A maior parte das famílias tornou-se incapaz de prover sua subsistência na agricultura, daí ter que suplementar sua renda com atividades não agrícolas."
> **(Anbg e Mota,2008:28)**

No começo do século XX, o Japão não conseguia gerar empregos para a sua população, enquanto no Brasil havia escassez de mão-de-obra, sobretudo na cafeicultura. Considerando-se as necessidades desses países, os governos brasileiro e japonês assinaram um acordo imigratório.(Sassaki, 2008:11)

Na visita em 1893, o comissário do Ministério das Relações Exteriores do Japão, Sr. Sho Nemoto, (Nakasumi & Yamashiro, 1992) ficou impressionado com a potencialidade de crescimento do Brasil ao conhecer Bahia, Minas Gerais, Pernambuco e São Paulo. As boas impressões favoreceram a aproximação entre os dois países, resultando na formalização do Tratado de Amizade, Comércio e Navegação , no dia 5 de outubro de 1895, em Paris. Assim, o Tratado possibilitou o inicio oficial da imigração japonesa ao Brasil com a chegada de 781 pessoas no Kasato Maru em 18 de junho de 1908, trazendo em seu bojo um povo dedicado, como consta no relatório de inspeção da aduana: "se estes homens que mantiveram durante a viagem a limpeza e organização da terceira classe do navio, enraizarem este modo de vida, este país começa a produzir".

A entrada destes colonos na agricultura trouxe produtividade à cafeicultura brasileira. A sua aptidão em cultivar o solo garantiu a sobrevivência em terras estranhas e impulsionou o desenvolvimento de suas atividades. Ingressaram nos diversos ramos da agricultura, desde a lavoura extensiva como intensiva adentrando também na pecuária e na agroindústria. O primeiro trabalho de contratista, realizado por imigrantes japoneses, foi na região de Araraquara, em 1912. O administrador da grande fazenda Guatapará comprou um extenso lote e formou sua própria fazenda, encarregando 40 famílias de imigrantes japoneses, de cuidar da formação de 400 mil cafeeiros. Foi daí que saíram os fundadores do primeiro núcleo de proprietários japoneses plantadores de café em l918 (S.N.D.C.B.,:93). Com o crescimento das gerações seguintes novas fronteiras foram sendo abertas, novos setores da economia foram sendo conquistados, mas sempre com respaldo nas atividades rurais exercidas pela maioria dos migrantes e seus descendentes.

Muitas empresas no setor industrial, comercial e até mesmo de serviços se desenvolveram e cresceram. Fiação de Seda Bratac, Banco América do Sul, Cooperativa Agrícola de Cotia, Cooperativa Agrícola Sul Brasil, Cooperativa Agrícola Central, Indústria Algodoeira Matsubara, Fujiminas, Grupo Maeda, Industria de Equipamentos Agrícolas Jacto, Hatsuta do Brasil, Granjas Ito, estão entre as inúmeras que colaboraram no desenvolvimento brasileiro.

Para que a Comunidade Nipo-Brasileira assim se instalasse, muitas pessoas formaram a base de sustentação como podemos observar no depoimento do Sr. Yoshinobu Ishikawa, governador da província de Shizuoka – Japão:

> "Sobre os emigrantes da província de Shizuoka, não posso deixar de citar Unpei Hirano. Ele nasceu na atual cidade de Kakegawa no ano de 1886 e, após se formar na escola de língua estrangeira de Tóquio (atual Universidade de Estudos Estrangeiros de Tóquio), emigrou ao Brasil como intérprete da primeira leva do Kasato Maru e colonizou a Fazenda Guatapará, no interior de São Paulo.
>
> No começo, os emigrantes japoneses eram contratados pelo gerente da fazenda, mas se empenhavam nos trabalhos agrícolas em situações de extrema crueldade. Foi nessa situação que Hirano os encorajava, tentando melhorar o tratamento. Entretanto, Hirano sabia que a única maneira de a sociedade japonesa se desenvolver no Brasil seria com a independência por meio de posses de terras. Assim, em 1915, criou uma colônia, após desbravar a floresta virgem de Cafelândia, também no interior do Estado de São Paulo.
>
> Sei que, durante o processo de colonização, ocorreram muitos problemas. Em 1919, Hirano veio a falecer com apenas 32 anos. Seu sonho, porém, teve continuidade nas mãos de outros emigrantes. Surgia, assim, a Colônia Hirano. Na ocasião de minha visita ao Brasil, em agosto do ano passado, visitei o cemitério onde Hirano foi sepultado em Cafelândia. Senti enorme orgulho ao saber de seu sucesso e do respeito que adquiriu a ponto de ser chamado de 'Pai da Imigração' ".

Kiyoshi Harada (Harada, 2008:103) esclarece que hoje, os nikkeis representam 0,76% da população brasileira, com um contingente de quase 1.400.000 pessoas. Segundo dados divulgados pela Unicamp a comunidade nikkei é composta de 8,9% de isseis, 36,6% de niseis, 40,7% de sanseis, 6,5% de yonseis e 1,6% de goseis, sendo que no Estado de São Paulo residem cerca de 900.000 pessoas. Dados do IBGE de 2000 demonstram que 28,9% dos integrantes da raça amarela, onde se insere o nikkei, concluíram o ensino superior, contra 10% dos brancos, 2,4% dos pardos, 2,2% dos índios e 2,1% dos negros.

O IDH dos nikkeis é o maior de todas as etnias pesquisadas, atingindo 0,937, quase igual ao do Japão, que é de 0,938. Se considerada apenas a região sudeste, onde se localiza a maior parte da população nikkei, o IDH seria de 0,958, isto é, maior até do que apresenta a Noruega, (0,956), país que detém o melhor índice do mundo. Segundo relatório do PNUD (Programa das Nações Unidas para o Desenvolvimento), divulgado em 9 de novembro de 2006, o IDH do Brasil é de

0,792, situando-se em 692 lugar no *ranking*. Segundo esse relatório, o IDH atual da Noruega, que continua em primeiro lugar pela sexta vez consecutiva, é de 0,965, e o do Japão é de 0,949.

A situação socioeconômica do nikkei é, em geral, boa: possui elevado nível educacional e um poder aquisitivo bem superior à média nacional. Segundo os dados do IPEA, "a presença de descendentes de orientais em São Paulo torna sua proporção de pobres menor do que no Rio de Janeiro. O índice de pobres no Rio de Janeiro é mais baixo do que em São Paulo, mas a entrada em cena dos nisseis, com um padrão de vida melhor do que a média, reverte esse indicador em favor dos paulistas. No Rio, a pobreza atinge 12,3% dos brancos e 24,8% dos negros (índices menores do que em São Paulo), mas sua média é superior (17,5%) devido à pequena presença de orientais". A média paulista é de 16,1%.

Não são poucos os nikkeis que ocupam a parte superior da pirâmide social do Brasil. Essa posição, é preciso reafirmar, só foi conseguida com muita luta, travada ao longo de quase um século de história no país. "A velha idéia de que os nikkeis são 'japoneses' (leia-se, honestos e trabalhadores), e, portanto, melhores 'brasileiros' que os 'brasileiros não-nikkeis'(...), infiltrou-se na cultura popular por meio de uma propaganda comercial da empresa estatal de petróleo, na qual um nikkei sorridente e curvando-se em reverência vende combustível 'brasileiro' para um grupo de caipiras. A mensagem é pouco sutil: 'a gasolina brasileira é boa porque é japonesa', e os roceiros brasileiros precisam se 'japanizar' para se tornarem modernos e pararem de retardar o crescimento nacional." (Harada,2008:105)

Comunidade Nipo-Brasileira no Brasil Central

O Planalto Central, nas áreas correspondentes aos estados de Goiás e Tocantins, só foi alcançado pelos bandeirantes, 90 anos após o descobrimento do Brasil. A imensidão territorial e a baixa qualidade do solo podem ter sido determinantes nesta falta de interesse por estas terras. A imigração japonesa também seguiu a tendência de ocupar as regiões litorâneas, principalmente do Estado de São Paulo, onde foi mais intensa, inclusive em colônias criadas com a finalidade de abrigar os imigrantes, tanto coordenadas pelo governo japonês como pela iniciativa dos migrantes antecessores. A região central só foi ocupada mais tarde pela corrente migratória interna. Os imigrantes japoneses acompanharam o avanço da cafeicultura e a propensão à mudança estava diretamente ligada às condições de trabalho oferecidas pelos proprietários que desbravavam novas áreas.

A Colônia do Cerrado – A tentativa que não frutificou

A presença de imigrantes japoneses no Estado de Goiás não resultou da vinda direta destes do Japão para o Estado, como nos fluxos migratórios para São Paulo a partir de 1908. Goiás é um exemplo interessante desta migração interna como conseqüência da busca incessante dos imigrantes por uma vida melhor. Embora algumas famílias de japoneses tenham se radicado em suas terras antes da década de 1920, foi no final desta e inicio de 1930 que oriundos dos Estados de São Paulo, Paraná e Minas Gerais se deslocaram para Goiás. Foi uma tentativa de instalação de um grupo de imigrantes japoneses. Os colonos japoneses eram considerados aptos ao trabalho, disciplinados e honestos, porém com uma forte característica de instabilidade motivada pela constante procura de novas oportunidades, objetivando a posse da terra.

O município de Anápolis, muito proeminente à época, passa a ser divulgado, inclusive por jornais em língua japonesa, com a perspectiva de aquisição de terras a baixo custo. A presença de japoneses na condução, aumenta a credibilidade do projeto da Colônia no Cerrado (hoje emancipada como município de Nerópolis), sob os auspícios do prefeito de Anápolis. Segundo artigo publicado pela "Informação Goyana", o planejamento e a implantação do projeto da Companhia Japonesa de Colonização do Estado de Goiás, representada em Anápolis por um japonês, tinha por objetivo: formar colônias com famílias japonesas; vender terras aos agricultores japoneses a pedido dos fazendeiros e dos proprietários; arranjar colonos japoneses para a lavoura; fazer propaganda das terras goianas; divulgar a produção agrícola dos colonos japoneses; promover todos os meios necessários ao desenvolvimento agrícola, pela sistematização e organização dos transportes, etc... A mesma matéria afirmava que:

> "em virtude do contrato com a municipalidade, 50 famílias serão colocadas no patrimônio municipal do Cerrado, formando cada família 3 alqueires goianos de terra de cafezal, sob os auspícios dos dirigentes municipais e o patrocínio do Senador Ramos Caiado. A municipalidade possue no distrito do Cerrado 900 alqueires de terra virgem, dos quais dá 500 aos colonos, mediante contrato em condições vantajosíssimas, aceitas sem a mais leve reclamação". **(Anbg e Mota,2008:148,152)**

As noticias sobre Goiás eram veiculadas em revistas como o mensário "A Informação Goyana" que foi o mais importante canal. Mas, como era veículo de comunicação do governo, a propaganda por vezes ultrapassava os limites da realidade, criando naqueles que vinham para o Estado, expectativas que não se confirmaram. Entrevistas realizadas pela pesquisadora Fátima Alcídia Costa Mota (2008:148,149) mostram a imagem gerada aos imigrantes:

> "Naquele tempo tinha propaganda que falava que o governo estava incentivando colonos para o plantio de café". **(Sr. Akira Fukushima)**
>
> "Ficamos sabendo de Goiás: tinha propaganda no jornal". **(Sra. Fujiko Matsuoka)**
>
> "Nenhum japonês ganhou áreas em Nerópolis, as terras foram compradas; eram baratas, mas foram todas compradas". **(Sr. Nobuo Matsuda)**
>
> "Houve mesmo uma promessa de doação de terreno, mas cada um comprou o seu terreno e houve casos em que esse terreno foi pago até duas vezes".
> **(Sra. Tatsuko Tani)**
>
> "Em Goiás, meus pais foram morar em Nerópolis. Não vieram morar na colônia japonesa não. Vieram com dinheiro trazido do Japão e compraram terreno em Nerópolis, ali onde hoje é o cemitério. O terreno não era bom; a terra era vermelha... eles não podiam falar direito... em menos de dez anos perderam todo o dinheiro, ... durante esses anos tentaram acertar na compra de terrenos". **(Sr. Jorge Sano)**
>
> "No segundo ano de colheitas quis buscar outro rumo; a terra era mato seco, fraca". **(Sr. Ichiji Iwamoto)**
>
> "Em Nerópolis, o lugar da colônia era mato seco, quando desmatou o japonês viu que a terra era fraca". **(Sr. Mikague Iwamoto)**
>
> "A terra era fraca; tinha umas partes que eram boas, mas as outras não eram propícias para o cultivo de café. Era mato seco; em Nova Veneza era cultura boa". **(Sr. Akira Fukushima)**

A tentativa se desfez após quatro anos, por falta de planejamento adequado e como conseqüência da política que se implantou no país a partir da Revolução de 1930. As terras que o prefeito afirmava serem do município, na realidade eram do Estado e não poderiam ser cedidas pelo município a quaisquer interessados. Desconhecendo esta realidade, muitas famílias para lá se deslocaram, investindo todos os recursos disponíveis na expectativa de se tornarem proprietárias rurais e poderem adquirir a sua independência financeira. As escrituras não foram passadas o que acabou com os sonhos de todos os colonos. A maioria se dispersou, indo embora para São Paulo ou buscando novas oportunidades na redondeza. Alguns permaneceram, conseguindo comprar as terras, pagando uma segunda vez.

Esta foi, dentre outras, uma tentativa frustrada de instalação de colônias no cerrado. As terras prometidas não foram escrituradas e aqueles que efetivamente compraram as terras e se radicaram, perceberam a baixa qualidade do solo e o clima seco que predominava por longos meses. Motivo porque, os agricultores da região acabaram por optar pelo cultivo do arroz, uma planta mais resistente à seca e que permitia o plantio com resultados mais satisfatórios que o café. A baixa rentabilidade da lavoura fez com que muitos se deslocassem para as áreas urbanas, buscando formas alternativas de sobrevivência.

A partir de 1940, quando o governo federal passou a direcionar esforços no sentido de intensificar a ocupação do interior do país, tentativas de estabelecer núcleos de colonos, sob a orientação e custeio do Estado, também não frutificaram como no caso do núcleo de italianos em Rio Verde através da CITAG – Cooperativas Italianas dos Técnicos Agrícolas, e o núcleo de imigrantes poloneses em Itaberaí, dentre outras. (Anbg e Mota, 2008:119,120)

> "O colono estrangeiro aumenta o rendimento por área cultivada. O colono nacional atua sempre em torno, em todas as direções. O primeiro se concentra em pequenas áreas. O ultimo, o que quer é mais espaço, a extensão de seus domínios. O agricultor chegado de fora utiliza adubo e máquina. O nosso caboclo prefere o fogo e o machado... O estrangeiro representa uma experiência cultural de séculos, sendo a terra para ele um suporte de sua prole, quando não uma filosofia de vida". **(SOUZA, Joao Goncalves de, em Anbg e Mota, 2008:120)**

A dispersão

Esta tentativa fracassada foi o inicio da presença japonesa no cerrado brasileiro. Algumas famílias buscaram novas oportunidades, como a família Taya que se firmou na atividade de cerâmica, fabricando telhas com sucesso em Nerópolis; outras partem para a horticultura, fruticultura e olericultura, produzindo verduras, frutas e legumes em terrenos menores nos arredores de grandes cidades, abastecendo os centros urbanos. Outros partiram para atividades comerciais trazendo sua produção de arroz, feijão, rapadura, açúcar mascavo, etc. vendendo no seu pequeno comércio. Ao longo do tempo foram juntando as suas economias, adquirindo terras, voltando para a sua atividade agrícola, diversificando, praticando uma agricultura intensiva com o uso de fertilizantes e técnicas agrícolas. A horticultura foi opção de vida para muitas famílias.

> "No começo de Goiânia, a grande dificuldade que encontramos era a de abastecimento. Os fazendeiros não plantavam verduras e legumes. Na confluência da Rua 20 com a Rua 4, havia um rancho. Ai era a feira. Vinham carros de boi, os cargueiros. Quase não havia comércio... Para resolver o problema de abastecimento, lembrei dos japoneses, que viviam como vendedores ambulantes de verduras nas ruas. Lá no mercado eles não pagariam inicialmente aluguel pelo uso dos espaços das bancas que passariam a ser permanentes. E assim foi; o mercado central teve a sua construção iniciada em 1937 começando a funcionar, mas foi inaugurado em 1939. Os japoneses aumentaram a produção e a diversificaram. Com suas famílias sem pagar qualquer imposto ou aluguel, instalaram suas bancas de verdura no mercado." **(FREITAS,Venerando em Anbg e Mota, 2008:188)**

Percebe-se dentro desta visão que os japoneses eram considerados aptos a fornecer produtos hortigranjeiros, mas ficando à margem da agricultura em larga escala. A conhecida expressão "terra de japonês" passou a designar a qualidade das terras que, inadequadas à cafeicultura, passaram a ser vendidas aos colonos que, mediante o uso de adubos, desenvolveram cultivos variados".(Anbg e Mota, 2008:144) A atividade agrícola no cerrado permaneceu restrita a pequenas produções sem escala. Projetos implantados não tiveram sucesso por falta de um amparo maior, o oposto do PRODECER onde houve respaldo total, desde a subvenção para aquisição de terras, maquinas e equipamentos, custeio das primeiras safras e até a infraestrutura básica de residência ao produtor e ao seu funcionário. E, principalmente, permitir o escoamento da produção e o fluxo de fertilizantes e matérias primas através da construção de rodovias, redes elétricas e sistema de comunicação, além de centros de pesquisa para desenvolvimento de material genético, técnicas agrícolas e rede de assistência técnica.

Os precursores da expansão da agricultura no cerrado

"Se a terra fosse boa, não precisava de japonês."

Frase do presidente Juscelino Kubistchek, frente à ponderação dos primeiros agricultores descendentes de japoneses paulistas convidados por Bernardo Sayão a produzirem hortaliças em Brasília, que perceberam a péssima qualidade do solo e do clima adverso do cerrado. Durante a construção de Brasília o presidente Juscelino sentiu a necessidade de abastecimento de alimentos e lembrou-se da aptidão agrícola dos japoneses na condução de hortas e pomares. Após verificar as condições, a reação dos agricultores paulistas foi negativa, mencionando que a terra era muito ruim. Juscelino então teria comentado: "se a terra fosse boa não precisava de japonês". A opção foi então o contato com o núcleo de assentamento de imigrantes japoneses da região de Goiânia.

As cinco famílias precursoras, Ikeda, Ogawa, Kanegae, Hayakawa e Fuji, ainda permanecem, sendo continuadas pelos herdeiros nas diferentes formas de exploração da horticultura no cinturão de Brasília. Algumas explorando diretamente a atividade rural, outras por meio de meeiros e outras ainda pela locação das suas terras. Heitor Kanegae, filho de Yasutaro e Fumiko Kanegae, primeiro candango nissei, nascido em Brasília, teve o privilégio de ser batizado pelo Presidente Juscelino. Político dedicado, foi administrador da Cidade Satélite Riacho Fundo I.

Fonte: *Jornal Informe do DF*

Foto 1.1 – Juscelino Kubstischeck com Heitor Kanegae no colo, ladeado pelo príncipe do Japao, Mikasa e seu pai Yasutaro, imigrante convidado pelo então presidente para cultivar hortaliças na futura capital do Brasil.

Como o projeto de assentamento era do governo do Distrito Federal, apoiado pela Presidência da República tudo correu bem, sendo um sucesso desde o seu começo, ressaltando que todo novo empreendimento tem suas dificuldades. Imagens de arquivo no Museu JK mostram os agricultores iniciando as suas atividades, o sucesso deste empreendimento que, embora em pequena escala, bem planejado e com a dedicação dos assentados alcançou seu objetivo. No lastro destas famílias vieram muitas outras que até hoje abastecem a capital federal de hortaliças. Novamente, não houve desenvolvimento da agricultura em larga escala.

Hoje, Brasília conta com um contingente grande de nikkeys, mas a maioria é de pessoas que se deslocaram a esta região por questões outras. Muitos profissionais de empresas privadas, profissionais liberais, comerciantes e principalmente funcionários públicos nos mais diversos níveis de atuação. Percebeu-se que o plano de assentamento rural de Brasília, com base em um programa de arrendamento onde os produtores recebem o direito de uso do solo para a produção, mas sem receber a escritura, é a melhor forma de assentamento. Todos os interessados em efetivamente produzir buscam estas oportunidades, ficando de fora aqueles que querem somente conseguir a escritura para revender as terras, como acontece com os atuais invasores de áreas rurais. Embora este exemplo não seja o ideal, pois a hortaliça tem um modelo de produção bastante diferente da agricultura extensiva, não deixa de ser o marco da agricultura no cerrado. Com a implantação do PADF (Programa de Assentamento do Distrito Federal) em Planaltina, outros agricultores para lá se direcionaram e hoje são produtores de agricultura extensiva, após o sucesso do plantio no cerrado como consequência do PRODECER.

O ideal de Juscelino ao determinar a transferência da Capital para o Planalto Central foi o primeiro sinal para a ocupação do cerrado brasileiro pela agricultura.

As contribuições da comunidade Nipo-Brasileira

O Ministro da Agricultura, Roberto Rodrigues (2003-2006), em um pronunciamento, sintetiza a contribuição da imigração japonesa para o desenvolvimento do Brasil em quatro fases distintas.

A primeira fase foi a vinda dos japoneses na sucessão da imigração italiana que foi cancelada. Vieram para o cultivo da lavoura do café. Depois de cumprido o contrato de um ano subsidiado pelo governo japonês e o pagamento das despesas do fazendeiro contratante, tornaram-se independentes e iniciaram um modelo de ocupação agrária no Brasil: dividiram grandes propriedades em áreas de 20 a 30 hectares e tendo a família como o módulo, começaram a se assentar como produtores independentes. Aportando aqui como mão-de-obra destinada à cafeicultura, logo se transformaram em pequenos produtores e se adaptaram ao modo de vida dos brasileiros nos centros urbanos. Entre as características desses imigrantes, duas chamam a atenção: o apego à terra e a preocupação com a educação dos filhos. São características da cultura japonesa, e constituem o pano de fundo para a compreensão da história da imigração japonesa neste país.

A segunda fase, para viabilizar os pequenos e médios proprietários com seu pequeno volume de produção, os japoneses trouxeram a diversificação de culturas e a instituição das cooperativas agrícolas. Com isto, melhorou-se a capacidade de barganha na compra de insumos, e na venda de seus produtos. Na época, não havia nenhuma legislação sobre o cooperativismo no Brasil e foram os japoneses que começaram este sistema agrícola. Havia as cooperativas de crédito introduzidas pelos alemães no Rio Grande do Sul. Esta segunda fase contribuiu para a consolidação do sistema cooperativo brasileiro. Não é exagero atribuir a esses imigrantes uma valiosa contribuição no nosso desenvolvimento, notadamente na evolução agrícola. No governo, conheci de perto o papel desempenhado por essa comunidade no abastecimento dos centros urbanos, através do sistema cooperativista. Foi um sistema importante para os pequenos produtores, fornecendo-lhes sementes, adubos e defensivos, além de técnicas de cultivo, informação e canal de comercialização. Mais recentemente, além do papel que continua a desempenhar no abastecimento, essa comunidade vem aprimorando a produção de culturas de avançada tecnologia, conhecimento e dedicação, como frutas, flores, legumes e hortaliças.

A terceira fase foi a cooperação japonesa na introdução de produtos que não eram hábito de consumo da população brasileira: verduras, cereais e mesmo a soja, um produto de tradição milenar no Japão, uma leguminosa na qual o Brasil se tornou um dos maiores produtores mundiais.

A quarta fase que o ministro destacou foi a fase dos grandes projetos, dentre os quais se destacam o PRODECER e o Profir. Ao lado da intensa participação dos imigrantes na história agrícola, o Japão tem contribuído continuamente para o progresso desse setor. O programa mais conhecido foi o PRODECER, que contou com forte financiamento daquele país. O seu principal objetivo era a expansão da fronteira agrícola do Cerrado e o aproveitamento para a produção de grãos. Os investimentos programados foram executados no cronograma previsto. Ainda no mesmo ano, o Ministério da Agricultura do Japão selecionou regiões adequadas para a implantação de projetos de produção de alimentos nos Cerrados. Estava desenhado o projeto. O rápido crescimento econômico na época e as imensas possibilidades de expansão agrícola despertaram interesse do empresariado daquele país. A Federação das Organizações Econômicas do Japão (Keidanren) instituiu o Comitê para o Desenvolvimento da Cooperação Agrícola Brasil-Japão. O seu presidente, Toshiwo Doko, posteriormente homenageado pela Embrapa, dando a denominação de "Doko" a uma nova variedade de soja por ela desenvolvida, hoje utilizada em todo o Brasil.

No Ministério da Agricultura, em 1979, foi lançado o primeiro projeto do PRODECER na região de Paracatu, Minas Gerais, com a presença do ministro da Agricultura do Japão, o saudoso deputado Michio Watanabe. Ele foi um grande amigo do Brasil e deu-nos uma ajuda inestimável na crise cambial de 1982, então como ministro da Fazenda.

O Japão financiou ainda uma série de projetos agrícolas, como o Profir (Programa de Irrigação), os projetos de cooperação para o aprimoramento técnico, incluindo pesquisas genéticas, remanejamento florestal e implantação do cultivo da maçã. Foi firmado o contrato do financiamento pioneiro no exterior do NORINCHUKIN (Banco Cooperativo Japonês), para o BNCC (Banco Nacional de Crédito Cooperativo).

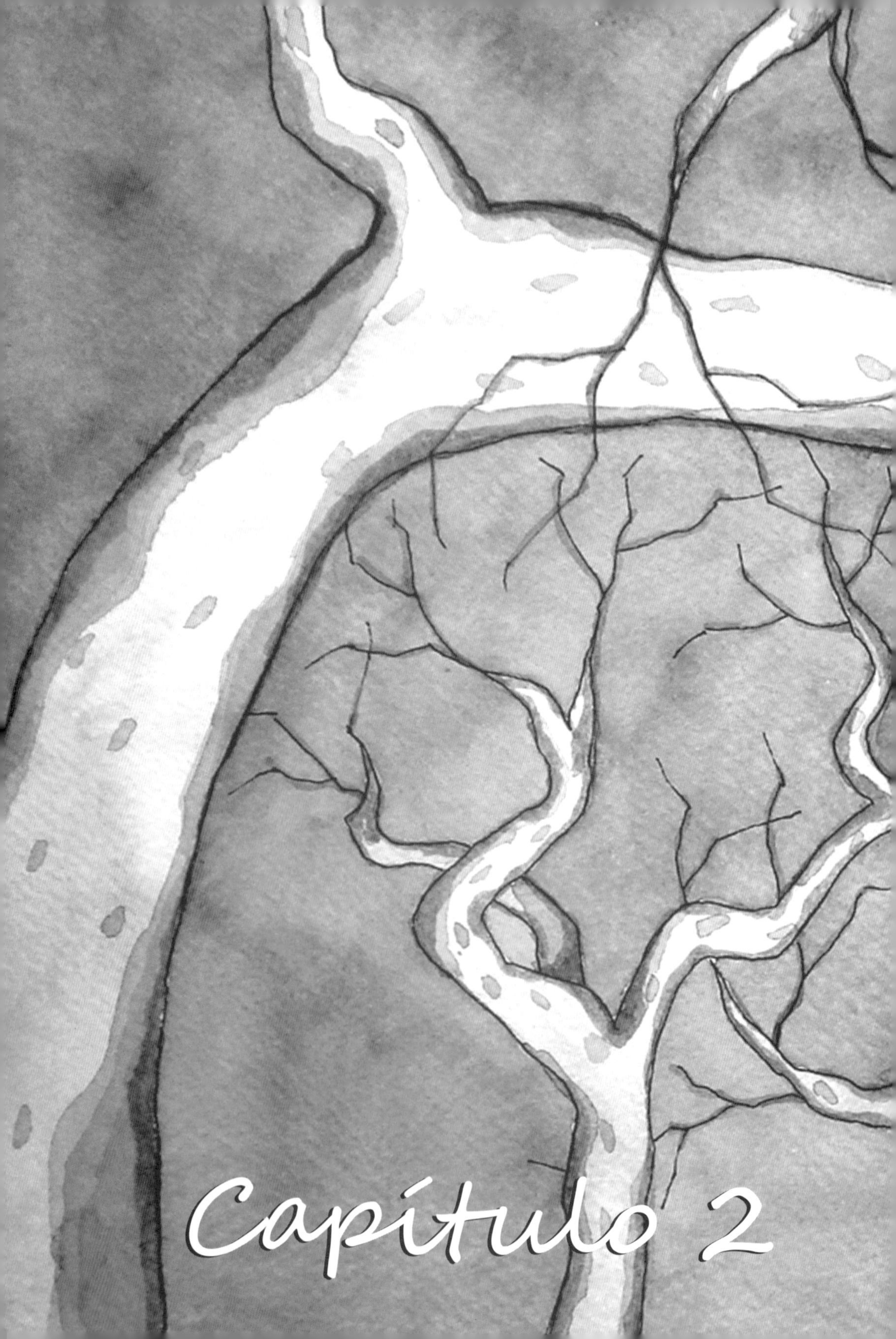

Capítulo 2

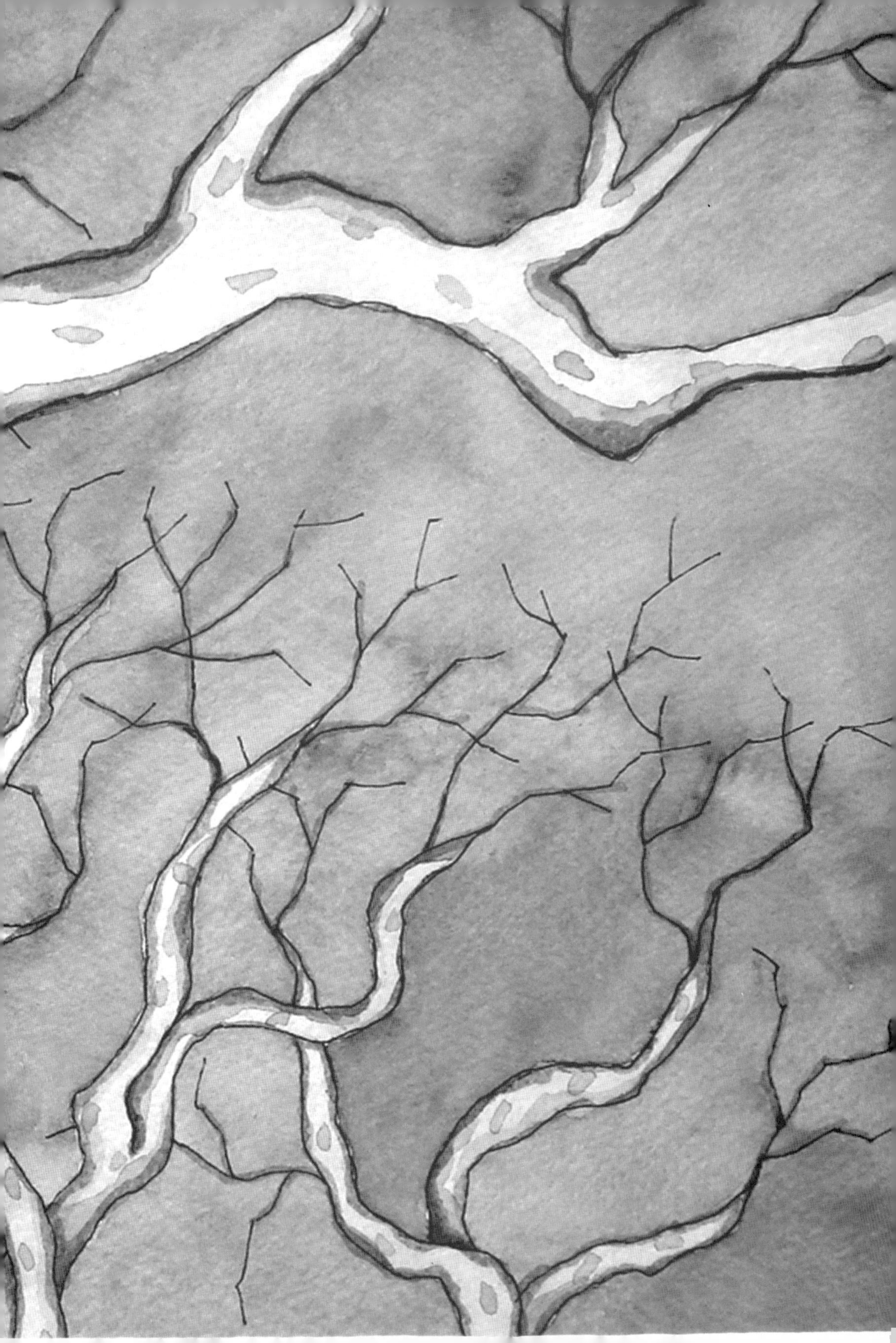

Raízes do passado

Celso Norimitsu Mizumoto
Júlio César Augusto Sesma da Cruz
Yoshisuke Ogura

Auguste de Saint Hilaire, vindo ao Brasil por influência do Conde de Luxemburgo, de 1816 a 1822, visitou os Estados de Rio de Janeiro, Espírito Santo, Minas Gerais, Goiás, São Paulo, Santa Catarina e Rio Grande do Sul, fazendo um interessante relato da Historia Natural.

Em seu trajeto menciona as diferenças existentes entre as matas do Rio de Janeiro e os campos de Minas Gerais.

Mesmo vendo a diversidade da formação vegetal, ressalta a perspectiva da produção agrícola nestas terras férteis. Apesar disso, já no mês de maio, e não no inverno, a seca que assolava a região deixou a comitiva à míngua, pois quase nada tinha para comer.

"As matas que atravessei na Província de Goiás, embora não percam inteiramente as folhas durante a seca, como as das caatingas de Minas Novas, em nada se assemelham às florestas virgens do Rio de Janeiro, nem mesmo às de Minas Gerais, e estão longe de ter a sua imponência."

Saint Hilaire, nesta sua viagem, constatou a presença do capim gordura, vegetal oriundo da Europa, mostrando o interesse pela difusão agropecuária.

2.1 - As primeiras tentativas de exploração do centro-oeste

Durante o século XVII, inúmeras entradas e bandeiras oriundas da Capitania de São Paulo haviam adentrado os sertões do Mato Grosso e Goiás à procura de índios e riquezas para a Coroa. Mas, foi a descoberta de metais preciosos na primeira metade do século XVIII que alavancou a economia daqueles sertões. Gerou um fluxo migratório, provocando o surgimento de vários núcleos populacionais e o incremento da ligação territorial com as áreas mais dinâmicas da Colônia (Guimarães e Leme, 2002; Furtado, [1959]; Filho, 1999).

No início do século XVI, foram os espanhóis os primeiros a chegarem às terras dos atuais Estados de Mato Grosso do Sul e Mato Grosso, também em busca de metais preciosos (Costa, 1999). Entretanto, por três motivos eles não as colonizaram. Primeiro: não encontraram prata ou ouro. Segundo: dificuldade de avanço para o Leste devido a grande presença e resistência indígena. Terceiro: descobriram prata na Bolívia e no Peru, desinteressando-se pelo avanço no Oeste do Brasil. Assim, as terras do Brasil Central ficaram à margem do processo de colonização até aproximadamente a metade do século XVII. (Diniz, 2006:34)

Após a descoberta de metais preciosos, a exploração aurífera passou por três fases: a primeira consistiu na exploração de cascalho álveo dos córregos; a segunda baseou-se no desmonte dos tabuleiros ribeirinhos e das assim chamadas grupiaras; a terceira foi a mineração de morro, atalho da montanha sob a forma clássica de túnel.

A primeira fase marcou os primeiros 20 anos. Assim, em 1740, segundo Bertran (1988), "cessaram as correrias pelos sertões em busca do cascalho aurífero fácil".

A segunda fase — grupiaras e tabuleiros ribeirinhos —, que se inicia por volta de 1740, marcou a mudança no processo de produção e uma alteração na ação política da Coroa Portuguesa. Essa fase exigiu maior aporte de capital (escravos) e fixação no território, o que, por sua vez, permitia um maior controle por parte da Coroa. Foi instituído a *captação* em substituição ao *quinto*. (Diniz,2006:39)

Com o esgotamento das minas auríferas a economia da região central decai. As cidades perdem o seu brilho e predomina gradativa ruralização, com deslocamento para o campo. Não bastasse a falta de uma economia de sustentação, a carência dos meios de comunicação contribuiu para agravar ainda mais a crise. A ferrovia só chegaria a Goiás no início do século XX. Entretanto, a conjuntura política não sofreu sobressaltos, como no caso cuiabano. (Diniz, 2006:45)

A transição econômica em ambos os casos foi para atividades agropecuárias e extrativas. Em Goiás destaca-se o algodão. (Diniz, 2006:46)

2.2 - As difíceis vias de acesso ao centro-oeste

O ouro de aluvião originou a Vila Real do Senhor Bom Jesus do Cuiabá (1718), o Arraial de Sant'Anna (1725), Nossa Senhora do Rosário de Meya Ponte (1727), atual Pirenópolis (GO) e a Vila Bela da Santíssima Trindade (1752), entre outros povoados. O Arraial de Sant'Anna, elevado a categoria de Vila Boa de Goyaz (atual Cidade de Goiás), e a Vila Bela, seriam designadas, anos mais tarde, capitais das Capitanias de Goiás e Mato Grosso, desmembradas da Capitania de São Paulo em 1748 e 1749, respectivamente.

A fluidez territorial engendrada pela mineração (que teve a pecuária como suporte econômico e demográfico) e pela necessidade de ratificar o Tratado de Madri (pelo princípio do uti possidetis - posse pelo uso – as terras já ocupadas pelos indígenas não obtiveram qualquer direito a reconhecimento de validade) – expandiu as comunicações no Planalto Central, com duas variáveis bem distintas: uma terrestre e outra fluvial. A primeira nada mais foi do que um caminho terrestre, em meio aos chapadões, ligando Cuiabá a Vila Boa de Goyas. A abertura se deu em 1736 por sertanistas paulistas para substituir os caminhos fluviais do século anterior que foram utilizados pelos bandeirantes a partir do Rio Tietê (quatro a cinco meses de viagem desde Porto Feliz, enfrentando mais de cem saltos, cachoeiras e os índios dos pantanais).

A partir da capital goiana, havia o entroncamento com a chamada "rota salineira", que, saindo do Rio de Janeiro, seguia pelo sul de Minas, Paracatu (MG) e Meya Ponte. "Por essa rota descia o gado para o mercado do Sudeste e chegavam os principais produtos de importação, como o sal, alguns armarinhos, perfumes e utensílios vindos do exterior" (Guimarães e Leme, 2002:25). Alternativamente, Goiás ligava-se por terra a São Paulo -via Triângulo Mineiro- e com a Bahia.

Mesmo em plena decadência da mineração, interessava a Portugal incentivar expedições rumo ao Norte -via Mato Grosso- pelos rios Paraguai, Guaporé e Mamoré chegando ao rio Madeira e assim garantir as fronteiras da Colônia. Dessa forma, foram edificados, beirando aqueles cursos d'água, os fortes Nossa Senhora da Conceição (1754), Iguatemi (1767), Coimbra (1775) e Príncipe da Beira (1776). Esse uso geopolítico do território originou os núcleos de povoamento de Vila Maria do Paraguai (atual Cáceres) e Albuquerque (atual Corumbá) (1778), além de Poconé (1781) e Miranda (1797). Além dessas duas rotas – pantaneira (ligação entre Cuiabá, Cáceres e Corumbá) e monções do norte (ligação Vila Bela – Belém pelo Madeira) –, a variável fluvial completa-se com o tramo Tocantins-Araguaia, de expressiva importância para o norte da Capitania de Goiás. (Huertas, 2006:17)

A ligação fluvial entre Mato Grosso e Pará, navegada pela primeira vez em 1752, representou, segundo Davidson (*apud* Filho, 1999:158), importante papel de sobrevivência para a Região Centro-Oeste, "tão distante dos centros principais da Colônia e com eles tão dificilmente conectada". "(...) quando o primeiro comboio de canoas formalmente autorizado navegou corrente abaixo, de Vila Bela a Belém, até a primeira década do século XIX, os rios Guaporé-Mamoré-Madeira constituíram uma artéria indispensável do posto fronteiriço de Mato Gross". O mesmo autor salienta que as relações comerciais com o Pará perfizeram 21% de todo o movimento mato-grossense até 1768 e, 34% deste ano a 1788, com o florescimento da Companhia do Pará. A partir daí, há o declínio dessa relação, quando, em 1808, todo o comércio de Vila Bela volta-se para os portos da costa leste, "diretamente ou através de agentes intermediários como Cuiabá".

Outro pequeno surto de ligação entre as duas capitanias foi registrado no início do século XIX com a exploração de diamantes em torno do atual município de Diamantino (MT), na Chapada dos Parecis. As rotas comerciais utilizaram os rios Juruena, Arinos e Teles Pires para adentrar o Pará pelo Tapajós, chegando a Santarém e, em seguida, a Belém. "(...) a exploração do diamante, apesar de não ter gerado riquezas para Mato Grosso, contribuiu para a difusão da atividade agropecuária, incrementando as relações comerciais e expansão da ocupação para o Norte" (Moreno e Higa, 2005:25).

No período que transcorreu entre o esgotamento da atividade mineradora em Goiás e Mato Grosso (último quartil do século XVIII) e o primeiro esboço de integração ao mercado interno (início do século XX), "as atividades econômicas no Centro-Oeste foram bastante incipientes, mas já guardando algumas características intra e interestaduais diferenciadoras que (...) ajudam a compreender as condições e os desdobramentos da própria integração complementar ao mercado nacional" (Guimarães e Leme, 2002:24).

Os mesmos autores explicam que, conseqüentemente, houve a fragmentação intraestadual de Goiás, cuja ocupação passou a desenhar três subáreas distintas (norte, sudoeste e sede administrativa) e o isolamento entre o norte e o sul do Mato Grosso. Borges (2001), mesmo reconhecendo que a decadência da mineração significou a estagnação econômica da província, ameniza a situação de "isolamento absoluto" do Mato Grosso. A reconstrução passaria a ocorrer após a

Guerra do Paraguai (1864-70) com a exigência de ações mais incisivas do governo central, sobretudo em relação à defesa das fronteiras e ao estabelecimento de um sistema de comunicações e transportes mais eficiente.(Huertas, 2007:19)

2.3 - O fraco desempenho comercial como consequência das dificuldades de transporte e comunicação

Saint-Hilaire (1975) observa que a partir de 1811 começou a exportação do algodão dos distritos próximos à região de Meia Ponte e Corumbá de Goiás para a Bahia e Rio de Janeiro. Bertran (1988) nota que a economia goiana da época era mais "fraca" e menos diversificada que a mato-grossense, quadro este que só seria alterado depois da Guerra do Paraguai e da proclamação da República.

Guimarães (1990) descreve que o fluxo fluvial e a rota salineira foram fundamentais para mercantilizar a economia de Mato Grosso, embora esses fluxos tenham sofrido sucessivas interrupções ao longo do século XIX, em decorrência principalmente da Guerra do Paraguai (1861-1865). Fatos que provocaram sucessivas perdas para a consolidação do capital comercial em terras mato-grossenses. (Diniz,2006:46)

A indústria praticamente inexistiu nesse período. A partir de meados do século XIX algumas atividades de beneficiamento da produção agropecuária passaram a funcionar: charqueadas e usinas de açúcar em Mato Grosso, beneficiamento de produtos agrícolas e bois em Goiás. A região mantinha-se completamente dependente da importação de ferramentas e dos produtos duráveis.

O maior problema da região no início do século XIX até o final, foi a carência e a dificuldade de comunicação com o restante do Brasil. Isso restringia a possibilidade de venda, em condições vantajosas, de seus produtos agrícolas, pastoris ou industriais e impedia a chegada de objetos essenciais ao progresso de suas indústrias. Sem grandes alambiques, cilindros de ferro e outras peças não se podia desenvolver a indústria da mineração nem tampouco gerar em grande escala a produção açucareira. (Diniz, 2006:48)

Em Goiás, a intensificação do povoamento teve como um de seus fatores mais importantes a aproximação e a efetiva construção da estrada de ferro em seu território. Isto facilitava o acesso de mercadorias aos mercados do litoral (Rio de Janeiro e São Paulo) e possibilitava a ocupação de muitas terras em sua parte meridional. Os trilhos da Mogiana chegaram a Uberaba em 1889, Uberlândia em 1895, Araguari em 1896, e os da Companhia Paulista atingiram Barretos (São Paulo) em 1909. Em 1913, ocorre a ligação de Goiás a Minas Gerais pela Estrada de Ferro Goiás e pela Rede Mineira de Viação. Assim, a ferrovia chegou a Goiandira e Ipameri em 1913, Roncador em 1914, Vianópolis em 1924 e Silvânia em 1930, rumando no sentido de Anápolis, em 1935. (Diniz, 2006:53)

Guimarães e Leme (1997) mostram que a ferrovia resultou em duas grandes transformações: provocou o surgimento de novas relações comerciais e um novo eixo de desenvolvimento, que minou o antigo eixo do Sudeste.

A ferrovia possibilitou o avanço da agricultura e sua concorrência espacial com a pecuária tradicional, ao mesmo tempo em que desviou o eixo de integração por terra, desestruturando o antigo entroncamento assentado na rota Goiás-Pirinópolis-Santa Luzia-Paracatu (MG)-Sul de Minas-Rio de Janeiro.

A conseqüência, na primeira metade do século XX, foi o enfraquecimento econômico e populacional do Sudeste, em benefício de uma crescente urbanização do centro-sul do estado, capitalizados primeiro por Catalão, depois por Ipameri, Roncador (Pires do Rio) e, finalmente, por Anápolis.

Se, por um lado, a ferrovia promoveu a integração direta de Goiás com o mercado de São Paulo, por outro, minou as possibilidades de acumulação comercial do sudeste do estado, marginalizando os entrepostos de Santa Luzia (Luziânia) e Meia Ponte (Pirinópolis). Essa porção do Estado reduziu-se à exploração da pecuária extensiva, impossibilitando um maior dinamismo de seus esparsos núcleos urbanos.

Em 1924, a primeira tentativa de colonização européia foi feita com a instalação da Colônia Alemã de Uvá, em Uvá e Itapirapuá, a 45 e 69 quilômetros de Goiás Velho. O resultado foi um fracasso completo (Bruno, 1967).

Politicamente, presencia-se em Goiás à instalação no poder de uma burguesia emergente formada pelos grandes proprietários de terra e políticos — o coronelismo. No caso goiano, os conflitos e as rixas não foram tão violentos quanto os observados no Mato Grosso.

A Primeira Guerra Mundial contribuiu significativamente para o crescimento econômico destes Estados. A dependência brasileira de uma série de produtos agropecuários colocava-os em condição privilegiada — estavam próximos ao principal pólo econômico brasileiro. Principalmente em Goiás, inicia-se um processo de valorização das terras, decorrente da migração e do crescente aumento da demanda interna por produtos agrícolas. Bertran (1988:81) afirma que o mercado brasileiro descobrirá Goiás, ou mais propriamente o Sudeste brasileiro, substituindo as setecentistas e oitocentistas rotas comerciais nordestinas. Goiás se transforma em um anexo dessas rotas, em um cinturão marginal onde o fator de produção mais cobiçado era a própria terra, da qual Goiás era farto. Essa conjugação de fatores alterou as estruturas urbana, econômica e social do sul de Goiás. Segundo Bruno (1967) e Bertran (1988), o que se observa é um processo de renovação das classes produtivas nas cidades e nos campos.

O crescimento populacional na área do cerrado foi lento e irregular até meados do século XX (Diniz, 2006:57). Os Estados de Goiás e Mato Grosso ocuparam posição relevante no novo paradigma nacionalista. O processo de integração nacional fundou cinco colônias agrícolas — sendo três na Amazônia e duas no Centro-Oeste (Ceres — GO, e Dourados — MS) —, cujos objetivos principais eram o povoamento e a segurança do território (Diniz, 2006:64).

Houve significativa produção de alimentos (arroz, milho e feijão), mas o projeto não conseguiu fomentar o aproveitamento potencial da região, traduzindo-se em benefícios concretos apenas para o capital sediado em Anápolis. Apesar da promessa governamental, os colonos teriam sido deixados praticamente abandonados: até a década de 1950, as terras sequer haviam sido regularizadas e os desbravadores foram expropriados pelos comerciantes locais e grandes cerealistas de Anápolis. Segundo Estevam (1997:92-93), durante a década de 50, a maioria dos colonos em Ceres foi obrigada a abandonar a condição de proprietários, negociando ou mesmo renunciando a seus direitos de posse. A partir de então, a Colônia Agrícola Nacional de Goiás (Cang) passou a descaracterizar-se cedendo espaço para grandes fazendas circunvizinhas. (Diniz, 2006:64)

Guimarães e Leme (1997) e Estevam (1997) concluem que, apesar do relativo sucesso e incremento na produção proporcionado pela colônia agrícola de Ceres -importante fornecedora de alimentos aos mercados do centro-sul do Estado - ela não pode ser considerada o embrião da moderna agricultura de Goiás, que só ocorreria muitos anos mais tarde e em outra direção. Entretanto, o projeto foi importante como o início da expansão rodoviária para o norte do Estado, em direção a Tocantins, que se consolidaria posteriormente com a abertura da Rodovia Belém - Brasília.

Um dos marcos importantes, decisivo na dinâmica econômica e populacional do século XX, foi a fundação de Goiânia, que representou um ponto de ruptura com o passado degradado e combinou com a nova ideologia agrária de uma "marcha para Oeste", oferecida ao país como a panacéia reconvertedora das populações desempregadas nas regiões cafeicultoras, transmudadas em proprietárias agrícolas nas frentes de expansão de Goiás e Mato Grosso. (Diniz, 2006:65)

Durante o Governo Vargas criou-se a grande estrutura de avanço no Araguaia e no Xingu - a Fundação Brasil Central - que incorporou as funções da Comissão Rondon e seria transformada em 1967 na SUDECO (Superintendência de Desenvolvimento do Centro-Oeste), extinta no início dos anos 1990. (Diniz, 2006:66)

O século XX marcou o crescimento de Goiás. Começavam a despontar os primeiros grandes centros agrícolas do sudoeste do Estado. Em 1920, se destacavam Catalão, Rio Verde e Jataí. Observou-se o desenvolvimento de uma estrutura urbana, beneficiada pelo sistema exportador ferroviário, e a formação de um complexo urbano-rural para o processamento da matéria-prima. O que ocorreu de fato: o comércio regional apropriou-se da contrapartida de importações embutida no modelo exportador. Este modelo criava suportes para que a renda agrária passasse a ser absorvida pelo setor urbano, e em muitos casos, até mesmo por ele reelaborada. Na década de 1920, medidas de natureza fiscal tornam proibitivas as exportações de grãos *in natura* e um surto de máquinas de beneficiamento possibilitou o surgimento de um pequeno setor industrial de produtos primários (Bertran, 1988:91).

A partir da segunda metade do século XIX, o Brasil começa a receber os imigrantes europeus destinados ao trabalho nas lavouras de café, em substituição ao trabalho escravo. Goiás permaneceu na condição de província isolada e inexpressiva. A economia extrativa mineradora já havia passado, a pecuária e a agricultura ainda não haviam se instalado de modo a constituir uma atividade econômica consistente, do ponto de vista produtivo.

No século XVIII, durante o desenvolvimento da mineração em terras goianas, o processo de ocupação de solo não se consolidou. Pelo seu caráter transitório, condicionou o surgimento de núcleos povoadores em torno das zonas auríferas ou de garimpo, mas não chegaram a se constituir, em sua totalidade, em povoações estáveis. Assim que a produção aurífera entrou em decadência o mesmo se sucedeu a muitos destes vilarejos.(Mota, 1992:74)

A precariedade das estradas e a inexistência de um mercado consumidor para a produção excedente, embora localizado em ponto estratégico de comunicação com os grandes mercados do país, talvez desestimulasse a produção devido a grande distancia destes centros de consumo. Forma-se um círculo vicioso.

Se de um lado não tinha atividade econômica mais intensa, de outro, com a abolição da escravatura, a carência de braços dificultava o crescimento. A imigração que impulsionou a economia paulista demorou muito a atrair os novos colonos devido à grande distancia dos portos onde desembarcavam.

A abertura das estradas de rodagem a partir do início do Século XX, seguido pelo início da abertura das ferrovias, descortinam novas oportunidades, captadas pelo então presidente Juscelino Kubitscheck, político oriundo do Estado de Minas Gerais. Ele, na busca de internalizar a economia brasileira objetivando o desenvolvimento para o Brasil Central, efetivou a transferência da capital federal para Brasília.

A economia brasileira vivia somente a Costa Atlântica. Os mercados litorâneos cresciam em detrimento das demais regiões.

2.4 - Brasília como fator de dinamização do centro-oeste

"Brasília é o maior símbolo da capacidade de realização do povo brasileiro".

(José Ribeiro de Arruda - governador de Brasília-2007)

Na realidade, a idéia da transferência da capital para o interior vem desde a Inconfidência Mineira, quando se pretendia transferir para São João Del Rei.

Com a independência do Brasil em 1822, fez parte da primeira Constituição a mudança da capital para o interior e, dentre seus ardorosos defensores se encontrava José Bonifácio de Andrada e Silva. Destacava que a nova capital criaria, em curto espaço de tempo, "um giro de comércio interno da maior magnitude" e Varnhagem afirmava que a capital no interior "seria mais adequada a civilizar todo o sertão e a desenvolver suas latentes riquezas, bem como o comércio das províncias entre si".

Com a proclamação da república, Marechal Deodoro da Fonseca, Presidente da República, nomeia uma comissão para elaborar projeto da constituição do novo regime, que promulgada em 1891, prevê em seu artigo 3º, que "passa a pertencer à União, no Planalto Central, uma área de 14.400 km² para nela se estabelecer a futura capital do País". A Comissão Exploradora do Planalto

Central, nomeada em 1892 demarca a área da nova capital e entrega o relatório ao governo em 1894.

No Centenário da Republica, em 1922, é lançada a Pedra Fundamental em Planaltina - GO.

O presidente Dutra autoriza o início da construção da nova capital, mas o projeto fica parado no congresso. Somente no segundo mandato de Getúlio Vargas em 1953, o Congresso autoriza os estudos definitivos para a instalação da nova capital federal.

Juscelino Kubitschek em campanha para a presidência, assume o compromisso de construir a capital em curto espaço de tempo. (Tamanini, 2003)

Em 18 de abril de 1956, já presidente, Juscelino Kubitschek assina em Anápolis a mensagem 1234 enviada ao Congresso criando a Novacap - Companhia Urbanizadora da Nova Capital Federal.

No concurso para a elaboração do projeto do Plano Piloto de Brasília, dentre 26 apresentados, foi escolhido o do arquiteto Lucio Costa. Oscar Niemeyer projetou os prédios e Bernardo Sayão, nomeado presidente da Novacap, foi o "construtor de Brasília".

No dia 21 de abril de 1960, Brasília é inaugurada.

> *"Deste Planalto Central, desta solidão que se transformará em cérebro das mais altas decisões nacionais, lanço os olhos mais uma vez sobre o amanhã do meu país e entrego esta alvorada, com fé inquebrantável e uma confiança sem limites no seu grande destino."*
> Juscelino Kubitschek em seu discurso na inauguração de Brasilia.

> *Havia visto o Brasil de cima - a bordo de um avião - e pude sentir o problema em todas as suas complexas implicações. Dois terços do território nacional ainda estavam virgens da presença humana. Eram os "vazios demográficos" de que falavam os sociólogos. O grande desafio da nossa História estava ali: seria forçar-se o deslocamento do eixo do desenvolvimento nacional. Ao invés do litoral, que já havia alcançado certo nível de progresso, povoar-se o Planalto Central. Assim, o brasileiro poderia tomar posse do seu imenso território. E a mudança da Capital seria o veículo. O instrumento. O fator que iria desencadear novo ciclo bandeirante.* (Kubitschek, 1975:7)

O arrojado plano, "desenvolver 50 anos em 5", com um programa de investimentos distribuídos entre os setores de energia, transporte, alimentação, indústria de base e educação, atraiu mão de obra, capitais e empreendimentos para a nova capital no coração do Brasil, a cerca de mil quilômetros da faixa litorânea.

Assim, ocorre a guinada no curso do desenvolvimento nacional, levando-o para o interior, e incentiva a industrialização com o conseqüente alargamento do mercado interno. "Sua grande missão será contribuir para que o Brasil se integre em si mesmo, para que o Brasil econômico se expanda pelo território que forma o Brasil político". (Andrade, 1968:181)

O general Meira Mattos (1980:72), um dos responsáveis pela postura geopolítica do governo militar, afirmou que a inauguração de Brasília foi um "alento vivificador" para a problemática da reorganização do espaço político brasileiro, "força catalítica capaz de despertar as sociedades sucumbidas sob o peso de suas dificuldades". "Aproximam-se da Amazônia o cérebro e o coração do Brasil. O centro das grandes decisões nacionais deslocava-se para perto daquele corpo inarticulado, de cinco milhões de quilômetros quadrados."

Brandão (1989) e Guimarães (1990) mostram que a construção de Brasília teve um impacto expressivo sobre diversos setores. A construção da nova capital delineou as rotas dinâmicas da economia, transformando Brasília no ponto nodal do sistema rodoviário brasileiro, permitindo a integração de expressiva parcela dos territórios das regiões Centro–Oeste e Norte na rota da expansão da fronteira agrícola. Os troncos rodoviários Belém - Brasília; Brasília - Cuiabá; Brasília - São Paulo; Brasília - Belo Horizonte; Brasília - Barreiras (BA); São Paulo - Corumbá (MS) articularam a região ao território nacional.

Além da malha rodoviária, não menos importante foi a articulação gerada pelos sistemas de energia elétrica e de telecomunicações e o efeito urbano decorrente da instalação da burocracia governamental na nova capital. O papel do Estado se mostra fundamental para o crescimento da região e a constituição da infra-estrutura básica (Monteiro Neto; Gomes, 2000)

A construção de Brasilia trouxe em seu bojo a colonização da região Centro-Oeste de forma que esta pudesse servir de trampolim para o domínio da Amazônia.

Em suma os objetivos eram:

- Integração e valorização espacial;
- Expansionismo para o interior;
- Contenção ao longo das linhas fronteiriças;
- Participação na defesa da civilização ocidental;
- Colaboração com o mundo subdesenvolvido de aquém e além-mar;

- Segurança ou geoestratégia nacional em face da dinâmica própria dos centros externos de poder "ocupar para não entregar". (Couto e Silva, 1967, p. 137-138)

2.5 - O cerrado

A savana brasileira, conhecida como cerrado, é a maior área contínua de terra agricultável ainda virgem no mundo. Estende-se por algo ao redor de 204 milhões de hectares, localizado na parte central do Brasil. O ecossistema Cerrado cobre parte ou a totalidade dos Estados de Bahia, Goiás, Mato Grosso, Mato Grosso do Sul, Minas Gerais, Piauí, Maranhão, Tocantins, Rondônia e do Distrito Federal, assim como pequenas áreas dos Estados de Roraima, Amapá e São Paulo. Destes, grande parte prontamente aproveitáveis. Além disso, devido a suas características topográficas, o cerrado é quase que inteiramente mecanizável, o que permite uma agricultura intensiva em larga escala. (Yoshii, e Camargo,20)

Os primeiros estudos da vegetação do cerrado foram de 1819 quando os grandes rios da região foram explorados e a vegetação predominante era chama-

Mapa 2.1 - Biomas brasileiros

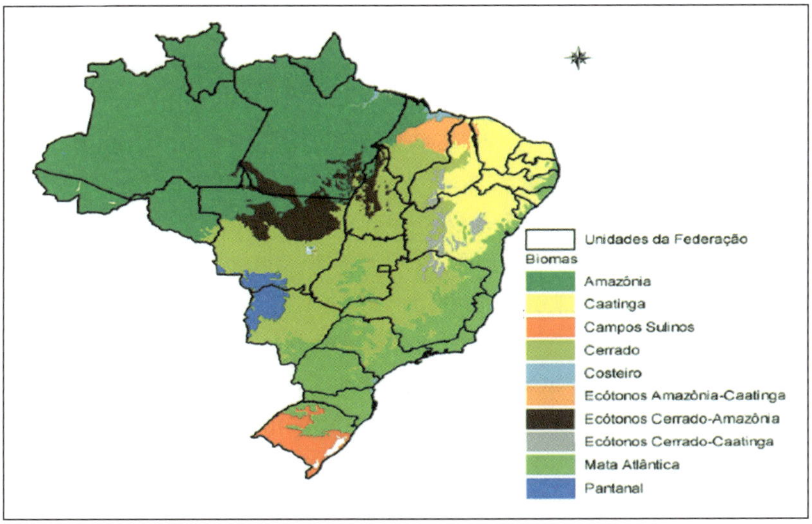

Fonte: *IBGE. Malha Municipal Digital, 1997. (Diniz: 2006, 17).*

Mapa 2.2. - Grande região dos cerrados

Fonte: *IBGE. Malha Municipal Digital, 1997. (Diniz: 2006, 18)*

da "campo cerrado". O cerrado recebeu muitas denominações como: cerradão, cerrado, campo cerrado, campo sujo e campo limpo, nomes que geralmente estavam associados ao perfil da fertilidade e da acidez do solo. O cerrado se caracteriza por sua vegetação de arvores de médio porte a arbustos, muitas vezes retorcidos, sendo encontrados tanto agrupados como isoladamente. A vegetação variada oferece proteção aos diferentes microorganismos deste habitat.

A formação e a origem do cerrado estão diretamente associadas ao clima. A falta de chuvas durante longo período de seca, alternado com um período de muita chuva, interferem nas características do solo. O período seco proporciona muitas queimadas que acabam afetando todo o sistema ecológico da região, mantendo uma fauna e flora característica remanescente deste ciclo climático bastante adverso.

As constantes queimadas levam muitas regiões de cerrado a reduzirem drasticamente a sua vegetação passando por uma fase de pré-desertificação, nas quais, matas cada vez mais ralas são ocupadas por gramíneas, bem como a sua fauna reduzida pela menor diversidade e densidade vegetal.

A precipitação pluviométrica na maior parte dos cerrados varia de 900 a 1800 mm ao ano, concentrada (80%) no período de chuvas de setembro a abril, sendo o período seco de maio a agosto. A temperatura media anual varia de 22 a 27ºC.

As terras de chapadas, que também eram denominados de "gerais", ao contrario dos vales úmidos, despertavam pouco interesse de ocupação privada por parte da população dos cerrados. Grandes extensões de terras sem serem cercadas constituíam amplos descampados sem nenhuma ocupação humana, mas com abundancia de recursos naturais, que vez por outra eram aproveitados para o pastoreio. As terras ainda tinham resquícios do uso livre ou comunitário dos "gerais", surgido da impossibilidade do sesmeiro usar minimamente a concessão fundiária real devido às grandes dimensões.

Na confrontação entre as sesmarias ou fazendas as matas existentes eram conservadas devolutas por uma extensão de uma légua. Não se podiam levantar construções ou realizar qualquer obra, servindo apenas de divisa, providência necessária para evitar a incursão de gados em fazendas vizinhas e confusões de rebanho. Tais práticas subsistiram a diversas mudanças nas leis da terra nas regiões dos cerrados.

2.6 - A agricultura

Até a década de 1950, a expansão da agricultura brasileira tinha por base a expansão da fronteira agrícola.

A partir de meados da década de 1960, o setor agropecuário brasileiro vem passando por grandes transformações tecnológicas, econômicas e de estrutura produtiva, o que foi caracterizado pela literatura especializada como processo de "modernização conservadora", no bojo da influência internacional da "revolução verde". (Diniz, 2006:85)

Afirma Brum (1988: 44): *"A Chamada `Revolução Verde' foi um programa que tinha como objetivo explícito contribuir para o aumento da produção e da produtividade agrícola no mundo, através do desenvolvimento de experiências no campo da genética vegetal para a criação e multiplicação de sementes adequadas às condições dos diferentes solos e climas e resistentes às doenças e pragas, bem como da descoberta e aplicação de técnicas agrícolas ou tratos culturais mais modernos e eficientes".*

Este modelo foi proposto e implementado por instituições americanas e multilaterais (Fundação Ford, Fundação Rockefeller, Banco Mundial e USAID) com vistas a salvar a agricultura dos países em desenvolvimento: consistia basicamente em adotar um pacote tecnológico capaz de aumentar a produção agrícola, criando instituições de pesquisa em várias partes do mundo para dar suporte ao desenvolvimento de novas variedades.

No Brasil, no início dos anos 1960, a pesquisa agrícola e pecuária ganha força com a reorganização do Ministério da Agricultura, com base na Lei Delegada n. 9, de 11 de outubro de 1962, que criou seis Institutos de Pesquisa e Experimentação, vinculados diretamente ao órgão, que mais tarde foram incorporados à Empresa Brasileira de Pesquisa Agropecuária (Embrapa), o principal agente de pesquisa e difusão tecnológica, que obteve muito sucesso na busca de novas variedades com melhoria na produção e no incremento da produtividade.

O pacote tecnológico que demandava também insumos modernos como fertilizantes e maquinário avançado, modernizou e tecnificou a agricultura brasileira.

Este período marca a mudança na base técnica da agricultura brasileira, com a consolidação do complexo agroindustrial brasileiro trazendo, no conjunto, transformações nos processos de industrialização e urbanização.

Especialmente a partir da Segunda Guerra Mundial ocorreu no Brasil a instalação e a consolidação da indústria pesada e um forte processo de urbanização que se acentuou a partir da década de 1950, impulsionado pelo crescimento do emprego não agrícola.

A agricultura, antes voltada quase que exclusivamente para o mercado externo, teve durante essa fase o papel fundamental de suprir o setor industrial com os recursos necessários à sua instalação e alavancar o processo de substituição de importação .

A modernização da agropecuária foi decorrência da conjugação de uma série de fatores. Dentre eles, podemos destacar o rápido processo de urbanização, o aumento das exportações, a constituição do Sistema Nacional de Crédito Rural e um novo padrão de regulação das relações sociais e econômicas do setor rural pelo Estado.

O Sistema Nacional de Crédito Rural (SNCR), institucionalizado nos anos 60 disponibiliza mecanismos legais para o financiamento do capital agropecuário, conforme nos esclarece Delgado (1982:34):

"(...) o processo de modernização [agrícola] somente encontrará dinamismo e abrangência significativa a partir de meados dos anos 60, até o final dos anos 70, quando a conjugação de um sistema financeiro apropriado — O Sistema Nacional de Crédito Rural; a implantação de novos blocos de substituição de importações de meios de produção para a agricultura patrocinada pelo II PND, e uma certa folga cambial nas transações externas possibilitam a introdução maciça das transformações na base técnica da agricultura".

As bases para o financiamento da agricultura moderna com decisiva participação de políticas públicas estavam criadas e o Estado passa a atuar como incentivador e direcionador da produção agrícola, incentivando o uso de modernos insumos e tecnologias, base para a nova agricultura tecnificada influenciando até mesmo na escolha da cultura a ser plantada de acordo com a perspectiva de mercado.

Com altas taxas de crescimento, o setor industrial foi capaz de absorver a massa populacional que migrava do campo e das regiões mais atrasadas para as cidades. Esse processo começou a dar seus primeiros sinais de saturação na segunda metade da década de 1970 e se agravou no início dos anos 1980.

Durante a fase de modernização da agricultura brasileira, e em especial a partir de 1974, as importações de insumos e máquinas agrícolas tiveram rápido crescimento.

Outro aspecto importante é a ampliação da pauta de exportação de produtos agrícolas, até então dominada pelo café, com destaque para soja,críticos, açúcar e carne (bovina, suína e de aves).

Esse processo se iniciou nos Estados do Sul do Brasil, mas alcançou a Região dos Cerrados como grande fronteira de expansão agrícola.

Reflexo desse processo de modernização é o aumento da produção e do consumo de insumos agrícolas. Instala-se no País a indústria de tratores e colheitadeiras, além da de máquinas e equipamentos. A indústria de fertilizantes também se amplia, tanto no setor ligado à petroquímica, (produção de adubos nitrogenados) como no da indústria de adubos fosfatados e potássicos. (Diniz, 2006:87)

Tabela 2.1 - Evolução da produção, venda e exportação de máquinas e equipamentos agrícolas*

Ano	Produção	Vendas Internas**	Exportação
1960	37	37	0
1965	10804	10804	0
1970	16707	17005	117
1975	69394	67572	934
1980	77478	67653	9051
1985	56215	52465	4335
1990	33114	28204	4880
1995	28338	22706	5263
2000	35501	30536	5270
2004	69418	37616	31022

Fonte: *ANFAVEA. Em (Diniz:2008, 88)*

Nota: * Inclui cultivadores motorizados, tratores (rodas e esteira), colheitadeiras e retroescavadeiras.
**A partir de 1994, as vendas são de equipamentos nacionais e importados.

2.7 - Os planos de governo como tentativas de desenvolvimento do cerrado

Na busca de desenvolvimento do Brasil Central, o governo introduziu uma série de planos e programas para incrementar a produção e industrialização da agricultura.

No "Programa Estratégico de Desenvolvimento: 1968-1970" que mais tarde daria subsídio ao I Plano Nacional de Desenvolvimento (1972-1974), um dos objetivos básicos contemplava exatamente a questão agrícola: "a elevação da produção e da produtividade agrícola pela transformação da agricultura tradicional, mediante a mudança de métodos e a utilização de insumos modernos". (Brasil, 1967)

Em 16 de junho de 1970, no auge do "milagre econômico brasileiro", o presidente Emílio Garrastazu Médici assinou o Decreto-Lei n° 1.106, que instituiu o Plano de Integração Nacional (PIN) - que, para Messias da Costa [1988], representou uma estratégia de "alargamento das fronteiras econômicas internas do País". Uma de suas metas mais ambiciosas era rasgar a imensa Floresta Amazônica de leste a oeste e de norte a sul, encravando em seu âmago uma cruz rodoviária que fosse capaz de descortinar as riquezas escondidas em seu subsolo e proporcionar a colonização da selva, integrando-a à vida nacional. (Huertas, 2007:99)

A criação da SUDECO (Superintendência de Desenvolvimento do Centro-Oeste) em 1967 pela Lei n. 5365, de 1º de dezembro de 1967, veio também reforçar o objetivo de desenvolvimento do Centro-Oeste.

Juntamente com os programas de colonização foi criada e implementada uma série de programas de desenvolvimento, cujo objetivo principal era dar suporte e efetivar a ocupação da região do Brasil Central. Dentro desta lógica podemos destacar: o Programa de Distribuição de Terras e Desenvolvimento Agroindustrial - Proterra (1967), o Programa de Integração Nacional - PIN (1970), o Programa de Desenvolvimento do Centro-Oeste - Prodoeste (1971), o Programa de Desenvolvimento dos Cerrados - Polocentro (1974), o Programa de Cooperação Nipo-Brasileira para o Desenvolvimento do Cerrado - PRODECER (1979), o Programa de Financiamento de Equipamentos de Irrigação - Profir (1982), dentre outros. (Goodman, 1978; Galindo e Santos, 1995)

O PIN buscou atenuar problemas de desenvolvimento do Nordeste, altamente povoado, acelerando a colonização e a expansão econômica das regiões relativamente vazias, o Norte e o Centro-Oeste. Programa com objetivo de abertura e pavimentação de rodovias, incentivos fiscais, a investimentos produtivos e distribuição de terras.

Para suplementá-lo, foram implantados outros programas, como o Programa de Distribuição de Terras e Desenvolvimento Agroindustrial — Proterra (1967) e o Programa de Desenvolvimento do Centro-Oeste — Prodoeste (1971), que visavam à distribuição de terras e reproduziam os demais programas de integração — construção de rodovias, incentivos fiscais e assentamento de colonos. Esses programas foram importantes na construção de uma malha rodoviária ligando Cuiabá a Porto Velho (RO), Cuiabá a Santarém (PA) e Rondonópolis (MT) a Campo Grande e Dourados (MS).

O Prodoeste tinha como objetivo básico incrementar o desenvolvimento econômico dos Estados de Mato Grosso, Goiás e Distrito Federal. A maior parte de seus recursos foi destinada a obras de infra-estrutura.

A responsabilidade pela execução ficou por conta do Ministério dos

Transportes e do Ministério do Interior. No caso dos armazéns, silos, usinas de beneficiamento e frigoríficos, a construção ficou a cargo do setor privado. A responsabilidade da fiscalização e acompanhamento das obras do setor privado era tarefa do Ministério da Agricultura.

Cabe destacar dois programas de grande importância para a ocupação e expansão agrícola para os cerrados: o Polocentro e o PRODECER.

2.8 - A soja como fator de dinamização do desenvolvimento do cerrado

A produção de soja, uma cultura introduzida a partir da região sul, com alta tecnologia, se vale das inovações desses instrumentos para se generalizar na forma de mercadoria, sendo a leguminosa escolhida para suprir as mudanças importantes no consumo de proteínas tanto para as pessoas quanto para os animais.

Os EUA tornaram-se, no século XX, os principais produtores de soja e os responsáveis pela difusão em escala mundial de um *"novo modelo de produção e de consumo"* dessa leguminosa (Bertrand, 1987: 64).

A adoção da torta de soja em combinação com o milho para ração animal, associando a proteína concentrada da soja com o teor energético do milho, se torna um componente importante da nascente agroindústria de produção de proteína animal.

Inicia-se, também nos EUA, a proliferação do uso de óleo de soja como matéria-prima para fabricação de margarinas e para óleo de cozinha, substituindo outras substâncias graxas como as manteigas e as gorduras animais. A maior demanda gerou um substancial aumento da cotação da soja e de seus derivados no mercado internacional.

Os novos padrões alimentares, tendo como base os derivados da soja, espalharam-se pelo mundo despertando o interesse de vários países por esse emergente mercado. Na América do Sul, Brasil e Argentina se destacaram como produtores dessa mercadoria agrícola a partir da década de 1960. (Alves, 2006:13)

No Brasil, os programas governamentais de apoio à expansão da agricultura modernizada foram implementados com sucesso com vistas a ampliar a produção agrícola para exportação. Com a soja, os cerrados passam a receber atenção especial das políticas governamentais.

Imaginava-se, até os anos 1960, que nesse bioma os solos possuíam poucas potencialidades para a agricultura. A presença de produção agrícola nele estava restrita aos vales úmidos, mas tratava-se predominantemente de uma agricultura camponesa e voltada, em grande medida, para o consumo da própria família, uma agricultura de subsistência.

A pecuária extensiva era uma atividade econômica predominante dos cerrados. A partir da década de 1970 muda-se completamente de concepção e estas terras se transformaram nas preferidas para a expansão da fronteira agrícola, tornando-se celeiro de produção agrícola nacional.

Como deixa claro em sua fala o então ministro de Planejamento, Joao Paulo dos Reis Veloso, nos anos 1970: (Alves, 2006:20)

"O cerrado não gosta da agricultura tradicional e sim de agricultura empresarial, com inteligência. Gosta de fertilizantes, de tecnologia avançada e de mecanização. É uma oportunidade que temos de modificar a estrutura da exploração agrícola no Brasil".

A manutenção desta política se encarregou de financiar as agroindústrias, os agricultores e os pecuaristas tecnificados, imprimindo outra velocidade de produção, surgindo daí um novo grupo de empresários, que assume o comando do processo produtivo agrícola dos cerrados.

A soja, segundo Glycine Max L., possui um sistema radicular pivotante, com raízes principal e secundárias bem desenvolvidas. Em função dessa característica, a cultura prefere a textura aeroargilosa, bem drenada e profunda. A sua pouca tolerância ao alumínio e ao manganês tóxico induz à correção da acidez do solo.

CAPÍTULO 3

As controvérsias na entrada do Japão no PRODECER

Paulo San Martin
Bernardo Pelegrini

Prefácio

Os brasileiros de olhos puxados, os japoneses, as empresas japonesas e o governo do Japão se envolveram a fundo, e de uma maneira que até hoje ainda ninguém entende completamente, na história da ocupação dos cerrados de Minas Gerais e Goiás, deflagrada na década de 1980.

Hoje, em todos os limites do agrobusiness, nas fronteiras agrícolas do país, a ocupação dos cerrados – que ainda continua em curso no extremo norte de Minas, sul e oeste da Bahia – é uma ação transparente, até onde é possível a transparência neste universo.

Mas quando esta ocupação foi iniciada e em seguida revelada para o Brasil, em 1980, pairava sobre a ação dos japoneses no cerrado brasileiro uma obscuridade enorme. Afinal, aquele era um tempo obscuro.

O que acontece com o cotidiano da vida dos simples mortais quando uma superpotência mundial como o Japão movimenta peças decisivas no tabuleiro da geopolítica contemporânea? Era essa a pergunta que fazíamos naquele começo dos anos 80, batendo os estradões de terra e as veredas sem fim nos grotões das Minas Gerais.

Por aquele tempo nos cerrados de Minas ainda se ouviam os últimos ecos dos grandes sertões, os últimos suspiros de seus personagens, seus mitos – mas a realidade começava a ser outra: a disputa pela terra já não movimentava vaqueiros e jagunços, os velhos coronéis ou os políticos de quatro costados.

Atraídos até a região pelas denúncias de trabalho escravo em fazendas mineiras, o que nós dois, então jovens repórteres, encontramos foi uma extensa área de terra – os cerrados indevassados – convulsionada pelo pesado deslocamento de interesses japoneses naquilo que, àquela época, apenas se esboçava como o foco de disputas estratégicas: a produção de alimentos.

No Sindicato dos Trabalhadores Rurais de Patrocínio, caboclos pacatos habituados à pecuária extensiva e à extração do carvão eram confrontados com novas e agressivas relações de trabalho, se transformando da noite para o dia em bóias-frias expostos à toda sorte de exploração. "Os japoneses estão chegando", nos diziam os líderes dos trabalhadores, puxando o fio de uma meada que começara alguns anos antes. Financiados pela toda poderosa Japan International Corporations Agency, a Jica, agricultores nipo-brasileiros associados de cooperativas agrícolas do Sul do Brasil iniciaram a ocupação daquela extensa faixa de terras de equilíbrio ecológico delicado: os até então esquecidos cerrados brasileiros.

Seguindo aquelas pegadas feitas de gente e história, nos deparamos com um Brasil do qual não se tinha notícia para além das fronteiras das pequenas cidades mineiras. Por trás das estranhas movimentações daquilo que um dia viria a ser chamado de agronegócio, havia poderosos interesses geopolíticos acenando com profundas promessas de mudança naquele mítico pedaço de civilização brasileira. Era isso que esquentava o nosso sangue de jornalistas independentes, apaixonados e comprometidos com a grande reportagem.

Enquanto isso, em Brasília, um deputado da oposição fazia uma denúncia que beirava o escândalo: o interesse do Governo Militar de transplantar para terras brasileira um milhão de imigrantes japoneses.

Juntando os fragmentos de uma trama ainda nebulosa, publicamos em 1983 a história em nossa revista independente "Brasil Repórter Urgente", sediada em Londrina.

Um ano depois, durante Congresso da Sociedade Brasileira para o Progresso da Ciência (SBPC), em Campinas, conhecemos Herbert de Souza, o Betinho, sociólogo exilado que acabava de retornar ao Brasil nas asas da Anistia – e de uma canção popular que virou hino ao pedir a "volta do irmão do Henfil".

Por essa época, o irmão do Henfil, mineiro da gema, acabava de organizar o Ibase (Instituto Brasileiro de Análises Sócio Econômicas), instituto que reunia cientistas sociais de vanguarda com o propósito de repensar o Brasil pós-Ditadura. E esta revisão começava com o desafio de desvendar a lógica militar por trás dos grandes projetos desenvolvidos no tempo dos generais.

Herbert de Souza já conhecia a nossa revista e se entusiasmou com a reportagem sobre os cerrados. Foi dele a idéia de transformar em livro aquela história que colocava o Projeto JICA ao lado de iniciativas como Itaipu, Angra e Transamazônica, entre outras.

Seu olhar visionário nos alertou para a importância da agricultura no mundo, quadro que se configuraria no início dos decisivos anos 90, com a hegemonia do neoliberalismo.

Financiados pelo Ibase, entusiasmados com a parceria com Betinho, pudemos voltar ao cerrado mineiro, percorrer trechos de Goiás, pesquisar arquivos em Brasília. O resultado dessa incursão por um Brasil desconhecido se transformou no livro "Cerrados – Uma Invasão Japonesa no Campo" que fez o livro - lançado pela editora Codecri, que à época editava o irreverente Pasquim. O livro, para nossa surpresa, foi um sucesso imediato, como fonte de pesquisa e referência: um instantâneo jornalístico de um momento crucial de nossa história.

Na verdade, para nós, o livro foi um relato com o olhar de repórteres. E o repórter tem esta condição maldita (bendita?) de se desligar da história quando põe o ponto final na matéria escrita. Então, rapidamente, esquecemos mesmo dela. E foi uma grata surpresa quando Celso Norimitsu Mizumoto nos procurou, em 2007, para fazermos este resumo do livro.

Celso encontrara um exemplar do livro, que nem nós temos mais, na biblioteca da UFG (Universidade Federal de Goiás). Acreditávamos que o livro já tinha se perdido na memória. Celso pesquisava a história dos japoneses no cerrado, para fazer esta bela edição comemorativa dos 100 anos da imigração japonesa no Brasil. E foi ele, com base nestas pesquisas, que nos disse que o nosso "Cerrados – Uma Invasão Japonesa no Campo" era o único relato abrangente daquela época e daquele ciclo de ocupação de Minas Gerais e Goiás.

Hoje, não sabemos como da situação daquelas plagas do cerrado, a não ser por notícias de jornais e TV, leituras esparsas, relatos. Mas o que contamos naqueles dias era a expressão viva do início de um grande processo de ocupação de um dos mais importantes ecossistemas do país.

É um resumo deste relato que apresentamos agora. Mantivemos o prefácio escrito pelo Betinho, por sua importância histórica e lucidez.

Prefácio do betinho

Minas Gerais sempre teve orgulho de ser Minas e o mineiro, de ser diferente. Na competição por ser mais Brasil, parece que Minas conseguia pelo menos estar onde sempre esteve; até que chegou 1964, pelas mãos de Magalhães Pinto, autor da frase e co-autor do golpe que creio até se arrependeu.

Os sucessivos "governos" de Minas competiram por oferecer vantagens às transnacionais no afã de mostrar ao mundo que Minas sabia se entregar melhor quando queria. E queria. Entregou o minério, a indústria pesada, a leve e a automobilística. Faltava o campo, o último reduto da mineiridade da classe dominante das gerais, descrita por Guimarães, sofrida pelos que tiveram as favelas de Belo Horizonte como último reduto. E foi neste campo, onde tantos de nós nascemos, que nasceu também o sonho dos cerrados: transformar um território 3,5 vezes maior que o Japão em um complexo agroindustrial, onde os frutos da terra adubados a dólar e a custa do cruzeiro tomassem o caminho do mercado mundial pela via do mar... do Espírito Santo. Cerrados é isso: um projeto do capital japonês pago pelo Brasil para produzir cereais para o mercado mundial, através de modernos latifúndios administrados por um "plano" transnacional.

Neste projeto, a terra é nossa, o trabalho é nosso, os custos são nossos, os riscos são nossos e os frutos finais são deles. Quem são eles? Esta é uma das questões de que este livro trata – e revela.

Depois de conhecer o projeto Jica, fica a pergunta: por que sempre temos que fazer os planos mais caros e mais discutíveis para beneficiar a uns poucos ao invés de, enfim, tomar este país em nossas mãos e pensá-lo em função das maiorias e, principalmente, dos que trabalham a terra, por exemplo?

O mundo inteiro sabe que, em todos os países e em todos os tempos, as terras mais difíceis, como os cerrados, são deixadas para o fim, como último recurso. Por que em Minas os cerrados vêm primeiro? Eis a primeira pergunta a nós mineiros e inclusive ao capital que vem por aí, subindo as nossas serras. Sabemos que os cerrados só são produtivos se bem tratados, mas isso não é novidade nem vantagem.

Esta é uma outra questão que o livro abre: o que devemos fazer para deter a internacionalização dos cerrados e que alternativas deveriam ser propostas para que Minas voltasse a ser Minas e o Brazil, Brasil?

O trabalho destes dois jornalistas, que se fizeram andarilhos para conhecer um pouco do nosso mundo, tem este sentido e este mérito e, por tudo isso alimenta a esperança que nunca morre – muito menos em Minas.

Herbert Souza
Ibase

Quem viu um dia e guardou na lembrança as imagens da febre que domina as cidades envolvidas pelos novos ciclos de colonização; quem rodou as cidades que brotavam no norte do Paraná nos idos da década de cinqüenta ou as novas fronteiras de penetração no Mato Grosso e Goiás; ou quem passa ainda hoje pela efervescência das ruas do Norte do Brasil, das cidades do oeste da Bahia, batia os olhos nas cidades mineiras de Patrocínio, Coromandel, Paracatu ou Irai e não tinha dúvidas, no início daquela década de 1980: iniciava-se ali um vasto ciclo de colonização, que arrancou o pacato mineiro de sua tranquilidade inabalável para jogá-lo diante de um burburinho de gentes, máquinas e automóveis que invadiam as ruas, numa mistura de barulhos e sotaques vindos dos mais diversos rincões do Brasil.

A paz das cidades secularmente enfiadas sobre si mesmas, com a lembrança ainda viva da colonização portuguesa, se estilhaçou definitivamente para dar espaço a uma realidade que o povo do lugar ainda estava longe de aceitar ou compreender.

Quando nós fomos para lá, tudo ainda era novidade. Então escrevemos: "Floresce alguma coisa neste imenso pedaço do cerrado de Minas Gerais. E sobre a origem de tudo também não existem mais dúvidas: a febre que agita os intestinos do Centro-Oeste começou em meados da década passada (1970) com um projeto oficial de desenvolvimento dos cerrados, chamado POLOCENTRO. E culminou com a ocupação, iniciada em 1980, de 62 mil hectares do cerrado por uma empresa formada por poderosos capitais japoneses e brasileiros".

3.1 - A controvérsia da presença japonesa

Por aqueles dias, enquanto corríamos os cerrados, as dúvidas se concentravam em um ponto: a dimensão real da presença japonesa em torno da ocupação daquele pedaço do território nacional. Para o povo dali, as coisas que estavam em curso dentro do plano de ocupação dos cerrados, e que já conhecido como Projeto Jica, ainda era um grande fantasma de que muito se ouviu falar, mas ninguém ainda tinha visto.

A primeira denúncia sobre a existência do chamado Projeto Jica fora formulada pelo deputado Hélio Duque, do PMDB do Paraná, no dia 17 de abril de 1980. E, literalmente, convulsionou o plenário da Câmara Federal em Brasília.

O país vivia os estertores da ditadura militar e questões como estas, do nacionalismo, se revestiam dos mais complexos matizes. "Brasil Ame-o ou Deixei-o", "O Brasil é Nosso" e toda a exacerbação ufanista dos militares escondia, segundo repetidas denúncias da oposição, a maior orgia entreguista que o país vivera desde o início da República.

Então, a idéia de que havia um projeto de entrega dos cerrados brasileiros ao florescente capitalismo japonês conquistou manchetes de vários grandes jornais brasileiros e levou à perplexidade inúmeros setores da vida nacional. Segundo a denuncia de Hélio Duque, o plano em curso visava a internacionalização de 60 milhões de hectares do cerrado brasileiro, equivalente a um milhão de quilômetros quadrados. Este enclave seria instalado nos estados de Minas Gerais, Goiás e Espírito Santo até o ano de 1990, com o objetivo de produzir quantidades fantásticas de grãos - principalmente soja, sorgo, milho e trigo.

Essa produção, além de abastecer o mercado interno do Japão, estaria vinculada aos projetos expansionistas do capitalismo japonês, que naquele momento arrancava em busca de novos mercados internacionais.

3.1.1 - A Cooperação Brasil-Japão

Toda a infraestrutura para a produção e exportação destas milhares de toneladas de grãos se daria a partir de grandiosos programas de cooperação entre Brasil e Japão. As denúncias na Câmara Federal lembravam que, no momento exato em que se travavam as discussões parlamentares, sólidas empresas brasileiras e multinacionais japonesas, associadas em torno de uma empresa chamada Campo, já iniciavam concretamente o projeto de exploração dos cerrados.

Hélio Duque dizia que a Campo era o "verdadeiro cavalo-de-tróia do Projeto Jica". E as coisas realmente tinham a ver. Por trás da Campo, e sustentando o programa de ocupação dos cerrados, estava justamente a Jica, mega-empresa estatal do governo japonês.

Para colocar ainda mais lenha na fogueira, as denúncias de Hélio Duque coincidiram com uma noticia divulgada, meses antes, pelo então secretário de Imprensa do Palácio do Planalto, Alexandre Garcia, que falava sobre uma hipotética imigração de 10 milhões de "asiáticos" para terras brasileiras.

Embora tivesse caído por algum tempo no esquecimento, a noticia voltou com tudo ao centro do debate depois do pronunciamento de Hélio Duque. Logo, ministros de Estado, altas autoridades federais e até a Embaixada do Japão no Brasil se apressaram em desmentir a existência de um projeto tão ambicioso. Atribuíram tudo a isso que chamaríamos hoje de "teoria da conspiração" das oposições.

Mas havia, por trás destes desmentidos, contradições gritantes. As denúncias do deputado Duque estavam fundamentadas num documento de 200 laudas, datado de julho de 1979, que até então circulara apenas por discretas mãos de autoridades da ditadura. O documento era uma proposta de "ocupação racional" das terras do cerrado e fora elaborado pela Japan International Cooperation Agency, a poderosa Jica.

3.1.2 - A Sondagem Inicial

Ao longo dos anos de 1978 e 1979, o governo japonês enviou para o Brasil 29 missões de técnicos. Onze especialistas japoneses de diversas áreas, ao lado de um único brasileiro – Mario Behring, que representava o governo de Minas Gerais – se ocuparam da execução final do documento chamado "Estudo Para o Desenvolvimento de Três Estados", que propunha a ocupação em larga escala daqueles cerrados. A produção de grãos, inteiramente direcionada para a exportação, seria absorvida pelo Japão para alimentar a Ásia.

Oficialmente, o documento era um trabalho encomendado pelos governos de Minas Gerais, Espírito Santo e Goiás para orientar projetos de ocupação das terras ainda virgens daqueles Estados. O acordo para a execução do trabalho havia sido firmado entre os governadores daqueles Estados e a Jica, em julho de 1978.

Nunca, ao que se sabe, a verdadeira origem deste trabalho recebeu uma explicação plausível. No momento em que o deputado revelou a sua existência, o documento estava sendo analisado pelo Ministério do Planejamento da Presidência da República.

Os técnicos do Ipea, órgão ligado ao Ministério do Planejamento, haviam acabado de emitir parecer absolutamente contrário ao dos técnicos da Jica, na proposta de ocupação dos cerrados.

O pessoal do Ipea elaborou um relatório, contestando as propostas da Jica, e foi a partir deste documento, que Hélio Duque formulou aquela incômoda denúncia, em abril de 1980.

3.1.3 - A Metodologia

O estilo dos técnicos da Jica era coloquial: "Há na região do Centro-Oeste brasileiro uma extensa área inexplorada, com cerca de 1.300.000 quilômetros quadrados de superfície (aproximadamente 3,5 vezes maior que todo o território japonês), estendendo-se pelos Estados de Goiás e Minas Gerais. Em vista das características ecológicas de sua flora, esta região é chamada cerrado". Neste tom, que se estende por mais de 200 laudas escritas originalmente em inglês, os técnicos da companhia japonesa estabeleciam as diretrizes para a ocupação do cerrado brasileiro, no "Estudo Para o Desenvolvimento de Três Estados".

Eles deixavam claro o caráter ambicioso do projeto: "O presente plano abrange uma importante parte do planejamento nacional do Brasil no século XXI e é ponto de contato geográfico para o futuro desenvolvimento da Amazônia e do Nordeste". Mas a questão mais esclarecedora diz respeito ao modelo de colonização. Grande parte do documento se refere à necessidade de criar infraestrutura de mão-de-obra para a ocupação daquelas imensas áreas até então despovoadas. Numa linguagem que beirava o messianismo, os técnicos da Jica falavam em "criar uma nova corrente, objetivando assegurar uma cabeça de ponte para o desenvolvimento social, econômico e cultural" da região.

Os técnicos da Jica propunham que, ao lado de fazendas de grande porte ("a serem exploradas com mentalidade empresarial") fossem criadas fazendas de médio e pequeno porte "funcionando em sistemas de operação coletiva, sob uma orientação técnica e apoio seguros por parte das autoridades". Estas pequenas fazendas "causariam uma reação em cadeia que resultará na atração de investimentos e na introdução de novas tecnologias", que acabariam por acelerar ainda mais o desenvolvimento.

Essas propostas do governo japonês que, segundo Hélio Duque, se configurariam no programa inicial para a implantação do Projeto Jica no cerrado, foram esclarecedoras porque – apesar dos desmentidos oficiais – estavam realmente sendo colocadas em prática pelas autoridades brasileiras.

E foi isso que nós, então jovens repórteres, tivemos a oportunidade de constatar e de revelar pela primeira vez ao Brasil – por inspiração do Herbert de Souza, o Betinho – naquele ano de 1984.

3.1.4 - A Busca de Informações

Bancados pelo nascente Ibase (Instituto Brasileiro de Análises Socioeconômicas), hoje famoso, nós rodamos a região a bordo de um velho fusca verde emprestado do pai do Bernardo, o nosso querido Clério Pelegrini.

O que vimos ali era fantástico. Cidades convulsionadas em transformação. O governo federal colocava uma infraestrutura pesada voltada para a modernização de ferrovias, a construção de estradas e armazéns e apoio efetivo à pesquisa técnica da agricultura nos cerrados. Ao mesmo tempo, as propostas da Jica contidas naquele documento se consolidavam com a criação da Companhia de Promoção Agrícola, a CPA, mais conhecida ali como Campo.

Nos primeiros três anos de atividade, iniciada em 1981, a Campo desenvolvera um trabalho rigorosamente dentro dos moldes do documento da Jica. Aliás, a Jica era a principal acionista da Campo. E, à frente da Campo, como presidente, esteve desde o início o engenheiro Paulo Afonso Romano de Santana, secretário-geral do Ministério da Agricultura do governo do ditador militar Ernesto Geisel.

Geisel tinha muito a ver com toda esta história. Em 74, ele viajou ao Japão e lá firmou as bases de um programa de cooperação técnica e econômica para desenvolver o sertão de Minas Gerais. No final de seu governo, em 1976, como resultado das negociações, foi deflagrado o Programa Nipo-Brasileiro de Cooperação para o Desenvolvimento Agrícola do Cerrado, o PRODECER.

Através do PRODECER, o Japão se comprometia a investir US$ 250 milhões para desenvolver os cerrados.

A Campo, portanto, nascera com o PRODECER.

A Campo era formada por duas holdings, uma brasileira e outra japonesa. Do lado brasileiro estava a Companhia Brasileira de Participação Agrícola (a Brasagro), com 51% do capital. Do lado japonês, a Japan-Brazil Agricultural Development Corporaton (Jadeco), com 49% do capital. Entre as 24 empresas que formam a Brasagro, o Banco do Brasil, Cibrazem, Bamerindus, Banco Econômico, Banco Nacional, Cica, Manah, Eucatex, Solorrico, Brahma, Florestal Acesita, Nutricia e Companhia Vale do Rio Doce. Na Jadeco, formada por 48 empresas, destacavam-se a Mitsubishi, o Bank of Tókio, a Central de Cooperativas do Japão, a Mitsui, Ishikawajima e Toshiba. A principal acionista da Jadeco, com dois milhões de ações, que correspondiam a 50% do capital, estava a Japan International Cooperation Agency.

Enfim, apesar de todos os desmentidos oficiais, o Projeto Jica era uma coisa real. Faltava ver, naqueles tempos de contradições nos discursos nacionalistas, a extensão que esta coisa tinha na soberania nacional. O então deputado Ronan Tito (PMDB-GO) alertou logo depois, em brados até mais altos dos que os de seu colega Duque: "Essa margem de segurança de 49% para 51% existente dentro das ações da Campo é bastante temerária. Contratos sociais se alteram. Então, mesmo levando em conta apenas a questão do controle acionário, estamos caminhando dentro da faixa de perigo".

3.1.5 - As Restrições ao Capital Estrangeiro

Naquele momento, discutíamos também uma outra coisa. Uma das características fundamentais do capitalismo japonês moderno, que é a de evitar o controle acionário completo das empresas nos países em que atua. Os parlamentares lembravam, nesse caso, o ilustrativo exemplo da Sharp do Brasil. Na Sharp, o capital japonês subscreve apenas 25% do capital global da empresa, mas reserva o pleno domínio a partir da tecnologia. No caso do Projeto Jica, este sutil controle nas decisões se repetiria, já que é a própria Jica quem libera os empréstimos que o governo brasileiro aplica na região.

3.1.6 - A Repercussão no Cenário Brasileiro

Até os primeiros meses de 1980, antes das denúncias explodirem em Brasília, a perplexidade ainda tomava conta das associações e sindicatos de trabalhadores rurais na região envolvida pelo projeto. Todos assistiam as transformações que agitavam o cerrado e invadiam as cidades de Minas Gerais, sem compreender exatamente o que acontecia.

Mas, quando a história do Projeto Jica começou a tomar forma, o debate mobilizou vários setores da sociedade brasileira em todo o país. Desde a Loja Maçônica do Paraná até a Conferência Nacional dos Bispos do Brasil (CNBB), passando por quase todas as agremiações de trabalhadores do campo, se manifestaram contra o projeto. Em agosto de 1980, trabalhadores e representantes sindicais de 35 municípios do Triângulo Mineiro e do Estado de Goiás reuniram-se em Goiânia para discutir o Projeto Jica.

"Para a implantação do projeto, o governo gastará grande quantidade de dinheiro, expulsando o homem do campo de suas terras, obrigando-o a se desenraizar e migrar para áreas urbanas. Tudo isso com o fortalecimento de grandes empresas e multinacionais na zona rural", dizia uma nota oficial do encontro, divulgada pelo secretário da Comissão Pastoral da Terra (CPT).

A Pastoral da Terra, com base em relatos de representantes sindicais, denunciava que grandes proprietários estavam utilizando meios nem sempre lícitos para expulsar o pequeno colono de sua propriedade: "Os técnicos rondam as terras de seu interesse, conseguem comprar uma pequena área e depois vão utilizando pressões e outros expedientes para comprar propriedades vizinhas".

Em fevereiro de 1981, representantes de 27 sindicatos rurais do Triangulo Mineiro, Alto Paranaíba e sul de Goiás se reuniram em Uberlândia. Em um relatório final, eles alertaram: "Não só o chamado Projeto Jica, mas os outros projetos de desenvolvimento do cerrado estão aumentando assustadoramente o número de trabalhadores volantes na região, achatando seu já reduzido salário. Além disso, a elevação do preço da terra está fazendo com que os pequenos proprietários, sem visão global do que ocorre, acabem vendendo suas fazendas, favorecendo a concentração".

Os líderes rurais admitiam que, em curto prazo, o projeto traria uma série de mudanças aparentemente positivas para a região – inclusive a valorização do preço da terra e o crescimento rápido das cidades envolvidas. A médio e longo prazo, porém, resultaria numa concentração de terras em poder de grandes empresas agropecuárias, altamente mecanizadas e, por isso mesmo, antissociais, numa região onde proliferam os bóias-frias.

Em setembro de 1980, o deputado Ademar Santillo, do PMDB de Goiás, entrou na Câmara Federal com um pedido de instalação de uma Comissão Parlamentar de Inquérito para investigar o Projeto Jica. Santillo afirmava em sua exposição de motivos: "A criação das holdings, a Brasagro e a Jadeco, para formar a Campo, foi a forma encontrada pelos capitais japoneses para burlar a legislação brasileira que proíbe a aquisição de mais de um quarto da área de um município por estrangeiros. Mas, se associados a brasileiros, podem comprar até toda a área do território nacional".

3.1.7 - As Negativas dos Governos

Desde as primeiras repercussões das denúncias envolvendo o Projeto Jica, as autoridades do governo passaram a negar sistematicamente que os projetos de colonização em curso nos cerrados mineiros tivessem qualquer coisa a ver com as orientações do governo japonês.

O ministro da Agricultura, Amaury Stábile, veio a público diversas vezes desmentir a existência do projeto. "Isso não passa de uma paranóia oposicionista", chegou a dizer. Em 11 de novembro de 1980 a embaixada do Japão no Brasil desmentiu oficialmente a existência do Projeto Jica.

No dia 28 de dezembro do mesmo ano, os ministros da Agricultura e Transportes, Stábile e Eliseu Rezende, foram convocados pela Câmara para debater o Projeto Jica. Rezende afirmou que os vultosos investimentos que estavam sendo drenados para a construção de estradas e ferrovias no Centro-Oeste – com o objetivo de "escoar a produção de alimentos para o mercado externo", como admitiu, não tinham a menor relação com os estudos da Jica. E Stábile foi categórico: "Não existe a figura jurídica do chamado Projeto Jica".

As declarações dos ministros somavam-se a um emaranhado de cifras e um festival de evasivas. Todas as declarações e respostas às perguntas dos deputados procuravam desvincular completamente as ligações entre os projetos de colonização do cerrado e a presença da Jica. Stábile chegou a afirmar: "A criação da Campo é anterior ao estudo da Jica". Era mentira: o estudo foi iniciado em julho de 1978, mais de um ano antes da constituição da Campo, em novembro de 1979.

Dias depois, também convocado pelos deputados, esteve no Congresso o presidente da Campo, Paulo Afonso Romano de Santana. Ele afirmou em plenário: "Nunca li e não tenho conhecimento sobre este estudo da Jica", o que foi considerado na época uma "duvidosa declaração de incompetência".

Enquanto isso acontecia no Brasil, o Yomiuri Shinbun, um dos mais importantes jornais do Japão, publicava a seguinte notícia: "Estão concluídos os acertos entre o governo brasileiro e japonês para o aproveitamento de 500 mil hectares do cerrado, em diversos estados, entre os quais Minas Gerais". A notícia acrescentava: "O governo brasileiro pediu ajuda ao governo japonês para se transformar no centro mundial de fornecimento de alimentos".

3.1.8 - A Realidade

Apesar desse labirinto de desmentidos e escamoteações, em agosto de 1982 um segundo documento, que foi chamado de Projeto Jica II, começou a circular pelos gabinetes oficiais e pelos escritórios da Campo em Belo Horizonte e Brasília.

O documento foi mostrado pelo próprio Paulo Afonso Romano de Santana à jornalista Celeste Cintra, do Jornal do Comércio do Rio de Janeiro. No documento, a Campo previa a expansão do projeto-piloto para uma área de mais de 500 mil hectares. O orçamento inicial para essa segunda fase do projeto, segundo o próprio Romano de Santana, girava em torno de US$ 1,2 bilhão, dos quais US$ 400 milhões seriam captados em forma de empréstimo junto ao governo japonês.

A verdade é que, contradizendo todas as afirmações oficiais, o plano de expansão do Projeto Jica existia realmente. O documento estava pronto. E esta contradição entre o discurso do governo e os fatos, colocava ainda mais lenha na fogueira.

3.2 - O cerrado

Quem quer que percorresse, por aqueles dias, alguns palmos de légua das terras do Centro-Oeste, não tinha dúvidas de que alguma coisa mudava de forma acelerada.

A vastidão do cerrado mineiro ou goiano era muito diferente do que vemos hoje. Enormes fazendas inexploradas e entremeadas por pequenas e medias propriedades estavam ali, confinadas à solidão quase completa. Até o final da década de 60, aquele oceano de mato ralo era relegado ao capim, onde os fazendeiros jogavam cabeças de boi e o exploravam de forma absolutamente aleatória.

Na terra do cerrado, onde nasce uma vegetação particularíssima - de aspecto tortuoso e árido – só se consegue produzir qualquer coisa com a utilização de tecnologia e assistência sistemática. Em se plantando – sem calcário, fosfato e adubo – nada dá. Por força da natureza só nasce ali o capim barba-de-bode, o pau-torto, a samambaia, o espinheiro – além de algumas espécies aromáticas e medicinais como o pequi, a mangaba e a raiz do mama-cadela.

O cerrado é paradoxal: qualquer botânico experimentado seria capaz de confundir sua vegetação de folhas brilhantes e grossas e troncos recobertos por cascas e espinhos, com a vegetação típica das regiões secas. No entanto, não falta água no cerrado.

Sua vegetação e sua imensa área contínua foram sempre capazes de despertar o interesse e a cobiça dos estrangeiros, como um estigma que pesasse sobre a aparente monotonia de sua paisagem.

Ainda no final do século passado, quando cientistas brasileiros estudavam, deslumbrados, a floresta Atlântica, o dinamarquês Eugênio Warming publicou o primeiro estudo sobre a vegetação do cerrado. Esse trabalho (a "Lagoa Santa", 1892) foi editado em dinamarquês e só quinze anos mais tarde era traduzido para o português, depois de ter passado por várias edições inglesas e francesas.

O interesse pela vegetação do cerrado foi aguçado com a criação da Universidade de São Paulo, em 1934. Outra vez um estrangeiro, o alemão Félix Ravitcher – que veio para o Brasil assumir o Instituto de Silvicultura da USP – fascinou-se pela vegetação do Centro-Oeste e procurou animar o interesse dos acadêmicos, entre os quais o então estudante Mário Guimarães Ferri, que se transformou num dos maiores conhecedores do cerrado brasileiro.

Na década de 1950, Guimarães Ferri resolvia aquela insólita contradição que parecia condenar os cerrados à exploração primitiva. Ele descobriu que a singular semelhança de sua vegetação com as vegetações de regiões desérticas não era uma defesa contra a falta d'água, e sim um mecanismo de proteção contra o mais sério problema do solo do cerrado: a falta de nutrientes.

As raízes do cerrado têm que lutar para encontrar os nutrientes que o solo arenoso nega sistematicamente. Por isso, as raízes são sempre muito mais longas e vigorosas que toda a parte aérea da planta e chegam a atingir profundidades de até dez metros. Isso, logo de inicio, impõe a primeira dificuldade em que esbarram os agricultores do cerrado: a terra, para ser completamente destocada, exige investimentos volumosos que acabam devorando grande parte dos lucros das primeiras safras.

Mas era a falta de nutrientes que atormentava os agricultores que se aventuraram a cultivar aquelas terras. A fertilidade do solo tem que ser cuidadosamente criada. A rigor, depois do desmate, não existe mais.

3.2.1 – A Descoberta da Oculta Potencialidade do Cerrado

Apesar de toda a dificuldade inicial, outros dados indicaram sempre a potencialidade dos cerrados. O cerrado brasileiro era naquele tempo e ainda é hoje a maior área contínua de terra agricultável ainda virgem no mundo. São cerca de dois milhões de quilômetros quadrados, cem milhões de hectares, dos quais cerca de 70% situados na região Centro-Oeste. Destes cem milhões de hectares, pelo menos cinqüenta milhões são prontamente aproveitáveis. Além disso, devido a suas características topográficas, o cerrado é quase que inteiramente mecanizável, o que permite uma agricultura intensiva em larga escala.

No inicio da década de 1960, o cerrado surpreendeu mais uma vez os técnicos, superando as expectativas mais otimistas. Em testes com diferentes combinações de adubos e calcários, agrônomos paulistas trabalhando em três tipos de solo de cerrado, comprovaram que, uma vez corrigidos, esses solos atingiam altíssima produtividade, excedendo largamente as médias nacionais. No caso da soja, os agrônomos comprovaram que era possível colher até três mil quilos por hectare, contra mil quilos por hectare que era então a média nacional. A produtividade do milho atingiu seis mil quilos, contra a media nacional de 1,4 mil quilos por hectare.

Por isso, diversos projetos de ocupação do cerrado seriam desenvolvidos a partir da década de 1970, com a participação direta ou indireta dos japoneses, que transformaram o cerrado num imenso laboratório.

3.2.2 - O Acordo Básico de Cooperação Técnica Brasil-Japão

Corria o ano de 1961 quando o Estado Maior das Forças Armadas se reuniu em Brasília para discutir um ambicioso projeto de colonização e aproveitamento dos cerrados de Minas Gerais e Goiás.

Naquela reunião ficou decidido: o projeto deveria ser vetado na entrega, sem deixar a menor margem para novas tentativas ou investidas, já que representava um sério risco para a soberania nacional.

O projeto havia sido apresentado pelo Ministério dos Negócios Estrangeiros do Japão ao presidente João Goulart. E pegou de surpresa os governadores Mauro Borges, de Goiás, e Magalhães Pinto, de Minas. Estava respaldado em um estudo realizado pelo técnico japonês Ioshi Matsumoto e assentava seus interesses exatamente nessa área que hoje está sendo ocupada pela Companhia de Promoção Agrícola, a Campo.

O governo japonês propunha ao governo brasileiro o financiamento completo de todo o plano de ocupação, o que incluía a construção de uma ferrovia para ligar Minas Gerais ao Porto de Maraú – um pouco ao sul de Ilhéus, na Bahia. Junto com a proposta, foi apresentada também a principal responsável pela execução do financiamento. Ninguém menos que a Japan International Cooperation Agency, a Jica.

Depois do veto das Forças Armadas, a questão do cerrado só viria a ser tratada novamente pelos altos escalões do Governo Federal no inicio da década de 1970. Naqueles anos, todas as atenções estavam voltadas para a aventura patriótica no "Inferno no Verde": a construção da Transamazônica. Em meio ao clima de ufanismo, o presidente militar Garrastazu Médici selava um aparentemente isolado plano de trabalho conjunto com o governo japonês.

Exatamente no dia 15 de julho de 1971, Médici assinou o Acordo Básico de Cooperação Técnica Brasil-Japão. Este acordo previa a vinda de técnicos japoneses para estudar a economia do país e, quase como um detalhe secundário, também o cerrado brasileiro – conforme rezava uma de suas cláusulas.

No ano seguinte, dirigentes da Cooperativa Agrícola de Cotia, a CAC, inteiramente formada por imigrantes e descendentes de japoneses no Brasil, visitaram fazendas instaladas na região do Alto da Paranaíba, nas beiradas do Triângulo Mineiro. Em seguida, os dirigentes da CAC entabularam contatos com Paulinelli para propor um grande programa de colonização dos cerrados na área.

Eles queriam levar para lá seus cooperados, vindos de experiências anteriores com terras já ocupadas no sul de São Paulo e norte do Paraná. Dez meses depois das primeiras negociações, em setembro de 1973, estava criado o maior projeto agropecuário de que o Brasil tínha noticia até então: o Programa de Assentamento Dirigido do Alto da Paranaíba (Padap).

Para dar início ao Padap, o governo desapropriou uma área de 61 mil hectares de terra e investiu a quantia, astronômica para a época, de mais de um bilhão e duzentos milhões de cruzeiros.

O ato de desapropriação das terras – que se estendem pelos municípios de Alto da Paranaíba, São Gotardo e Campos Altos – foi também o mais rápido de que se tem noticia na história recente do Brasil. E mexeu com interesses poderosíssimos: os seculares latifundiários do cerrado, donos de forte poder de pressão dentro do próprio governo de Minas.

3.2.3 - A Cooperativa Agrícola de Cotia (CAC) e o Padap

Em março de 1974, começaram a chegar os primeiros cooperados da CAC para a execução do Padap. Era uma experiência inédita não só em termos de proporções, mas também de organização: vários órgãos privados e governamentais – Epamig, Emater, Rural Minas, Banco do Brasil e o Banco de Desenvolvimento Econômico de Minas Gerais, entre eles, – se envolveram no projeto comandado pela CAC.

"Nós não tínhamos nem idéia dos resultados que poderíamos obter", relatou para nós o diretor do núcleo da Emater em São Gotardo, Murilo Barbosa Carvalho. "Os agricultores que vieram para cá foram usados como cobaias de uma experiência que, felizmente, foi um sucesso".

O sucesso do Padap pôde ser medido em números. A safra 1981/1982 atingiu o maior índice de produtividade média de trigo da agricultura brasileira até então, colhendo 33,7 sacas por hectare.

A CAC partilhava sistematicamente os resultados do Padap com os técnicos enviados ao Brasil pela Jica."Nas primeiras fases da implantação, recebíamos visitas dos técnicos da Jica praticamente todos os meses", relatou o coordenador técnico da CAC em São Gotardo, Luis Kinoshita.

E foi êxito do Padap que forneceu as bases para o lançamento de um projeto ainda mais ambicioso, dando curso à ocupação do Centro-Oeste. Esse novo projeto foi criado pelo governo Ernesto Geisel. Chamava-se Polocentro. O Polocentro, quando lançado, pretendia incorporar três milhões de hectares de cerrados com a inversão maciça de capitais, incentivos e abertura de linha de crédito para grandes e médios agricultores.

3.3 - O polocentro

O programa do Polocentro era claro: criar áreas de penetração na periferia dos cerrados, para permitir a formação de cidades, escoadouros de produção, concentração de mão de obra e, enfim, toda a infraestrutura necessária para um avanço ao interior do cerrado.

Rodovias foram asfaltadas ligando cidades, ferrovias modernizadas, armazéns construídos, minas de calcário e fosfato exploradas. Pelos lados de Mato Grosso do Sul, cidades inteiras surgiram da noite para o dia, em meio a imensos campos de soja e trigo. Na outra ponta do cerrado, em Minas Gerais, cidades até então confinadas à própria solidão foram lançadas no ritmo frenético dos acontecimentos. O Polocentro revolucionou o cerrado brasileiro.

Foi em meio a esse clima que, em 1976, o presidente Ernesto Geisel viajou ao Japão onde, entre outros programas conjuntos, criou o Programa Nipo-Brasileiro de Desenvolvimento Agrícola da Região dos Cerrados (PRODE-

CER) que previa a ocupação do Centro-Oeste brasileiro por capitais japoneses e brasileiros.

O Polocentro já agonizava quando a Campo foi criada, como primeiro passo para a implantação do PRODECER. Aos poucos, o governo promovia a sua desativação, diminuindo os recursos liberados para o programa.

Assim, se até o final da década de 1970 pareciam obscuros os princípios geopolíticos que nortearam o Polocentro, as coisas se clarearam com a instalação da Campo.

O Polocentro foi o último lance de articulação para a entrada em cena dos poderosos capitais japoneses e brasileiros, que iniciariam o terceiro e, certamente, definitivo ciclo de ocupação dos cerrados brasileiros, sob a égide do Projeto Jica.

3.4 - O prodecer

Quem viu um dia e guardou na lembrança as imagens da febre que domina as cidades envolvidas pelos novos ciclos de colonização; quem rodou as cidades que brotaram no norte do Paraná nas década de 1960 ou as novas fronteiras de penetração no Mato Grosso e Goiás nas décadas seguintes, batia os olhos nas cidades mineiras de Patrocínio, Coromandel, Paracatu ou Irai e tinha certeza: iniciava-se ali um vasto ciclo de colonização. O pacato mineiro daquelas regiões do cerrado era arrancado abruptamente de sua tranqüilidade inabalável e jogado um burburinho de gentes, máquinas e automóveis que invadiam as ruas, numa mistura de barulhos e sotaques vindos dos mais diversos cantos do Brasil.

A paz das cidades secularmente enfiadas sobre si mesmas, com a lembrança ainda viva da colonização portuguesa, se estilhaçava rapidamente e dava espaço a uma realidade que o povo do lugar estava longe de aceitar ou compreender, naquele início de atuação da Campo.

Naqueles idos de 1984, 1985, quando rodamos a região pela segunda vez, a população já não tinha dúvidas sobre a origem de tudo. Para eles, a febre que agitava os intestinos do Centro-Oeste começara na década passada com o Polocentro. E culminara com a ocupação, iniciada em 1980, dos 62 mil hectares da Campo.

As dúvidas, constatamos ali, se concentravam e se avolumavam apenas num ponto: a dimensão real da presença japonesa em torno da ocupação daquele pedaço do território nacional. Para o povo dali, o chamado Projeto Jica ainda era um grande fantasma, do qual quase todo mundo havia ouvido falar, mas que ninguém vira.

Quando estourou a primeira denuncia do projeto Jica, formulada pelo deputado Hélio Duque (PMDB), no dia 17 de abril de 1980, na Câmara Federal, em Brasília, a história conquistou rapidamente as manchetes de vários grandes jornais brasileiros.

Segundo a denúncia, o plano em curso visava à internacionalização de 60 milhões de hectares do cerrado brasileiro, equivalente a um milhão de quilômetros quadrados. Esse enclave seria instalado nos Estados de Minas Gerais, Goiás e Espírito Santo até o ano de 1990, com o objetivo de produzir quantidades fantásticas de grãos, principalmente soja, sorgo, milho e trigo.

Essa produção, além de abastecer o mercado interno do Japão, estaria vinculada aos projetos expansionistas do capitalismo japonês.

Toda a infraestrutura para a produção e exportação destes milhares de toneladas de grãos se daria a partir de grandiosos programas de cooperação entre Brasil e Japão. As denúncias na Câmara Federal lembravam que, no momento exato em que se tratavam as discussões parlamentares, sólidas empresas brasileiras e multinacionais japonesas, associadas em torno da Campo, iniciavam o projeto de exploração econômica dos cerrados.

Segundo Hélio Duque, a Campo era o "verdadeiro cavalo-de-tróia do Projeto Jica". Afinal, por trás dela, e sustentando esse meticuloso programa de ocupação, estava justamente a empresa estatal do governo japonês.

Essas denúncias coincidiram com uma noticia divulgada pelo então secretário de imprensa do Palácio do Planalto, Alexandre Garcia, sobre uma hipotética imigração de 10 milhões de "asiáticos" para terras brasileiras.

Embora tenha caído no esquecimento, a notícia serviu naquele momento como lenha no fogo dos debates. Logo, ministros de Estado e altas autoridades governamentais, políticos e até a embaixada do Japão no Brasil se apressariam em desmentir a existência de um projeto tão ambicioso.

Havia, no entanto, por trás de tudo, contradições gritantes.

Todas as denúncias do deputado Hélio Duque se fundamentavam num documento de 200 laudas, datado de julho de 1979, que circulara até então pelas discretas gavetas de autoridades do governo. Mais do que um simples documento, o trabalho era uma proposta de "ocupação racional" das terras do cerrado. E fora elaborado pela Japan International Cooperation Agency.

3.4.1 - Os Reflexos no Meio Ambiente

Numa tarde de 1982, o fim do mundo se anunciou e tudo ficou escuro. O céu foi recoberto por uma apocalíptica nuvem de poeira e por um instante os moradores de São Gotardo, em Minas Gerais, tiveram a nítida impressão de que o fim dos tempos chegara. Mais uma vez a natureza se perturbava com um fenômeno avassalador, já visto com freqüência nos campos devastados do Rio Grande do Sul em décadas passadas: a erosão aeólica.

Sem árvores para bloquear a mais leve brisa, os ventos fortes viravam um inferno. O vento vinha de longe em linha reta comendo toda a terra que encontrava pela frente. Naquela tarde, o agricultor que havia preparado o terreno para o plantio, já começava a calcular os prejuízos: a erosão eólica arranca a superfície adubada e vai arrastando o que tem pela frente até o limite de sua força. Aquele mundo de terra, levantado vários metros acima do nível do solo, formava uma densa nuvem que recobria tudo.

No final de 1982, São Gotardo via a erosão aeólica pela terceira vez. Era um sintoma assustador dos desequilíbrios ecológicos provocados pela devastação de 62 mil hectares de mata do cerrado para execução do Programa de Assentamento Dirigido do Alto Paranaíba, o Padap.

Os ambientalistas alertavam que o cerrado não resistiria ao desmatamento indiscriminado para execução de grandes projetos. As finas camadas férteis, diziam eles, se negarão às sementes se não forem acalentadas por um trabalho de preservação permanente, através da rotatividade de culturas e de cultivos em escalas mais modestas.

Pelo sim e pelo não, dois anos depois das primeiras grandes erosões eólicas na região, os técnicos envolvidos na ocupação dos cerrados passaram a cumprir com rigor a determinação, desrespeitada até então, de preservar pelo menos 20% do terreno ocupado pelos campos de cultivo. O que eles não conseguiam calcular é o tempo que seria necessário para repor árvores que formassem novamente barreiras contra o vento e impedissem a perpetuação da erosão eólica.

> "Quando lançaram o Padap, não houve nenhuma preocupação com o caráter ecológico do programa. A área foi devastada quase de um dia para o outro. Os colonos montavam em seus tratores e partiam feito loucos, arrancando qualquer pedaço de mato que encontrassem pela frente"

relatou, em São Gotardo, um técnico da Emater.

A cidade mudou muito naqueles tempos. E a lição dos problemas ecológicos que vieram com a devastação não foi a única que se pôde extrair do Padap. O programa alterou as configurações mais singelas da pequena São Gotardo. Em menos de dez anos, a ocupação em larga escala do cerrado alterou mais profundamente a fisionomia da cidade do que os séculos de presença do colonizador português ou das oligarquias mineiras.

Quando chegamos ali, a rodoviária fervilhava de gente. O trânsito urbano acabou de ser reestruturado, com amplas e modernas vias de mão única – incomuns nas cidades do interior. O comércio foi recheado com opções que os moradores antigos da cidade sequer imaginavam existir e, apesar da população reduzida, São Gotardo já se gabava de possuir uma frota de táxis dotada de sofisticados modelos zero quilômetro.

3.4.2 - Cooperativa Agrícola de Cotia (CAC): O Agente da Transformação

Quando a CAC chegou em São Gotardo, no final de 1973, um hectare de terra valia 900,00 cruzeiros, um valor irrisório para os padrões da época. Segundo os antigos, aquelas terras não serviam para nada a não ser engorda de boi. Menos de dez anos depois, no inicio da década de 1980, já não existiam terras disponíveis no município, e um hectare não saía por menos de 300 mil cruzeiros.

De qualquer maneira, trabalhar a terra do cerrado não é tarefa em que baste o esforço do agricultor: são necessários investimentos maciços que só começam a ser compensados após a segunda safra. Por isso mesmo, só é possível ali uma agricultura de grupos fortes.

Assim, desde cedo, os lavradores da região, acostumados a culturas de subsistência, foram vendo que a nova agricultura trazida pela CAC escapava à sua compreensão. Surgiam coisas de que eles nunca ouviram falar, como assistência técnica, fosfato, calcário, silos, tratores, colheitadeiras, soja e japoneses.

Um pacto surdo entre a CAC e a Secretaria da Agricultura de Minas Gerais, na época da instalação do Padap, estipulava que pelo menos 80% dos colonos fossem indicados e selecionados pela própria cooperativa, a partir da inscrição de filhos e parentes de seus cooperados originários do sul do país, todos imigrantes japoneses ou descendentes nisseis.

Assim, desde o primeiro momento as populações da região ficaram à margem do processo produtivo, incorporado a ele como mão de obra contingenciada. Com a especulação no preço da terra, a maioria foi vendendo suas pequenas propriedades e se acumulando na periferia da cidade. A pequena agência do IBGE em São Gotardo registrou estas mudanças em seu censo de 1980: a população urbana aumentou em 66% por causa das migrações da zona rural para a urbana.

Vilas luxuosas no melhor estilo das grandes cidades iam sendo construídas distantes do centro, ocupadas pelos funcionários do alto escalão da CAC e pelos seus colonos mais privilegiados – formando um fechado núcleo oriental com suas festas, clubes e escolas segregadas, longe da cidade. Os hotéis foram ampliados para receber os viajantes e representantes comerciais que farejavam ali o dinheiro correndo. Restaurantes e bares para os novos moradores de São Gotardo iam sendo abertos, junto com butiques. A agência dos correios foi abarrotada de correspondência internacional para distantes japoneses, onde os migrantes deixaram seus familiares, há muitos anos.

Logo na entrada da cidade, o armazém da CAC cristalizava as transformações que ocorreram. Cabiam ali 30 mil toneladas de grãos, armazenados a espera do melhor preço para comercialização. Entre a maioria dos agricultores, tudo circulava em torno da cooperativa.

Não restava ao colono outra alternativa senão seguir os padrões e determinações da CAC. São Gotardo registrou, em 1982, o caso de um cooperado brasileiro que se recusou a comprar fertilizantes da CAC e foi adquiri-los de um comerciante amigo, em Patos de Minas.

O resultado foi que a cooperativa não comprou sua produção daquele ano e – sem uma estrutura particular de comercialização – ele teve que arcar com as despesas do frete para escoamento da produção, além de articular por conta própria os preços e cotações do produto, o que a CAC fazia para seus cooperados através de sofisticados sistemas de mercantilização centralizados em sua matriz, em São Paulo. Para o colono, o prejuízo total foi o preço que pagou por desafiar o surdo monopólio da cooperativa.

3.4.3 - Dicotomia: Novo X Tradicional

Distantes de todas as sofisticações, os trabalhadores rurais de São Gotardo viviam de vender seu trabalho e penetrar na modernidade que o novo ciclo econômico trazia. A vida dos trabalhadores dali, antes da chegada da CAC, não era melhor: a grande parte da população masculina da cidade deixava São Gotardo nos períodos de colheita e ia vender sua força de trabalho eventual em centros maiores, como Uberlândia e Uberaba. Acumulando algum dinheiro, voltavam à terra natal com o suficiente para pagar as contas do empório e tocar a vida por mais alguns meses. Com as mudanças e a abertura das novas fazendas, o trabalho começou a sobrar em São Gotardo.

E, como a mão de obra passou a ser escassa, os proprietários das glebas do Padap começaram a segurar os trabalhadores para a época de maior pique na lavoura, contratando os antigos bóias-frias para período de tempo integral.

Assim começou a sobrar trabalho para todos.

Surgia ali uma nova relação de trabalho e de vida rural, totalmente diferente das relações tradicionais até então verificadas no país.

Homens e mulheres que deixaram a roça para se aventurar na cidade eram, certamente, trabalhadores de um novo tipo. Eles moravam na cidade e iam à lavoura apenas para cumprir as horas de trabalho. À noite voltavam para as luzes de São Gotardo e inundavam os botecos ou igrejas da cidade, numa vida comunitária extremamente avançada em relação à antiga solidão dos latifúndios.

O mito das relações harmoniosas entre o homem e a terra também descambou, na esteira do novo processo. O bóia-fria dos cerrados mineiros já era um agricultor habituado ao rugido dos tratores, ao trato com substâncias químicas e de relações profissionais menos degradantes que a serviçal relação com os velhos fazendeiros.

À noite, depois de assistirem às aulas em qualquer um dos cursos noturnos que existiam pela cidade, os jovens trabalhadores rurais da região – nas lanchonetes e bares do centro – poderiam ser confundidos com qualquer operário ou escriturário dos centros urbanos maiores. Plasmou-se ali uma nova mentalidade, mais aberta à contemporaneidade.

3.4.4 - Migração: Sucessos e Desequilíbrios

O Sindicato dos Trabalhadores Rurais de Patrocínio foi surpreendido por estranhos casos de tráfico de trabalhadores no começo de 1980. Proprietários rurais da cidade estavam buscando bóias-frias em lugares com excesso de mão de obra desempregada, como o norte do Paraná, onde a mecanização da lavoura em curto espaço de tempo criou legiões de desempregados nas periferias das cidades.

No norte do Paraná, historias passadas nas lavouras de Minas Gerais corriam de boca em boca. A possibilidade de emprego havia transformado Minas num novo Eldorado, de onde se contavam casos de famílias inteiras que acertaram a vida apenas com alguns meses de trabalho.

Mas, em pouco tempo, histórias mais estarrecedoras também começaram a surgir, sobre casos do pavor que se abateu sobre trabalhadores que foram e não conseguiram mais voltar. Acontecia assim: caminhões vindos de Minas estacionavam de manhã em pequenas vilas periféricas onde se concentravam os bóias-frias, no norte do Paraná. Um capataz de fazenda dizia procurar gente disposta a trabalhar em outro estado: prometia emprego fixo, bem pago, transporte gratuito da mudança, se houvesse, além de alimentação, moradia, estabilidade, e assim por diante.

Famílias inteiras embarcavam às vezes. Chegavam em Minas Gerais e depois de alguns dias de trabalho sentiam o peso da realidade: eram acomodados em tendas, comiam mal, trabalhavam o dia todo e quando reclamavam seu direito de ir embora e pediam as contas, eram informados das dívidas que haviam feito com a mudança, com a comida distribuída nos primeiros dias. A maior parte dos trabalhadores acabava ficando durante todo o período da safra, para poder voltar depois. Outros, desesperados, procuravam o sindicato para pedir ajuda.

Foi assim que o Sindicato dos Trabalhadores Rurais de Patrocínio se viu envolvido com aqueles casos inéditos em sua história. Tudo aconteceu porque, atraídos pelos financiamentos do Polocentro, fazendeiros do sul abriram fazendas atrás de fazendas na região. Mas logo depararam com a falta de mão de obra em épocas de colheita. Alguns resolveram o problema da forma mais barata, através do trafico de bóias-frias.

Aos poucos a periferia de Patrocínio foi inchando, não só com os trabalhadores que vieram de outras regiões, mas também com ex-pequenos proprietários que venderam suas terras e ficaram sem ter para onde ir.

Mas os barracos e a miséria na periferia não foram as únicas modificações que o Polocentro imprimiu no ritmo da cidade. Gente enriqueceu, correu dinheiro pelas ruas, um comércio de prestação de serviços voltado para uma classe média rural ascendente floresceu, o trânsito estufou, apareceram os primeiros casos de criminalidade social e a vida da cidade nunca mais foi a mesma.

A história daquela pequena cidade de Patrocínio, fincada a leste do Triângulo Mineiro, na beira da ferrovia, foi um dos exemplos mais marcantes das profundas transformações que se operaram no coração do cerrado.

A linha divisória entre o passado e o presente era, por aqueles dias, tênue e indecifrável. A angústia da paz perdida se misturava com a esperança dos frutos positivos que o progresso certamente levou até lá, numa estranha perplexidade que arrancava da calma até o mais desavisado dos mineiros.

Patrocínio, até a chegada dos fazendeiros que vieram na maré do Polocentro, era uma cidade afundada na própria memória, sólida como um século: resistiam ali os velhos casarões coloniais, os enormes tijolos de barro, os retratos ancestrais nas salas das casas, e ainda aquele estranho arame de farpas sólidas que era importado de Portugal para cercar as fazendas dos antigos latifundiários.

Depois, desde o início das transformações, fisionomias de todos os cantos do Brasil passaram a se misturar nos botecos e nas grande vilas de casas populares recém-construídas. O viajante mais desavisado que chegava por lá em algumas épocas do ano, corria sempre o risco de não encontrar vaga nos quartos dos hotéis, apesar das ampliações que quase todos promoveram em suas dependências.

Por uma noite, em 1982, nós nos hospedamos na pequena Pensão Minas Gerais administrada por três velhas mulheres que serviam, no almoço, uma famosa abóbora. Da soleira da porta, observávamos um vasto descampado, descortinado por trás das últimas ruas da cidade.

Dois anos depois, quando voltamos, as mulheres não estão mais lá. Partiram com medo dos assaltos e sem entender aquela multidão de novas caras que começavam a se despejar em busca de acomodações. Técnicos de linha férrea modernizando a ferrovia, peões de fazendas, construtores, todos formavam uma freguesia ruidosa demais para os nervos das velhas senhoras. E da soleira da porta só se podia ver, em 1984, o telhado de uma enorme indústria, que misturava seu barulho sincopado com o ruído quase ensurdecedor dos automóveis que se movimentavam até muito tarde da noite.

3.5 - Os investimentos japoneses e brasileiros

No inicio de 1982, o governo brasileiro anunciou que estava investindo recursos, juntamente com o governo japonês, nas obras de ampliação do Porto de Midanao, nas Filipinas, e na construção do Porto de Orita, no sul do Japão.

Publicada com a singeleza das notícias sem importância, num canto qualquer de página dos principais jornais brasileiros, a informação tinha um significado que ultrapassava de longe todas as expectativas acerca dos interesses envolvidos no Projeto Jica.

Já em 1980, diante do Congresso Nacional, em Brasília, o ministro dos Transportes, Eliseu Rezende, explicava a importância estratégica do Porto de Midanao para o futuro das exportações de alimentos brasileiros rumo ao mercado do Oriente. "Recebemos recentemente um navio de 150 mil toneladas, que saiu daqui com 72 mil toneladas de soja e o restante com minério de ferro. Navios desse porte são ideais para transportes a longa distância, pois barateiam estupendamente os fretes. No entanto, esse navio não teria condições de atracar e descarregar no Extremo Oriente, simplesmente porque lá não existem portos para receber navios com grandes carregamentos de grãos", explicou ele. Era aí que entrava o investimento no Porto de Midanao.

Já pelos idos da década anterior, o Brasil vinha sendo sondado por altas fontes do governo japonês, que queriam investimentos conjuntos para bancar a reforma e a ampliação do Porto de Midanao. Mas, na época, a "Keidan Ren", a confederação das indústrias japonesas, começou a se opor à ampliação do Porto de Midanao.

A "Keidan Ren" queria que os recursos fossem investidos na construção de um grande porto em Orita, uma província do sul do Japão. Esse porto demandaria investimentos muito mais vultuosos, mas em compensação cumpriria as mesmas funções estratégicas do Porto de Midanao, com a vantagem de se localizar dentro do território japonês.

Tanto em um caso como em outro, diante da mesa-redonda no Congresso Nacional, Eliseu Rezende foi taxativo: "Não haverá nenhuma participação financeira brasileira para a construção e reforma desses portos. Nem do governo e nem, no nosso entendimento, da iniciativa privada do país".

Apesar disso, um ano e pouco depois, o Brasil anunciava os investimentos, tanto para a reforma do Porto de Midanao, como para a construção do porto de Orita.

A reforma e a construção desses portos deixavam antever a gigantesca sombra dos planos japoneses para o destino dos grãos a serem produzidos no cerrado brasileiro. Segundo insistentes denúncias de Hélio Duque, o Japão já estava viabilizando a implantação de uma Bolsa de Cereais em Tóquio, para repassar e vender produtos agrícolas, competindo com a toda-poderosa Bolsa de Cereais de Chicago.

Por tudo isso, as insistentes afirmações da diretoria da Campo dizendo que "apenas o excedente da produção" seria exportado, soavam completamente falsas.

3.6 – A colônia japonesa: angústia e surpresa na integração

A velha viúva mineira trabalhava na fiação do algodão cru, em máquinas de madeira velha do tempo do Império e, pelo menos uma vez por mês, deixava sua casa, nos confins do cerrado mineiro, para vender o que havia produzido na vizinha cidade de Patos de Minas. E voltava sempre da cidade com novidades para contar aos filhos que vivem ao seu redor.

Rugas esticadas pelo sol, coluna curvada pelos anos, naquela tarde em que conversamos com ela, debaixo do calor infernal da beirada do asfalto, a velha viúva voltava para casa mais uma vez. Da cidade, além de se horrorizar com o preço das coisas, trazia uma notícia burlesca: pela primeira vez em sua existência pacata havia visto de perto um japonês.

Ela já havia visto coisas esquisitas em Patos de Minas. Vira a televisão pela primeira vez, luzes, carros modernos e uma vez viu até um casal de anões andando pelas ruas. Mas um japonês não havia visto nunca.

3.6.1 – A Imigração Japonesa

A história da imigração japonesa começou no início do século passado, quando 165 famílias aportaram em Santos, a bordo do legendário Kasato Maru. Substituindo o trabalho escravo nas grandes fazendas de café do interior paulista, a primeira leva de imigrantes japoneses foi obrigada a ceder diante da evidencia: não conseguiriam, tão cedo, juntar o dinheiro para financiar a viagem de volta.

Um agravante: os outros países do mundo, entre os quais os Estados Unidos, proibiram a entrada de japoneses em suas fronteiras, alegando dificuldades de integração e assimilação. Por isso, até 1941, quando a entrada de japoneses no Brasil foi suspensa, cerca de 190 mil japoneses da zona rural aportaram em terras brasileiras. Foi só depois da II Grande Guerra, em 1953, que as novas levas de japoneses atracaram no Brasil com uma outra realidade. Estes vinham para ficar. Até 1962, quando a imigração foi novamente suspensa, haviam chegado 60 mil pessoas, contra 190 mil do primeiro período.

Grandes setores desta comunidade viveram sérios conflitos de adaptação com a sociedade brasileira, durante décadas. Esse conflito assumiu configurações nítidas no processo de ocupação dos cerrados de Minas Gerais. Em São Gotardo, no início da década de 1980, onde a presença japonesa foi mais antiga, os agricultores do Padap formaram uma colônia fechadíssima. Moravam num bairro isolado, com escolas, clubes e centros de reuniões próprios, evitando todo e qualquer tipo de contato mais estreito com os brasileiros.

Não era raro que essa posição despertasse a ira de alguns setores da cidade. Um técnico agrônomo que, por imposição do ofício, era obrigado a visitar freqüentemente as terras dos colonos japoneses, dizia: "eles são sujos", para depois desfiar uma extensa oratória de insultos ao acaso, dando continuidade a uma mística que não é novidade no relacionamento de nisseis e brasileiros.

Apesar de tudo, a necessidade de integração já absorvia as preocupações de vastos segmentos da colônia nipo-brasileira.

3.6.2 - A Integração dos Japoneses na Comunidade Local

Mas a verdade é que aquela realidade, em que nipo-brasileiros serviam aos interesses do capitalismo japonês, convivia com uma outra realidade, em que batalhões de nisseis se debatiam numa crise de identidade em busca de um contato mais estreito com a sociedade brasileira.

E, se a historia é toda fartamente discutida em alguns círculos do sul do País, ainda estava longe de ser assimilada pelo homem comum, pelo lavrador e pelo pequeno comerciante daquelas regiões do cerrado onde o japonês começava a chegar.

Um barbeiro que corta indistintamente o cabelo de japoneses e brasileiros à beira de um riacho fétido na periferia de São Gotardo sentenciou para nós: "foi Deus quem mandou esses japoneses até aqui".

Certamente não foi. Nem o diabo.

Os japoneses que participaram daquela ocupação do cerrado não passavam de um segmento da sociedade brasileira que encontrou grandes dificuldades para se relacionar com o país. E, com certeza, muitos deles serviram como instrumento de um processo que nem eles mesmos conseguiram dimensionar.

Capítulo 4

O início do brilho

Celso Norimitsu Mizumoto
Júlio César Augusto Sesma da Cruz
Yoshisuke Ogura
Alcione de Souza Júnior

"Cerrado só dado ou herdado".
Alysson Paulinelli

Alysson Paulinelli, Ministro da Agricultura no período de 1974 a 1979, em sua entrevista nos transmite passagens importantes da evolução da agricultura no cerrado.

"O cerrado é uma região central do território brasileiro, que era uma terra de fazer longe, de fazer distância...

O cerrado era usado como uma exploração meramente extrativa, ora de carvão ora da pecuária onde havia um animal em cada 10 hectares, conseqüentemente, a renda era mínima, os homens não cuidavam da terra, só extraiam o que a natureza podia fornecer.

Foi o progresso do Brasil e sua industrialização a partir de 1930-1940 que obrigou a olhar o cerrado de outro ângulo. Atraiu, para os centros urbanos, grande parte da população. Em 1930 tinha 80% da população no meio rural, em 1970 tinha metade no campo e metade nas cidades. E a formação desses centros urbanos começou a exigir mais da agricultura tradicional. As terras roxas, as terras férteis, (como o massapé, o salmourão do Paraná, do Rio Grande do Sul, de Santa Catarina, de São Paulo, de Minas Gerais e de Goiás e outras) estavam cultivadas, mas com baixíssima produtividade. A nossa agricultura era muito incipiente. Mesmo assim, no final da década de 60 e início de 70, a economia brasileira estava mais equilibrada: havia mais recursos, se investiu no crédito rural, mesmo sem tecnologia, sem embasamento teórico, melhorando um pouco a produtividade. Conseqüentemente, não era competitivo.

> "Terminada a década de 1960, o Brasil era um país importador de tudo. O arroz que era seu principal produto, era importado. O feijão, a carne... o trigo era cem por cento importado. O leite, a própria carne, era uma vergonha: um país com dimensões continentais se subjugar a ser apenas importador de alimentos..."**(Paulinelli; 2007)**

O Brasil não tinha tecnologia própria, transferiu tecnologias de regiões temperadas do globo, onde se fazia uma agricultura tecnificada. Mas esta não era adequada para a região tropical e logicamente não dava o mesmo resultado. Importamos adubos, insumos modernos, produtos químicos e até sementes geneticamente modificadas produzidas para as regiões temperadas . A soja no Brasil somente era possível ser produzida lá no fundo, no canto do Rio Grande do Sul, no paralelo 30, porque precisava de 18 horas de insolação por dia para que geneticamente pudesse produzir.

> "Eu acho que foi essa pressão brasileira - o choque do petróleo na década de 1970 passando de US$ 3 para US$ 11 – que nos obrigou a fazer duas coisas: de um lado economizar na importação de trigo, carne, leite soja, óleo, arroz, feijão para comprar petróleo e por outro lado ocupar este espaço, melhorando seu sistema produtivo para tentar exportar e não importar gerando divisas para comprar petróleo". **(P; 2007)**

Surge neste momento a dicotomia: ou rompe-se o circulo vicioso de um país subdesenvolvido - atraso tecnológico que determina falta de produtividade que por sua vez cria barreiras para novas tecnologias -, ou fica-se como está.

O Brasil se convenceu de que precisava deixar de ser um país subdesenvolvido e partir para gerar o próprio conhecimento da agricultura tropical. Esta decisão tomada no inicio da década de 1970 foi fundamental, surgida de uma necessidade. O Brasil só exportava produtos tropicais como o café, a madeira tropical, a borracha, o cacau (onde até era competente, chegando a dominar 80% do mercado mundial, hoje em torno de 25% a 30%). Ainda dependia da importação de uma série de alimentos. A decisão foi ocupar diversas áreas, a começar pelo cerrado.

"Foi fundamental ter consciência de que nós precisávamos ter tecnologia própria. Este conhecimento fez dar o grande salto na agricultura brasileira".

Criou-se a Embrapa (Empresa Brasileira de Pesquisa Agropecuária) que se transformou no centro gerador de conhecimento e inovação. Neste processo foi de fundamental importância a ajuda da Jica, o intercâmbio de profissionais japoneses da mais alta qualificação que vieram para o Brasil, a instalação de equipamentos muito avançados, ajudando os nossos profissionais a obter um conhecimento muito objetivo na direção da ocupação racional do cerrado.

> "Eu acho que essa ajuda dos nossos amigos japoneses que estão no Brasil a quase 100 anos foi imprescindível. Veja o projeto PRODECER: teve acompanhamento permanente desta evolução tecnológica gerada no centro de pesquisa nacional, na Embrapa, nas

universidades, nas instituições de pesquisa estaduais que ajudaram muito na evolução do processo produtivo na região do cerrado." **(Paulinelli; 2007)**

O governo japonês ao chancelar esta ajuda, esta participação, deu credibilidade ao que se fazia no Brasil, para o mundo. Não veio aqui simplesmente para ver. Investiu, emprestou ao Brasil uma grande quantidade monetária a juros absolutamente compatíveis com a nossa necessidade. Aplicou no PRODECER (investimento dos dois governos) US$ 540 milhões de 1978 até 2002 criando 21 núcleos, excepcionais centros de excelência, que exerceram um papel indutor no desenvolvimento do cerrado brasileiro.

4.1 - O triangulo mineiro: o berço do desenvolvimento tecnológico do cerrado

"Café no Cerrado"

"Foi muito importante." (Paulinelli; 2007)

Na primeira metade do século XX, o Triângulo Mineiro/Alto Paranaíba ainda era considerado como um elo de ligação do Centro-Oeste brasileiro com a economia paulista. A região se constituía como ponto de passagem de produtos manufaturados que saíam de São Paulo em direção ao Centro- Oeste, bem como de mercadorias produzidas no Brasil Central que se destinavam a São Paulo e ao sul do país. Esta articulação mercantil foi beneficiada com a edificação de Brasília, que implicou na construção de uma malha rodoviária e no desenvolvimento de atividades produtivas para atender as demandas geradas pela nova capital federal. (Ferreira, 1998)

A política desenvolvimentista adotada pelo governo federal, por sua vez, via na industrialização a modernização da economia brasileira. Para viabilizar este projeto foram realizados investimentos no setor agropecuário como forma de incentivar a participação do capital no campo, além da busca da integração do mercado nacional, através da construção de estradas. De um modo geral, este projeto resultou na intensificação da mecanização agrícola, na expansão da atividade pecuária e na diversificação da economia urbana. Sobre o impacto dessas medidas sobre o Triângulo Mineiro/Alto Paranaíba, se manifesta Ferreira (*op. cit.*: 83):

> A região ora analisada contava, na verdade, com grandes possibilidades de assimilar e adotar as novas propostas de política econômica surgidas na década de 60, seja pela organização produtiva que apresentava, seja pela representação política que possuía junto ao poder federal.
>
> A economia urbana, por um lado, encontrava-se centralizada em algumas cidades como Uberlândia, Uberaba e Ituiutaba, que consolidavam como polos de atração para populações de outros estados, em virtude de seu dinamismo, por concentrar atividades urbanas absorvedoras de mão de obra.
>
> A economia rural, por outro lado, caracterizava-se pela pecuária extensiva e pela produção mecanizada de cereais. Além disso, atividades rurais começavam a se estender ao meio urbano através da implantação de indústrias que beneficiavam os produtos agrícolas e que, juntamente com o setor produtor de equipamentos para a agricultura, vão conferindo nova dinâmica à economia da região.

Em função de sua posição geográfica e da topografia plana, a região do cerrado era apontada como possuidora de grande potencial econômico, notadamente no que se refere à agricultura de exportação, altamente mecanizada. Entretanto, o impacto das transformações econômicas processadas no país não deve ser superdimensionado. O processo de modernização agrícola na região do Triângulo Mineiro/Alto Paranaíba é relativamente recente, datando da segunda metade da década de 1970. Até então, a pauta de produtos agrícolas era constituída, predominantemente, por culturas tradicionais de pouca transformação industrial, como arroz e feijão. As áreas ocupadas pelas lavouras eram ainda reduzidas. Em 1960, as lavouras temporárias ocupavam 7,96% da área total do Triângulo Mineiro / Alto Paranaíba e, as lavouras permanentes respondiam por somente 0,57%. Com relação à pecuária, Ferreira (*op. cit.*: 90) afirma que:

> Afora o desenvolvimento de novas culturas, o setor agropecuário da região contou com crescimento da pecuária. O indicador que relaciona as pastagens formadas à área total com pastos naturais e artificiais, possibilita a visualização desse fato em termos numéricos. Em 1960, o índice para o Triângulo/Alto Paranaíba era de 13,17%, crescendo, em 1975, para 20,8% e, em 1980, aproximadamente 44%. Isto significa que, na região, quase a metade da área total com pastos correspondia a pastagens formadas naquele último ano.

No que se refere ao quadro demográfico, a região se caracterizava por ser perdedora de população. Embora se perceba um crescimento demográfico considerável (taxa decenal de 29,34%) o saldo migratório foi negativo. Estes resultados nos levam a pensar que, embora tenha ocorrido um crescimento econômico, a organização sócioeconômica não favoreceu a permanência de pessoas na região. O município de Patrocínio pouco se beneficiou das mudanças econômicas que se processaram até então. A modernização se limitou a culturas específicas (lavouras de exportação) em áreas restritas, não proporcionando um desenvolvimento homogêneo. O depoimento de José Carlos Grossi (entrevista em 25/07/06), imigrante e um dos pioneiros na cafeicultura de cerrado, ilustra a situação de Patrocínio na época:

> Eu cheguei aqui por volta de julho de 1972 e já vim para conhecer a região, fazer todos os contatos, ver se a região era apta para o café e para isso, naquela época, nós não tínhamos dados meteorológicos em Patrocínio.
>
> (...) A minha primeira impressão ao chegar, era como se eu estivesse chegando em uma cidade no Nordeste, só tinha uns três ou quatro carros, uns fusquinhas velhos parados. A imagem foi muito ruim, uma cidade pequena, muito parada, bem diferente de São Paulo. Para chegar, por qualquer lado que fosse, seria 100 quilômetros por terra. O comércio era bem diferente, por ser uma cidade pequena. O que me impressionou foi a tranqüilidade do pessoal.

Para um representante comercial (engenheiro agrônomo) acostumado a viajar pelo país, o marasmo encontrado na cidade contrastava com a movimentação das regiões economicamente mais desenvolvidas. A comparação feita com São Paulo não se refere à cidade, mas sim ao Estado, mais especificamente à região de Garça. De qualquer forma, seu relato ilustra a precária urbanização do município de Patrocínio.

O isolamento da cidade pode ser melhor dimensionado se considerarmos que no início dos anos 1950, a ligação com as cidades vizinhas era feita por estradas de terra precárias. Os motoristas que se aventuravam a transitar eram admirados por todos e faziam questão de registrar seus feitos. Além delas, os motoristas tinham de enfrentar os obstáculos oferecidos pelos rios, atravessando pontes mal feitas ou utilizando balsas.

A reivindicação da construção da estrada Patrocínio-Ibiá (ligação com a BR 262) e da abertura da estrada vicinal que ligaria a Perdizes é recorrente na

Gazeta de Patrocínio, figurando sucessivas vezes na primeira página entre os anos de 1967/1974, como se lê na edição de 01 de fevereiro de 1970:

> Historicamente, Patrocínio (...) forneceu sempre a São Paulo, no século passado, por carro de boi; hoje se faz por caminhões.
>
> Infelizmente, temos a dizer que a Capital de nosso Estado não é mercado para a Zona do Alto Paranaíba e Triângulo, pois 80% do mesmo continuam à margem de Minas, isolados, sem rodovias necessárias para o escoamento rápido de nossa produção, que é grande e cujo mercado ainda é São Paulo, e talvez o seja por um século mais.
>
> A BR 262 devia ter outro traçado, (...) só podemos atingir após o percurso de mais de 100 quilômetros de estrada de chão batido. Esta é a verdade.

A despeito dos esforços da imprensa local e das lideranças políticas, a inauguração da rodovia Patrocínio-Ibiá teria que esperar mais sete anos. A inauguração da BR 365, que liga Patrocínio a Uberlândia e Patos de Minas, aconteceu em 1974. O binômio agricultura-pecuária continuava dominando o cenário econômico da cidade, retratado no campo simbólico através da bandeira do Município.

Mudanças significativas ocorreriam na década de 1970, com a ocupação do cerrado pela agricultura comercial, consequencia da política agrícola colocada em prática pelo governo brasileiro. Segundo Gonçalvez Neto (1991), a adoção de planos globais de governo remonta à década de 1950. Embora muitos não tenham se materializado, sua análise permite compreender melhor o quadro político e econômico do período.

O II Plano Nacional de Desenvolvimento – II PND (1975-79), em particular na sua proposta para a agricultura, editado pelo governo do General-Presidente Ernesto Geisel, apresentava como objetivos:

> Manter o crescimento acelerado dos últimos anos;
> reafirmar a política gradualista de contenção da inflação;
> manter em relativo equilíbrio o balanço de pagamentos;
> realizar política de melhoria da distribuição de renda;
> preservar a ordem social e política;
> realizar o desenvolvimento sem deterioração da qualidade de vida e devastação dos recursos naturais (Gonçalvez Neto, op. cit.: 178).

Elaborado num cenário econômico marcado pela crise do petróleo e do esgotamento do milagre brasileiro, o Plano reservava para o setor agropecuário a responsabilidade de aumentar a oferta de alimentos, gerar excedente exportável e estimular o desenvolvimento da agroindústria, revelando uma mudança em relação à agricultura, que nos planos anteriores era vista como entrave ao desenvolvimento econômico do país. Para atingir estas metas foi empregada como estratégia não só a ocupação de novas terras nas regiões de fronteira, já que o país contava com ampla disponibilidade de espaço, mas também a modernização das áreas já incorporadas ao mercado. (Gonçalvez Neto, *op. cit.*)

Esta idéia é compartilhada por Vera Lúcia Salazar Pessoa (1998: 48):

> Inserida neste quadro é que se dá a ocupação do cerrado em moldes empresariais, a partir da segunda metade da década de 1970, tendo por base os objetivos do II PND, quando esta área é reconhecida oficialmente como uma grande fronteira a ser ocupada, localizada junto dos grandes mercados urbanos do país.
>
> As transformações da agricultura nas áreas de cerrado são caracterizadas por dois processos, como reflexos da política de modernização proposta para o país. O primeiro, de expansão da fronteira das áreas efetivamente ocupadas com atividades agropecuárias. (...) Quanto ao segundo processo, ou seja, o de incorporação de nova tecnologia de produção na agricultura de áreas já efetivamente ocupadas, tem como objetivo o aumento da produção e da produtividade e a diversificação de cultivos. Este segundo, desempenha um papel importante nas considerações acerca das mudanças agrárias dessa área.

4.2 - Os primeiros sucessos no cerrado

"De fato quem primeiro anunciou a ocupação das regiões do cerrado foi o governador Israel Pinheiro, um homem que sempre teve muita visão, *era realmente um estadista*". (Paulinelli, entrevista 2007). Começou comprando a fazenda experimental em Felixlândia, onde foram aplicadas técnicas comprovando que o cerrado era viável. Mas o projeto não saiu da esfera pública, continuando em escala experimental.

Rondon Pacheco, assumindo o governo de Minas Gerais deu continuidade e foi no seu mandato que efetivamente ocorreu o início da ocupação do cerrado como um processo produtivo, feito pelo produtor rural. Foi aí que se reorganizou a Secretaria da Agricultura do Estado. Basearam-se em dois pontos: um apoio operacional mais eficiente ao produtor e uma melhoria fundamental nos critérios de concessão do crédito rural. Até esse momento, o crédito, proposto pelo então deputado federal Rondon Pacheco, chamado de "cédula rural pignoratícia", era concedido desde que o agricultor tivesse um bom cadastro. Não avaliava se produzia ou não: poderia comprar trator para passear e não verificava se os adubos e insumos eram aplicados ou guardados nos armazéns. Este não era o crédito rural que efetivamente incentivava a agricultura.

Era preciso uma política de crédito rural ligada a um projeto de produção. Essa proposta, gerada dentro da Secretaria da Agricultura de Minas Gerais, foi empunhada pelo então governador, Rondon Pacheco. Na impossibilidade do Banco Central atender a esta solicitação diretamente dentro do sistema de Crédito Agrícola e Industrial, foi concedido um repasse para o BDMG (Banco de Desenvolvimento de Minas Gerais) que originou a grande mudança no crédito rural do Brasil, chamado de PCRI (Plano de Crédito Rural Integrado), para financiar projetos integrados.

Esta foi a pedra de toque: o governo mudou; agora os produtores entram em uma nova era, deixando a agricultura tradicional e atávica, para fazer uma moderna agricultura com novos conceitos e tecnologia.

> "Encontramos alguns doidos que aceitaram fazer isso. E eu digo que fomos de sorte porque na realidade não tínhamos muita informação tecnológica, elas estavam começando, e esses agricultores montaram seus projetos produtivos e São Pedro nos ajudou".
> **(Paulinelli, 2007 Entrevista)**

Os primeiros 24 cooperados que começaram o PCI encontraram dificuldades. Nos primeiros plantios era tudo obscuro, sem dados de produção e cultura.

Uma medida arrojada, feita sem um embasamento teórico e sem experiência anterior, mas que deu certo. Os projetos foram estruturados e nos primeiros anos o clima foi favorável propiciando chuvas em épocas oportunas. O mercado internacional com preços bons também foi um fator positivo adicional para ajudar os produtores ainda com baixa produtividade (somente 20 a 25 sacas por hectare nos anos iniciais). Ao longo do tempo, novas técnicas foram sendo incorporadas, aumentando a produtividade.

O mecanismo de financiamento foi acertado. No primeiro ano, o governo encorajou produtores para fazer a experiência, eram as cobaias. No ano seguinte, o processo se inverteu. A demanda foi forte, avalizando a nova política desenvolvida em Minas Gerais. Os projetos eram cuidadosamente elaborados para cada propriedade e adaptados a cada produtor.

O acompanhamento e avaliação permanente, exigia um grande esforço da área governamental em função da grande demanda. Elaborou-se um projeto integrado chamando vários produtores: surgiu o PADAP (Programa de Assentamento Dirigido do Alto Paranaíba).

> "Foi o caso do Sr. Doko que o Dr. Rondon Pacheco conheceu na viagem que fez ao Japão em 1970. Voltou duas vezes para Minas Gerais e conheceu o PADAP (Projeto de Assentamento Dirigido do Alto Paranaíba) e se entusiasmou. Voltando ao Japão, através do "Keidanren" começou a motivar o governo japonês para que conhecesse o cerrado e ajudasse o Brasil a conquistá-lo. E isso aconteceu em 1978; nós assinamos aquele "agreement", criando o PRODECER. Criamos 21 projetos de assentamento em áreas estratégicas do cerrado, que foram modelos, não só de produção, de produtividade, mas de organização da produção que teve uma influência muito grande para o desenvolvimento do cerrado brasileiro. Em Minas Gerais funcionou bem; este projeto PCRI funcionou até 2004".

A priorização do cerrado se explica também pelas suas características naturais. A topografia plana favorece a mecanização das atividades agrárias e seu clima (alternadamente seco e úmido) não se constitui como restrição ao desenvolvimento. Os solos, de um modo geral, apresentam baixa fertilidade e problemas de acidez, sendo até então considerados inaptos para a agricultura. Entretanto, pesquisas feitas por órgãos como o CPAC (Centro de Pesquisa Agropecuária do Cerrado), da Embrapa, demonstraram que esses problemas são superáveis pela aplicação de corretivos e fertilizantes.

Dentre os programas propostos pelo II PND, o Polocentro (Programa de Desenvolvimento dos Cerrados) foi o responsável pela ocupação efetiva dos cerrados mineiros e sua transformação em área de grande produção agrícola. Na verdade, o Polocentro foi precedido por dois outros programas. O primeiro plano de desenvolvimento do cerrado foi o PCI (Programa de Crédito Integrado e Incorporação dos Cerrados) elaborado em 1972 pelo Banco do Desenvolvimento de Minas Gerais - BDMG. Contando com o apoio de órgãos estaduais como Camig e Casemg, o programa consistia no financiamento de 230 projetos, destinados aos grandes e médios proprietários (Pessoa, *op. cit.*). O PCI atendeu somente 50% da área inicialmente prevista e não promoveu a transformação tecnológica esperada, mas contribuiu para modernizar a agricultura nos cerrados de Minas Gerais. Os recursos foram aplicados em infraestrutura como construção de estradas, linhas de transmissão de energia elétrica e armazéns, priorizando as culturas de soja, trigo e café. Foi o ponto de partida para o Polocentro[1], constituindo-se como a primeira experiência de exploração agrícola intensiva no cerrado.

Criado pelo governo federal em 1975 (Decreto-lei nº 75.320), o Polocentro, tinha como objetivo:

> (...) incentivar e apoiar a ocupação racional da área de cerrados na região do Centro-Oeste brasileiro, nos estados de MG, GO, MT e MS, abrangendo a área de 785.472 km, em 202 municípios (...).
>
> Nesta ocupação racional estava implícito o desenvolvimento de uma agricultura de caráter empresarial, porque a meta do Polocentro era incorporar em cinco anos, 3,7 milhões de ha dos cerrados, dos quais 1,8 milhão de ha com lavoura, 1,2 milhão de ha com pecuária e 700 mil com reflorestamento (Pessoa, op. cit.:106).

Considerado como área prioritária pelo programa, o município de Patrocínio passou a receber recursos. Investimentos na melhoria da infraestrutura, (abertura e recuperação de estradas vicinais, construção de silos, eletrificação rural) além dos serviços públicos: saúde, educação e telefonia, entre outros, que viabilizaram a modernização da agricultura, a introdução de novas culturas e a valorização do preço das terras. [2]

Ainda em 1972, em contato com a Cooperativa Agrícola de Cotia, então presidida pelo Sr. Gervásio Tadashi Inoue, foram definidas as linhas mestras de um novo plano. A Cooperativa buscou alguns filhos de agricultores experientes de São Paulo e fez o assentamento em uma área. Em 1973 começou o trabalho de estruturação do Padap, o segundo projeto que antecedeu o Polocentro. Este projeto foi muito interessante: a maioria era de cooperados da Cooperativa Agrícola de Cotia (ascendência japonesa), que proporcionava amplo respaldo técnico e financeiro também a agricultores locais, o que propiciou uma maior amplitude ao projeto.

---

1 No Triângulo, foi selecionada para atuação do Polocentro a faixa de 40 quilômetros de cada lado da BR 365, entre Patrocínio e Capinópolis, abrangendo uma superfície de 800 mil hectares. (Pessoa, *op. cit.*)

2 Em consonância com a política de fomento à produção agropecuária para exportação, a Secretaria de Agricultura de Estado passou a coordenar os órgãos do sistema Operacional da Agricultura, Pecuária e Abastecimento – CAMIG, IEF, RURALMINAS, ACAR, CEASA-MG, EPAMIG e CASEMG. A EPAMIG realizou (1976) licitação para aquisição de uma área de aproximadamente 200 hectares no município de Patrocínio, através de convênio com o IBC-GERCA. A propriedade foi destinada à instalação de uma fazenda experimental de café no cerrado. (Gazeta de Patrocínio, 24/10/76). A CASEMG mantinha em Patrocínio, desde 1972, armazéns de lona plástica inflável, chamados "bexigões", para atender a demanda da produção de cereais. O silo atual foi inaugurado em 1977. Conferir: GOVERNO DO ESTADO DE MINAS. *Síntese das atividades do Programa de Desenvolvimento dos Cerrados – Polocentro - em Minas Gerais* (1975-1979). Belo Horizonte, 1979.

4.3 - O trabalho conjunto Brasil - Japão

O trabalho conjunto do governo japonês com o brasileiro remonta à época da imigração, com o governo japonês, sempre procurando o bem-estar dos imigrantes que vieram para o Brasil. Isto se observa no pronunciamento do deputado Teotônio Monteiro de Barros (Yamanaka,Isidoro em Harada, 2008:122), na Assembléia Constituinte: "o colono nipônico não está nas condições de sanidade dos demais, pois recebendo, nesse sentido, assistência de companhias de colonização pode competir vantajosamente com o colono nacional. Isso é realmente verdade. Fossem, porém, todas as 'ocorrências' estrangeiras desse padrão, em breve teríamos resolvido o problema de saneamento rural, sem ônus para os cofres públicos".

Na viabilização da imigração, como parte da solução da grave crise econômica que assolou o país, o governo japonês subsidiou os custos das viagens das famílias que buscavam novas oportunidades:

- Criou empresas de apoio aos colonos com a finalidade de assentar os imigrantes. Um exemplo de muito sucesso foi a Bratac, em Bastos-SP, adquirindo uma área de 28 mil hectares, loteada em propriedades de 20 a 40 hectares.
- Deu apoio ao custeio de entidades beneficentes e assistenciais como o Dojinkai, que respaldou a instalação da Sociedade Beneficente Santa Cruz, em 1930, atual Hospital Santa Cruz.
- Apoiou a criação do Instituto de Praticas Avícolas, localizado em Embu, antigo M'Boy, administrado pelo KKKK (Kaigai Kogyo Kabushiki Kaisha) que permitiu, mediante o desenvolvimento da genética, a modernização da avicultura.
- O Japão criou através do MAFP (Ministério da Agricultura, Floresta e Pesca), um fundo de financiamento do custeio de despesas de imigração para o Brasil. Isto beneficiou mais de cinco mil famílias que, com dificuldades de quitação, receberam perdão integral da dívida em 1969.
- Diversas instituições de apoio foram criadas para amenizar o impacto aos imigrantes: a Federação das Associações Japonesas de Emigração criada em 1954 e no ano seguinte a Nihon Kaigai Ijuu Shinkoo Kabushiki Kaisha (Companhia de Fomento da Emigração) que em 1963 foi fundida e resultou na Jamic (Kaigai Iju Jigyodan), posteriormente absorvida pela Jica. Para a execução das atividades foram criadas filiais brasileiras como a Jamic – Imigração e Colonização Ltda - e Jemis – Assistência Financeira S.A. (YAMANAKA,Isidoro em Harada, 2008:124, 125) (Ohara,Tuyoci em Harada,2008:388).

- Podemos citar, dentre as colônias formadas pela Jamic: Várzea Alegre – MS, Funchal – RJ, Jacareí – SP, Tietê – SP, Pinhal – SP, Guatapará – SP, São Lourenço – RJ e Auriverde – SP. (Harada, 2008:388) Como a atividade de financiamento promovido pela Jemis infringia o Código Tributário Brasileiro, o governo japonês foi obrigado a encerrar a Jamic e Jemis em 1981, ficando sob o manto do Consulado Geral do Japão somente a assistência ao imigrante e à comunidade nikkey.
- A Cooperativa Agrícola de Cotia, apoiada pela Federação Nacional das Cooperativas do Japão criou audacioso plano de imigração de agricultores japoneses dando origem ao movimento Cotia Seinen que trouxe mais de 2.500 jovens profissionalizados a partir de 1955. Este grupo de jovens imigrantes obteve sucesso, e, com seus empreendimentos desenvolvidos com o apoio da cooperativa, representou mais de 50% da produção da Cooperativa Agrícola de Cotia.
- Com a crise de alimentos na década de 60 e a do petróleo na década de 70, o Japão mudou a forma de ação, adotando a cooperação técnica e econômica como ferramenta para atuar junto ao mercado internacional. Instituiu a Jica (Japan International Cooperation Agency) para a cooperação técnica junto aos países em desenvolvimento. A OECF (Overseas Economic Cooperation Fund) e Exim (Export and Import Bank of Japan) - que posteriormente foram fundidos no JBIC (Japan Bank for International Cooperation) e ADB (Asian Development Bank) - voltados para a cooperação econômica. (Yamanaka, Isidoro em Harada, 2008:126).

Estas instituições realizaram grandes investimentos em projetos governamentais de cooperação conjunta, apoiando projetos da iniciativa privada tanto japoneses como de outros países visando aspectos econômicos, sociais e humanitários.

No setor industrial, após a Segunda Guerra Mundial, com a recuperação de suas forças, já na década de 50, necessitando de afirmação e reconhecimento internacional de seus produtos de aço, o governo japonês investiu na Ishikawajima e na Usiminas. Desta forma, cooperou no incipiente processo de industrialização do Brasil e possibilitou o recebimento de imigrantes altamente especializados e qualificados. Isto fortaleceu muito a relação comercial entre Japão e Brasil. Nos compêndios escolares constava como o primeiro projeto japonês no exterior no pós-guerra. Para o lado brasileiro, em termos de tecnologia siderúrgica, criou também um poder de barganha em relação aos USA e Europa. A Usiminas pode ser mencionada como um protótipo de projeto complementar entre Brasil e Japão. (Yamanaka, 2006)

Em função da necessidade de chapas metálicas, a Ishikawajima instalou o maior estaleiro no Rio de Janeiro. Viabilizou o Brasil como um dos maiores produtores de navio do mundo na época. O setor siderúrgico teve outras parcerias: a CST instalada em Tubarão, a Cosipa em Cubatão e a CSN no Rio de Janeiro com tecnologia japonesa.

Se de um lado estes projetos permitiram ao Japão reafirmar sua nova posição como detentor de tecnologia, foi melhor ainda para o Brasil, carente desse conhecimento, que passou a dominar o know-how do aço e da construção de navios de grande calado.

4.3.1 - Os Primeiros Acordos de Cooperação

O interesse dos japoneses pelo cerrado já era antigo. A Terra do Sol Nascente, em 1961, propôs um acordo de exploração agrícola nos cerrados de Minas e Goiás. Em conversas com o presidente João Goulart, o ministro dos Negócios Estrangeiros do Japão salientou a possibilidade de um projeto de exploração agrícola, com financiamento integral de todo o plano de ocupação, incluindo a infra-estrutura necessária, como a ferrovia de interligação de Minas Gerais e o porto de Maraú, na Bahia.

O projeto foi vetado pelo Estado Maior das Forças Armadas, que alegou a necessidade de proteger a Soberania Nacional. Mas em 1970, Brasil e Japão assinaram um acordo de cooperação técnica, estabelecendo-se um acordo de cooperação científica entre os dois países.

Também em 1970, a Secretaria da Agricultura do Estado de São Paulo iniciou negociações com o governo do Japão para a elaboração de um amplo programa de desenvolvimento do Vale do Ribeira, resultando no acordo de cooperação técnica, firmado pelo Decreto nº 69.008 em 4 de agosto de 1971.(Yamanaka,Isidoro em Harada, 2008:127)

A primeira missão oficial do MAFP (Ministério da Agricultura, Floresta e Pesca) do Japão, veio em 6 de dezembro de 1971 analisar a proposta técnica feita pelo governo paulista. Foi a pioneira em termos do Acordo Básico de Cooperação Técnica entre o Brasil e o Japão. (Harada, 2008:128). Em fevereiro de 1972, o relatório da delegação técnica japonesa, proporcionou a origem do Plano de Desenvolvimento do Vale do Ribeira. Visando o aproveitamento racional de 65 mil hectares de várzeas não utilizadas ao longo do Rio Ribeira de Iguape, houve transferência de tecnologia para produção intensiva de arroz irrigado no verão e de hortaliças no inverno, abastecendo dois grandes centros urbanos: São Paulo e Curitiba.

Como berço da imigração, o Vale do Ribeira tinha um valor especial para o governo japonês, pois transferindo tecnologia beneficiava a população local e os imigrantes.

O CEDAVAL (Centro de Desenvolvimento do Vale do Ribeira) foi instalado em Pariquera Açu como projeto tripartite da Jica, da Secretaria da Agricultura e do DAEE (Departamento de Águas e Energia) do Estado de São Paulo. O governo japonês doou modernos equipamentos para sistematização de várzeas, plantio mecanizado de mudas de arroz, valeteadores automáticos, sofisticadas colhedeiras de arroz para pequenas lavouras, dentre outros. Arcou também com os custos da permanência de cinco especialistas japoneses da Jica para orientação das obras e fomento agrícola. Concedeu bolsas para a manutenção de dezenas de técnicos brasileiros em processo de treinamento no Japão.

Mesmo com todo este apoio o projeto não vingou. A partir de 1976, com a mudança no comando da Secretaria da Agricultura do Estado de São Paulo, a administração do plano, até então coordenada pelo Gabinete do Secretário, foi transferida ao Instituto Agronômico de Campinas e ao DAEE e, o projeto que era voltado para o desenvolvimento regional, foi redirecionado para pesquisa agronômica.

Os japoneses se retiraram frustrados. Mas esta foi com certeza uma das sementes do processo de aprendizado que possibilitaram a realização futura do PRODECER.

Isto deixou claro que o Brasil - com eleições a cada quatro anos trazendo mudanças sensíveis na administração - é diferente do Japão, onde, apesar das mudanças de governo, toda a estrutura administrativa permanece e, as linhas planejadas são seguidas rigorosamente. Os programas de longo prazo no Brasil deveriam ser encarados de forma especial para que pudessem frutificar.

4.3.2 - Cooperação técnica para produção de fumo na Alta Sorocabana

Cabe aqui salientar um interessante projeto de iniciativa do Sr. Shigueo Kamogawa, líder da sociedade nikkei da Alta Sorocabana, de Presidente Prudente, grande produtor de menta e também de juta no Amazonas. Preocupado com a crise da agricultura em sua região, com o abandono das propriedades pelos pequenos e médios produtores nikkeis, com a expansão da pecuária de corte em detrimento do algodão, amendoim e outras culturas anuais, contatou seus amigos do Japão para sensibilizar a JTC (Japan Tobbaco Corporation - monopólio estatal na produção, industrialização e comercialização de fumo do Japão), na introdução do cultivo de fumo como alternativa de lavoura. (Yamanaka,Isidoro em Harada, 2008:130)

A primeira missão da JTC chegou ao interior de São Paulo em maio de 1973 com oito especialistas. Foi assinado em 1974 um convênio com a Secretaria da Agricultura de São Paulo e o projeto pioneiro foi implantado em Presidente Prudente, com a participação de técnicos japoneses. Concluiu-se, depois de alguns anos de experimentação, que a região não era ideal e o projeto foi transferido para o sudoeste do Paraná e Santa Catarina, sob coordenação de uma *trading company* japonesa. Diferentemente de São Paulo a JTC teve dificuldades em estabelecer convênio com aqueles Estados, resultantes da pressão das tradicionais empresas compradoras de fumo da região, as multinacionais da Inglaterra e dos Estados Unidos.

Na época, o Brasil era exportador marginal de fumo em folhas para o Japão. Posteriormente o fumo constou entre os 10 maiores produtos do agronegócio entre estes países.

4.4 - O PADAP

Alysson Paulinelli, secretário da Agricultura de Minas Gerais, foi convocado para ministro da Agricultura pelo presidente Ernesto Geisel. Isto significava que o governo federal reconhecia a eficiência do projeto do governo de Minas Gerais. Propunha que as medidas adotadas no Estado deveriam ser ampliadas para o Brasil. O pequeno PCRI do Banco de Desenvolvimento de Minas Gerais foi substituído pelo programa chamado Polocentro, onde foram aplicados US$ 3 bilhões do Tesouro com o objetivo de abrir fronteiras de 3 milhões de hectares do cerrado em quatro anos.

"Deu certo e foi a grande arrancada que nós tivemos porque os produtores se miraram no exemplo de Minas Gerais, acreditaram nas nossas propostas e fizeram bons projetos e aí sim entrou a fase produtiva". (Paulinelli, 2007, Entrevista)

Outro fator de importância na abertura do cerrado para a agricultura foi o café. No inicio houve muita discussão. A ferrugem do café era uma ameaça ainda indefinida e até mesmo o IBC (Instituto Brasileiro do Café), a princípio, foi contra o plantio do café no cerrado brasileiro. Mas um dos diretores técnicos do IBC, Dr. Paulo Mota, confiou na proposta de busca de novas fronteiras para o café, apoiou a iniciativa e permitiu o plantio em pleno cerrado com o financiamento do IBC. O novo cultivo, feito de forma esparsa e empresarial, deu resultado. O trabalho foi realizado por um grupo de japoneses que vieram ao Brasil estabelecendo-se nas fazendas Bela Vista e Santo Inácio. Suas técnicas e dedicação ajudaram muito dando segurança e confiabilidade ao processo.

> "Os japoneses nunca entram em fria. Se eles estão plantando isso é porque deve ser bom; acredito que aquilo ajudou muito no desenvolvimento do café. Nosso café é de excelente qualidade e foi graças a estas iniciativas pioneiras que ele se desenvolveu no cerrado". (Paulinelli, 2007, Entrevista)
>
> "FujiMinas?"
>
> "Evidente que não só plantaram café, trouxeram outras iniciativas, inclusive o bicho da seda, plantio de amoreiras e começaram a inovar nessas áreas. Me lembro muito bem, eles eram bastante agressivos e fizeram um trabalho exemplar. Tudo isso ajudou muito no desenvolvimento do cerrado brasileiro."

Naquela época, os japoneses não tinham a tecnologia do cerrado, tinham a de agricultura em clima temperado. Quem efetivamente colaborou na formação de tecnologia foram as pesquisas realizadas através da Embrapa com o apoio da Jica na implantação do CPAC (Centro de Pesquisa da Agricultura no Cerrado) de Brasília, iniciada no ano de 1974, quando tudo começou.

No inicio, existiam muitas dúvidas e algumas discussões porque o cerrado era uma incógnita. O apoio efetivo da ciência realmente só veio a partir de 1974, e veio forte. (Paulinelli, 2007 Entrevista)

Fatos interessantes aconteceram, como relata o Sr. Cesar Mesquita – líder político de São Gotardo em 1973.

> "Indo a Patrocínio, numa jornada médica, nós tivemos a sorte e a felicidade de encontrar com o Dr. Olinto, prefeito de Patrocínio. Então eu disse: Doutor Olinto, você precisa nos ajudar em São Gotardo, nós precisamos também fazer com que São Gotardo venha entrar nessa roda de progresso de Patrocínio. Ele disse para mim foi o seguinte: "Doutor Cesar, o senhor tem lá em São Gotardo uma grande mina". Uai, eu disse que por mais que more lá, não tenho conhecimento desta mina. "Mina muito grande, lá tem um cerrado plano. O cerrado vai ser a salvação do Brasil, a agricultura do cerrado salvará este país". Então o senhor faz o seguinte: arranja alguns japoneses para levá-los para conhecer o cerrado para eu ver realmente se corresponde a essa afirmação do senhor. Nos dias subseqüentes ele nos mandou aqui , dois japoneses que lá trabalhavam em Patrocínio: era o Shigueo e o Hayashi e chegando ao hospital conversamos e tivemos a honra de levá-los a conhecer o nosso cerrado. Foi aí que nasceu a idéia da exploração do cerrado aqui."

No meio dessa união de forças na busca da conquista do cerrado mineiro, surge o PADAP - (Programa de Assentamento Dirigido do Alto Paranaíba), num período em que a agricultura do Estado de Minas Gerais crescia de forma notável. O governo queria mais, queria um estudo técnico da região, como poderia investir para obter resultados, o que plantar, como plantar, como fazer a terra do cerrado gerar frutos.

Com o mesmo interesse do governo mineiro, a CAC (Cooperativa Agrícola de Cotia) foi convidada a desenvolver um estudo para melhor exploração do cerrado de Minas. A CAC já desenvolvia pesquisas em outras regiões e já era reconhecida pelo seu profissionalismo, seu corpo técnico bastante competente e a convicção no desenvolvimento da agricultura.

Em 1971, um grupo de cooperados da CAC foi se instalar na Serra do Salitre, um local a 90 km de distância de São Gotardo. Foram muito bem sucedidos. Despertou a atenção da cooperativa pelo potencial agrícola daquela região. O governo de Minas em 1973 selou uma parceria com a CAC para a realização do Padap. No programa, a responsabilidade da seleção dos colonos, a produção e a comercialização dos produtos ficariam por conta da Cooperativa e o governo de Minas Gerais responsável pela obtenção da terra e implementação da estrutura necessária para a produção. (Padilha, Dráuzio; COOPADAP 30 anos,2003).

4.4.1 - Cooperativa Agrícola de Cotia – Fator Decisivo

No início, o preconceito contra os descendentes de japoneses foi intenso no cerrado mineiro. Na fala do povo, com a concordância simplificada, dizia-se: "os pardal tá chegando". Os "pardais" eram os japoneses. "E onde eles chegam, acabam com tudo".

Esta imagem negativa só se desfaz depois que efetivamente conheceram o trabalho e dedicação deste povo, que muito labutou e continua labutando pelo crescimento do país que os acolheu.

Muitas famílias migravam para os centros urbanos maiores (Uberlândia e Belo Horizonte) em busca de melhoria de vida, na época em que a agricultura não ia bem e a região de São Gotardo não fugia à regra. José Luiz Borges, então prefeito de São Gotardo, procurou o Dr. Olinto Garcia Brandão, recém-empossado prefeito da cidade de Patrocínio, onde o café prosperava, na busca de formas de melhorar também a sua cidade. Este sugeriu aproveitar o potencial do cerrado. E disse mais: "Procure o Dr. Gervásio Tadashi Inoue, presidente do Conselho Administrativo da Cooperativa Agrícola de Cotia, em São Paulo e peça-lhe que elabore um plano de assentamento dirigido para ocupar e desenvolver as terras ociosas de São Gotardo e região. O cerrado é o futuro da agricultura no Brasil". (Sasaki, 2008:27)

Após várias tentativas conseguiu que a CAC designasse uma equipe técnica coordenada pelo diretor Sr. José de Alvarenga Muniz, para avaliação da situação e um levantamento prévio da região. Isso foi feito. Pegaram amostras de terra, colocavam em saquinhos, cataram pedras, e levaram para análises. Após três meses, o chamaram a São Paulo.

José Luíz Borges e sua equipe analisando o projeto elaborado pela CAC percebeu que o projeto se assentava sobre a fazenda do latifundiário Antonio Luciano. Este projeto foi analisado pelos técnicos na hierarquia administrativa da prefeitura. O último aconselhou: "Leva e engaveta. Ninguém desapropria o doutor Luciano".

José Luiz não seguiu o conselho, que seria bom para outro, não para ele.

> "Novamente procurei Dr. Gervásio que me indicou outra alternativa; "O jeito agora é propor arrendar, comprar, fazer um trabalho em parceria com Antonio Luciano".
>
> Sabe o que ele me respondeu?
>
> - Jamais farei isso! Se essa proposta fosse de um francês, de um alemão, até do próprio Hitler, eu pensaria no assunto. Japonês, não. Não negocio com pardal.
>
> Ao saber disso, num ímpeto de muita raiva, Dr. Gervásio garantiu: Agora essa desapropriação sai! Relatou o fato ao Dr. Delfim Neto que imediatamente ordenou que se fizesse essa desapropriação". (Borges, José Luiz em Sasaki, 2008:62)

"A CAC, nessa época, recebia pedidos de socorro diretamente do presidente. Quando a situação estava ruim no Rio de Janeiro, ele telefonava pedindo: me acode com feijão. Ou no Rio Grande do Sul: preciso de trigo".(Souza, Edson Carlos Mendes de em Sasaki, 2008:53)

E desta forma, a CAC contava com grande prestígio do então ministro da Fazenda, Antonio Delfim Netto.

Do ponto de vista histórico, sabe-se bem que os tempos eram de ditadura. Não se conversava muito: as ordens vinham de cima e tinham de ser executadas. O ministro queria um levantamento de região em dois dias, e a desapropriação foi feita em três meses.

Para atender ao grande desafio do Padap, tornou-se imperiosa a ação decisiva da CAC na seleção dos assentados.

A CAC, no sentido de prover o desenvolvimento dos descendentes dos cooperados, buscava meios de abrir novas frentes agrícolas e o Padap se ajustava a esta política de desenvolvimento. Esta maneira de ver foi benéfica ao país, pois agregou a força da juventude, a experiência prática dos cooperados, a vivência do cooperativismo, a capacidade para participar como um cooperado, muitos de formação superior, com o objetivo de transformar o cerrado, tornando-o agricultável.

O papel da CAC-CC era o de selecionar e dirigir os novos agricultores e os antigos fazendeiros da região do Alto Paranaíba, proporcionando-lhes supervisão técnica, financeira e administrativa. Demarcou-se as glebas e somente foram pessoas selecionadas e qualificadas, em todos os sentidos.

A filosofia que orientava o trabalho era a de oferecer oportunidade para todos. Os pequenos produtores teriam o seu terreno de volta e receberiam toda a orientação para praticar uma agricultura moderna e se integrar ao projeto.

A CAC, não apenas apoiou as entidades representativas da agricultura e do cooperativismo, mas também colaborou com o governo fazendo respeitar a legislação e a política agrícola, a favor do interesse comum.

A partir do cooperativismo, as fronteiras agrícolas do Brasil se alargaram com projetos de envergadura do PADAP.

A CAC conseguiu produzir no cerrado com o Padap, soja, trigo, aveia, milho, café, sorgo, triticale, batata, cenoura, alho, cebola, lichia, atemóia, abacate, tomate, caqui, maracujá e muito mais, em terras que, na visão de muitos agricultores, "de graça ainda eram caras".

4.4.2 - O projeto

O Padap abrange uma área de 60.308 hectares nos municípios de São Gotardo (6.054,80 hectares), Rio Paranaíba (36.684,40 hectares) e Ibiá (3.757,20 hectares) para formar quatro núcleos de colonização. A região do Alto Paranaíba que vivia da cultura de subsistência passou a ter áreas cultivadas, não somente nas proximidades das margens dos cursos de água onde se encontravam as terras mais férteis, mas também nos chapadões planos.

Nas terras do senhor Noé Galvão, um pequeno produtor de café, foram feitos os plantios de experiência que serviram de estudo para técnicos do IBC (Instituto Brasileiro do Café) e que deu credibilidade para o cultivo na região do Cerrado, como comenta o produtor:

"O pessoal da região não acreditava, pelo fato de na época o cerrado não atingir a tecnologia que existe hoje. Quando da implantação do Padap, os japoneses, os técnicos vinham visitar o cultivo de café, era pouca coisa. Eles visitavam e dali acreditaram que o café dava para ser cultivado naquela região".

O programa de conquista do cerrado recebeu do INCRA 25.542 ha para dar início à produção. Foram assentados 95 famílias que receberam cerca de 250 ha para o plantio.

Em 1975, já com o entreposto regional da CAC instalado em São Gotardo, foram cultivados 2.000 ha de soja, com a produção de 805 toneladas, o que correspondia a 6,7 sacas por hectare. Em 1976, a produtividade subiu para 18,4 sacas por hectare. Em 1979 a produção chegou a 35,9 sacas por hectare em média, superando então a média nacional de produtividade de soja. (20,66 sacas de soja por hectare, IBGE).

A produtividade do Padap superava a média nacional e o crescimento da produção mostrou que o potencial agrícola da região do cerrado mineiro era elevado.

Tecnologia, treinamento, informação e gerenciamento foram as ferramentas que proporcionaram ao homem do campo a capacidade de fazer brotar da terra o alimento, o sustento e a produção de uma região desacreditada, que hoje é a grande Ilha Verde do Cerrado, a Conquista do Cerrado Mineiro.

Ainda em 1979 foi registrada uma colheita de 41.041 toneladas e o plantio cobria 19.014 hectares, o que correspondia quase a totalidade da terra destinada aos produtores da cooperativa. A Ilha Verde do Alto de Paranaíba produziu 230 mil toneladas entre os cultivos de soja, milho, trigo, abacate, café, cebola, batata inglesa, cenoura e alho e iniciou o plantio de frutas em 2003, quando comemorou 30 anos da implantação do Padap.

Essa produção, para escoar e distribuir aos principais mercados, exigiu um trabalho sério e profissional de logística da Coopadap (Cooperativa Agropecuária do Alto Paranaíba - sucessora da CAC), que em 2003 contava com 83 associados e usufruía de uma estrutura privilegiada. Para dar suporte à distribuição, possui unidades de armazenamento com silos metálicos, armazéns graneleiros, unidade de produção de semente e máquina de beneficiamento de café.

Dentre as diversas técnicas que propiciaram o crescimento do Padap deve-se citar a irrigação pelo sistema de aspersão tipo pivô central. A CAC, com seu corpo técnico inovador, visualizou o potencial da técnica e iniciou trabalhos de divulgação técnica e viabilidade econômica no ano de 1982.

"E depois de inúmeras reuniões e discussões, foi celebrada em início de 1983 a primeira instalação de 11 pivôs. No período de 1983 a 1993 a CAC instalou 75 pivôs".

A Coopadap acompanha as transformações e as exigências do mercado consumidor. Com base nestas mudanças elabora as estratégias de comercialização de médio e longo prazo, programando a sua produção de acordo com a necessidade de se ajustar com agilidade ao mercado, antecipando-se aos concorrentes.

> "Houve uma coalizão de forças muito grande para a época. A implantação do Padap exigia a qualificação profissional dos técnicos e colonos; a correção do solo e a escolha de cultivos anuais adequados que pudessem gerar frutos durante todo ano, para gerar renda a curto e longo prazo eram vitais neste momento de grandes mudanças para a agricultura local." (Fantini, Aluisio; COOPADAP 30 anos, 2003).

Tomio Sekita, colono pioneiro, relata: *"na época a gente ainda era cerrado, totalmente cerrado; nós não tínhamos técnicas, assim como nós temos hoje".*

Horácio Muraoka, também colono pioneiro, complementa: *"aqui a incerteza era total, será que não vai produzir, será que vai produzir, aquele cerrado aqui que a gente nunca tinha ouvido falar numa plantação extensiva em uso do cerrado..."*

E Massato Sakuma, também colono pioneiro completa: *"aí estava todo mundo naquela expectativa né, e a gente estava acreditando muito".*

A realidade foi o trabalho duro, com muita dedicação para enfrentar as incertezas e suportar todos os tipos de dificuldades. O apoio da CAC e do governo foram fundamentais para o sucesso como coloca o Sr. José Hiroiti Okuyama, colono pioneiro: *"juntou nosso sonho, nosso desejo e a possibilidade de isso se tornar uma realidade..."*

É confortante saber que o resultado de muita dedicação daqueles tempos incertos, se tornaram uma grande realidade, como arremata o Sr. Koku Oiye, colono pioneiro: *"hoje está bom, está sendo a melhor época do Brasil."*

De uma área de chapadões, de altitudes e solos pobres surgiu, no alto da Ilha Verde do Paranaíba e do cerrado do Alto Paranaíba, uma terra fértil e se revelou um grande produtor de café, soja, milho, alho, ervilha, batata e trigo.

O Padap se tornou uma realidade, o gerenciamento integrado, a tecnologia de informação e a vontade política, aliados aos investimentos financeiros, provaram que era possível recuperar terras até então consideradas improdutivas e transformar em celeiros produtivos do país. A força do cooperativismo representada pela CAC e o desenvolvimento a partir de técnicas de correção do solo dão a grandiosidade do Padap.

A presença da CAC, que apoiou e respaldou desde o inicio inclusive nas atividades na área social e na integração dos colonos, foi fundamental. A CAC tinha uma ousadia muito grande.

O Padap da região de São Gotardo despertava interesse da agricultura brasileira e de produtores e governantes de outros países.

E vendo todo o desenvolvimento da região de São Gotardo, o professor Padilha (Padilha, Dráuzio; COOPADAP 30 anos, 2003) fala com arrependimento o fato de não ter mudado para ficar em São Gotardo.

Hoje o Padap ao lado da Coopadap (Cooperativa Agropecuária do Alto Paranaíba), conquistou o índice socioeconômico que representa destaque de Minas Gerais. O programa trouxe o desenvolvimento para a região, o comércio foi crescendo e empresas ligadas à venda de insumos, máquinas e implementos agrícolas se instalaram na região. O crescimento do comércio refletiu no aumento do número de empregos e permitiu aos homens permanecerem na cidade onde hoje se emprega no campo cerca de 6000 pessoas. A educação também foi beneficiada com a implantação de cursos técnicos. Na região do Alto Paranaíba são cerca de 80 escolas, em São Gotardo são 16 escolas. A Coopadap participa dos projetos da comunidade e da educação das crianças, e estas têm consciência do que a ecologia representa na sua vida.

A preocupação com o meio ambiente, mediante programas desenvolvidos pela Coopadap, é reconhecida pelo mercado consumidor. Hoje os produtos da cooperativa são entregues sem riscos de manipulação indesejável, com sistema de rastreabilidade do produto, além de sua certificação que deu origem ao processo produtivo de qualidade. A Coopadap foi a primeira cooperativa agropecuária a ter sua certificação ISO 9002 no Brasil. Dentro do Coopadap são oferecidos cursos técnicos profissionalizantes, além de participação em congressos, seminários e feiras.

Com o aumento da capacidade profissional dos trabalhadores, aumentou também o poder aquisitivo e, consequentemente, o crescimento da arrecadação dos municípios. A arrecadação de impostos oriundos da agricultura representa 75% do total da arrecadação do município. O Padap foi uma redenção, um lugar muito pobre em que o pessoal não tinha onde trabalhar, revolucionou a economia local, trouxe o desenvolvimento a toda a região.

Jacir Vicente, Trabalhador Rural, comenta: *"Isso aqui 20 anos atrás, Deus me livre, era difícil sobreviver".(COOPADAP 30 anos, 2003)*

Keyla Franco, trabalhadora rural, complementa:

"Hoje, nossa cidade é privilegiada porque só nós sabemos como era, antes nossa cidade tinha nove mil habitantes aproximadamente e hoje nós temos em torno de 30 mil habitantes, olha o movimento de São Gotardo que não só trouxe para São Gotardo, a tecnologia que trouxe para a região". *(COOPADAP 30 anos, 2003)*

Vanessa Alves completa: *"A nossa agricultura é muito importante para nossa região pois além disso rende muito trabalho". (COOPADAP 30 anos, 2003)*

No dia 26 de janeiro de 1979, o General Ernesto Geisel Presidente da República na época, veio a São Gotardo para se certificar do sucesso do Polocentro, visível na lavoura de soja, nos silos e nas unidades de produção de sementes na área do Padap.

Mostrando-se realmente entusiasmado com a exuberância da agricultura no cerrado, cumprimentou os produtores do município fazendo questão de destacar que o Programa de Assentamento Dirigido do Alto Paranaíba (Padap) é pioneiro na exploração de terras que nada produziam.

4.4.3 - Os frutos do Padap

A partir de 1979, o governo federal adotou uma política de restrição ao crédito subsidiado para conter a inflação e promover o ajuste da dívida externa. O corte de crédito para o Polocentro não significou, no entanto, uma interrupção no processo de modernização da agricultura do cerrado: outros programas foram criados:PRODECER, o Pró-Várzeas e o Profir (Programa de Financiamento para Aquisição de Equipamentos de Irrigação). Tais programas resultaram numa alteração na pauta de produção, conforme a tabela que se segue:

Tabela 4.1 - Produção Agrícola do Triângulo Mineiro e Alto Paranaíba para Culturas Selecionadas e Participação Relativa na Produção do Estado de Minas Gerais 1960/80 (em toneladas)

	1960		1970		1975		1980	
PRODUTO	**Quant.**	**%**	**Quant.**	**%**	**Quant.**	**%**	**Quant.**	**%**
SOJA	-	-	1.982	82	42.744	89	166.351	67
CAFÉ	10.349	2	5.690	2	6.509	2	51.945	10
CANA DE AÇÚCAR	30.220	2	413.453	10	285.928	8	1.787.653	23
MILHO	204.399	15	311.761	17	356.455	18	365.286	16
ALGODÃO	2.092	9	15.187	40	26.491	48	21.835	42
ARROZ	152,09	33	276.813	45	218.179	39	166.137	30

Fonte: *FIBGE. Censos Agropecuários de Minas Gerais - 1960,1970,1975 e 1980.* (apud Ferreira, *op. cit.*: 7).

Aplicados numa região de topografia plana e localização privilegiada, os programas governamentais transformaram o cerrado mineiro numa das regiões que melhor incorporou o padrão tecnológico de transformação da agricultura. É visível a expansão das lavouras de exportação na região, notadamente do café, soja e algodão. Por outro lado, a produção de culturas tradicionais como o arroz, sofreu redução tanto em valores absolutos (tonelagem) como também na participação relativa à produção do Estado de Minas Gerais. Esta situação confirma a substituição de culturas tradicionais por culturas de exportação. Caso exemplar desta mudança é a lavoura de soja, conforme analisa Ferreira (*op. cit.*: 88):

> Como é possível observar, o produto que teve maior participação no estado, no período de 1960-1980, foi a soja, chegando a responder por 89% da produção mineira em 1975. Esta cultura, conhecida por possuir uma produção altamente mecanizada, pressupõe a existência de grandes investimentos para sua realização. De acordo com Brandão (1989), a excelente adaptação deste produto às terras do cerrado atraiu os grandes capitais para o seu cultivo e transformação industrial, tornando a região um dos maiores centros de produção e esmagamento de soja do país.

Esta transformação resultou no incremento do processo de modernização da agricultura e promoveu a instalação de indústrias de processamento dos novos produtos, compondo um complexo agroindustrial. Portanto, as mudanças ocorridas no meio rural criaram novas demandas, modificaram a paisagem urbana e tornou a economia da região mais dinâmica:

> No que se refere às indústrias processadoras dos produtos agrícolas (indústrias à jusante da agricultura), merece destaque as de madeira, couros e peles, têxtil, produtos alimentares, óleos vegetais, laticínios, conservas de frutas, legumes e carnes, e avicultura, bem como aquelas beneficiadoras de algodão, as usinas de açúcar e álcool e as indústrias dos derivados de soja (Ferreira, op. cit : 96).

A modernização da agricultura efetivou, também, uma maior demanda por fertilizantes e defensivos. Como a região possuía recursos minerais, houve incentivo à extração e o processamento de fosfato e calcário, atraindo investimentos, inclusive de capital estrangeiro. Deve-se destacar a participação do Estado, já que recursos federais e estaduais foram aplicados na implantação de indústrias de fertilizantes, calcário e fosfato. Como visto, os trabalhos publicados que tratam do desenvolvimento econômico do cerrado mineiro, proporcionado pelos programas governamentais, têm enfatizado a dinamização da economia, a diversificação das atividades industriais e a intensificação do comércio. Os resultados negativos também são bem conhecidos, como o abandono de antigas práticas (mutirão e parceria) e o desaparecimento de formas de produção, que deram lugar a novas relações de trabalho assalariadas. [3]

Este quadro pode levar a uma conclusão aparentemente lógica, porém errônea, de que a modernização resultou em êxodo rural e atraiu os migrantes, que responderam passivamente ao processo. Tal análise incorre no risco de cair num marxismo ortodoxo que pensa numa infraestrutura determinante e na superestrutura determinada, perdendo de vista o processo social constituinte da realidade (Willians, 1979). "A valorização da dimensão estrutural pode esconder também mudanças importantes nos valores e práticas inventadas e reinventadas". (Santana, 1996: 151) [4]

Assim, deve-se considerar como "os sujeitos históricos envolvidos no processo reagiram diante da nova realidade", enquanto "agentes constituidores de seus modos de vida", (Santana, *op. cit.*: 42) criando novos significados, novas práticas e novas relações.

Com a implantação do PADAP houve um amento significativo da demanda de ligações telefônicas, principalmente para a sede da CAC em São Paulo. Nem sempre era possível completar essas ligações. Para melhorar o sistema de comunicação, ainda durante a gestão de José Luiz Borges, implantou-se a Telemig com sistema de DDI.

Desta forma o Padap não apenas impulsionou a agricultura, mas também a comunicação, o comércio, e outras áreas. Com a geração de empregos, não se vê pedinte nas ruas: *"Aqui só não trabalha quem não quer" (Borges,José Luiz em Sasaki,2008:68).*

Afonso Damásio, superintendente do Incra, (Sasaki, 2008:71) menciona que os municípios de São Gotardo, Rio Paranaíba, Campos Altos e Ibiá mostraram

---

3 A respeito das conseqüências negativas das transformações econômicas do cerrado ver: MACHADO, Maria Clara Tomaz. *Cultura Popular e Desenvolvimentismo no Interior das Gerais:* caminhos cruzados de um mesmo tempo (1950-1980). São Paulo: USP, 1998 (Tese, Doutorado). Ver também: PESSOA, Vera Lúcia Salazar. *Ação do Estado e as transformações agrárias no cerrado das Zonas de Paracatu e Alto Paranaíba -MG.* Rio Claro, IGCE-UNESP, 1988 (Tese de Doutorado).

4 Neste estudo, bastante original e inspirador sobre migrantes, o autor destaca os elementos do mundo agrário que emergiram com relevância no cotidiano de ex-lavradores. Busca acompanhar a problemática do processo migratório, segundo a ótica do lavrador da região, distanciando-o do genérico camponês nordestino.

para o Brasil o potencial agrícola do cerrado, cujas terras eram consideradas um fardo para os proprietários que pagavam impostos sobre elas e delas nada colhiam.

"O Padap é um programa de assentamento que deu certo. A nossa filosofia surgiu de maneira bilateral: de um lado, o governo com o cerrado para desenvolver, e do outro lado a Cooperativa Agrícola de Cotia com sua experiência e tecnologia". (Sasaki, 2008:78)

O exemplo da agricultura praticada em São Gotardo, através do conhecimento da terra, das suas possibilidades e carências, do uso de máquinas e de produtos químicos necessários, prova que toda terra se torna produtiva. O cerrado é inadequado aos tipos primitivos de exploração agrícola, mas devidamente corrigido e recuperado, ele se presta satisfatoriamente a uma grande variedade de culturas, em regime tecnológico mais avançado.

Para a abertura do cerrado, a primeira cultura seria o arroz, porque é uma cultura rústica, tolerante à seca e à acidez do solo. O porte alto facilitava a colheita e não teria problemas de catar raiz e danificar as máquinas. No primeiro ano, colheu-se em São Gotardo apenas oito sacas por hectare. A cultura foi afetada pela brusone e, na época do cacheamento, ficava tudo branco, sem granar. Insistiu-se em 1975/76. Na terceira tentativa, por problemas de clima, descartou-se esta cultura, mas a Embrapa continuou a pesquisar, em busca de uma variedade mais adequada ao cerrado. Ainda não apareceu esta variedade.

"No primeiro ano, tudo foi muito difícil. Tantas vezes, tive vontade de desistir. O financiamento demorava a sair, não tínhamos mecânico, não tínhamos tratorista. Mas a minha vontade de vencer, transformando o cerrado em terras férteis, falou mais alto, e aqui estou". Comenta Kaku Oiye. (Sasaki, 2008:199)

"Em 1975, São Gotardo nos pareceu uma cidade esquecida do mundo. Não tinha telefone, não tinha oficina mecânica, mecânicos, nem oferecia conforto aos moradores. Para falar com alguém em São Paulo, era necessário ir a Campos Altos e esperar de três a quatro horas até conseguir a ligação", comenta Tamotu Koshino (Sasaki, 2008:201)

"Mais ou menos na época em que sabotaram três tratores da Ruralminas com areia ou açúcar, deparei-me com dois meninos escondidos na varanda da minha casa e corri atrás deles. Logo, logo, o pai veio com uma arma na mão ameaçando me matar, dizendo palavrões....". *..."está pensando que meu filho é ladrão? Ladrões são vocês que vieram tomar nossas terras".(Sasaki,2008:82)*

"Realizar é erguer andaimes em volta dos sonhos e revesti-los com a matéria viva e concreta do trabalho". (Sasaki, 2008:150)

Passados trinta e três anos, agrada-me percorrer o centro e os bairros da minha cidade. Agrada-me ver o corre-corre das centenas de ônibus transportando milhares de trabalhadores que, nas terras do antigo cerrado, tiram o sustento das famílias proporcionando-lhes uma melhor qualidade de vida. Agrada-me ver as centenas de funcionários que desempenham funções burocráticas relacionadas à agricultura. São Gotardo ganhou novos ares, novas oportunidades de progresso.O comentário é de José Luiz Borges, o prefeito que implantou o Padap. (Sasaki, 2008:65-66)

O Padap veio a ser o paradigma para a criação do PRODECER (Projeto Binacional Brasil-Japão), que gerou 21 projetos de assentamento em todo o país. (Paulinelli, Alysson em Sasaki, 2008:10)

4.5 - Polocentro

O Polocentro (Programa de Desenvolvimento dos Cerrados) originou-se de um programa mineiro, o "Crédito Integrado", implementado pelo Banco de Desenvolvimento de Minas Gerais em 1972. Os recursos eram provenientes do Banco Central, visando ao desenvolvimento de técnicas agrícolas, sob orientação da antiga Acar (Associação de Crédito e Assistência Rural), em fins da década de 1960. Em 1975, este programa, que se iniciara com 26 projetos em 26 municípios do norte do Triângulo Mineiro (Vale do Paranaíba), foi estendido para áreas do Mato Grosso e Goiás, e incorporou os estudos sobre a região dos cerrados, realizados no início da década de 1970 pelo convênio Ipea/ Secretaria da Agricultura do Estado de Minas Gerais. O Polocentro fez parte do conjunto de programas do II Plano Nacional de Desenvolvimento (1975-1979) (França, 1984).

Considerando a realização do Padap e os resultados obtidos, o governo brasileiro desenhou o Polocentro, criado pelo Decreto-Lei no. 75.320, com início em 1975 e término em 1982. O Polocentro beneficiou uma área total de 3,7 milhões de hectares, distribuída entre os Estados de Mato Grosso, Mato Grosso do Sul, Goiás e Minas Gerais, conforme ilustrado no Mapa 4.1, sendo 1,8 milhão de hectares para as lavouras (soja, milho, trigo, arroz, algodão), 1,2 milhões de hectares para as pastagens, e 700 mil hectares para o reflorestamento.

O orçamento desse programa foi fixado em US$ 1,5 bilhão, sendo US$ I bilhão em crédito a taxas de juros favorecidas. Os créditos de investimento eram concedidos

Mapa 4.1 - Distribuição das áreas-alvo do Polocentro

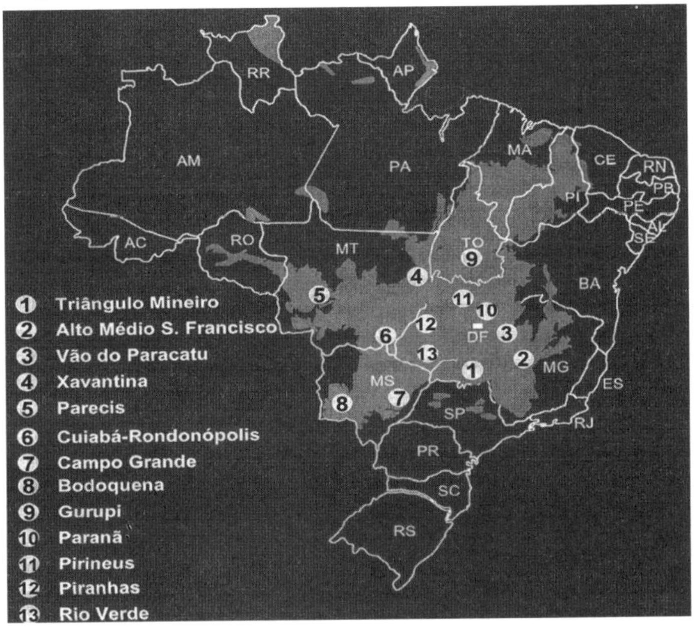

Fonte: *Embrapa/CPAC, 2000*

com carência de até seis anos, com taxas de juros variando entre 0 e 14% ao ano, onde os investidores podiam receber de 75% a 100% do custo total do investimento.

O recurso necessário para a implementação da infraestrutura, tais como estradas, eletrificação, armazéns, laboratórios para análises, entre outros, foi custeado pelo governo, como parte integrante do programa. Também fazia parte, o financiamento à implantação de indústrias de processamento pelo setor privado (cooperativas de produtores rurais, empresas, produtores agrícolas), bem como os serviços de oferta de insumos agrícolas. O Polocentro beneficiou, principalmente, os estabelecimentos com mais de 1.000 ha, que absorveram 60% dos recursos totais do programa, propiciando o surgimento de grandes produtores e grandes processadores, de forma que seu desenvolvimento foi conduzido com a liderança dos grandes fazendeiros.

Baseado na concepção de pólos de crescimento, o programa selecionou 12 áreas de cerrado com alguma infraestrutura e bom potencial agrícola. Essas áreas receberam recursos para investimentos em melhoria da infraestrutura, enquanto fazendeiros dispostos a cultivar ali puderam participar de um programa extremamente generoso de crédito subsidiado. Tratava-se de linhas de crédito fundiário, de investimento e de custeio a taxas de juros fixadas em níveis muito reduzidos e sem correção monetária. Com a alta da taxa inflacionária, e com os longos períodos de carência e prazos de pagamento, o crédito do Polocentro tornou-se uma virtual doação aos seus mutuários.

O objetivo do programa era desenvolver e modernizar a agropecuária do Centro-Oeste e de Minas Gerais, ocupando racionalmente as áreas de fronteira do cerrado e aproveitando-as em escala empresarial. Esse programa, voltado para a média e grande propriedade, atuava nos setores de ciência e tecnologia, mediante o desenvolvimento - da pesquisa e experimentação, de extensão rural, de infraestrutura, da produção e comercialização de insumos básicos à agropecuária e de estímulo ao florestamento e reflorestamento, - com linhas de crédito bastante vantajosas e atrativas para o produtor.

O programa fixou a meta de 60% da área explorada pelas fazendas com lavouras, sendo o restante destinado a pastagens plantadas. Além disso, pretendia que se produzissem principalmente alimentos, mas o que ocorreu ao final foi uma inversão no destino que se queria dar à terra: a área reservada ao cultivo foi suplantada por aquela destinada a pastagens, e a lavoura foi predominantemente tomada pela soja. O programa previa a incorporação econômica de 600 mil hectares/ano em treze áreas prioritárias, compreendendo 202 municípios e 4,2 milhões de habitantes.

O Polocentro foi extinto no final dos anos 1970 e início dos anos 1980 com a alta do petróleo e a crise econômica e política enfrentada pelo país. Do ponto de vista tecnológico, no entanto, o programa foi um sucesso. O esforço para o seu desenvolvimento proporcionou à região do Brasil Central, condições de produção altamente rentáveis no caso das culturas do cerrado, e da formação de pastagens e suporte forrageiro à pecuária. A agropecuária do cerrado tornou-se moderna e produtiva graças à geração e difusão de novas técnicas, originárias da pesquisa e experimentação fomentadas pelo programa, que chegou a aprovar na região entre 1975 e 1982, cerca de 2400 projetos, os quais obtiveram crédito de US$ 467 milhões. Segundo Galindo e Santos (1995), o Estado de Goiás foi o maior beneficiário do programa, responsabilizando-se por 42,3% da área total incorporada contra 30,5% do Mato Grosso do Sul e apenas 21,3% do Mato Grosso.

Um elemento fundamental ao sucesso da expansão da agricultura moderna no cerrado (dentro e fora das áreas do Polocentro) foi a Embrapa. Utilizando recursos do programa, intensificou a pesquisa e o desenvolvimento de tecnologias, que contribuíram para a expansão e a modernização agrícola no cerrado, tornando produtivo e rentável o cultivo das terras ácidas e pouco férteis da região. Segundo Mueller (1990), o Polocentro induziu à incorporação de 2,06 milhões de hectares, ou 31,5 % da área adicionada na região do cerrado.

Juntamente com os programas de colonização, foi criada e implementada uma série de programas de desenvolvimento, cujo objetivo principal era dar suporte e efetivar a ocupação da região do Brasil Central. Dentro desta lógica, podemos destacar: o Programa de Distribuição de Terras e Desenvolvimento Agroindustrial - Proterra (1967), o Programa de Integração Nacional - PIN (1970), o Programa de Desenvolvimento do Centro-Oeste - Prodoeste (1971), o Programa de Desenvolvimento dos Cerrados - Polocentro (1974), o Programa de Cooperação Nipo-Brasileira para o Desenvolvimento do Cerrado - PRODECER (1979), o Programa de Financiamento de Equipamentos de Irrigação - Profir (1982), dentre outros (Goodman, 1978; Galindo e Santos, 1995).

O PIN buscou atenuar problemas de desenvolvimento do Nordeste, altamente povoado, acelerando a colonização e a expansão econômica das regiões relativamente vazias, o Norte e o Centro-Oeste. Esse programa consistiu-se de abertura e pavimentação de rodovias, incentivos fiscais a investimentos produtivos e distribuição de terras.

Para suplementá-lo foram implantados outros programas: Programa de Distribuição de Terras e Desenvolvimento Agroindustrial — Proterra (1967) e o Programa de Desenvolvimento do Centro-Oeste — Prodoeste (1971). Visavam à distribuição de terras e reproduziam os demais programas de integração (construção de rodovias, incentivos fiscais e assentamento de colonos). Esses programas foram importantes na construção de uma malha rodoviária ligando Cuiabá a Porto Velho (RO), Cuiabá a Santarém (PA), Rondonópolis (MT) a Campo Grande e Dourados (MS).

O Prodoeste tinha como objetivo básico incrementar o desenvolvimento econômico dos estados de Mato Grosso, Goiás e Distrito Federal. A maior parte de seus recursos foi destinada a obras de infraestrutura. Segundo Mueller (1990), o programa contou com 650 milhões de cruzeiros distribuídos entre 1972 e 1974.

A responsabilidade pela execução ficou por conta do Ministério dos Transportes e do Ministério do Interior. No caso dos armazéns, silos, usinas de beneficiamento e frigoríficos, a construção ficaria a cargo do setor privado, sendo o Ministério da Agricultura responsável pelo acompanhamento das obras.

Pela sua importância relativa para a ocupação e expansão agrícola para os cerrados, cabe destacar o Polocentro e o PRODECER.

4.6 - Outros programas de cooperação Brasil-Japão

Muitos outros programas de cooperação beneficiaram o Brasil. Na agricultura foi mais visível, mas houve ganhos também nas áreas educacional, econômica e social. Desde o sistema de bolsas de estudos para estudantes e pesquisadores oferecendo estágios, cursos de graduação e pós-graduação, incentivo e investimento em pesquisas e projetos de relevância dos mais diversos níveis, apoios a fundações, institutos de assistência médica, social e educacional, até grandes obras como o projeto de despoluição e recuperação do Rio Tietê no Estado de São Paulo.

4.6.1 - EMPASC – Santa Catarina

O Ministério da Agricultura e o Governo do Estado de Santa Catarina, através da Empasc (Empresa Catarinense de Pesquisa Agropecuária S.A), com base no Zoneamento Agroclimático da área mapearam uma área superior a 1 milhão de hectares com potencial para o cultivo da macieira.

Pelo Acordo Básico de Cooperação Técnica entre os governos do Brasil e do Japão, assinado em setembro de 1970, o governo do Estado de Santa Catarina solicitou por meio do Ministério da Agricultura, a cooperação da JICA para a vinda do Dr. Kenshi Ushirozawa, engenheiro agrônomo, doutor em pomicultura, formado pela faculdade de agronomia de Hokaido em 1936 e que aqui permaneceu de 1971 a 1977, trabalhando junto ao Profit (Projeto de Fruticultura de Clima Temperado), nas estações experimentais de Videira e São Joaquim.

Os ensinamentos deixados pelo Dr. Ushirozawa permitiram que o Brasil passasse de quarto maior importador de maçã do mundo em 1975, particularmente dependente da Argentina, a exportador com produção equivalente à do Japão, com a introdução de variedades como Fuji, Mutsu e Gala, pelo pesquisador japonês.

O sucesso desta iniciativa motivou o governo de Santa Catarina em 1996, a pleitear uma nova cooperação do governo japonês, para a pesquisa e incentivo no plantio de pêra japonesa (nashi) na Estação Experimental de Caçador. Os objetivos eram: obter mais uma fonte de renda aos produtores da região , contribuir para que a população brasileira pudesse contar com mais uma opção de alto valor nutritivo e deixar de importar cerca de 95% da pêra de alta qualidade consumida no Brasil.

4.6.2 - Instituto Florestal - Estado de São Paulo

Ao longo de 25 anos, a Jica, órgão de cooperação técnica do governo japonês, destinou recursos da ordem de US$ 10 milhões ao Instituto Florestal. Isto possibilitou a instalação de laboratórios de hidrologia e de fitoquímica, postos meteorológicos automáticos, serraria, aquisição de computadores, equipamentos para colheita de madeira, veículos e tratores, entre outros.

Dados compilados por Yamanaka (Harada, 2008:141), de livros e artigos dos pesquisadores do Instituto Florestal, órgão vinculado à Secretaria do Meio Ambiente do Estado de São Paulo, revelam os projetos implementados com o apoio da Jica. Os pesquisadores Guenji Yamazoe e Eliane Akiko Honda organizaram os trabalhos de Valdir de Cicco e Francisco Soriano Arcova, sobre Manejo de Bacias Hidrográficas; Luis Alberto Bucci, sobre Mecanização e Exploração Florestal; Ricardo Gaeta Montagna, Clovis Ribas e Massako Nakaoka, sobre Utilização de Madeira de Pequeno Diâmetro; Alceu Jonas Faria, sobre Meteorologia Florestal; Eliane Akiko Honda, sobre Mecanismo e Controle de Erosão; Hideyo Aoki, sobre Sensoriamento Remoto; e Maria Angélica Zandarin, sobre Processamento de Dados.

A publicação relata, ainda, os episódios mais relevantes e fatos pitorescos que marcaram a convivência de técnicos brasileiros e japoneses, como o treinamento de 64 técnicos do Instituto Florestal no Japão, com permanência que variou de dois a seis meses e a vinda de mais de 100 especialistas japoneses, por períodos igualmente variados, para atuar nas áreas de trabalho previstas no acordo de cooperação.

O apoio dos japoneses determinaram a instalação do Laboratório de Hidrologia Florestal, em Cunha, no Estado de São Paulo, que efetuou o monitoramento do balanço do volume de água da Serra do Mar, durante 23 anos ininterruptos, sendo utilizado de forma intensiva para fins didáticos, pesquisa e treinamento pelas universidades e pelas instituições de pesquisa e de extensão. Por meio de convênio com a Jica, foi instalado também o Laboratório de Fitoquímica, em São Paulo, onde são desenvolvidas pesquisas sobre extratos vegetais, extrato pirolenhoso e outros. Na área de produção, instalou uma linha completa de serraria, em Manduri, que viabilizou o projeto de casa de madeira utilizando material de pequeno diâmetro e o desenvolvimento de diversos sistemas de colheita de madeira em terrenos acidentados, em Campos do Jordão. A cooperação com a Jica possibilitou a instalação de equipamentos para a realização de estudos de medição da erosão em Assis e Paraguaçu Paulista e fomentou a pesquisa para avaliar a eficiência das matas ciliares no controle do processo de assoreamento dos cursos d'água.

Esses conhecimentos são repassados a diversos estados brasileiros e a países da América do Sul e da África de língua portuguesa, realizando-se cursos de treinamento e disponibilizando a publicação dos resultados de pesquisas em 230 trabalhos, incluindo teses de doutorado e dissertações de mestrado.

4.6.3 - Embrapa e a Erradicação da Doença da Pimenta-do-Reino Em Tomé-Açu (Pará)

Núcleo de colonização e imigração de japoneses, com apoio dos governos do Brasil e do Japão, Tomé-Açu nasceu e floresceu antes da Segunda Guerra Mundial graças ao cultivo da pimenta-do-reino, cuja produção supria o abastecimento interno e sobrava para exportação. A pimenta-do-reino foi introduzido no Estado do Pará, na década de 1930, pelos imigrantes japoneses. A lavoura que serviu de base para o assentamento desses imigrantes foi o cacau, que não foi bem sucedida. Com a introdução da pimenta-do-reino, o município de Tomé-Açu tornou-se um novo eldorado em plena floresta amazônica, totalmente isolado de Belém, cujo acesso só era possível por via fluvial, por barcos que cobriam o trecho em aproximadamente 12 horas de viagem pelo Rio Acará.

No inicio da década de 1960, as plantações começaram a ser infectadas por uma doença que atacava a raiz e secava os ramos e as folhas. Mais de 10 milhões de plantas foram atingidas, acarretando grandes prejuízos a todos os produtores, além da diminuição do tempo de produção das plantas de 20 para 7 anos. Não se conhecia a causa da doença.

Diante da crise e das dificuldades de toda a coletividade, iniciativas foram tomadas por personalidades e autoridades japonesas que mantinham relações com Tomé-Açu. Foi o deputado Saburo Chiba, decano dos parlamentares japoneses participante dos primórdios da colonização, que se empenhou junto ao governo do Japão na introdução de novas culturas substitutivas e conseguiu a colaboração de instituições de pesquisas no diagnóstico das causas da doença.

Na época, a Jamic e a Jemis possuíam instalações e terrenos em Tomé-Açu, mas, devido ao não atendimento às exigências da legislação brasileira no reconhecimento como organização, foram extintas. O Ministério da Agricultura, tomando conhecimento do assunto, propôs que essas instalações fossem cedidas à Embrapa para sediar uma unidade de pesquisa, com o objetivo de estudar o agente causador da doença. Este centro, denominado CPATU (Centro de Pesquisas Agropecuárias de Tomé Açu), em convênio de cooperação técnica com a Jica, possibilitou a um dos especialistas japoneses descobrir que a enfermidade da pimenta-do-reino era a fusariose, causada por um fungo identificado como *Fusanum solani.* Depois de receber um investimento de mais de seis milhões de dólares para a continuidade da cooperação técnica, estas instituições, promovem pesquisas para o desenvolvimento sustentável da região amazônica oriental, beneficiando os maiores centros de concentração de nikkeis, como Tomé-Açu, Santa Isabel e Castanhal, no Estado do Pará.

4.6.4 - Financiamentos Públicos Do Japão Para O Brasil Em Obras De Infraestrutura

Em 1982, a Secretaria do Planejamento da Presidência da República iniciou o estudo de viabilidade da região do Grande Carajás, com o apoio técnico e financeiro da Jica. Neste estudo foi dada a devida ênfase ao desenvolvimento agrícola de toda a região e à sua integração com o transporte ferroviário de minério de ferro. Ainda com a cooperação japonesa foram desenvolvidos os projetos de irrigação na Bacia do São Francisco. Todos esses projetos foram executados e constituíram um apoio importante em prol da agricultura.

Em 1986 e 1987, o governo do Japão e seus bancos públicos e privados (entre os 10 maiores bancos no mundo, seis eram japoneses), com excesso de liquidez e necessidade de reciclar o monumental superávit comercial, instituíram o Fundo de Reciclagem para Financiamento dos Países em Desenvolvimento, no montante de US$ 30 bilhões, conhecido no Brasil por Fundo Nakazone. Tendo Isidoro Yamanaka como coordenador, o grupo de trabalho formado no Ministério da Fazenda para viabilizar o empréstimo desta fonte japonesa, relacionou 27 programas e projetos de interesse dos estados e de estatais no valor de US$ 7,048 bilhões. Após exaustivas negociações, o governo do Japão aprovou 20 projetos no valor de US$ 1,643 bilhões. Destaca-se os projetos do setor agrícola: Programa de Irrigação do Nordeste - US$ 56,7 milhões; Programa de Irrigação de Jaiba (Minas Gerais) US$ 110 milhões; Eletrificação Rural de

Goiás - US$ 95,8 milhões; e outros de infraestrutura, quase todos relacionados com o setor de agronegócios, como a melhoria do Porto de Santos - US$ 215,6 milhões; Trem Urbano de Fortaleza - US$ 180 milhões; Termoelétrica de São Paulo - US$ 585 milhões; empréstimos para o BNDES e Banco do Brasil- US$ 200 milhões cada.

Alguns projetos não foram desembolsados e foram sucedidos por novos, como: Projeto de Despoluição do Tietê - 49,427 bilhões de ienes; Despoluição da Baía de Guanabara - 31,475 bilhões de ienes; Saneamento da Baía de Todos os Santos - 7,895 bilhões de ienes; Energia Eólica do Ceará - 6,020 bilhões de ienes; Melhoramento Ambiental do Paraná - 23,686 bilhões de ienes; Abastecimento de Água no Nordeste (Pró-água) - 3,595 bilhões de ienes.

Para se ter uma idéia das dificuldades de execução dos projetos financiados pelo governo japonês no Brasil, um bom exemplo e sensível para toda a população de São Paulo é o Projeto de Despoluição do Tietê, que compromissado na época, somente foi concluído em 2004 e inaugurado com a presença simbólica do primeiro-ministro Koizumi no mesmo ano.

Lamentável em tudo isso é que a grande maioria da população brasileira desconhece este comprometimento firmado entre os dois países e o poder público brasileiro não fez a devida menção da ajuda recebida. Colocou-se somente placas indicativas das entidades envolvidas no projeto, onde não fica enaltecida a participação do governo japonês nestas iniciativas. Nem mesmo nos pronunciamentos de inauguração se menciona que a execução da obra foi uma cooperação do Japão com o Brasil.

4.7 - A cooperação tecnológica

Um ponto pouco divulgado mas de fundamental importância foi a cooperação tecnológica recebida do Japão com intercâmbio de técnicos das mais diversas áreas, além dos incentivos para o desenvolvimento da Embrapa.

Conforme Keigo Minami tivemos vários tipos de intercâmbio, principalmente com as visitas de professores vindos de universidades japonesas. Também tivemos a visita de vários produtores japoneses que queriam conhecer o Brasil.

> "Mas a minha experiência é dentro do Brasil, porque os produtores de flores, frutas e hortaliças na maioria, são produtores japoneses radicados no Brasil, eles buscam tecnologia japonesa, investem na compra de revistas especializadas e muitos deles vão ao

Japão fazer estágios de um a dois meses, voltam ao Brasil e aplicam estas novas tecnologias aprendidas no Japão. Este processo é repetitivo na busca de novas tecnologias".

Em todos os tipos de estações experimentais, na universidade é muito pouca, são realizados inúmeros testes nas estações experimentais de produtores.

A capacidade de pesquisa e produção japonesa é fantástica. A linha de pesquisa japonesa está muito mais em tirar da planta, o máximo possível do ponto de vista fisiológico do que em outra atividade. Outra capacidade japonesa é não desperdiçar terra, terras que são muito escassas lá. Tanto é que chamamos de cultivo sem solo, suspensos, ou pegam áreas degradadas e transformam em áreas produtivas. Então eu diria que são pequenos jardins que se tornam produtivos.

Na área da floricultura, hoje o hobby do japonês é montar miniaturas de flores em vidrinhos e cultivo em tecido, montando um micro jardim dentro de casa. Eu tive a oportunidade de ter em minhas mãos a miniatura de jabuticaba, feijão, café, todos voltados para ornamentação. Agora, para a produção, daqui um tempo a dependência do Brasil vai ser muito grande.

Eram produtores com problemas de emprego no Japão que vieram para cá com a ajuda da Jica, então talvez a JICA fez muito mais um trabalho de extensão do que propriamente de pesquisa. Eu diria até de fomento, talvez isso seja a grande estratégia japonesa, a parte técnica ele deixou para treinar agrônomos brasileiros. Então eu tenho colegas do CAT, por exemplo aqui no Estado de São Paulo, que foram para lá, a própria ESALQ mandou uma boa parte de agrônomos que não tinham ligação nenhuma com universidades, mas que trabalhavam na extensão. Por exemplo, eu conheço um colega nosso, João Neves, formado aqui. Ele ficou um ano no Japão na área de cultivos em estufa de flores e não de hortaliças. Ele foi o responsável pela implantação de estufas na região de Ribeirão Preto. Vários agrônomos foram para lá, em treinamento que durava de um mês até dois anos. Agrônomos da CAT da Secretaria da Agricultura do Estado, fizeram estágios lá e não eram descendentes de japoneses. Foram em universidades, em extensão dos produtores. Esta troca de experiências entre províncias com o pessoal daqui indo e voltando.

A Embrapa, também se utilizou desta experiência enviando técnicos para lá e recebendo técnicos japoneses aqui. Os melhores pesquisadores japoneses ficaram na Embrapa. A maioria destes técnicos acabou se radicando aqui, trazendo suas famílias porque perceberam que o Brasil oferecia essa possibilidade de desenvolvimento.

São todos de curso superior, embora não só agrônomos. Vieram técnicos, químicos, fisiologistas de diversas áreas, inclusive na área de pecuária. A família do Celso é um exemplo. Vários membros da família dele foram para o Japão, inclusive o irmão mais velho lá, a experiência deles lá, por mais simples que seja foi para a família uma experiência muito boa. Este tipo de intercâmbio foi muito positivo porque muitos que foram lá voltaram como produtores, eu diria que talvez uns 20 % a 30% retornaram ao Brasil com capital para investir. O Japão não tem experiência no cultivo de hortaliças em grande escala.

Isso tem a ver com a vinda de técnicos japoneses, que ajudou muito, porque nessa área de melhoramentos o Japão está muito avançado, basta dizer que a maioria dos híbridos de hoje na área de flores e hortaliças é de origem japonesa, então grandes firmas SAKATA, TAKY dominam pelo menos as sementes de hortaliças, na qual o Brasil depende de grande parte do conhecimento japonês de hortaliças e flores.

No caso de maçãs, o Brasil esteve sempre sob o domínio da Argentina. A maçã argentina, que é de origem americana, é farinhenta. De repente, descobriu-se que o gosto do brasileiro não é por este tipo de maçã e sim de gosto mais crocante, que a gente mastiga e um pouco mais azeda e, para surpresa nossa, foi a chave, para hoje exportamos a maçã para a Argentina. Inverteu o processo. A variedade Fuji foi a chave de tudo. Outros tipos, a Gala, por exemplo, é de origem japonesa, embora nesta área a experiência principalmente italiana fosse grande, hoje estas grandes áreas estão nas mãos de descendentes de italianos e alemães, embora existam grupos de japoneses grandes nesta área.

Não sei, é difícil de dizer se o cultivo de uvas foi influente, talvez fosse uma alternativa porque essa forma de variedade do grupo Fuji começou em Piedade em São Paulo, por uma família alemã, Buckner, de Cláudio Buckner formado na ESALQ. Em Piedade, existe uma colônia japonesa muito forte e ela começou a cultivar esta variedade e aí se espalhou para o Sul e em questão de 10 anos dominou o mercado.

Essa foi uma experiência japonesa ou pelo menos foram descendentes de japoneses que através da Cooperativa Agrícola de Cotia foram os grandes responsáveis pelo desenvolvimento da fruticultura no Rio São Francisco. Foram cinco ou seis alunos que se formaram aqui na ESALQ e foram para o Nordeste e continuam lá até hoje. É baseado na fisiologia, não é variedade, é o controle da água, graças à barragem de Sobradinho, que permite a irrigação para as margens do São Francisco.

Teve uma fase no Brasil inteiro, por exemplo, na ESALQ de 1958 a 1964, em que a contratação de professores descendentes de japoneses foi numa quantidade muito alta e em termos da Universidade de São Paulo, também. E dos pesquisadores contratados pelo menos dois são técnicos vindos diretamente do Japão, que é o Prof. Ando e o Prof. Kinjo, e tivemos dois professores que foram treinados no Japão, o Prof. Ikuta e o Prof. Kimoto.

Então você acabou de perguntar a respeito do cultivo de cenoura em São Gotardo e o grande responsável pelo sucesso da cenoura na região foi a variedade chamada Tropical Brasília, mas o sangue é japonês, é a variedade Kuroda. E quem trouxe foi o Prof. Ikuta que esteve em treinamento no Japão, é uma variedade resistente ao calor chamado Shinkuroda. O Prof. Ikuta fez o cruzamento e saiu esta variedade tropical e depois a Embrapa acabou desenvolvendo a Tropical Brasilia.

O Prof. Ando está fazendo um trabalho de desenvolvimento do cultivo do arroz no Pará, num sistema bem diferente, ecológico. O Prof. Ikuta continua em Mogi das Cruzes, na estação experimental da ESALQ.

Nessa onda de contratação de pesquisadores, no ano em que me formei, foram contratados oito alunos, dos quais quatro são de ascendência japonesa e acho que isto foi devido a influência da cultura japonesa. Logo depois da guerra, as escolas do interior e, por exemplo, na cidade de Pompéia, a colônia japonesa se sobressaiu bastante. Deste grupo de Pompéia, nós tivemos o primeiro desembargador da colônia, da família Hanada.

Acho que a influência da cultura foi muito positiva e eu, por exemplo, não querendo me gabar e não sei se é válido ou não, desenvolvi as bandejas que hoje todos os produtores utilizam, e que foi uma experiência que colocamos na prática. O gotejamento, o primeiro trabalho desta técnica, fui um dos responsáveis conjuntamente com o Prof. Horita, que também teve treinamento no Japão.

Toda esta forma de cultivo de flores e hortaliças vem de técnica japonesa, esse cuidado, essas podas que eles fazem, é essencialmente japonês. Eu tive a oportunidade de ter contactos com produtores de flores americanos, mesmo de origem japonesa de lá nos USA, mas os nossos produtores são bem mais voltados para a cultura japonesa. Lá visitei alguns produtores de flores americanos e eles eram na maioria de origem japonesa, e alguns eram japoneses mesmo, não eram nisseis ou sanseis americanos.

Também visitei uma família chamada Milano e teve uma família que tinha problemas e eu ajudei, pelo conhecimento que eu tinha aqui e mesmo na floricultura eu tive uma pequena experiência e eu passei para eles. Aqui, a influência da cultura japonesa é muito grande.

O caso do alho em Santa Catarina foi implantado pelo nosso colega Gilberto Tachibana, que durante o seu estagio na Universidade de Okayama no Japão teve muito contato direto e acabou introduzindo as técnicas aqui no Brasil.

Na seda, quase na sua totalidade é tecnologia japonesa, inclusive não precisa da amoreira, hoje tem produtos artificiais que diminuem a dependência da amoreira. A lagarta come os produtos artificiais, e é tudo tecnologia japonesa. Em tudo o Japão está avançado. O tratamento do fio de seda é meticuloso, tanto que nós exportamos o casulo e importamos a seda".

Esta entrevista com o Professor Keigo Minami da ESALQ-USP mostra a importância e a influência da tecnologia japonesa na agricultura até mesmo nas áreas de horticultura, fruticultura e floricultura.

4.8 - Depoimentos e entrevistas

Os depoimentos e entrevistas com os pioneiros do cerrado demonstram a evolução dos fatos. Os depoimentos estão na ordem cronológica das entrevistas.

24.07.2006: Professor Alcione de Souza Júnior

Veio há mais de 20 anos para Patrocínio. Veio do sul de Minas.

Formado em História. Trabalha no Centro Universitário do Cerrado.

A sua pesquisa sobre cerrado foi centrada nas famílias de imigrantes paranaenses.

Os trabalhos sobre ocupação do cerrado, que vinham sendo feitos até então, enfatizavam mais as transformações econômicas e os impactos sobre o sustento, e não retratava os sujeitos, isto é, quem foram os cafeicultores, quem eram os imigrantes. Considera importante recuperar a história enquanto as pessoas, que participaram do processo desde o inicio, ainda estão vivas.

Relata que pesquisando os jornais da época, percebeu um fato interessante: que nos anos 1970, antes do café, o arroz foi tão importante que se cogitou até em fazer a festa do arroz. A produção do leite também teve importância. Depois, o café acabou sobrepujando.

24.07.2006: Produtor Vicente Arantes

Esclarece que, no inicio, se tentou desbravar o cerrado com o plantio de arroz de sequeiro, uma técnica antiga normalmente utilizada no desbravamento. A baixa produtividade em solos de alta acidez não permitia retirar o sustento dos produtores.

Foi necessário buscar variedades adaptadas de leguminosas como a soja, que eram mais apropriadas ao solo. Isto exigiu muita pesquisa e tentativas para se chegar ao manejo adequando do solo e das plantas.

24.07.2006: Paulo Takano

Nasceu no interior do Estado de São Paulo, filho de produtor de café, foi para Patrocínio em 1973. Começou com arroz, mas depois mudou para café e agora tem 180 hectares de terra. Relata que no inicio foi difícil; no segundo ano já começou a colher e pouco a pouco foi aumentando. Ganhou o prêmio de melhor café em 2007. Refere que "capricha o mais que puder" em todas as fases, desde a colheita até a secagem.

24.07.2006: Catarina Miyake e Cristina Akemi Miyake (filha)

A família Miyake, conduzida por José Miyake, tinha plantação de café e soja no Paraná. Com a geada foi para Patrocínio em 1978, "com cara e coragem, sem dinheiro e com a fazenda para cuidar".

Não vivenciou a era da tecnologia pois a sua preocupação era comprar mais terra para produzir mais, idealizador, acreditava no potencial do cerrado e comprava terra confiando na produção: "o importante é acreditar no sonho."

No Paraná a terra era boa e não precisava de muito fertilizante e defensivo. Em Patrocínio era necessário fazer a adequação da terra para o cultivo do café, mas tinha a vantagem do clima e manancial de água. O Paraná tinha a geada que arrasava todo o café.

24.07.2006: Rubens Machado

"O grande agronegócio do Brasil é o cerrado. O cerrado é o primeiro produtor de café do Brasil e segunda bacia leiteira de Minas Gerais, em função de um trabalho que começou com um prefeito e um governador inovador, e de um povo japonês que tinha a criatividade e minuciosidade de fazer a coisa bem feita, e que deu certo".

24.07.2006: Jorge Elias Brandão

Em 1970, Patrocínio acordou. Pela visão de alguns políticos, não só de Minas Gerais como do governo federal, descobriu-se algumas prioridades esquecidas e não exploradas como o clima e terras cultiváveis. Foi uma alavancada rápida. Os japoneses ajudaram muito com a indústria do fio da sede e a agricultura irrigada.

Com o advento do café, tudo mudou, os melhoramentos vinham para todos. Patrocínio deu uma arrancada, uma alavancada. Melhorou o índice per capita de arrecadação, de educação, formou-se uma nova cultura e mentalidade. Patrocínio é o polo de referência para as multinacionais de café, tem escritórios de diversas multinacionais de café.

24.07.2006: Eisei Uezu Neto

Em 1984 foi a Paracatu e verificou que havia um trabalho muito forte executado pelo PRODECER. O Japão, por meio deste convênio, demonstrava claramente uma visão estratégica do futuro. Na época conheceu o ministro Mitio Watanabe, cuja fazenda era vizinha a sua, e o mesmo comentou que o Japão importa todos os alimentos e a soja era o grão mais importante para o povo japonês. O Japão considerava o Brasil a única região no mundo oportuna, também por questão de afinidade cultural, para investir. Considera o PRODECER de uma estratégia extremamente sofisticada e importante. Trouxe tecnologia, dinheiro e investimento em pesquisa.

24.07.2006: Jorge Hoba

Mora em Patrocínio há 14 anos.

Faz parte da colônia nipônica, tenta integrá-la, e esta deveria permanecer unida como na época dos pais. Percebe que cada vez mais os descendentes estão se distanciando e perdendo a origem. Em termos sociais, acha que não existe a integração da colônia na sociedade local.

24.07.2006: Marta Elias

A cidade é bonita, famosa pelo café e graças à colônia japonesa tem também bastante verdura e legumes bem desenvolvidos, muito expressiva porque o povo de Patrocínio não tinha o hábito de consumir verduras; a sua alimentação era à base de arroz, feijão, mandioca, rapadura e pouco legume como chuchu, couve, abóbora. A chegada da D.Rosa e Sr. Miyake, na década de 1970, contribuiu expressivamente para a mudança no hábito da alimentação do povo. Eles arrendaram uma terra e plantaram cenoura, acelga, alface, nabo, escarola, almeirão, repolho, tomate.

O café foi a grande alavanca para o progresso do Patrocínio. Tem Centro de Excelência do Café, seminário internacional do café, Casa da Cultura, escola de música, grupo de violeiros, seresteiros do cerrado com componentes do cerrado que se apresentam em eventos.

24.07.2006: Nadinho

Filho e neto de libaneses. Fundou a Secretaria da Cultura e hoje está trabalhando na área. A chegada da cultura oriental trouxe grande evolução em todos os setores: "nosso café é conhecido mundialmente e proporciona qualidade de vida a inúmeras famílias, tanto no campo educacional como cultural".

Vê a tecnologia chegando e o empresário acreditando na qualidade do seu produto e no desempenho dos profissionais que estão em Patrocínio.

Vê a mão do governo japonês estendida para o Brasil e vice-versa, e acredita que a união destas duas mãos trará benefícios não só para o cerrado, mas para o Brasil.

25.06.2006: José Carlos Grossi

Cursou agronomia na ESALQ. No início trabalhou como vendedor de insumos agrícolas e viajava muito. Sempre foi apaixonado pelo café. Quando soube que no cerrado, havia financiamento para plantar café, resolveu largar o emprego. Foi para Patrocínio em 1972. Nunca tinha ouvido falar de Patrocínio.

Comprou uma fazenda e logo foi fazer levantamento de balanço hídrico e viu que o problema maior era o solo pobre. Em Patrocínio já tinha a Fuji Minas e depois chegou uma colônia de japoneses em Monte Carmelo.

No início foi tudo muito difícil porque não tinha tecnologia nem pesquisa, tudo era caro. Não existiam trabalho e pesquisa em cerrado. Não tinha conhecimento da tecnologia da correção do solo. Só alguns conseguiram sobreviver: *"estamos em clima de altitude alta entre 800 e 1200 metros e quando chove a temperatura cai e propicia o aparecimento de doença fúngica e bacteriana; além disso, devido à dificuldade de fertilização e desequilíbrio nutricional, as plantas sentiam, tinham fome e surgiam as doenças; precisou aprender a fertilizar e dominar o equilíbrio nutricional".*

Acredita que, se não fosse a geada de 1975 que atingiu Paraná, São Paulo e sul de Minas Gerais, todos os cafeicultores do Cerrado iriam "quebrar".

Em 1990 com o término do IBC precisou buscar clientes fora do Brasil. Foi muito difícil, as pessoas davam risada quando diziam que era do Brasil: *"o nosso café era tido como porcaria"*. A partir de 1991 com o aperfeiçoamento do cultivo do café, foi desenvolvida a produção do café fino, hoje o cerrado é conhecido mundialmente pela qualidade e pelo preço diferenciado. *"Quem planta com amor, tecnologia, dedicação e sorte, as coisas vão para frente"*.

O governo começou a incentivar o café no cerrado porque, com o advento da ferrugem, era necessário fazer a pulverização no cultivo e isto não era possível em qualquer plantação. A área precisava ser mecanizada e plantada adequadamente em rinque, com espaçamento suficiente para entrar uma máquina: *"o cerrado foi o começo da cultura mecanizada e tem a lavoura mais técnica do Brasil"*.

Em 1973 -1974, a Fuji Minas começou a plantar soja, que no início não cresceu, mas depois com uma variedade mais adaptada ao solo pobre, teve sucesso no cerrado. Em 1978, começou o trigo irrigado que hoje também é grande produtor.

A cidade de Patrocínio teve grande desenvolvimento com a lavoura porque ela precisava abastecer com peças, mecânicos e materiais necessários para dar suporte à agricultura da região.

No início, o trabalhador não sabia nem capinar; a região não tinha tradição agrícola. As pessoas não recebiam salário e sim escambo (trocava por manteiga, banha, queijo,...); poucos recebiam salário. Quando abriu as frentes de trabalho para café, refere que teve sérios problemas com as donas de casa, porque as mulheres preferiam trabalhar na lavoura, onde recebiam salário, do que ganhar comida, roupa, nas casas que trabalhavam.

Nos anos de 1980, teve problemas com o Ministério do Trabalho e precisou rapidamente se adequar às leis trabalhistas. Relata que Patrocínio é pioneira em núcleo de conciliação trabalhista, que hoje é lei.

Teve que se organizar melhor nos escritórios e tornar uma empresa agrícola, dentro do contexto da legalidade. Relata que no fim, isto facilitou para conseguir certificação internacional. Foi necessário capacitar os trabalhadores, organizar cursos, inclusive em recursos humanos, para montar a fazenda em melhores condições.

Após a geada de 1975, a região teve um fluxo maior de produção de café, mas em 2002, com preços bem baixos, muitos cafezais, aproximadamente 15%, foram erradicados, e em 2003, com o preço de soja maior, a região teve que mudar de perfil. Deixou de ser exclusivamente de café.

A região foi alavancada com soja, trigo, milho, feijão. Acha esta diversificação muito interessante. Com a crise de cereal, o café retomou o crescimento. Recentemente, observou a plantação de cana de açúcar com a instalação de usinas e acha que vai incrementar a região.

O Brasil aumentou muito os custos em geral, especialmente os agrícolas. Está aumentando a plantação de café tipo exportação; com produtores mais tecnificados, mecanizados e bem estruturados, tem tendência a incrementar a produção, obter certificação e agregar mais valor ao seu produto. Vai trazer progresso não só para quem produz, mas também para seus trabalhadores que serão mais bem remunerados:*"não quer pobreza, quer progresso"*.

Patrocínio atualmente é uma cidade bem organizada, e estruturada administrativamente. Possui três hospitais, faculdades, boas escolas, rede viária com rodovias cortando para todos os lados, corredor de exportação bem estruturado e bem utilizado.

"É uma das melhores cidades de Minas Gerais".

25.07.2007: Sr. Alaor

"Os japoneses trouxeram riqueza e progresso para Patrocínio".

Antigamente a pecuária era a principal atividade econômica, mas o café suplantou. Nunca plantou café, mas sempre teve muita esperança no café.

25.07.2006: Mamoru Nakamura

Está desde 1971 em Patrocínio. Tem plantação de café e arroz.

No inicio, em 1972 teve prejuízo com plantação de arroz devido à praga e baixa produtividade: *"para ter boa produtividade precisa de uma orientação técnica adequada, recurso ou crédito para comprar defensivo, fertilizantes e pagar o trabalhador rural"*.

6.8.2006: Makoto Edson Sekita

Foi para São Gotardo, com o pai, em 1983 e considera que essa sua ida foi muito feliz. A região apresenta uma agricultura muito forte, bem diversificada, que produz desde cereais até hortaliças. Ressalta que a diversificação é uma das vantagens competitivas da região, comparando com a monocultura. Produz desde soja, café, milho até cenoura, alho, cebola. Relata que a diversificação dá garantia de continuidade e segurança: *"quando uma cultura não produz, a outra dá"*. Apesar da região ser muito alta, tem abundância de água que traz tranquilidade para efetuar a irrigação.

Relata que o grupo tem preocupação muito grande em cumprir a lei quanto à preservação de 20% para área de reserva. Atualmente tem 22% e pretende chegar aos 25%. Isto para garantir o próprio sustento e dos filhos e netos.

Considera muito grande a contribuição da colônia japonesa; quando foi assentado, 90% eram de origem japonesa. A colônia é um povo lutador, sofredor e persistente. Os que não foram persistentes no início fracassaram e alguns desistiram.

Quando veio em 1983, já havia muita tecnologia implantada adaptada à região. Esta tecnologia veio com os estudos dos agrônomos da CAC e das práticas que os agricultores, testavam e experimentavam em várias situações. Descobriram, por exemplo, que na cultura do café faltava calcário e não adubo. Hoje, a produção é de 40 sacas por hectare, mas no início era de sete a quinze sacas por hectare. Relata que a cultura de hortaliças deixa um acúmulo de fertilizantes no solo e plantando soja no ciclo seguinte consegue colher 50 a 60 sacas de soja por hectare, apesar de a região ser um pouco fria para esta cultura.

6 .8.2006: Katsuji Sekita

Chegou aos 20 anos no Brasil. Está com 94 anos. Ficou 40 anos no Paraná. Numa pequena área cultivou café e depois soja. Vendeu tudo lá e foi para São Gotardo. Os filhos foram um dos pioneiros no assentamento. Hoje, todos estão em São Gotardo (três homens e duas mulheres).

Está feliz, muito contente, porque toda família está trabalhando junto. Considera a melhor coisa, o clima da região; muito bom, "nem frio e nem calor". Relata estar muito satisfeito porque a comunidade japonesa também é muito boa; todos se ajudam mutuamente.

6.8.2006: Um colono imigrante japonês

Vindo do Japão, como "Cotia Seinen", inicialmente para Itatiba. Depois foi para Botucatu junto com o patrão, que era "batateiro". Em Botucatu o terreno era arenoso e não produzia batata de boa qualidade.

Em 1974, aos 38 anos de idade, foi para o assentamento junto com o patrão, como empregado. A região no início parecia o *"fim do mundo"*, não tinha luz elétrica e havia muita poeira; mas, para ele, *"qualquer canto servia"*. Em 1979, o patrão resolveu ir embora e vendeu uma parte da terra a prazo para ele; a outra recebeu como doação. Como a produção de batata era boa conseguiu logo saldar a dívida. Hoje, planta soja, milho, café, alho, cebola.

A CAC fez tudo e ajudou muito. Incentivava e dava suporte à pesquisa, *"tentando de um jeito e de outro até dar certo"*. Lembra que algumas pessoas plantavam uma, duas vezes, não dava certo, desistiam e iam embora. Ressalta a importância de persistir, *"sofrendo e apanhando"*; reforça que somente o agricultor entende e ele mesmo precisa fazer. Diz: *"tem coisa que nem agrônomo sabe"*. Como não entendia o português corretamente, agradece muito aos nisseis que o ajudaram e deram muito apoio: *"sem solidariedade, é difícil tocar"*.

Acha que o povo é muito agradecido aos agricultores porque trouxe serviço para todos. Finalizando diz: *"tem que trabalhar pé firme"*; *"quem tem pé firme não tem perigo"*.

6.8.2006: Tsuyoshi Shimozaki

Veio do Japão em 1957. O pai prestou serviços militares na China, conheceu *"aquela área imensa de terra"* e resolveu vir para o Brasil. Dizia que o *"Brasil tem futuro na agricultura"*. No Japão a família tinha experiência com suinocultura, pequena granja e criação de gado, plantio de arroz e fruta. No Brasil, fixou primeiramente em Cafelândia e após um ano e meio, a família conseguiu adquirir 25 hectares de mata nativa em Jales. A família sempre acreditou que a agricultura precisa ser mecanizada e profissionalizada.

As cooperativas ligadas à colônia japonesa sempre se preocuparam com a educação dos filhos dos imigrantes. A Associação para Colonização Internacional para Agricultura do Brasil proporcionou a muitos jovens a oportunidade de realizar estágios no exterior.

Na década de 1960, Tsuyoshi Shimozaki teve oportunidade de estagiar nos Estados Unidos e conhecer a agricultura mecanizada. Depois foi para o Japão onde permaneceu um ano. Pondera que muitos destes jovens que foram estudar fora hoje atuam nas mais diversas regiões, onde são líderes que influenciam o desenvolvimento da agricultura nacional.

Menciona uma frase de seu pai: *"clima não se compra; terra pode ser pobre, mas pode ser corrigida e que o homem tendo cabeça e pensamento vence"*. O cerrado tem clima bom, terra barata, plana e boa estrutura. Próximo à região tem jazida de calcário que reduz o custo de corrigir a terra ácida. A altitude acima de 900 metros proporciona um clima ideal para produzir o melhor café do mundo. Outro motivo para escolher o cerrado foi a pequena dimensão das propriedades rurais dos Estados de São Paulo e Paraná que impossibilitava a mecanização da agricultura. Em 1975 a geada atingiu as plantações de São Paulo e Paraná, mas não afetou a região de cerrado; isto foi importante para as cooperativas incentivarem a produção de café na área.

Hoje, a família que começou com pequena plantação de café, possui um milhão de pés de café, considerado de melhor qualidade do mundo. Desde o início dedicou ao cultivo de café nesta região que apresenta a melhor produtividade do Brasil.

Com produto de qualidade superior abriu mercado de café para Japão e China.

Transmite aos seus descendentes (filhos, netos,....) que os pais sofreram, mas graças ao povo brasileiro conseguiu vencer. Tem muito orgulho de ser *"japonês, naturalizado brasileiro, mineiro e carmense"*. Diz que a comunidade local respeita muito a colônia, hoje representada pelas remanescentes 22 famílias, e muito bem representada em todas as áreas (saúde, economia, educação) do município de Carmo da Paranaíba.

Realizando o sonho do pai todos os cinco irmãos trabalham em conjunto cuidando de três áreas: café, cereal, granja. O produto do cereal é aplicado na granja que produz o esterco, que aplicado no café, ajuda no aumento da produtividade.

Afirma: *"quem não se profissionaliza e não aplica a mecanização na agricultura, não vai para frente"*.

6.8.2006: Massato Sakuma

Nasceu em Taquarituba, Estado de São Paulo, foi com quatro anos para Londrina e está em São Gotardo desde 1974; é um dos pioneiros do Padap; hoje se considera mais mineiro do que paulista e paranaense.

Nos primeiros anos após o assentamento, contraiu muitas dívidas, mas com a ajuda da CAC, com muito trabalho e dedicação, conseguiu pagá-las e progredir. Pouco a pouco foi adquirindo mais terras. Atualmente está com 1000 hectares. Tem como cultura perene o abacate e o café. Além disto, tem plantação de cenoura, alho, soja, milho, feijão e trigo.

Diz que a região é privilegiada e abençoada: *"precisa dar valor e aproveitar o que a natureza oferece"*.

Sempre aproveitava qualquer oportunidade para sair e fazer visitas tanto dentro do Brasil como no exterior. Nestas ocasiões conheceu novas tecnologias e trouxe novidades para serem aplicadas na região. Toda renda foi investida na terra. Com o sucesso do Padap, adquiriu uma fazenda em Boa Vista (Roraima), administrada por seu filho agrônomo.

Reforça que no Brasil o que falta é base política e educação. *"O Brasil tem tudo para ser o melhor país do mundo. Precisa querer"*. Lembra a frase do pai: *"se lutar consegue; não pode desanimar"*.

6.8. 2006: Massayoshi Mário Yamashita

Natural de Bauru, em 1989 resolveu iniciar plantio de cenoura que deu certo e hoje cultiva também batata, alho, milho, soja, café, trigo. Hoje possui duas propriedades rurais de 500 hectares e arrenda mais uma de 700 hectares. Tem também terra em Boa Vista e está investindo agora na Venezuela.

Salienta que tudo foi tirado do sucesso de São Gotardo, onde diz ser o melhor lugar do Brasil devido ao clima e altitude: *"a hortaliça produzida aqui não perde em produtividade e qualidade para França, Espanha. Principalmente para tubérculos, não existe melhor clima: frio à noite e quente durante o dia"*.

Relata que várias empresas do exterior (França, Estados Unidos, Austrália, Japão) fornecem sementes e também fazem testes e pesquisas para melhorar a qualidade e produtividade. No início, foram feitos vários testes para encontrar variedades de sementes que melhor se adaptassem às condições do local.

Expandindo seus negócios, iniciou pequena produção de cenoura no Ceará, mas a qualidade e a produtividade de São Gotardo não se encontram em lugar nenhum do Brasil. Salienta que a produção média de cenoura da região é de 50 toneladas/ano/hectare enquanto a média nacional gira em torno de 30 – 35 toneladas/ano/hectare.

Relata que São Gotardo foi o ponto inicial para o desenvolvimento do cerrado.

6.8.2006: Paulo Ueizu

Prefeito de São Gotardo em seu terceiro mandato, eleito prefeito pela primeira vez em 1982. Chegou a São Gotardo em 1976 para exercer a medicina. De início não veio motivado pela agricultura. Como médico começou a conhecer e prestar serviço à colônia japonesa e à comunidade local. Assistiu ao início da abertura do cerrado. Teve oportunidade de conviver com as preocupações, dificuldade das famílias principalmente relacionadas à saúde. Apesar dos desafios enfrentados para buscar a diversificação de cultura, fazer a correção do solo e lutar pela viabilidade econômica no plantio, na colheita e na comercialização, o resultado foi muito importante.

Reforça a importância da determinação, coragem de investir com seriedade, aprimoramento técnico do conhecimento na área produtiva dos primeiros agricultores que fez com que surgisse o milagre da recuperação do cerrado que hoje é um mostruário e exemplo para todo o país.

Como agente de saúde, assistiu no início muitos problemas primários na região ligados à falta de saneamento básico, fornecimento de água, esgoto, eletrificação e grande pobreza na periferia. Isto porque não era implantado ainda o atual SUS. O atendimento era bastante precário. A pessoa precisava ser ligada ao Inamps ou pagar as consultas.

Com a melhoria rápida do poder aquisitivo da população, houve uma migração da população de área rural para a zona urbana. Na época, no poder público, teve dificuldade para acompanhar e resolver os problemas de infraestrutura da cidade, que foram agravados por esta situação. Ressalta que o governo federal, na implantação do Padap, não previu a necessidade de planejar um programa de emergência especial, específico, prevendo essa corrida para a zona urbana. Apesar de toda melhoria, ainda hoje o problema continua. A receita não condiz com a necessidade da população. *"Não aconteceram os ajustes"*. Luta para compensar as defasagens, buscando recursos de fora e diz que é possível resolver estas questões com boas parcerias políticas, com acesso aos governos estadual e federal.

Ressalta que o programa de assentamento agrícola representa 72 % de arrecadação de ICMS para o município; o agronegócio representa a receita fundamental e básica para a região. Os serviços que complementam essa receita provêm dos serviços prestados na complementação da cadeia produtiva.

6.8.2006: Takeshi de Souza Uezu

Vice-prefeito nascido em São Gotardo em 1978. É fruto do pioneirismo da colonização de Minas com os tropeiros e do pioneirismo da agricultura com a chegada dos descendentes de japoneses. Considera que ambos têm grandes valores, se orgulha, mas está atento à grande responsabilidade para dar continuidade ao trabalho.

Hoje enfrenta novos e grandes desafios; se antes a dificuldade era produzir alimento hoje é de comercializar e proporcionar viabilidade e condições de sustentabilidade: *"no mundo globalizado o produtor não é somente produtor. Tem que ser empresário da agricultura antenado com tudo o que acontece, não só no seu mercado, mas no que acontece no mundo inteiro"*.

Com sua jovialidade encara a importância econômica da região: *"São Gotardo necessita de representatividade política importante porque tudo o que nos rodeia depende de decisões políticas"*.

Destaca a importância da colônia japonesa. A região teve a estrutura econômica e social modificada após a inserção da colônia japonesa, que inseriu na região uma identidade própria de um povo com vocação para o novo e para o trabalho, adaptando-se às situações e circunstâncias.

6.8.2006: Seiji Eduardo Sekita

Natural de Heliópolis, Estado de Paraná, está há mais de 30 anos em São Gotardo. Quando foi para lá, já tinha algumas áreas de produção, mas havia ainda muitas dificuldades e não sabia o que era melhor para a região. Há aproximadamente 20 anos começou a produzir batata, cenoura, alho.

Relata que veio após a implantação do assentamento, mas percebeu muita força do ex ministro Allison Paulinelli e da CAC que conseguiram agregar força na implantação, na fomentação e na parte técnica do projeto. Refere que a união e a força dos imigrantes foram os pontos fortes na implantação. Reforça: "não basta apenas ter o lote, se não tiver a vocação para trabalhar na terra".

6.8.2006: Jorge Fukuda

É paranaense. Relata que a cenoura normalmente só se planta no verão, mas em São Gotardo consegue plantar o ano inteiro em grande escala. A região é o maior produtor nacional e ela é o "plus" da São Gotardo. O alho também é de qualidade excelente porque é produzido em alta atitude. São Gotardo está bem no café, trigo, batata, soja, cenoura, alho beterraba: *"aqui é abençoado; o clima é excelente; nem precisa de ar condicionado"*.

A maioria dos produtores de sucesso é aquela que conseguiu administrar a crise e diversificar com qualidade. No início, tudo o que plantava não dava lucro; faltava alguma coisa. Com a diretoria da CAC e ajuda dos governos estadual e federal os produtores concluíram que a tecnologia precisava melhorar e o solo precisava ser corrigido porque era muito pobre. Levou quase 10 anos para que a produção começasse a melhorar e dar lucro. *"Muitos não aguentaram e foram embora, e os que ficaram, estão bem"*. Reforça: *"quem está na agricultura precisa expandir a área, mas também aumentar a produtividade e se preocupar em não agredir a natureza"*.

No início não havia descendentes de japoneses. O mineiro falava: *"os japoneses são muito trabalhadores, mas infelizmente aqui não adianta"*. Foi oferecido o projeto para a comunidade local, mas poucos se candidataram. Diz: *"a colônia japonesa contribuiu muito para o cerrado brasileiro; aqui teve várias empresas investindo em projetos e novas tecnologias"*.

Relata a importância de se preparar os descendentes: *"hoje nós somos o alvo, mas amanhã serão os nossos herdeiros"*. Orienta os filhos a serem autoconfiantes e progressistas.

6.8.2006: Hamilton Yoshio Narita

Nasceu em 1970, e relata que *"o cooperativismo foi a essência do assentamento da região do cerrado e da Alta Paranaíba. A cooperação entre as pessoas fez o grande desenvolvimento deste polo agrícola"*. O assentamento dirigido foi a chave do sucesso. "As terras foram encaminhadas a pessoas que já tinham alguma experiência em lidar com a terra".

No lastro do desenvolvimento agrícola, depois de alguns anos, surge a área de serviço como acontece com quaisquer outros centros de avanço, primeiro vem os desbravadores da agricultura e depois as áreas de serviço e comércio. O ensino fundamental é bom, mas o segundo grau carece de professores capacitados. Com uma escola de ensino superior de administração ligada ao agronegócio, surge a oportunidade de formação do cidadão, que vai desenvolver o lado social.

Relata que o Projeto de Proteção ao São Francisco, que depois se tornou conhecido nacionalmente, nasceu na região e foi baseado num lote doado pela CAC.

6.8.2006: Luiz Issamu Sassaki

Engenheiro agrônomo, formado em Curitiba, em 1973.

Foi para a região do cerrado em 1974, na época da abertura do projeto Padap – Plano de Assentamento Dirigido do Alto Paranaíba. Este projeto foi criado na época do governador Rondon Pacheco e do secretário da Agricultura Allison Paulinelli, em convênio com a CAC.

Foi trabalhar para a CAC como empregado durante dois anos. No início, envolveu-se no levantamento dos lotes e ficou encarregado de trazer os filhos dos cooperados. Reforça que a CAC, preocupada com o futuro dos jovens em prosseguir com a agricultura, criou o projeto para dar suporte aos filhos dos cooperados que tinham pequenos lotes. Foi dada prioridade para os filhos dos cooperados proprietários de pequenas terras e 70% eram do Estado do Paraná.

Antes do Padap, havia o Projeto de Crédito Integrado para desenvolver agricultura e pecuária no cerrado. Mas foi inviabilizado devido a questões de financiamento. Na época, já com o Dr. Alisson Paulinelli como ministro da Agricultura, foi implantado o projeto Polocentro para incentivar o desenvolvimento do cerrado. Este projeto tinha três anos de carência e os investimentos poderiam ser pagos em 12 anos e os juros eram subsidiados, 40 % pagos pelo governo e o calcário era sem juros. O Polocentro deu condições para viabilizar todos os outros que vieram depois.

No primeiro ano, o projeto Padap plantou arroz e soja, mas o arroz não se adaptou ao local e ficou somente com a soja e milho. Em 1975, o Padap introduziu trigo na região do cerrado, que teve produção muito boa. Chegou a plantar até 15000 hectares. Com a importação e o preço baixo, os produtores desanimaram e hoje produz apenas em 2000 hectares. Espera que esta situação melhore. No início foi muito difícil conseguir financiamento junto às instituições bancárias e foi o Polocentro que viabilizou o projeto do cerrado. São Gotardo foi o pioneiro do cerrado.

No Padap, a CAC entrou com a função de selecionar os colonos e implementar o assentamento e o governo com a função de desapropriar as terras e criar a infraestrutura na região. Muitos assentados não aguentaram e "quebraram". No começo as dificuldades eram enormes, mas com muita luta e garra os persistentes venceram.

6.8.2006: Pedro Hiroshi Takigami

Foi em 1973 para região de cerrado. No início trabalhou como empregado, mas depois de muitas "reviravoltas na vida", resolveu arrendar terras e começar a cultivar. Todo mundo dizia que era "loucura ir para o cerrado porque lá não dá nada". Tudo que conseguiu foi fruto de um trabalho muito difícil porque ninguém acreditava no cerrado.

Considera a CAC primordial para que o projeto desse certo. Começou plantando batata e soja, mas foi com a cenoura que se deu bem. É um dos pioneiros na plantação de cenoura em áreas grandes. Começou sozinho e como acreditava que além de plantar, o importante era conquistar mercado, partiu para vender os próprios produtos. Trabalhava na terra durante o dia e à noite ia para Belo Horizonte vender no Ceasa; "quase não dormia". Ficou nessa vida durante cinco anos e acha que foi bom porque aprendeu muita coisa.

Com um plano de abastecer o carente mercado de hortaliças do Nordeste, pretende montar um projeto na região expandindo o seu negócio a procura de novas fronteiras, novos centros consumidores. Vai produzir batata, cenoura, morango em grande escala: "tudo o que vai fazer tem que ser de boa qualidade e produzir em grande quantidade" .

CAPÍTULO 5

PRODECER[1]

Celso Norimitsu Mizumoto

Júlio César Augusto Sesma da Cruz

Yoshisuke Ogura

"Eu fiquei muito feliz quando houve a propositura dos dois governos, do Brasil e do Japão de se fazer uma análise absolutamente isenta do que se fez, e essa análise foi conclusiva. O projeto PRODECER teve uma importância fundamental no desenvolvimento do cerrado brasileiro.

Nós agradecemos muito aos nossos companheiros e irmãos japoneses, com isto fizemos uma grande amizade com vários parceiros de lá, seja na área de governo, seja na área privada e que hoje a gente espera que um exemplo do PRODECER sirva como um estímulo".

Na época eu chamei de guarda-chuva, PRODECER é um guarda-chuva que os dois governos vão abrir, sob a sua proteção para desenvolver e demonstrar a possibilidade do cerrado.

Depois desse guarda-chuva os governos podem sair porque debaixo deles virão as empresas, os empresários japoneses junto com empresários brasileiros, que vão trabalhar na evolução.

Alysson Paulinelli

O PRODECER (Programa de Cooperação Nipo-Brasileira para o Desenvolvimento dos Cerrados), um programa inédito realizado entre Brasil e Japão, deve ser registrado na história da amizade entre estes dois países. É um programa iniciado com visão global e estratégica para o desenvolvimento simultâneo de cooperação técnica e financeira, com o engajamento

1 Grande parte do conteúdo deste capítulo foi transcrito na integra do Relatório PRODECER - Estudo de avaliação conjunta.

da iniciativa pública e privada, na busca de um objetivo maior: a produção de grãos no cerrado aumentando a oferta de alimentos no mundo.

Foram cinco anos na elaboração do projeto. Surgiu com a análise das características do país, seu povo, as singularidades do cerrado brasileiro, e com base nas experiências anteriores em projetos conjuntos diversos, principalmente na área agrícola. Foi o maior programa de cooperação agrícola entre dois países tendo um período de execução planejado para 20 anos.

A Embrapa contribuiu decisivamente para o aumento da produtividade e da produção agrícola, principalmente no desenvolvimento da agricultura nos cerrados transformando, em um quarto de século, as terras até então tidas como improdutivas, em uma das maiores regiões produtoras de grãos do mundo. Essa pesquisa foi realizada por meio de efeitos de demonstração e da difusão das técnicas absorvidas em diversas atividades de pesquisa e desenvolvimento no campo e nos laboratórios do CPAC (Centro de Pesquisas Agropecuárias do Cerrado),

O Brasil se tornou o segundo maior produtor e o primeiro exportador de soja em 20 anos.

Os Primeiros Sinais de Desabastecimento de Alimentos

A "Revolução Verde" coordenada pelos Estados Unidos na década de 1960, foi um grande indicador das perspectivas prementes da necessidade de aumentar a produção agrícola mundial para evitar a fome.

No início da década de 1970, empresas japonesas, com respaldo do governo, tentaram implantar projetos de grande dimensão denominados "Mitsugoro", em Kalimantan, na Indonésia, mas fracassaram por falta de conhecimento dos valores culturais da população local, perdendo os investimentos.

Em 12 de fevereiro de 1971, a ZENKOREN (Federação das Cooperativas de Compras do Japão) manifestou interesse em estabelecer uma parceria comercial intercooperativas com a OCB (Organização das Cooperativas do Brasil), então presidida pelo Sr. Antonio José Rodrigues Filho. Inicialmente, um contrato de aquisição de 78 mil toneladas de milho do Brasil, evoluiu para uma carta de intenções (17 de fevereiro de 1972), entre o presidente da ZENKOREN, Sr. Makoto Mihashi, e o ministro da Fazenda, Sr. Antonio Delfim Neto, objetivando a exportação de 1 milhão de toneladas de milho em três anos, a partir de 1973. No item cinco da carta de intenções o governo brasileiro se comprometeu a investir na infraestrutura adequada de seus terminais portuários possibilitando o embarque desses grãos, dando origem à cooperação econômica e financeira do Japão para o Programa de Corredores de Exportação.(Harada, 2008:134)

Em 1972, o presidente norte-americano Richard Nixon impôs temporariamente embargo à exportação de cereais, principalmente de soja, ao Japão, um de seus alimentos básicos. As cooperativas agropecuárias, que alimentavam suas criações de aves e animais com milho, soja e seus farelos, de origem americana, sentiram a gravidade da sua dependência de uma única fonte de abastecimento.

A Busca de uma Base de Produção

O Ministério da Agricultura, Floresta e Pesca (MAFP) enviou ao exterior missões técnicas à procura de regiões adequadas para a produção de cereais em larga escala. Na ocasião, declarações de políticos e tecnocratas japoneses de que o Japão estava à procura de "base" de produção de alimentos no exterior causaram mal-estar em vários países, principalmente no Leste Asiático, tendo em vista seu passado imperialista.

Devido a esse passado, no Brasil a reação não foi diferente como muito bem relatado por Paulo San Martin e Bernardo Pelegrini no capitulo "As Controvérsias na Entrada do Japão no PRODECER". Muitas personalidades, instituições como a Igreja, sindicatos e políticos, do Brasil, do Japão, dos países concorrentes e a mídia de um modo geral ficou receosa com a possibilidade do Japão estar investindo no Brasil. No campo político, a oposição questionou muitos pontos do plano e o governo da revolução teve habilidade para conduzir o processo em maturação. Talvez, a realização desse projeto só tenha sido possível devido ao firme propósito do governo brasileiro ter como objetivo de aumento da produção agrícola nacional.

Uma missão do governo japonês para pesquisar o Brasil chegou em 1972, coordenada pelo Sr. Sakuei Matsumoto - chefe da divisão de cooperação econômica do MAFP (Ministério da Agricultura, Floresta e Pesca) - e composta por mais quatro especialistas. Percorreram o país, da Amazônia ao Rio Grande do Sul, à procura de uma região adequada para o desenvolvimento da produção de alimentos em larga escala. Depois de conhecer as regiões potencialmente viáveis - acompanhada de técnicos e especialistas da Secretaria da Agricultura de São Paulo, de Minas Gerais e do governo federal - e de coletar farto material de pesquisas de renomadas instituições - o IAC (Instituto Agronômico de Campinas), o Ibec Research Institute, da Fundação Rockfeller (que estava conduzindo experimentos nos cerrados de São Paulo, com apoio ostensivo da Usaid) - e ainda de visitar a fase pioneira de agricultores da Cooperativa Agrícola de Cotia (em parceria com o governo do Estado de Minas Gerais, em São Gotardo), a missão focou seu interesse pelo cerrado central do país.

O Relatório - "Pensamento básico em relação à cooperação de desenvolvimento da agricultura brasileira" - desencadeou sucessivas providências para o enquadramento institucional entre os dois países, isto é, fundamentar a cooperação bilateral conforme Decreto nº 69.008, de 4-8-1971, que promulgou o Acordo Básico de Cooperação Técnica entre o Brasil e o Japão. Na área política, a inclusão na nota conjunta entre o presidente Ernesto Geisel e o primeiro-ministro Kakuei Tanaka em 18 de setembro de 1974, estabeleceu: (Harada, 2008:135)

> "... acolheram favoravelmente a possibilidade de futuras associações de capitais brasileiros e capitais privados japoneses para a realização de empreendimentos agrícolas no Brasil. Esses empreendimentos que contarão com participação majoritária de capitais brasileiros poderão dedicar-se à produção, industrialização e comercialização de produtos agrícolas para atender prioritariamente as necessidades do mercado interno brasileiro e destinar à exportação parte da produção. Os dois governos considerarão o apoio apropriado a esses empreendimentos agrícolas."

De 9 de fevereiro a 25 de março de 1975, a Jica (Japan International Cooperation Agency) enviou uma missão técnica chefiada pelo Sr. Tomomi Ashikaga (diretor do Departamento de Pesquisa e Planejamento Agrícola e Florestal) e pelo Sr. Shiguekatsu Watanabe (diretor do Departamento de Cooperação e Desenvolvimento Agrícola), com a finalidade de pesquisar as possibilidades da realização do Empreendimento de Cooperação do Desenvolvimento Agrícola Brasil-Japão.

Decisões sôbre a implementação do PRODECER

Uma grande equipe, chefiada pelo Sr. Takashi Hisamune, entre 9 e 20 de fevereiro de 1976, manteve longas reuniões com os representantes do governo brasileiro (coordenação técnica do Ministério da Agricultura e representantes da iniciativa privada), presididos pelo Embaixador Ítalo Zapa (chefe do departamento da Ásia, Áfríca e Oceania do Itamaraty), para a discussão da primeira versão do PRODECER, quando recebeu a denominação final de Programa de Cooperação Nipo-Brasileira no Desenvolvimento da Agricultura de Cerrados. Nessa versão constava:

- Programa de Cooperação Nipo-Brasileira no Desenvolvimento da Agricultura do Cerrado;
- projeto-piloto de 50.000 hectares;
- constituição de uma Companhia de Desenvolvimento Agrícola (CDA)[2] tendo como acionistas as iniciativas privadas de ambos os países, através das respectivas companhias de investimentos, para dar suporte à atividade de produção agrícola;
- a composição do capital da CDA seria paritária;
- os recursos do governo japonês seriam canalizados através da Jica, como empréstimo para o CDA;
- aquisição de terras pela CDA;
- constituição das companhias de investimentos no Brasil e no Japão.

A missão precursora do governo brasileiro para os preparativos da visita do presidente Geisel, manteve reuniões em abril de 1976, convocadas por iniciativa do Ministério dos Negócios Estrangeiros do Japão, para dirimir dúvidas e prestar esclarecimentos às autoridades e empresários da iniciativa privada do Japão. Na ocasião, os japoneses aceitaram a ida de uma missão brasileira composta pelo coordenador do Ministério da Agricultura, Sr. Rubens Valentini, secretário da Agricultura de Minas Gerais, Sr. Agripino Moreira dos Santos, diretor do Instituto Nacional de Desenvolvimento Industrial (Indi), Sr. Togo Nogueira Paula, e o diretor do Banco de Desenvolvimento do Estado de Minas Gerais, Sr. Sweil Abdalla, assessorado pelo Sr. Isidoro Yamanaka.

Para a constituição da CDA (Companhia de Desenvolvimento Agrícola) foi formada no Brasil uma *holding company* denominada Brasagro, sob coordenação do Ministério da Agricultura, mas com participação acionária da iniciativa privada e bancos, que teriam 51% das ações ordinárias. Do lado japonês, a Jadeco, sob coordenação da Jica e Keidanren, que deteria 49% das ações ordinárias. Aqui haveria a participação da própria Jica, com 50% destas ações, das cooperativas representadas pela Unicoopjapan , com 6,25% destas ações, e de 44 empresas privadas - dentre elas 16 bancos privados japoneses, liderados pelo Long Term Credit Bank - participando com 43,75% destas ações, além de três personalidades, os Srs. Toshiwo Doko, do Keidanren, Takashi Hisamune, da JICA, e Tatsuzo Mizukami, da Mitsui Bussan.

---

2 Companhia de Desenvolvimento Agrícola – atual CAMPO

A Brasagro teve a seguinte participação acionária: BDMG (Banco de Desenvolvimento de Minas Gerais), 25,5%, BNDE (Banco Nacional de Desenvolvimento Econômico), 11%, BB (Banco do Brasil), 10%, BNCC (Banco Nacional de Crédito Cooperativo), 10%, Acesita, 4,9%, Banco América do Sul, 2,5%, e outros bancos privados, empresas privadas e mais 20 pessoas físicas, totalizando 36,1%. A CDA foi constituída em novembro de 1978.

Foram despendidos cinco anos para a discussão do esquema e da montagem da estrutura de execução do programa, que abrangia, entre outros: forma de apoio governamental, desenvolvimento tecnológico, método de extensão rural, proteção do recurso japonês contra perda cambial, etc., que eram as pendências existentes antes da assinatura do *Record of Discussions*. Durante os debates realizados no período, foi elaborado o sistema de financiamento do PRODECER e obtida a assinatura do *Loan Agreement* e do *Project Agreement*. O Project Agreement contribuiu muito com a execução eficiente do programa, ao prever com clareza a divisão da responsabilidade entre os governos do Japão e do Brasil, em seus vários níveis.

Durante o período de cinco anos, aproximadamente 30 missões vieram do Japão e uma dezena foi do Brasil para esse país, compostas de técnicos, especialistas, empresários, políticos, ministros de Estado e até mesmo residentes da República e primeiros-ministros.

Uma das últimas missões, antes da assinatura dos contratos, foi sintomática. Composta por mais de 25 membros, entre os quais o Sr. Yohei Mimura (vice-presidente da Mitsubishi Shoji), Sr.Tatsuzo Mizukami (vice-presidente da Mitsui Bussan), e Sr. Haruna (vice-presidente da Marubeni Corporation), que sobrevoando o município de São Gotardo em cinco "teco-tecos", viram que a produção no cerrado já era uma realidade de sucesso e que, os principais produtores eram nisseis, filhos de cooperados da Cooperativa Agrícola de Cotia. Decidiram por aderir ao projeto.

Apesar da decisão positiva dos empresários japoneses, as burocracias de ambos os países demandaram um longo período de negociações. Por exemplo: o lado japonês entendeu que o Bacen (Banco Central do Brasil) deveria ser o tomador do empréstimo em ienes do Japão, com a responsabilidade de arcar com o risco cambial da operação. Seria incabível o repasse direto aos agricultores e cooperativas, tomadores finais do empréstimo, segundo o sistema de crédito rural em vigor no Brasil. Como na época o Bacen não poderia ser o tomador deste empréstimo japonês, a negociação levou um ano. A solução encontrada foi o Tesouro Nacional garantir a operação.

Outro grande impasse foi a exigência japonesa de que o Brasil assegurasse o fornecimento da soja, objeto da produção do PRODECER, ao Japão. O ministro Alysson Paulinelli consultou o presidente Geisel, que argumentou: "em havendo aumento substancial da oferta de soja no mercado, graças a essa cooperação bilateral, e não havendo na época demanda interna da soja, certamente haverá uma estabilização de seu preço internacional e o Japão poderá comprar de onde aprouver". Foi o que aconteceu.

No Brasil, além dos procedimentos burocráticos do governo, houve posições antagônicas dentro do próprio setor agrícola. Nesta primeira experiência, os embates políticos no Congresso Nacional eram intensos e a posição radical da Pastoral da Igreja, com respaldo da mídia, por si só vale um livro.

Houve disputas internas por parte dos potenciais beneficiários na expectativa de qual região poderia ser a escolhida. A CAC (Cooperativa Agrícola de Cotia), por exemplo, na época presidida pelo Sr. Gervásio Tadashi Inoue, achava que a prioridade seria o vale do São Francisco, já que tinha tomado a iniciativa de abrir alguns projetos na região. Outro exemplo, o Padap iniciado há alguns anos, era um projeto embrionário, liderado pelo governador Rondon Pacheco e o seu secretário da Agricultura o Sr. Alysson Paulinelli.

A tese principal defendida pelo lado brasileiro foi a do cerrado. O Brasil dispunha de 204 milhões de hectares de terras, até então consideradas improdutivas, como esclarecido no capítulo "Raízes do Passado", que poderiam ser incorporados ao processo produtivo.

Na época, havia críticas internacionais com relação à conquista da Amazônia através da implantação de complexos pecuários, subsidiados pelo governo. Essa região era muito visada. O cerrado não.

A Efetivação do Programa de Desenvolvimento do Cerrado.

Na primavera de 1979, com a presença do Sr. Michio Watanabe, ministro da Agricultura, Floresta e Pesca do Japão, foi dada a abertura do PRODECER em Paracatu - Minas Gerais, onde o próprio ministro subiu na boléia de um trator de esteira.

Paracatu tornou-se o centro do projeto-piloto do PRODECER com a participação da Cooperativa Agrícola de Cotia, de empresários privados liderados pelo Sr. Katsuzo Yamamoto, do Banco América do Sul, presidido pelo Sr. Fujio Tatibana, de empresários mineiros, além dos Cotia-Seinens - os imigrantes japoneses que imigraram após o término da Segunda Guerra Mundial- como já relatado no capítulo "A Comunidade Nipo-Brasileira".

O entusiasmo e a repercussão do empreendimento na região atraíram a presença de outros empresários e agricultores do sul do país, principalmente os gaúchos. Segundo alguns estudos, aumentou em três vezes o investimento previsto inicialmente pelo PRODECER, além de possibilitar seus desdobramentos nos setores de serviços na cidade de Paracatu e suas vizinhanças, multiplicando as receitas das municipalidades.

> "O próprio deputado Michio Watanabe comprou uma fazenda de 1000 hectares na região, em sociedade com empresários brasileiros, devidamente autorizado pelos ministros da Agricultura e da Fazenda, para plantio de café irrigado com intenção de exportação para o Japão. Entretanto, o empreendimento não teve sucesso, pois a sua administração foi concentrada nas mãos de tecnocratas japoneses, residentes no Japão, sob supervisão de seu filho Yoshimi Watanabe, sucessor do pai no distrito eleitoral da província de Tochigui – Japão"(Yamanaka,Isidoro em Harada,2008:139).

O embasamento histórico da presença e sucesso da imigração japonesa no Brasil permitiu que os dois governos assinassem um amplo acordo, que resultou no PRODECER. Graças à cooperação técnica e financeira do Japão, no valor de US$ 562,9 milhões em 345.000 ha, o Brasil tornou-se, de produtor de 5,8 milhões de toneladas de soja em 1975, a segundo maior produtor em 2005, com 60 milhões de toneladas. E o maior exportador de soja do mundo em menos de 20 anos.

O mesmo sucesso teve o Profir (Programa de Financiamento a Equipamentos de Irrigação), com 86 milhões de dólares de financiamento do governo do Japão. Este programa introduziu modernas tecnologias e equipamentos como o "pivot central", capaz de irrigar com cada conjunto auto propelido mais de 150 ha. Esta tecnologia garantiu a segurança da produção de trigo, soja, frutas e outros alimentos, minimizando os riscos da falta de chuva e assegurando até mesmo duas safras de cereais, anualmente.

Os mencionados programas potencializaram o Brasil que pode se tomar o maior produtor de alimentos nas próximas décadas.

O PRODECER foi implementado em três fases, I, II e III e encerrando-se em março de 2001. A área total da região dos Cerrados centrada na Região Centro-Oeste, é de, aproximadamente, 200 milhões de hectares (cerca de 5,5 vezes a extensão territorial do Japão). Esta extensa área apresentou, originariamente, forte acidez e foi durante muito tempo considerada improdutiva sob o ponto de vista agronômico, principalmente por problemas decorrentes da existência de alumínio e a deficiência de nutrientes químicos. No entanto, por meio da correção adequada do solo combinada com adubação compensatória foi possível tornar produtivas esta área. Estimou-se que, com a implantação de infraestrutura de produção, 120 milhões de hectares dos Cerrados podem ser incorporados ao processo produtivo. O governo do Brasil, atento a este alto potencial de desenvolvimento, iniciou de forma consistente, a partir da segunda metade da década de 70, o processo de ocupação dos Cerrados, direcionando o desenvolvimento para o interior do país e criando uma nova fronteira agrícola.

Como resultado deste processo de desenvolvimento no último quarto de século, esta região atingiu uma área plantada, com culturas anuais, de mais de 10 milhões de hectares. A produção de soja e milho chega a 56% e 45%, respectivamente, do total da produção nacional. Torna-se também uma das principais regiões produtoras de café e algodão. Antes isolado, o cerrado transformou-se num dos principais celeiros do mundo, estruturando em pouco tempo, extensa área produtiva. Com grande volume de produção, principalmente de soja, esta região influencia os preços no mercado internacional.

Pela capacidade de suprimento de matérias-primas e pela oportunidade de estruturação de novos segmentos econômicos, o cerrado atraiu muitas empresas multinacionais do *agribusiness*, principalmente de agroindústria e empresas do setor de alimentação. Corredores de escoamento também foram construídos num ritmo acelerado, com investimentos em rodovias, ferrovias, navegabilidade dos rios e principalmente na reestruturação dos portos otimizando o comércio exterior. Os governos dos dois países executaram, paralelamente, pesquisas conjuntas e cooperações técnicas.

Apesar de prever a participação de empresas agrícolas (desenvolvimento agrícola conduzido por empresas de grande porte) na Fase I, o PRODECER adotou o sistema de assentamento de produtores familiares de médio porte. Desde o início, demonstrou uma grande preocupação com a questão ambiental, obedecendo rigorosamente a legislação e determinando, no seu planejamento, a manutenção de áreas de reservas (individuais ou coletivas).

5.1 - Desafios no desenvolvimento

Os Cerrados concentram-se basicamente na extensa Região Centro-Oeste do Brasil e sua distribuição por estado é apresentada na Tabela 5.1. A maior extensão recai sobre o Estado de Mato Grosso, ocupando 20% da área total dos Cerrados, seguido dos Estados de Minas Gerais e Goiás com 19% e 17%, respectivamente.

Estudo efetuado pelo Ministério da Agricultura junto com a Jica, em 2002, estimou que 127 milhões de hectares representam as terras aráveis; 45 milhões de hectares estão ocupadas com pastagens cultivadas, 10 milhões de hectares com culturas anuais e 2 milhões de hectares com culturas perenes e florestais. E que, historicamente, cerca de 57 milhões de hectares da área total da região dos Cerrados já foram explorados para fins agrícolas. Estimou que há um potencial ainda não utilizado nas fronteiras agrícolas, que representam um contingente de aproximadamente 70 milhões de hectares (Embrapa Cerrados, 1998).

Tabela 5.1 - *Área dos Cerrados por unidade de federação e participação no total*

Unidade da federação	Area dos Cerrados (ha)	%	Participação na área total do território nacional (%)
SUDESTE			
Minas Gerais (MG)	384.366	18,8	4,52
Subtotal	384.366	18,8	4,52
CENTRO-OESTE			
Goiás (GO)	355.092	17,37	4,17
Mato Grosso (MT)	422.125	20,65	4,96
Mato Grosso do Sul (MS)	206.463	10,1	2,43
Distrito Federal (DF)	5.771	0,28	0,07
Subtotal	989.451	48,4	11,62
NORDESTE			
Maranhão (MA)	140.702	6,88	1,65
Bahia (BA)	82.597	4,04	0,97
Ceará (CE)	2.356	0,12	0,03
Piauí (PI)	152.388	7,45	1,79
Subtotal	378.043	18,49	4,44
NORTE			
Tocantins (TO)	249.773	12,21	2,93
Rondônia (RO)	31.973	1,56	0,38
Pará (PA)	11.070	0,54	0,13
Sub-total	292.816	14,31	3,44
TOTAL (Cerrados)	2.044.676	100	24,02
BRASIL	8.511.996		

Fonte: *IBGE*

A palavra cerrado origina-se do português "cerradão", que significa "algo cerrado", mas é também a denominação de um tipo de vegetação que talvez tenha sido assim denominado pelas suas características físicas. Entretanto, a flora dos Cerrados apresenta uma diversidade muito grande de região para região. Geralmente, a vegetação dos Cerrados é dividida em cinco tipos, a saber:

- Cerradão: vegetação arbórea alta e densa.
- Cerrado e Campo Cerrado: árvores de três a oito metros, cujo porte e densidade são menores que as do Cerradão.
- Campo Sujo: ausência quase completa de arbustos (cerca de um metro) com rara formação arbórea e de gramíneas nos prados.
- Campo Limpo: campo sem ávores e arbustos

Esta classificação baseia-se no porte das árvores, no diâmetro de seus troncos e na densidade dos diversos tipos de vegetação (Figura 5.1).

O solo predominante dos Cerrados é o latossolo, que cobre 43% da área total. Os solos são pobres em matéria orgânica, nutrientes químicos e contêm alto grau de acidez. A variação nos teores dessas características e o veranico (que ocorre nos períodos das chuvas) causam grande influência no tipo de vegetação. Isso determina a quantidade de aplicação do calcário e de fertilizante para a correção.

Tabela 5.2 - Ocorrência das classes de solos associados aos tipos de vegetação dos Cerrados

Classe de Solos	Ocorrência (%)	Vegetação Natural Associada
1. Latossolos	43.1	Cerradão, cerrado denso,cerrado típico
2. Latossolos roxo	3.5	Mata seca, semidecídua, cerradão
3. Terra roxa estruturada	1. 7	Mata seca, semidecídua
4.Podzólicos	15.0	Mata seca, semidecídua, cerrado Típico
5. Cambissolo	3.0	Cerrado típico, cerrado ralo
6. Solos litólicos	7.2	Campo rupestre, cerrado rupestre
7. Plitossolos	8.9	Campo sujo, úmido, parque de cerrado
8. Hidromórficos	2.3	Vereda, buritizal
9. Areias quartzosas	15.1	Cerrado ralo, cerrado típico
10.0utros	0.2	Cerrados
Total	100.0	

Fonte: *Campo*

A precipitação média anual dos Cerrados varia entre 600 e 2.000mm. A região é caracterizada por duas estações bem definidas: a das chuvas (entre setembro e abril) e a das secas (entre maio e outubro), sendo que 80% das precipitações concentram-se no período das chuvas. A temperatura média anual situa-se entre 18°C e 23°C. Por causa da grande extensão de sua área, a distribuição anual das precipitações difere muito de região para região.

5.1 - Fatores de Promoção

O processo de desenvolvimento agropecuário no Brasil começou na Região Sul e vem migrando para os Cerrados. A fronteira agrícola tem migrado em direção ao norte, na Amazônia Legal, num ritmo acelerado e começa a alcançar o Estado de Roraima, que se situa no hemisfério norte, próximo à linha do Equador. O estudo sobre os principais fatores que impulsionaram o processo de exploração dos Cerrados, menciona os seguintes aspectos:

Mudança da Capital para Brasília

O desenvolvimento socioeconômico do Brasil concentrou-se na região litorânea ao longo do Oceano Atlântico, desde seu descobrimento. Comparativamente, a exploração da Região Centro-Oeste do país estava nitidamente atrasada. O presidente Juscelino Kubistcheck decretou a mudança da capital, até então situada no Rio de Janeiro, para Brasília, no centro do país e da região dos Cerrados, buscando um desenvolvimento mais harmônico da nação.

No período que compreende a segunda metade da década de 1960 até meados da década de 1970, com base nos planos de desenvolvimento nacional do governo da revolução, o Brasil alcançou uma taxa de crescimento econômico notável, superando os patamares de 10% ao ano, período que chegou a ser denominado de "milagre brasileiro".

Nesse contexto de alta taxa de crescimento econômico, iniciaram-se projetos de grande porte. Um exemplo foi a construção da estrada Transamazônica em 1970, na busca da consolidação da ocupação da Amazônia, além dos projetos que promoviam a exploração da região central, alavancada pela implementação da rede de transportes.

Mudanças no Contexto Internacioanal

A década 1970 foi de intensa mudança no setor de exportação no Brasil. Ocorreu uma forte tendência de alta nos preços internacionais de produtos industrializados, incluindo os agroindustriais.

Houve um incremento na produção agrícola com concentração de esforços na produção de soja, um produto altamente aceito no mercado internacional pelo seu alto teor protéico e óleo, fonte de energia orgânica. A região dos Cerrados passa então a ser um alvo na produção de alimentos uma vez que as demais regiões eram consideradas ocupadas.

A fronteira agrícola tradicional do Sul e Sudeste era considerada totalmente tomada, como pode ser vista pelo equilíbrio na produção de grãos, estabilizada na faixa de 50 milhões de toneladas anuais. Este fato foi depois revisto, uma vez que o aumento da produtividade - resultado de pesquisas - fez com que o volume desse mais um salto.

Em 1973, a proibição de exportação de soja americana levou a uma alta desenfreada na cotação internacional do produto, o que foi mais um fator de estímulo na produção desta oleaginosa no Brasil. Com a melhoria genética na produção de sementes próprias para os trópicos, e consequente aumento da produtividade da soja, mais e mais empresas multinacionais buscam o país, principalmente a partir da década de 1980, alavancando ainda mais a exploração dos Cerrados.

As empresas multinacionais que iniciaram suas atividades na compra e exportação de soja para as indústrias localizadas no exterior, aumentam gradativamente a sua participação na cadeia produtiva, operando desde o desenvolvimento de material genético, insumos agrícolas, beneficiamento e industrialização.

Crescimento da Indústria Nacional

O desenvolvimento agrícola dos Cerrados exigiu investimento maciço nos insumos para a produção, tais como máquinas e equipamentos agrícolas, fertilizantes, corretivos e defensivos agrícolas.

O setor industrial até a década de 1960 representava somente 25% do PIB. A indústria de transformação, que iniciou sua implantação na década de 1950, evolui gradativamente e se consolida na década de 1970. Inicia a busca de contínua melhoria, tendo como meta o processo de adequação tecnológica que tem o seu auge no governo Collor: a abertura do mercado interno e a efetiva concorrência no mercado mundial, permitindo a entrada de padrões tecnológicos. Os insumos e equipamentos básicos já eram disponíveis mas, a tecnologia efetivamente se faz presente a partir desta importante abertura do Brasil, tornando-o competitivo no cenário internacional. Dispõe de uma estrutura básica para a autosuficiência de máquinas, equipamentos e insumos agrícolas. Toda a tecnologia para o desenvolvimento dos cerrados foi sendo gerada pelas necessidades e evolução dos fatos.

A disponibilidade dos itens necessários à produção nos Cerrados, tais como tratores, colheitadeiras, equipamentos de irrigação de grande porte - tubulações, bombas de recalque e aspersores - e o fornecimento estável de fertilizantes e defensivos agrícolas, proporcionaram a competitividade internacional e contribuíram para o aumento da produção agrícola brasileira.

Sistema de Preços de Combustíveis

A produção, importação e refino de petróleo no Brasil eram monopólio do Estado, de 1978 até o ano de 2000. A conservação da política de preços uniformes, no varejo, dos derivados de petróleo (gasolina, óleo diesel, etc.) fizeram com que os consumidores mais distantes, domiciliados nas regiões da fronteira agrícola dos Cerrados, pagassem os mesmos preços dos residentes nos centros urbanos, próximos às refinarias.

Este fundamento do mecanismo do FUP (Fundo de Preços Uniformes de Frete), transferia a renda dos consumidores localizados nas proximidades das refinarias para os produtores que viviam na região dos Cerrados. A distância média entre a refinaria e as áreas produtoras dos Cerrados ficava em torno de 1.500 quilômetros. O FUP de combustível trouxe benefícios significativos aos produtores e estímulo ao crescimento da agricultura nos Cerrados, cujo sistema era fortemente mecanizado, com alto consumo de combustíveis nas máquinas e equipamentos.

Migração de Produtores

Na década de 1970 foi introduzida na Região Sul , a cultura da soja, não tradicional no país devido a fatores climáticos e solo. A adaptação das sementes importadas permitiram a implementação da tecnologia da mecanização das lavouras, com o uso de grandes máquinas e equipamentos. Foi o início da tecnificação da agricultura brasileira. Este conhecimento adquirido pelos produtores permitiram que o cultivo da soja fosse disseminado para outras regiões, tendo sucesso nos Estados de São Paulo, Paraná e Mato Grosso do Sul, ainda em territórios fora do Cerrado.

A exploração agrícola dos Cerrados tinha como pré-requisito a adoção do sistema mecanizado de grande porte. E quem praticava a agricultura mais tecnificada eram os produtores da Região Sul, que estavam familiarizados com o manejo de maquinarias agrícolas. A produtividade inicial não foi alentadora e, a participação decisiva dos nikkeis (japoneses e seus descendentes), que saíram principalmente dos Estados de São Paulo e do Paraná, respaldados em suas cooperativas, possibilitaram o desenvolvimento da tecnologia de produção de soja e demais produtos no Cerrado. Com o deslocamento de agricultores esse conhecimento foi transferido para esta região.

Um outro fator de migração de agricultores sulistas foi a carência de terras para a expansão de seus cultivos. A Região Sul, onde as explorações das lavouras começaram no início do século XIX, dispunha de muito pouco espaço, de forma que os filhos e irmãos dos produtores se transferiram para os Cerrados, a nova fronteira agrícola.

A abertura de mercado a partir da década de 1990, e o advento da formação de blocos econômicos regionais como o Mercosul (Mercado Comum do Sul), exigia o fortalecimento da competitividade agrícola, induzindo os pequenos produtores do sul a migrar para a região dos Cerrados, buscando os benefícios da escala.

5.1.2 - Políticas de Desenvolvimento Econômico

O Brasil, que se transformava de uma situação de país "subdesenvolvido" com problemas sociais e econômicos, para "em desenvolvimento", adotou políticas objetivando o crescimento econômico de acordo com a sua realidade e possibilidade.

O governo militar, que atuou de 1964 até 1985, conseguiu implantar um regime, mesmo usando a força, mais planejado e com visão de longo prazo, muitas vezes suplantando o razoável aos olhos do povo, como relatado no capítulo "As controvérsias na entrada do Japão no PRODECER". Graças a estas linhas traçadas neste período, com projetos ambiciosos, colhemos os frutos do trabalho planejado.

A compreensão dos vários fatores econômicos que ocorreram ao longo deste período se torna fundamental para entender melhor as dificuldades para o empreendimento de desenvolver o Cerrado. O PRODECER foi um sucesso porque considerou as peculiaridades e sofreu os impactos oriundos desta instabilidade que se passou no país.

Taxa de Crescimento do PIB e Instabilidade Inflacionária

Após grande instabilidade política e econômica na primeira metade da década de 1960, o Brasil registrou um crescimento econômico notável, da segunda metade até a primeira metade da década de 1970, atingindo dois dígitos conforme ilustrado no Gráfico 5.1. A alta taxa de crescimento se deve em grande parte, à promoção dos setores siderúrgico, automobilístico e petroquímico, com a entrada do capital estrangeiro.

Este êxito foi alcançado gradativamente no decorrer do processo de adoção de tecnologias avançadas, segundo o modelo baseado na industrialização via substituição de importações e maior ênfase na exportação, com o lema "Exportar é o que Importa", criado na década de 1970. A Crise do Petróleo refletiu na taxa de crescimento econômico que começou a cair a partir de meados da década de 1970.

Já na década de 1980, os investimentos realizados com base em endividamento externo começaram a repercutir, originando a crise da dívida externa, reduzindo a entrada de recursos internacionais, causando redução ainda maior na taxa de crescimento. O país, acostumado com a facilidade de obtenção de recursos externos, ficou dependente desta fonte de renda para a execução de seus objetivos.

Em meados da década de 1980, o saldo positivo das exportações para os Estados Unidos levou a uma breve recuperação da economia nacional, mas a taxa de crescimento ao redor de 2% estava muito aquém de 7,5%, média dos anos 1970.

Foi um período em que a economia foi marcada pelo aumento do déficit financeiro dos governos estaduais e federal. Isto foi decorrência de administração inadequada dos recursos públicos e da política de subsídios executada no país, originados pelos recursos amplos e fáceis da década de 1970. A taxa de inflação chegou ao recorde mensal de 84%. Até mesmo os índices de correção monetária se tornaram ineficientes para a recomposição dos custos das empresas. Os salários eram achatados, trazendo desequilíbrios sociais.

A década de 1980, também chamada de Década Perdida, foi um período de grandes ajustes na economia brasileira, que viveu o seu primeiro período de adaptações após o Milagre Brasileiro. A indústria automobilística, que cresceu substancialmente e tornou-se um dos segmentos de ponta da economia brasileira, enfrentava as primeiras greves de trabalhadores, alastrando a outros setores, e inicia um período de adequações para a nova realidade.

Gráfico 5.1 - Taxa de crescimento no PIB e mudanças na taxa de inflação

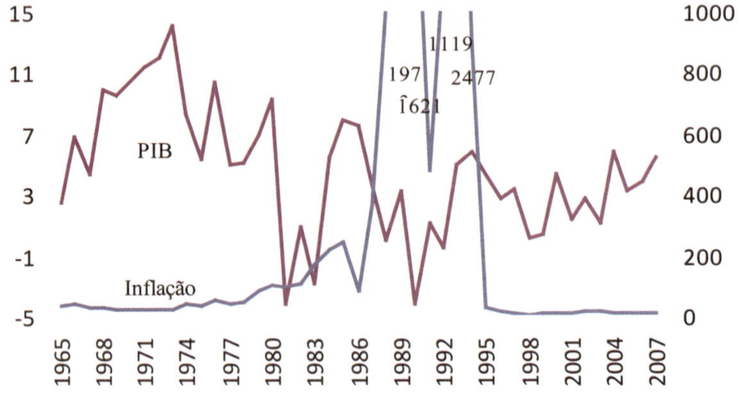

Fonte: *IBGE*

Vários planos econômicos foram adotados para reverter a situação de instabilidade inflacionária do país. O Plano Cruzado em fevereiro de 1986, num primeiro momento conseguiu a estabilidade, via congelamento de preços. Este plano mostrou-se falível, levando toda a população ao engodo, acreditando que efetivamente a inflação tinha sido debelada. Muitas empresas investiram para suprir a falsa demanda gerada pela aparente estabilidade e recomposição do poder de compra do povo.

Tentou-se barrar o recrudescimento da inflação com o Plano Cruzadinho em novembro do mesmo ano. Mas ela voltou galopante levando muitas empresas a bancarrota, pois não tinham como liquidar a dívida, oriunda dos investimentos realizados para aumentar a capacidade de produção, e dos enormes prejuízos pós o rompimento da bolha de consumo. Outros planos como o Bresser em 1987, Plano Verão em 1989 foram tentativas de debelar a inflação, mas eram pequenos ajustes que não resultaram em melhorias significativas.

O Plano Collor decretado em 1990, de triste memória, foi o de maior impacto: congelou toda a poupança da população e adotou um redutor para os pagamentos parcelados. Foi um plano que não trouxe a estabilidade, mas teve o mérito de proporcionar a abertura do mercado. Uma série de leis protecionistas foram revogadas e a liberdade de importação levou as empresas a concorrerem no livre mercado. Se por um lado foi muito difícil para aquelas que trabalhavam nos setores até então subsidiados e protegidos, de outro beneficiou toda a população que teve acesso aos produtos com mais tecnologia e a preços mais acessíveis. A lei de informática foi revogada. Esta lei proibia a importação de qualquer equipamento ou máquina que contivesse algum componente da microinformática, o que prejudicava demasiadamente o crescimento e modernização do parque industrial brasileiro,.

A liberação da importação, com a redução gradual e progressiva, a longo prazo, do imposto de importação, permitiu o reposicionamento das empresas diante da nova realidade. A arrecadação do ICMS foi modificada. Os estados industrializados concentravam os recursos, pois o ICMS era arrecadado no estado de origem do produto e não no estado consumidor, como ocorre na maioria das nações.

A partir de 1990, embora com o déficit financeiro reduzido, a taxa de inflação não tinha sido totalmente debelada, mas todos os ingredientes necessários para a estabilidade econômica do país estavam alinhados e já na primeira metade desta década o crescimento se torna contínuo.

O Plano Real veio em fevereiro de 1994 para definitivamente estabilizar a economia, conter efetivamente a inflação e consolidar um crescimento econômico de 5,9% neste ano. A solução dos problemas internos não foram suficientes para dar estabilidade ao país, ainda suscetível às mudanças externas (as crises financeiras dos países asiáticos e da Rússia). A taxa de crescimento do PIB sofreu desaceleração, chegando ao patamar de 0,1% negativos em 1998.

A gradativa solidez da economia aliada à estabilidade política, levou a um crescimento contínuo do país com inflação controlada em níveis baixos e equilíbrio cambial.

Flutuação das Taxas de Juros

Numa economia instável - inflação galopante e crescimento a ritmo assustador após cada plano de estabilização econômica - é interessante analisar a dicotomia entre os índices, sendo importante a taxa de juro efetiva, ou seja, o juro descontado a inflação do período.

A tabela 5.3 mostra a evolução dos diversos índices aplicados no Sistema de Crédito Agrícola em relação à taxa de inflação.

Tabela 5.3 - Evolução da taxa anual de juros (%/ano)

Ano	Over/Selic	TR	TJLP	TBF	Taxa de Inflação
1986	66,54				36,7
1987	353				360,3
1988	1.057,69				854,7
1989	2.407,28				141,4
1990	1.153,22				1.476,50
1991	536,89	419,9			480,1
1992	1.549,24	1.171,00			1.157,90
1993	3.060,98	2.474,70			2.708,50
1994	302,64	277,79	42,02	287,9	904,6
1995	38,92	17,32	17,72	39,65	14,7
1996	23,94	10,98	11,02	22,84	9,3
1997	42,04	16,88	9,89	39,25	7,2
1998	31,24	9,29	18,06	29,9	1,7
1999	18,99	3,66	12,5	20,32	13,5

Fonte: *IBGE / BACEN*

O Sistema de Crédito Agrícola, que até os últimos anos do governo militar manteve o juro dos empréstimos agrícolas subsidiado como forma de incentivo à produção, a partir de 1985, começa a ser indexado por índices acima da inflação. Isto levou o setor a constantemente renegociar o débito junto aos bancos, para manter a sobrevivência dos produtores.

Programas e Planos de Estabilidade Econômica

A política macroeconômica adotada pelo governo refletiu nestes índices e a economia brasileira permaneceu em grande desequilíbrio. A segunda metade da década de 80 e a primeira metade da década de 90 foram voltadas aos planos e medidas econômicas de estabilização. Dentre eles : Plano Cruzado, Plano Bresser, Plano Verão, Plano Collor I, Plano Collor II e Plano Real. Para entender a complexidade na administração do país e das empresas sujeitas a este conjunto de medidas aleatórias, neste curto período, destacamos cinco alterações de moedas nacionais, a saber: Cruzado, Cruzado Novo, Cruzeiro, Cruzeiro Real, e Real, com a retirada de três zeros da moeda a cada troca.

Plano Cruzado: Neste plano editado em fevereiro de 1986, foi feita a troca da moeda Cruzeiro para Cruzado, visando conter a inflação pelo tabelamento de preços, salários e fixação de câmbio. O tabelamento de preços não resistiu à política financeira e fiscal expansionista adotada. Não durou muito. Houve o ressurgimento da inflação no final do ano de 1986.

Plano Bresser: Editado em julho de 1987, quando a inflação atingia 26% ao mês, novamente o congelamento de preços e dos salários foi determinado, mas agora com prazo definido de 90 dias. Neste plano reconheceu-se que a causa primária da inflação era o déficit público, determinando-se uma contenção dos gastos governamentais.

Plano Verão: Plano adotado em janeiro de 1989, trocando novamente a moeda, agora para Cruzado Novo, com a retirada de mais três zeros. Também conhecido como Novo Plano Cruzado, congelou preços e salários e foi complementado com a contenção financeira e controle da taxa nominal de câmbio. Como conseqüência das altas taxas de juros, o governo perdeu o controle dos gastos públicos, comprometendo o orçamento dependente das OTN (Obrigações de Tesouro Nacional) de curto prazo colocados no mercado. Em março de 1990, o índice inflacionário chegou a 81,3%, evidenciando a perda total do controle, o que inviabilizava a recomposição do valor monetário dos ativos, mesmo com a correção mensal dos preços.

Plano Collor I: Decretado em março de 1990 com a troca da unidade monetária para Cruzeiro e com a retirada de mais três zeros. Este foi o plano de maior impacto. Além do congelamento de preços houve o confisco de depósitos bancários, aplicações financeiras e poupança. A contenção da inflação tinha por base a valorização da moeda nacional, a abertura do mercado, da economia e da importação, internacionalização e modernização da indústria além da privatização de empresas públicas e autarquias do governo. A medida de contenção inflacionária não surtiu efeito. A internacionalização do mercado acarretou temporariamente o crescimento do volume de importação, consequência da redução da alíquota do imposto de importação e da não restrição do volume de importação. A taxa cambial foi desvalorizada em quase 50%. Estas medidas tiveram grande impacto em toda a economia, especialmente nos produtores rurais que tinham sua produção voltada para o mercado externo. O país tomava novos rumos em todos os sentidos. Num primeiro momento, o caos parecia total.

Plano Collor II: Este Plano trouxe uma série de medidas estruturais, com base na política financeira e com o tabelamento de preços, como nos outros planos. Decretado em fevereiro de 1991 buscou a redução de órgãos federais, o enxugamento da estrutura e do quadro de funcionários através de uma reforma administrativa. O número de ministérios foi reduzido para nove, algo inédito. O Banco do Brasil, na época presidido pelo Sr. Alberto Policaro, teve seu quadro de funcionários reduzido para um terço: de cada três funcionários, dois foram demitidos ou aposentados, sem prejuízo do funcionamento, comprovando que muitos órgãos do governo estavam inchados. Estas e outras medidas duras adotadas pelo Governo Collor geraram inúmeros conflitos que, aliados a acusações de desvios de conduta, levaram ao afastamento do presidente.

Medida Econômica de Emergência: Em janeiro de 1993 foi criado o FSE (Fundo Social de Emergência), na tentativa de reduzir o déficit publico com a diminuição da despesa financeira e do incentivo à privatização. Esta medida econômica também envolveu a troca da moeda, de Cruzeiro para o Cruzeiro Real. Um dos pontos importantes foi o acordo firmado em relação à divida externa junto ao FMI (Fundo Monetário Internacional).

Programa de Estabilização Econômica: Em julho de 1993, foi editado o Programa de Estabilização Econômica que, conjuntamente com a Medida Econômica de Emergência foram a base de suporte ao Plano Real. Foi criada a URV (Unidade Referencial de Valor) que ajustou as diferenças de preços entre os diversos setores da economia, com base na taxa de inflação de cada mês.

Plano Real: Editado em julho de 1994, troca a moeda Cruzeiro Real por Real, dividindo o valor de Cruzeiro Real por 2.750 para obter o valor em Real. Com isto equiparou-se o Real com o Dólar. As principais medidas do Plano Real foram: a) contenção da inflação, com a paridade dólar real; b) contenção do consumo e aumento da reserva de depósito à vista, por meio da política de elevação da taxa de juros; c) incentivo maior à abertura de mercado; d) fixação das tarifas públicas; e) criação do Fundo de Amortização da Obrigação do Tesouro Nacional e f) livre negociação de salários. Foi um plano econômico centrado na política financeira, mas acompanhado de medidas como reforma administrativa, reestruturação do setor público, incentivo a privatizações e concessões além da reforma tributária. A estabilização inflacionária contou inclusive com a importação de alimentos, equilibrando temporariamente o aumento de demanda. Embora a elevação da taxa de juros tenha onerado alguns setores - como a agricultura que tem o seu perfil de endividamento elevado - o financiamento ao produtor rural compensava, pelo menos parcialmente, os subsídios dos países desenvolvidos. Este plano conseguiu dar fim a uma série de medidas de estabilização econômica, trazendo o equilíbrio das contas nacionais.

5.2 - Planos de desenvolvimento agrícola

O governo adotou uma série de políticas na busca de melhor desenvolvimento da agricultura brasileira. Em cada fase, o governo incorporou políticas especificas que redundaram no desenvolvimento do setor.

Desde o início do século XX, a política agrícola no Brasil teve como atribuição básica a busca de um mecanismo de crédito agrícola eficaz objetivando o desenvolvimento. Nesse sentido, foi criado o Banco do Brasil na década de 1930, seguido de uma fórmula de cooperativas de crédito. O sistema de crédito agrícola, desde quando criado, sofreu grande influência da economia externa, impedindo a sua expansão de longo prazo. Esta situação prolongou-se, obrigando o setor agrícola a encarar a etapa de livre mercado, sem que houvesse um mecanismo apropriado no âmbito financeiro. Os produtores buscaram assistência financeira em seus fornecedores de máquinas e insumos agrícolas ou em seus clientes: as multinacionais e as grandes empresas processadoras de alimentos.

5.2.1 - Fases da agricultura brasileira recente

As políticas agrícolas brasileiras vinculadas às medidas macroeconômicas já citadas classificam-se, simplificadamente, em três fases:

- **Fase da agricultura tradicional: 1965 a 1984.**

Inicia-se com a reformulação da PGPM (Política de Garantia de Preços Mínimos) dos produtos agrícolas, e com a criação do SNCR (Sistema Nacional de Crédito Rural).

Consequência da política de incentivo à exportação de produtos industrializados adotados a partir da crise do petróleo de 1973, houve um incremento no parque industrial e na exportação de produtos siderúrgicos, automobilísticos, petroquímicos, etc.

No setor agrícola houve uma mudança no perfil das exportações, até então centradas em produtos in natura (como o café), que passaram a ser substituídos por produtos processados, com predominância do complexo soja.

Neste período foi incentivada a produção de grãos e a respectiva agroindústria para processamento, com introdução de alterações na política industrial. A partir de meados da década de 1970 o governo repassou um grande volume de recursos em forma de crédito rural subsidiado (financiamento agrícola), direcionado principalmente à região dos Cerrados, a fim de ampliar a fronteira agrícola.

No inicio da década de 1980, as estatísticas indicavam sensível mudança no perfil das exportações, com efetiva substituição dos produtos básicos para os industrializados.

- **Fase da modernização da agricultura: 1985 a 1994**

Chamada de Fase de Transição da Agricultura, iniciou-se em 1985, com a decisão do governo federal de eliminar o subsídio ao crédito agrícola, por meio da utilização dos indexadores da economia. Fase marcada pelas dificuldades de regulamentação de vários planos de estabilização econômica e pela utilização mais intensa da PGPM (Política de Garantia de Preços Mínimos), subsidiando o custo de transporte dos produtos agrícolas.

A partir da segunda metade da década de 1980, com as reduções frequentes no valor do dólar norte-americano mediante artifícios cambiais introduzidas pelo governo, os produtores rurais voltados para a exportação (como a soja), passaram a enfrentar períodos de grande dificuldade.

Nesta fase, despertou-se a conscientização da questão ambiental no meio agrícola, um dos fatores introduzidos pelo PRODECER.

- **Fase da agricultura sustentável : 1995-**

Corresponde ao período do Plano Real, quando a abertura do mercado foi promovida com maior intensidade.

Foram apresentadas, por parte do governo brasileiro, algumas propostas visando resolver a questão do endividamento rural, adotando-se os mecanismos de financiamento e securitização, de acordo com a situação econômica dos produtores.

As variáveis ambientais passaram a marcar presença como fator fundamental nas tomadas de decisão de políticas agrícolas, e na viabilidade econômica de projetos de desenvolvimento agrícola.

5.2.2 - Mudanças na política agrícola

A seguir, serão apresentados os antecedentes do desenvolvimento dos Cerrados, no que se refere ao processo das políticas agrícolas.

- **A agricultura de 1960 a 1980**

A Tabela 5.4 ilustra a pauta de exportações dos principais produtos, no período entre meados da década de 1960 e primeira metade da década de 1980, por produto.

Em meados da década de 1960, os produtos agrícolas (incluindo os produtos in natura, semi-processados e processados) contribuíram com 85% do valor total das exportações, com a predominância de produtos in natura, tais como o café, algodão, milho e cacau em grãos.

Na década de 1980, a participação dos produtos agrícolas na pauta de exportações continuou significativa, mas caiu para menos de 50% do total. Houve uma mudança nítida, onde os produtos agrícolas in natura foram substituídos por produtos não-agrícolas que se tornaram os primeiros na pauta de exportação.

A Tabela 5.5 mostra a evolução do volume de produção e da área plantada dos principais produtos agrícolas, por década, com enfoque na média anual da taxa de crescimento.

Segundo a tabela, a produção e a área plantada de soja apresenta um crescimento surpreendente, com uma média acima de 20% por ano. O cultivo de soja teve início no sul do país, no Rio Grande do Sul, na década de 1940, e no

Tabela 5.4 - Pauta de exportação dos principais produtos (1964-1982) em milhões de US$

Ano	1964-68	1973	1976	1978	1981	1982
Valor total da Exportação	100	100	100	100	100	100
Valor da Exportação Agrícola	85	76,1	66,7	59,1	47	42,2
In natura	72,5	50,5	41,1	29,9	17,9	17,5
Prod. Agroindustriais	12,5	25,6	25,6	29,2	29,1	24,5
Prod. Semiprocessados	9,1	15,6	14,5	15	14,5	11,3
Prod. Processados	3,4	10	11,1	14,2	14,6	13,4
Mat.-prima de Origem Mineral	7,6	9,4	11	8,6	11,1	12
Prod. Industrial. não- agrícolas	7,4	14,5	22,2	32,2	26,1	26,9
Outros					14,7	15,9
Total da exportação	1.660	6.199	10.128	12.659	23.239	20.175

Fonte: *Campo*

Paraná a partir da década de 1970, - substituindo o café quando a grande geada de 1975, deixou claro que esta cultura, muito suscetível às constantes geadas não seria a indicada para esta região - impulsionado ainda pelo sistema de produção mecanizada e pelo incentivo do governo que injetava o crédito rural subsidiado. Com o avanço do desenvolvimento da fronteira agrícola dos Cerrados, a área plantada de soja foi ampliada ainda mais. O aumento da produção da soja está intimamente ligado ao crescimento da agroindústria, conforme mencionado com mais detalhes no Capítulo 7.

A produção da laranja também teve um aumento significativo, em decorrência do crescimento da indústria de processamento, que alavancou a participação do suco de laranja concentrado na pauta de exportação, levando o país a competir com os Estados Unidos na disputa pela liderança na produção mundial.

O trigo foi o único produto voltado para o mercado interno, que indicou uma forte tendência de crescimento. Tradicionalmente, o Brasil sempre mostrou uma forte dependência pela importação de trigo, não dispondo de condições para a autosuficiência. A partir da segunda metade da década de 1960, com a adoção do modelo de industrialização via substituição da importação, juntamente com a medida de substituição de importação de alimentos, o governo brasileiro concedeu subsídios aos produtores de trigo. Um dos fatores que contribuiu para a expansão da produção foi a constatação de que o trigo é uma cultura em rotação com a soja. Conforme se pôde observar, as culturas que são vinculadas aos produtos agroindustriais (como a soja e a laranja), têm a sua produção voltada para a exportação, e as culturas que receberam concessão de subsídios agrícolas oficiais (como o trigo), tiveram um aumento notável na

Tabela 5.5 - Evolução da produção dos principais produtos agrícolas (taxa de crescimento: em média anual)

	Produção				Area cultivada			
Item/Ano	1950-80	1950-60	1961-70	1971-80	1950-80	1950-60	1961-70	1971-80
	Produtos Exportáveis							
Soja	20,76	9,8	17,88	18,61	20,27	11,91	17,09	17,49
Laranja	7,27	3,33	6,13	11,81	7,12	3,9	5,46	8,79
Cana-de-açúcar	4,57	5,58	3,22	6,95	3,44	4,74	2,32	4,51
Tabaco	4,2	3,64	4,15	6,8	2,29	3,02	1,19	4,13
Cacau	2,52	3,01	3,6	5,59	1,76	0,62	2,61	-2,21
Café	1,92	12,78	-9,1	-3,09	1,14	5,75	-0,95	0,37
Algodão	1,71	1,98	0,75	-4,79	-2,03	5,48	-7,73	-0,1
	Produtos para o mercado interno							
Trigo	5,62	2,23	11,83	6,86	5,03	6,16	6,87	5,63
Milho	4,14	3,58	4,8	2,6	4,08	4,19	4,33	3,07
Arroz	3,81	4,01	2,84	2,73	3,32	3,32	3,78	1,86
Mandioca	2,88	3,54	5,46	-2,2	3,29	3,44	3,91	1,3
Feijão	2,18	3,08	3,48	-2,7	2,99	3,24	4,29	0,2

Fonte: *Campo*

produção, na década de 1970. Além disso, os produtos tradicionalmente voltados para a exportação - café e algodão - bem como aqueles voltados para o mercado interno - arroz, mandioca e feijão - tiveram, neste período, uma queda na produção, causando a importação de alimentos.

- **Política Agrícola de 1970**

O Brasil sofreu o impacto causado pela crise de petróleo na década de 1970, acarretando a alta no preço de combustíveis, culminando no desequilíbrio no saldo do balanço de pagamento. O governo passou a incentivar a produção industrial voltada para o mercado externo, por meio da concessão de subsídios para a exportação de produtos industrializados - até então protegidos pelas barreiras tarifárias e não-tarifárias - cuja produção estava voltada para o mercado interno. Quanto aos produtos agrícolas, promoveu-se a industrialização por meio da criação da agroindústria, com vistas à exportação de produtos com valores agregados. Assim, a exportação de produtos agrícolas in natura (utilizados como matéria-prima para os produtos industrializados) passou a sofrer restrições por parte do governo: a exigência de solicitação antecipada, quotas de exportação e outros.

A Tabela 5.6 ilustra o sistema de tributação e de concessão de subsídios sobre a exportação de produtos agrícolas e derivados em 1975. Conforme se observa no quadro, a somatória dos impostos, tais como o Imposto sobre Circulação de Mercadorias - ICM -, Imposto sobre Produtos Industrializados - IPI -, acrescidos dos subsídios, perfaz uma tributação líquida de 13% sobre a exportação de produtos agrícolas in natura. Ademais, a exportação de produtos agrícolas processados era objeto de subsídio à exportação, cujo grau de liberação aumentava de acordo com o grau de industrialização do produto.

Tabela 5.6 - Sistema de tributação e de subsídios sobre a exportação de produtos agrícolas e derivados (1975)

Produto	Grau dos subsídios (+) Grau das tributações (-)
1. Agrícolas in natura (matéria prima)	-13%
2. Semi-industrializados	
Couro	-
Madeira	+9,2%
Açúcar refinado	+10,4%
Farelo da soja, farinha de trigo	+10,5%
Derivados de frutas e legumes	+23,8%
Gordura animal/vegetal	+25,1%
3. Industrializados	
Derivados de borracha	+29,4%
Calçados	+30,6%
Mobílias	+30,9%
Derivados de couro	+31,0%
Derivados de carne animal e de pescados	+31,6%
Papel/celulose	+36,9%
Produtos com fibras de algodão	+ 45% - 50%

Fonte: *Quantificação dos Incentivos às Exportações, Estudo* Fucecex, Pastare A.C. 1978.

Os preços no mercado interno dos produtos agrícolas sempre foram fixados abaixo dos preços internacionais, ficando o setor agrícola sempre em desvantagem, por oferecer tanto a matéria-prima ao setor industrial como os alimentos ao mercado interno. A fim de solucionar este desajuste, aumentando a produção, a principal medida lançada pelo governo foi a ampliação dos subsídios para o crédito rural. Esta diretriz baseava-se na tese de que "os fatores que levaram ao atraso na modernização do setor agrícola foram a falta de infraestrutura, a falta de recursos para a aquisição de bens de produção e bens de capital", conforme publicado em 1974, no Plano Nacional de Desenvolvimento - PND II. As três diretrizes apresentadas como estratégia para o desenvolvimento agrícola foram:

- Ampliação da fronteira agrícola nos Cerrados.
- Incentivo à expansão da produção de grãos.
- Mecanização da produção agrícola e aumento da entrada de insumos para a produção (fertilizantes, defensivos agrícolas).

Para alcançar as metas de ampliação da fronteira agrícola e da expansão da produção de grãos na Região dos Cerrados, decidiu-se pela implementação da infraestrutura por meio de: investimentos públicos, realização de programas e projetos especiais, ampliação das pesquisas tecnológicas, e a implementação de um mecanismo para extensão rural e difusão dos resultados obtidos. Os recursos para a mecanização e aquisição de fertilizantes foram oriundos de investimentos públicos e de financiamentos por meio de instituições financeiras do setor privado.

Além disso, para a exploração da produção de grãos, com predominância da soja na Região dos Cerrados, foram utilizadas medidas específicas: o Sistema Nacional de Crédito Rural- SNCR - e a Política de Garantia de Preços Mínimos - PGPM. Ambos os sistemas sofreram alterações em 1965, visando à expansão da produção de grãos, passando a integrar, a partir de meados da década de 70, a estratégia para a exploração, no âmbito do Plano Nacional de Desenvolvimento, quando houve um aumento significativo dos subsídios para o crédito rural. Ademais, em 1975, foi criado, como parte integrante do sistema Embrapa, o Centro de Pesquisa Agropecuária dos Cerrados - CPAC. Ao mesmo tempo, foi criada a Empresa Brasileira de Assistência Técnica e Extensão Rural - Embrater.

Entre as medidas acima mencionadas, houve um aumento notável no volume de financiamentos rurais, a partir de meados da década de 1970, conforme ilustrado na Tabela 5.7. O crédito rural desta época tinha a taxa de juros baixa (15%), trazendo vantagens, sobretudo, quando a taxa da inflação mantinha-se alta (50 a 80%). A taxa real de juros acabava se tomando negativa, adquirindo, assim, a característica de subsídio agrícola. A partir do final da década de 1970, os recursos disponíveis atingiram patamares que impossibilitavam a manutenção do crédito rural naqueles níveis, passando a declinar. Em 1983, o valor do financiamento passou a ser indexado pela taxa da inflação.

Tabela 5.7 - Aumento do crédito rural (1971 a 1981) em Cr$ 1 milhão, a preço de 1980.

Ano	Banco do Brasil	Bancos privados	Total	Valor Produção Agrícola	Total do crédito rural/produção agrícola (%)
1971	157.396	90.473	247.869	424.945	58,3
1972	188.500	106.471	294.971	463.106	63,7
1973	239.926	139.378	379.304	582.783	65,1
1974	313.439	168.954	482.393	671.605	71,8
1975	447.200	208.215	655.415	703.429	93,2
1976	508.976	225.410	734.386	780.735	94,1
1977	551.506	204.598	756.104	940.883	80,4
1978	548.785	187.093	735.878	918.594	80,1
1979	545.752	152.156	697.908	985.661	70,8
1980	480.018	134.418	614.436	1.085.324	56,6
1981	385.458	117.306	502.764	1.159.126	43,3

Fonte: Graham, D. H.et al., *Thirty years of Agricultural Growth in Brazil, 1987. Em (Campo:2003)*

5.3 - Política agrícola

Apresenta-se, a seguir, a evolução das principais medidas, que constituem as políticas agrícolas a partir da década de 1980, tais como o crédito e seguro agrícola, a Política de Garantia de Preços Mínimos, bem como as diretrizes do governo para o desenvolvimento agrícola.

5.3.1 - Crédito Rural

O sistema de financiamento agrícola no Brasil teve início em 1965, quando foi criado o Sistema Nacional de Crédito Rural - SNCR - e, até o ano de 1973, a taxa de juros reais mantinha-se bastante baixa, na faixa de 2,3% negativos. O aumento da taxa de inflação, uma vez que se aplicava o juro fixo aos créditos rurais, passou a exercer o papel de subsídio oficial. Posteriormente, com a expansão no volume desses subsídios, houve uma perda na eficiência do investimento. O governo brasileiro reduziu o crédito rural a partir de 1980, eliminando, em 1985, os créditos rurais com juros negativos, reformulando-os de forma que a taxa de inflação passasse a ser acrescida aos juros dos créditos rurais. Aos poucos, os produtores passaram a sentir o ônus dessas taxas.

Além destes fatores, ocorreu também, uma tendência de alta repentina nos preços dos insumos para a produção agrícola. Os preços dos produtos básicos, como os alimentos, foram contidos graças ao Plano Real; a supervalorização do Real fez com que os preços dos produtos agrícolas para exportação caíssem; muitos dos produtores rurais passaram a sofrer por causa da elevação do custo de produção. Principalmente a partir de 1990 aumentou o número de produtores insolventes, pois a taxa dos juros sobre o crédito agrícola passou a ser fixada acima do índice dos preços.

Além do mais, com a redução drástica da oferta de crédito rural, parte da política de contenção da inflação, os produtores rurais recorreram à fonte de recursos com alta taxa de juros. A eliminação do subsídio ao transporte (setor de combustíveis), provocou a alta do custo de produção e, com a entrada do setor agrícola no mecanismo de competição livre, foi gerada uma distorção entre o custo de produção e o preço de venda: isto causou um crescimento no endividamento dos produtores. Nota-se que houve um impacto sobre os grandes produtores, que necessitavam de recursos elevados. A Tabela 5.8 mostra o volume da dívida rural de acordo com a faixa em que o produtor beneficiado se enquadra.

Tabela 5.8 - Dívidas rurais por faixa de produtores beneficiados. (maio de 1995 – R$ mil)

Faixa da Dívida (R$)	N. de mutuários	%	Valor Total da Dìvida	%
1 - 10000	513.658	73,2	R$ 1.413.440	5,9
10001 - 50000	134.774	19,2	R$ 3.848.580	16,0
50001 - 200000	38.446	5,5	R$ 4.992.170	20,8
200001- 500000	10.530	1,5	R$ 3.487.240	14,5
500001- 1.000.000	2.072	0,3	R$ 1.376.010	5,7
> 1.000.000	2.178	0,3	R$ 8.892.200	37,0
Total	701.658	100	R$ 24.009.640	100

Fonte: *Campo*

5.3.2 - Securitização

O produtor-mutuário que negligenciou o pagamento de uma prestação, passou a sofrer dificuldades cada vez maiores, por causa da alta taxa de juros incidentes, ficando impedido de contrair novos créditos bancários. Como resultado, o mutuário passou a depender de agiotas e agentes da "soja verde": um processo deficitário. O governo brasileiro editou, em 1994, a Resolução nº. 2102 do Banco Central, pela qual a taxa de juros passou a ser aplicada de acordo com a faixa dos produtores, ou seja, no caso dos miniprodutores, juros fixos; médios produtores, 50% da TR mais juros reais de 6%; demais produtores TR mais 11 % de juros. Em 1996, foram securitizados os contratos com faixa de endividamento de até R$200 mil: uma medida para reduzir o endividamento.

Em 1995, quando a safra de grãos registrou um aumento de 6,7% em relação ao ano anterior, atingindo 81,1 milhões de toneladas, houve uma reversão da situação, causada pela dívida dos produtores, constituindo-se num dos fatores que levou o setor agrícola a uma crise. Naquele período, houve excesso na produção de alimentos e o aumento dos produtos importados. Além da elevação dos juros, outros fatores, tais como a valorização cambial e a queda na eficiência da Política de Garantia de Preços Mínimos, contribuíram para a queda significativa de 25,8% na renda agrícola. Este fenômeno foi mais marcante em produtos como o feijão (safra de verão), a soja e o milho. Mesmo diante deste contexto, o governo manteve uma atuação tímida: enquanto o setor agrícola arcava com a grande parte da perda, a questão da dívida se tornava cada vez mais séria.

A estabilização do Plano Real necessitava que houvesse uma boa safra no biênio 1995/1996, e para incentivar os produtores foram estudadas medidas objetivando solucionar a dívida agrícola acumulada até o ano de 1995. Assim, foi lançada a "securitização" para beneficiar os produtores com faixa de endividamento de até R$ 200 mil, conforme já mencionado. Para esta medida, foi disponibilizado um recurso da ordem de R$ 10 bilhões, partindo do pressuposto de que 80% dos mutuários se inscreveriam para securitizar os contratos existentes. O prazo da negociação da dívida foi prorrogado até julho de 1996. Cento e oitenta e dois mil produtores entraram em acordo, somando o valor de R$ 6,8 bilhões; destes, 147 mil tiveram os seus contratos renegociados. Do valor total securitizado, R$ 5,2 bilhões se referiam a contratos com o Banco do Brasil, ficando o restante por conta dos bancos privados. O montante da dívida securitizada pelo Banco do Brasil está ilustrado na Tabela 5.9.

Esta renegociação contribuiu para a recuperação do fluxo de recursos no setor agrícola, permitindo que os produtores administrassem as suas atividades de forma planejada. Embora tenham recuperado a possibilidade de receber financiamentos, a dificuldade para obtê-los ainda era problemática. Isto se deveu ao excesso de rigor na análise do banco quanto à capacidade de pagamento, ou à situação do crédito/ativo do produtor, que não satisfazia as condições que permitiam o empréstimo.

Além do mais, a renegociação da dívida não foi aberta para todos, tendo ocorrido casos em que os bancos privados negaram a renegociação dos contratos. O produtor se via obrigado, então, a apresentar uma garantia para os seus empréstimos, antes mesmo de receber os benefícios da securitização.

Tabela 5.9 - Dívidas securitizadas pelo Banco do Brasil. (1995 - R$ mil)

Faixa da Dívida (R$)	N. De Mutuários	%	Valor Total da Dívida	%
1 - 10.000	52.547	47,5	R$ 238.940	23,6
10.001 - 50.000	44.547	30,5	R$ 1.076.560	15,8
50.001 - 200.000	24.268	16,5	R$ 2.516.860	37,0
200.001 - 500.000	7.586	5,9	R$ 1.904.410	28,0
500.001 - 1.000.000	162	0,1	R$ 108.780	1,6
> 1.000.000	172	0,1	R$ 958.960	14,1
Total	146.292	100	R$ 6.804.530	100

Fonte: *Campo*

5.3.3 - Sistema de Seguro Agrícola

A operação do seguro agrícola é realizada por intermédio do Sistema Nacional de Crédito Rural- SNCR. A partir da segunda metade da década de 1970, o governo brasileiro adotou medidas para prestar assistência aos produtores rurais, por meio da implementação do Programa de Garantia da Atividade Agropecuária - Proagro -, um sistema de seguro agrícola, e da Política de Garantia de Preços Mínimos. O seguro agrícola foi criado em 1974, objetivando proteger os produtores de eventuais quebras de safra, causadas pela seca ou por desastres naturais, sendo reformulado em 1995. O montante da indenização corresponde ao valor do financiamento e é pago diretamente aos bancos financiadores, de forma que o produtor não recebe diretamente o valor do seguro.

O prêmio do seguro vigente em 1998 continuava sendo alto em relação ao valor do financiamento, fixado em 7,0% para a soja e o milho, e 12% para o arroz e o feijão, constituindo assim uma das causas do aumento do custo de produção. A Embrapa realiza o zoneamento agroclimático de várias regiões do país, de forma que os prêmios do seguro possam reduzir-se para os plantios de culturas que obedeçam às indicações deste zoneamento.

5.3.4 - Política de Garantia de Preços Mínimos – PGPM

A Política de Garantia de Preços Mínimos tem como base o custo estimado de produção do ano do plantio, calculado pela Companhia Nacional de Abastecimento-CONAB. É uma medida objetivando a garantia do preço mínimo dos produtos agrícolas, sua produção estável e o atendimento ao abastecimento. A PGPM é operacionalizada por meio das Aquisições do Governo Federal - AGF - e dos Empréstimos do Governo Federal - EGF. A AGF é utilizada quando o valor de mercado fica abaixo do preço mínimo fixado: o governo compra diretamente dos produtores e estoca nos armazéns. O EGF, por sua vez, é o instrumento usado para garantir aos produtores o pagamento do financiamento bancário, nos casos em que os preços dos produtos agrícolas mostram tendência de baixa e há expectativa de elevação futura.

No que se refere à política de preços, adotou-se medidas que estabilizassem os preços na fonte de produção, sendo operacionalizadas mediante instrumentos como a AGF e o EGF/COV (Empréstimos do Governo Federal com Opção de Venda). No biênio 1996/97, a busca pela estabilidade dos preços se deu com a adoção de medidas como o Prêmio para o Escoamento do Produto - PEP. A partir de então, as políticas agrícolas implementadas são representadas por medidas de financiamento para custeio, securitização das dívidas dos produtores rurais, abertura à obtenção de recursos externos, operacionalização do CPR e do PEP, sendo este último uma medida que visa melhorar o mecanismo de comercialização.

5.3.5 - Diretrizes de Desenvolvimento Agrícola

Em 1995 foi criado o Mercosul com a participação fundamental do Brasil. Em função disto houve pressões para implantar reformas estruturais no setor agrícola, visando a melhoria na produtividade, no atendimento e adaptação às tendências de abertura do mercado e da globalização. Neste contexto, a estratégia agrícola preconizada pelo governo brasileiro, a partir de 1990, baseia-se em três enfoques: a) redução da intervenção oficial e introdução de princípios mercadológicos; b) fortalecimento da competitividade internacional e incentivo à exportação; c) subsídio aos miniprodutores (subsistência).

As diretrizes básicas para o setor agrícola estão indicadas no Plano Plurianual - PPA. O setor agrícola brasileiro é conduzido por políticas de dois ministérios:

Ministério da Agricultura, Pecuária e Abastecimento.

- Incentivo ao agronegócio e fortalecimento da competitividade.

- Introdução e ampliação de novos instrumentos financeiros para o setor agrícola, a fim de dar suporte à produção e comercialização, visando ainda a redução dos riscos financeiros dos produtores.
- Articulação da área produtiva e agroindustrial, a fim de fortalecer a competitividade do setor agrícola, e prestar assistência no tocante à modernização tecnológica da produção agropecuária.
- Melhorias no tocante à rentabilidade do setor agropecuário.
- Melhoria no sistema de controle sanitário.

Ministério do Desenvolvimento Agrário.

- Promoção do desenvolvimento rural integrado.
- Incentivo e apoio ao agronegócio nos moldes da agricultura familiar.
- Promoção da Reforma Agrária.
- Suporte ao desenvolvimento autônomo das áreas de assentamento da Reforma Agrária.
- Concessão de incentivos visando ao apoio e ao aumento da competitividade ao agronegócio de pequeno porte.

Além destas medidas econômicas, buscou a melhoria estrutural do setor, com a promoção de pesquisas agropecuárias, conduzidas pela Embrapa.

5.3.6 - Evolução na Produção de Grãos

O Gráfico 5.2. ilustra a evolução das áreas agrícolas (áreas cultivadas, áreas agrícolas ociosas, pastagens, áreas florestais), no período de 1970 a 1995. Em 1995, totalizava cerca de 354 milhões de hectares (41 % do território nacional). No período entre 1970 e 1985, a área agrícola expandiu-se rapidamente, principalmente culturas anuais e pastagens cultivadas, seguida de uma tendência de retração. Nos 20 anos que compreendem o período de 1975 a 1995, quando os programas de desenvolvimento agrícola dos Cerrados foram intensificados, as culturas anuais aumentaram em 2,2 vezes, passando de 15,32 milhões de hectares para 34,25 milhões de hectares. O mesmo ocorreu com pastagens cultivadas, que mostrou um crescimento de 2,5 vezes no referido período, enquanto pastagem natural (pecuária extensiva) e as áreas ociosas têm mostrado uma retração de 50% e 60%, respectivamente.

O Gráfico 5.3 ilustra a relação entre o volume do crédito rural, o volume de produção de grãos (soja, milho, trigo, etc.) e a área plantada, no período de 1970 a 2000. A produção de grãos teve um aumento notável a partir da segunda

Gráfico 5.2. - Evolução das áreas agrícolas (mil ha)

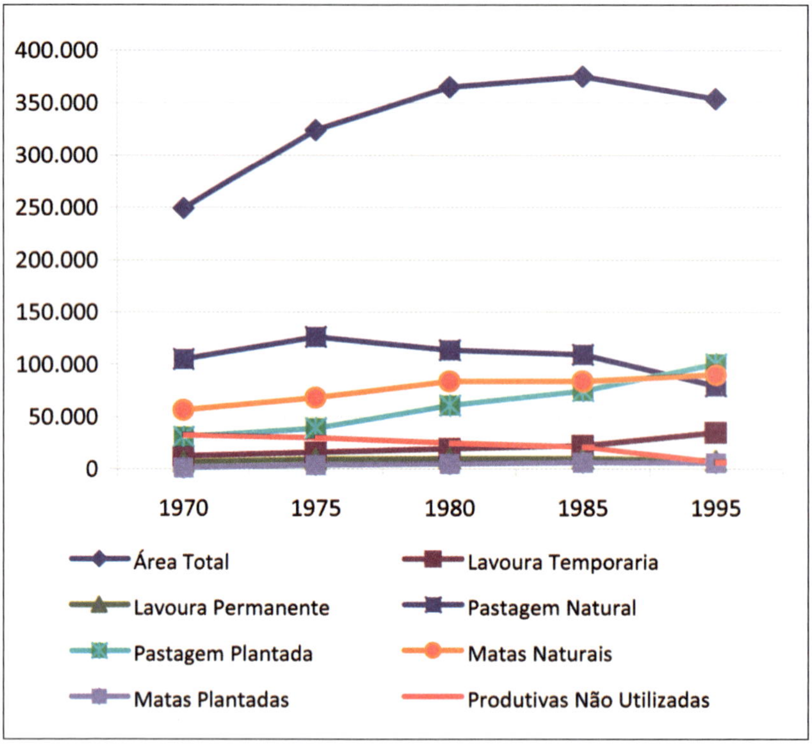

Fonte: *IBGE. Em (Campo: 2003)*

metade da década de 1970. Nos 25 anos que compreendem o período de 1975 a 2000, houve um aumento significativo nessa produção, com incremento superior a 150%, passando de 38,5 milhões de toneladas para 97,25 milhões de toneladas. Houve uma expansão na área cultivada de grãos, que passou de 29,6 milhões de hectares para 38,5 milhões de hectares no período.

Examinando-se a taxa de crescimento dos principais produtos em relação à produção de grãos no período, nota-se que, no caso da soja, houve um crescimento notável de 220%, passando de 9,89 milhões de toneladas para 31,37 milhões de toneladas, enquanto a área plantada aumentou em 127%, passando de 5,82 milhões de hectares para 13,26 milhões de hectares. A produção de milho neste período passou de 16,33 milhões de toneladas para 31,64 milhões de toneladas, aumento de 90%, a área plantada expandiu-se em 20%, passando de 10,8 milhões de hectares para 12,8 milhões de hectares. A produção de trigo, por sua vez, teve a área plantada reduzida, passando de 2,9 milhões de hectares

Gráfico 5.3 - *Evolução do crédito rural, o volume de produção e área cultivada*

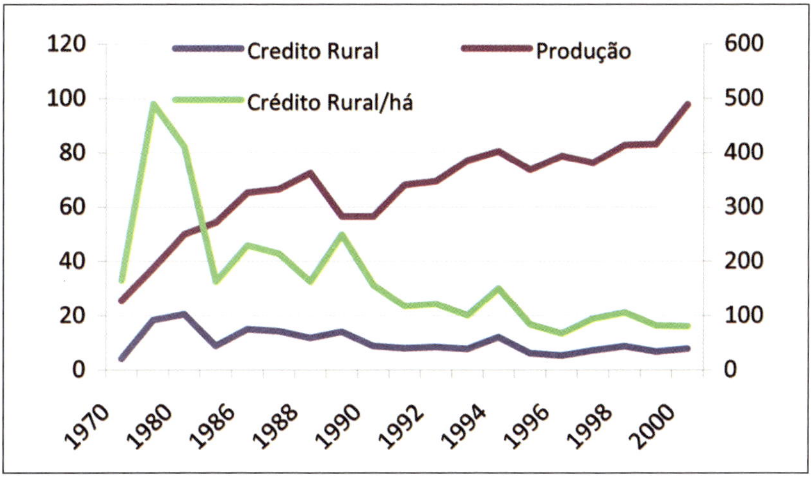

Fonte: *IBGE. Em (Campo: 2003)*

em 1975, para 1,5 milhões de hectares, em 2000, a produção diminuiu passando de 1,78 milhões de toneladas para 1,53 milhões de toneladas.

O aumento no volume da produção agrícola, baseado na produção da soja, mediante a utilização de áreas inexploradas dos Cerrados, foi decisivo. A produtividade da soja, que, em 1970, estava em torno de 1,2 t/ha em média, aumentou para 2,3 t/ha, na safra de 1999/2000. O crescimento da produtividade (1995-2000) foi de 21%, chegando a atingir 30% a 35% nas Regiões Centro-Oeste, Norte e Nordeste. A causa deste incremento se deve, em grande parte, aos resultados dos trabalhos de pesquisa e desenvolvimento, bem como da difusão de variedades de soja adaptada às condições de cultivo de várias regiões do país, com ênfase na região dos Cerrados. O aumento do custo para a exploração agrícola aliada à questão ambiental, tornou a expansão de áreas bem mais complexas, de forma que, o aumento da produtividade constitui fator imprescindível para se alcançar o aumento da produção.

Por sua vez, conforme mostra o Gráfico 5.3, o crédito rural concedido pelo governo aos produtores, tem se reduzido em grande escala, a partir da segunda metade da década de 1980, embora o volume da produção de grãos continue aumentando. Deve-se atentar ao fato de que, apesar da redução no financiamento oficial, os recursos para o custeio têm sido garantidos aos produtores, na forma de "soja verde", provenientes de empresas multinacionais de grãos.

Os Estados Unidos, que competem com o Brasil na posição de grande produtor de soja, foram respaldados pelo sistema de subsídio governamental que atingiu patamares de US$ 2 bilhões (US$ 2,00/60 kg), em 2000, refletindo o grau de protecionismo daquele país. Nos EUA, quando o preço internacional fica abaixo do valor do financiamento, a diferença destes é repassada aos produtores. Isto demonstra uma desigualdade competitiva entre os produtores brasileiros e americanos.

5.4 - Realizações do PRODECER

O PRODECER foi considerado, entre os projetos de cooperação econômica bilateral Brasil-Japão, muito específico e de grande porte. Isto porque, em primeiro lugar, teve como objetivo o desenvolvimento da fronteira agrícola na região dos Cerrados, abrangendo extensas áreas, especialmente na região central do país. Em segundo lugar, o aumento da oferta internacional de alimentos, com a exportação de produtos agrícolas (exemplo: a soja para o Japão) repercute globalmente. Em terceiro, porque teve longa duração e, durante esse período, houve interação, orgânica e efetiva, com a cooperação técnica do Japão. Pode-se dizer que o PRODECER foi um programa baseado não só na "complementaridade", tida como característica básica da relação econômica dos dois países, mas também, e principalmente, na "reciprocidade" de interesses mútuos do Brasil e do Japão. Foi executado como um programa conjunto dos dois governos, com duração de mais de 22 anos, em três fases, transformando aproximadamente 345 mil hectares de área bruta, em terras produtivas. A sua concepção básica foi promover o desenvolvimento de polos de colonização com agricultores de porte médio organizados em cooperativas, com a utilização de modernas tecnologias agrícolas. Para a abertura de *fronteiras,* por meio deste método, foram necessários elevados investimentos iniciais, oriundos em grande parte, de recursos de empréstimos. O custo total do PRODECER é estimado em 562 milhões de dólares. O sistema de financiamento que possibilitou a sua realização, refletiu as características deste programa, e de certa forma explica, em virtude principalmente de condicionantes macroeconômicos subsequentes, os problemas de endividamento dos produtores.

5.4.1 - Aspectos Gerais da Execução

Com a montagem da estrutura de execução deste programa, foram implantados: o PRODECER I Piloto (1979 a 1983), o PRODECER II Piloto e o PRODECER Expansão (1985 a 1993) e o PRODECER III Piloto (iniciado em 1995 e encerrado em março de 2001).

PRODECER I - Piloto (1979 a 1983)

Nesta primeira fase do programa foram selecionadas três áreas no Estado de Minas Gerais (próximas aos centros consumidores), com boa infraestrutura e com satisfatória organização de assistência técnica e extensão rural. Foram incorporados 60 mil hectares para produção de soja, milho, arroz e café. Fez parte do plano, a implantação de uma fazenda sob administração direta da Campo, com 5 mil hectares objetivando produzir sementes de boa qualidade e ainda duas empresas agrícolas *(plantations).* O custo total de implantação deste projeto foi de US$ 50 milhões, com 92 famílias assentadas.

Após a conclusão dessa fase, a partir de 1983, na região de Santa Rosa, município de Paracatu-MG, foi executado um projeto de colonização (Projeto Entre Ribeiros I), com as mesmas regras, aplicando recursos exclusivos do lado brasileiro e aproveitando uma área de 10 mil hectares, de propriedade da Campo. Esse projeto beneficiou mais 41 famílias e foram aplicados cerca de US$ 17 milhões.

Nesse projeto-piloto, implantado numa área característica de Cerrados tradicionais, utilizaram-se dois métodos para a abertura de fronteira agrícola:

a) tipo "colonização"

b) tipo "empresa agrícola" *(plantatíon)*

Por ocasião da realização da Avaliação Conjunta Nipo-Brasileira, em 1982, o tipo "colonização" foi julgado o mais adequado.

• **PRODECER II – Projeto II Piloto (1985 a 1990) - Projeto Expansão (1985 a 1993)**

Esta fase teve como base o bom desempenho obtido na execução do PRODECER I Piloto. A característica do Piloto II foi a implementação em duas áreas (quatro projetos) de Cerrados com condições naturais diferenciadas: Estado do Mato Grosso, que recebe influência da Amazônia, e Estado da Bahia, que recebe influência da região semiárida da Caatinga. O objetivo foi desenvolver tecnologias adequadas às respectivas condições climáticas. O total da área abrangida foi de 65 mil hectares, onde foram planejadas atividades agrícolas que combinam pecuária, culturas perenes e culturas como soja e milho. O total do custo dos projetos foi estimado em 100 milhões de dólares, e assentou 165 famílias. A principal diferença em relação à primeira fase é que, nesta, as cooperativas realizaram a tarefa de aquisição e repasse das terras aos colonos, tarefa realizada na Fase I pela Campo.

No mesmo período, foram executados o PRODECER Expansão, com recursos de financiamentos para Projetos em Geral do JBIC (ex-OECF), em 11 áreas dos Estados de Minas Gerais, Goiás e Mato Grosso do Sul, consideradas regiões passíveis de aplicação dos resultados obtidos nas áreas do PRODECER I. A área de abrangência desse segmento foi de 140 mil hectares, com 380 famílias assentadas e custo total de 275 milhões de dólares.

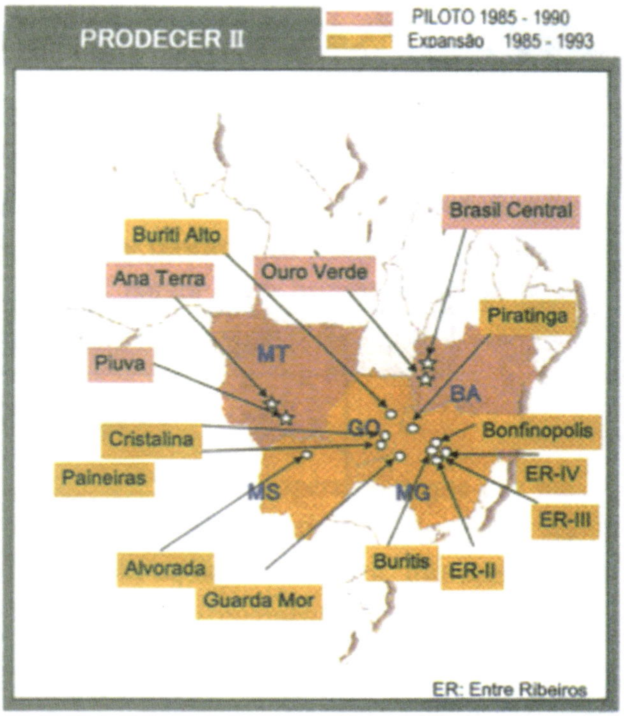

• **PRODECER III – Piloto (1995 a 2001)**

Esta fase foi executada no Município de Pedro Afonso, no Estado do Tocantins e no município de Balsas, no Estado do Maranhão, regiões de baixa latitude, situadas ao norte dos projetos até então implantados. A fase foi executada objetivando a consolidação de tecnologias de administração rural, com a introdução da irrigação e de novas variedades sob condições climáticas onde as diferenças, no período de insolação durante o ano todo, são muito pequenas.

A área de abrangência desta fase foi de 80 mil hectares com 80 famílias assentadas e custo total de 137,9 milhões de dólares. A área de cada propriedade foi de 1.000 hectares, equivalente a cerca de duas vezes a dos outros projetos implantados durante a Fase I e II.

Além da introdução de equipamentos de irrigação, outra característica foi a reserva natural, com área equivalente a 50% da propriedade, enquanto que as áreas de reservas nas Fases I e II foram de pouco mais de 20%. Além disso, na maior parte, essa área foi preservada de forma agrupada, como área de reserva coletiva.

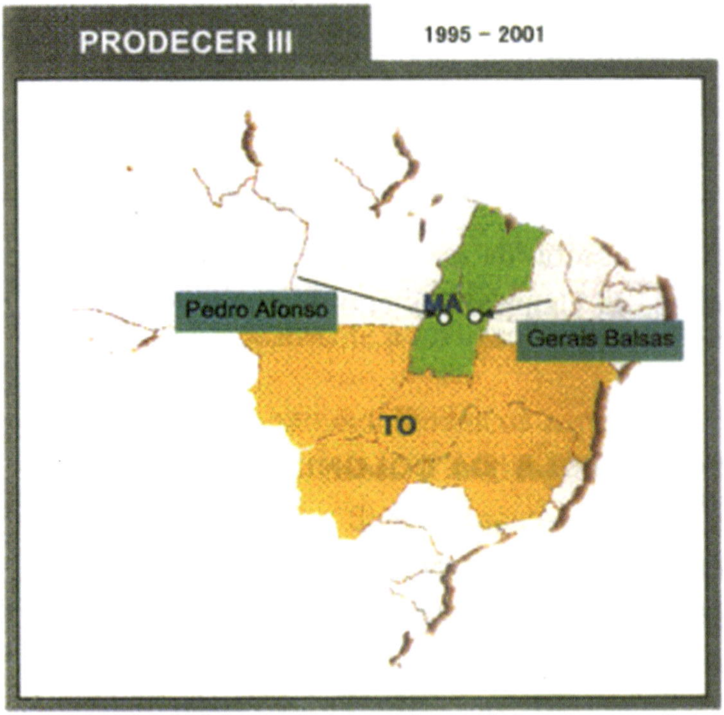

5.4.2 - Características

• **Programa Baseado em Assinaturas de Acordos**

Antes do início de cada fase do PRODECER, foram firmados acordos entre os dois países, cujas diretrizes nortearam sua implantação. O acordo base era definido como "Estabelecimento da Diretriz Geral do Programa", constituida dos registros das discussões (R/D) cujas decisões, definiam as diretrizes básicas dos dois países em relação ao PRODECER.

Como consequência do acordo base, era gerado o documento "Estabelecimento da Estrutura de Execução do Financiamento". O "Loan Agreement" (L/A) estabelecia o financiamento do lado japonês, a alocação de recursos pelo lado brasileiro, o sistema de financiamento aos produtores, etc.

Também como consequência do acordo base, era definido o documento denominado "Estabelecimento do Escopo do Programa", constituído pelos "Project Agreement" (P/A).

O P/A estabelecia o escopo da sua execução, com base no estudo realizado para as Fases I, II e III do programa. O P/A é onde está o cerne da concepção de desenvolvimento de cada uma de suas fases e estabeleceu, claramente, as responsabilidades do governo federal, dos governos estaduais, das instituições financeiras, da Campo, das cooperativas, etc., visando a execução eficiente do programa.

Obs: Na Fase I do PRODECER, foi assinado também o documento denominado *B/A (Basic Agreement),* dispensado a partir da Fase lI, por ser o seu conteúdo repetição do *P/A.*

Método de Desenvolvimento de Polos

O PRODECER teve como meta a criação de polos de desenvolvimento nas novas fronteiras agrícolas na região dos Cerrados. A sua diretriz básica visou, fundamentalmente, a implantação de agricultores familiares de médio porte que não possuíam sua própria terra. Assim, o programa apresentou, entre outras, as seguintes peculiaridades:

- Os produtores adquiriram tudo: terra, máquinas agrícolas, residência, instalações para produção, os recursos para custeio, etc.
- Foi necessário um grande investimento inicial.
- Grande parte dos recursos foi alocada por meio de financiamentos.
- No processo de ocupação das áreas, houve crescente preocupação com o meio ambiente.
- Foi necessária a melhoria da infraestrutura socioeconômica através dos governos estadual e municipal.

Criação da Campo

Para a coordenação da execução do programa e realização dos trabalhos de supervisão dos recursos liberados, seleção dos participantes, assistência técnica, planejamento geral do programa, foi fundada a Companhia de Promoção Agrícola - Campo (CPA). A Campo desempenhou papel fundamental na execução do PRODECER e, de modo especial, na coordenação entre órgãos vinculados dos dois países e no estreitamento de suas relações.

- **Método de Colonização**

A seleção dos produtores foi realizada, principalmente, pelas cooperativas, que por sua vez foram selecionadas entre as melhores e mais bem estruturadas do país. As cooperativas apoiaram efetivamente os produtores: na aquisição da terra, fornecimento de insumos e máquinas, serviços de comercialização, armazenamento e beneficiamento da produção, assistência técnica, etc.

- **Programa de Cooperação**

Para tornar possível a produção agrícola na região dos Cerrados, com terras de elevada acidez e baixa fertilidade natural, foi indispensável o desenvolvimento de tecnologias agrícolas específicas, a difusão de técnicas de correção e manejo do solo, seleção de culturas e variedades e da disponibilização de recursos para implantação dos projetos. No PRODECER, os recursos para esse desenvolvimento foram alocados simultaneamente à realização de projetos de cooperação técnica.

A seguir, são detalhados os aspectos gerais do sistema e as condições do financiamento utilizado, o papel e a função da Campo e das cooperativas e os principais dados relativos aos financiamentos, áreas, investimentos, produção e produtividades dos projetos de colonização implantados.

5.4.3 - Esquema de Financiamento

Na concepção do PRODECER, por causa de suas características, foi planejada a alocação de recursos para financiamento aos produtores, com juros baixos. Por isso, nos projetos pilotos financiados pela Jica, foram repassados recursos do Fundo de Investimento e Financiamento, diretamente ao Banco Central do Brasil. Já os financiamentos realizados pela JBIC (ex-OECF) provieram do Fundo de Financiamentos para Projetos em Geral e foram repassados ao Banco Central do Brasil pela Jadeco, todos em condições bastante favoráveis.

O governo brasileiro assumiu o risco cambial que eventualmente incidisse sobre os recursos japoneses, garantindo, desta forma, o pagamento de juros e a devolução do principal. Assim, por meio desse esquema especial de financiamento e liberação de recursos, viabilizou-se a redução de encargos.

Etapas do Financiamento

Os passos para a realização do financiamento e os pontos principais são:

RECURSOS PARA FINANCIAMENTO

- Os recursos necessários para os produtores foram alocados pelos dois países. O percentual de alocação de recursos foi de 50% cada, na Fase I e Fase II. Na Fase III foi de 60% do lado japonês e 40% do lado brasileiro.
- No caso dos Projetos Pilotos, dos recursos do lado japonês, 80% vieram do Fundo de Investimento e Financiamento da Jica e o restante de bancos privados. No Projeto Expansão, foi utilizado recurso do Fundo para Projetos em Geral da JBIC.
- Os recursos do lado brasileiro foram alocados pelo governo federal, órgãos repassadores de recursos (bancos) e beneficiários (produtores, cooperativas, empresas agrícolas).

SELEÇÃO DE PRODUTORES

- O produtor foi pré-selecionado pela Campo e cooperativas com base nos critérios estabelecidos.
- Os bancos realizaram análise própria do cadastro dos pretendentes.
- Dos produtores, cerca de 80% foram pré-selecionados pelas cooperativas, com o acompanhamento da Campo.
- Os demais foram selecionados pela Campo, especialmente entre agricultores e técnicos em ciências agrárias já estabelecidos na região, na época da implantação dos projetos.
- Os principais critérios para a seleção de produtores foram:
  - Não ser proprietário rural.
  - Nacionalidade brasileira.
  - Experiência na atividade agrícola.
  - Entusiasmo e disposição em participar do programa.
  - Disposição em residir na propriedade ou no município do projeto.
  - Dispor dos recursos próprios necessários.

FORMA DE PAGAMENTO

- Os empréstimos aos mutuários foram feitos por um banco repassador de recursos.
- A Campo consolidava periodicamente a necessidade de recursos para o financiamento aos mutuários do Programa e enviava solicitação ao Ministério da Agricultura que, após análise, formalizava solicitação ao Bacen/STN.
- Cada banco repassador, por sua vez, à medida que necessitava de recursos para atendimento aos seus mutuários, solicitava o repasse necessário ao Bacen/STN.

- De posse da solicitação oficial vinda do Ministério da Agricultura, o Bacen/STN solicitava a liberação de recursos a Jica, Jadeco e ao grupo de bancos do Japão.
- O lado brasileiro adicionava ao recurso externo a sua parte, oriunda do orçamento da União, para atender ao banco repassador do recurso, que financiava os produtores e as respectivas cooperativas.

BANCOS REPASSADORES
FASE I: BDMG (Banco de Desenvolvimento de Minas Gerais).
FASE II: BDMG, Banco do Brasil, BNCC (Banco Nacional de Crédito Cooperativo), Bemat (Banco do Estado do Mato Grosso) e Desenbanco (Banco de Desenvolvimento do Estado da Bahia).
FASE III: BNB (Banco do Nordeste) e Banco do Brasil.

Condições de Financiamento

Todos os acordos firmados entre os dois países continham cláusula que estabelecia a condição de Programa Especial ao PRODECER, decorrente de sua condição de *National Project,* influenciando as condições dos empréstimos externos, consideradas bastante favoráveis:

"Os termos e condições de qualquer empréstimo ou crédito concedido a qualquer participante do projeto sob os termos do Programa Especial, nos casos em que os empréstimos ou créditos comparáveis poderiam ser obtidos através de outros programas de crédito agrícola existentes na República Federativa do Brasil, não serão mais onerosos para os participantes do projeto do que os termos e condições mais favoráveis aplicáveis aos empréstimos ou créditos comparáveis disponíveis a outros tomadores na República Federativa do Brasil, especialmente aqueles localizados na região dos Cerrados".

As condições de financiamento aos produtores por meio do PRODECER, entretanto, sofreram inúmeras alterações ao longo do tempo, de acordo com a conjuntura do momento, especialmente a partir do PRODECER II. Isso pode ser visto na Tabela 5.10.

Tabela 5.10 – *Condições de financiamento para os produtores por fase*

PRODECER I

Crédito	Prazo do financ. (anos)	Carência (anos)	Período	Encargos Financeiros (anual)	Limite de adiantamento
Fundiário	20	6	1979/1982	10%	100%
Investimentos	12	6	1979/1982	10%	80 - 100%
Custeio	3	1	1979/1982	10%	100%

PRODECER II (Piloto e Expansão)

Crédito	Prazo do financ. (anos)	Carência (anos)	Período	Encargos Financeiros (anual)	Limite de adiantamento
Investimentos	15	6	Jan 85/Mai 86	ORTN + 3%	De 80 a 100%
			Mai 86/Jun 87	10%	
			Jul 87/Dez 88	OTN + 9%	
			Jan 89/Jul 89	IPC + 12%	
			Jul 89/Dez 90	BTN + 9%	
			Jan 91/Mar 93	TR + 12,5%	
Custeio	3	1	Jan 85/Mai 86	ORTN + 3%	De 80 a 100%
			Mai 86/Joo 87	3,6 e 8%	
			Jul 87/Joo 89	OTN + 3, 6 e 8%	
			Jul 89/Dez 89	IPC + 12%	
			Jan 90/Joo 90	BTNF + 12%	
			Jul 90/Fev 91	BTN + 9%	
			Fev 91/Jul 91	TRD + até 9%	
			J ul-91/ Ago-92	TRD + 12,5%	

PRODECER III

Crédito	Prazo do financ. (anos)	Carência (anos)	Período	Encargos financeiros (anual)	Limite de adiantamentc
Investimentos	15	6	Jan 85/Mai 86	ORTN + 3%	De 80 a 100%
			Mai 86/Jun 87	10%	
			Jul 87/Dez 88	OTN + 9%	
			Jan 89/Jul 89	IPC + 12%	
			Jul 89/Dez 90	BTN + 9%	
			Jan 91/Mar 93	TR + 12,5%	
Custeio	3	1	Jan 85/Mai 86	ORTN + 3%	De 80 a 100%
			Mai 86/Jun 87	3,6 e 8%	
			Jul 87/Jun 89	OTN + 3, 6 e 8%	
			Jul 89/Dez 89	IPC + 12%	
			Jan 90/Jun 90	BTNF + 12%	
			Jul 90/Fev 91	BTN + 9%	
			Fev 91/Jul 91	TRD + até 9%	
			J ul-91/ Ago-92	TRD + 12,5%	

Fonte: *Campo*

1) Os prazos de financiamento e carência informados são os prazos máximos admitidos, porém, por ocasião da elaboração dos projetos, os prazos são determinados de acordo com a capacidade de pagamento. Na maioria dos casos, foi adotado o prazo máximo.
2) Os encargos financeiros apresentados referem-se ao período de implantação dos projetos, e, portanto, inscritos nos contratos de financiamento. Mesmo após o término da implantação, tem havido alteração das condições em função de acordos de renegociação das dívidas, ante as dificuldades enfrentadas pelos produtores (ex.: Securitização, Pesa, etc.).
3) Os limites de adiantamento variaram de acordo com o tipo do investimento (fixo, semifixo, fundiário, etc).
4) O primeiro ano de custeio foi considerado como investimento.

Como se tratava de um programa especial, algumas características diferenciaram os financiamentos do PRODECER comparativamente com outras linhas de financiamento agrícola existentes no País. O financiamento integrado contemplava todos os itens necessários à implantação da propriedade, a partir da aquisição da terra até o custeio, incluindo investimentos fixos (abertura de áreas, eletrificação, depósitos, silos, formação de pastagens, construção de açudes, etc.) e semifixos (máquinas, equipamentos, animais, etc.). Os prazos de pagamento eram iguais ou mais longos que os normais. Os limites de adiantamento eram significativamente maiores.A disponibilidade de recursos, de modo geral, sempre foi oportuna e adequada às necessidades.

Estas características dos financiamentos, aliadas a outras inerentes à concepção do Programa, o fizeram bastante atraente a inúmeros produtores, que se interessaram em vir de outras regiões do Brasil, para o desenvolvimento de fronteiras agrícolas na região dos Cerrados.

As taxas de juros demonstradas na Tabela 5.8 foram baseadas no Manual de Crédito Rural- MCR - definido pelo Banco Central do Brasil. Na fase inicial do Prodecer II foi utilizada taxa de 3% + ORTN (título público indexado à inflação). Entre 1987 e 1988 a taxa era de 9% + OTN (título público) para investimento fixo e semifixo, e 3,6 e 8% + OTN para custeio. A partir de 1989, foi aplicada a taxa de 12% + lPC (Índice de Preço ao Consumidor). As taxas foram reduzidas para 9% + BTN a partir da segunda metade de 1989, mas, a partir da primeira metade de 1991 subiram novamente para 12,5% + TR. A partir de 1994, foi introduzida a taxa de 6% + TJLP (Taxa de Juros de Longo Prazo) que continuou até o fim do programa.

Numa comparação rápida do PRODECER com as condições gerais de crédito agrícola ao longo desse tempo (inclusive com alguns programas especiais), pode-se afirmar que:

O PRODECER I Piloto teve como principais atrativos o financiamento integrado, os limites de adiantamento e a disponibilidade de recursos, já que as condições financeiras eram bastante semelhantes aos vigentes em programas especiais, especialmente do Polocentro.

O PRODECER II, tanto Piloto como Expansão, teve seu início ainda fortemente influenciado pelas condições vigentes na Fase I, mas com as cláusulas financeiras já sofrendo os efeitos da introdução dos indexadores de correção monetária dos contratos. Isto afetou progressivamente as diferenciações previstas no programa, até que suas condições se tomaram praticamente idênticas ao crédito rural comum, com a eliminação total dos subsídios. Foram mantidas, como vantagens, as características de financiamento integrado, os limites de adiantamento mais favoráveis e, ainda, a disponibilidade dos recursos assegurada, porém, nem sempre com a mesma agilidade e da forma oportuna, ocorrida na primeira fase.

O PRODECER III Piloto foi iniciado em condições semelhantes às que vigoravam no encerramento da Fase II e suas condições ficaram bastante próximas das vigentes para o crédito rural geral (pela melhoria das condições deste). Com as mudanças mais recentes das políticas de crédito agrícola, as condições financeiras de alguns programas especiais acabaram por se tomar até mais atrativas, ainda que as vantagens citadas no item anterior permanecessem.

5.5 - Gerenciamento do PRODECER

De acordo com a concepção do PRODECER, duas estruturas foram fundamentais para sua execução, além dos beneficiários finais (os produtores): a Campo, como coordenadora da execução, e as cooperativas, como mecanismo de organização dos produtores, com responsabilidades executivas, tanto na implantação, como na consolidação dos projetos.

5.5.1 - Papel da CAMPO

A estrutura do financiamento do PRODECER exigiu a participação de diversos órgãos dos governos e da iniciativa privada dos dois países. Para promover a articulação desses

organismos e impulsionar o programa conforme o planejado, foi concebida em 1978 uma empresa coordenadora: a Cia. de Promoção Agrícola - CPA .

A CPA, posteriormente, foi transformada e renomeada CPA-Campo, que sob a coordenação do Ministério da Agricultura, incumbiu-se da execução do PRODECER, implementou o projeto-piloto e as outras etapas até o seu encerramento em 2002.

Ao longo deste tempo, a Campo sempre foi dirigida por mineiros como Sweil Abdalla, Paulo Afonso Romano e Emiliano Pereira, e contou com vice-presidentes personalidades indicadas pela Jadeco, em sua maioria, "amakudari" (aposentados), funcionários públicos, bancários e ex-funcionários de multinacionais. Cumpriu as diretrizes emanadas do Ministério da Agricultura, mesmo porque, dela dependeu em termos de remuneração de um percentual dos saldos devedores dos empréstimos concedidos aos agricultores do PRODECER.

Figura 5.2 - Composição das empresas: Campo, Brasagro e Jadeco

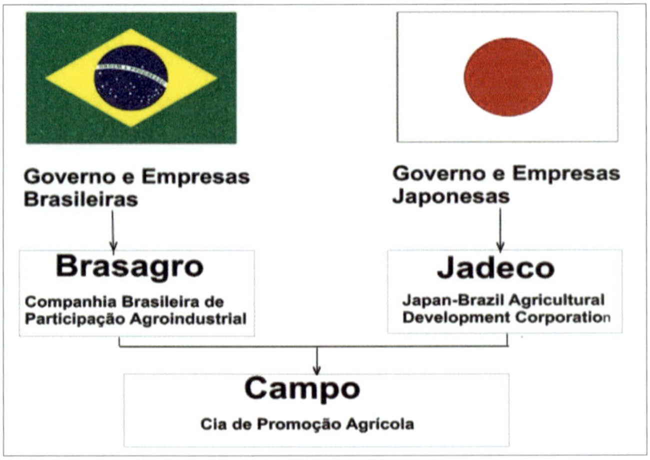

Fonte: *Campo*

Prioritariamente, a Campo desenvolveu esse trabalho - a coordenação da execução do PRODECER – (Tabela 5.11) assumindo também algumas ações executivas relacionadas ao desenvolvimento do Programa, como a indicação das cooperativas, seleção dos produtores, elaboração dos projetos técnicos individuais, orientação e assistência técnica. Do ponto de vista empresarial, inclusive como forma de garantia patrimonial aos seus acionistas, conforme previsto em seus estatutos e demais instrumentos constitutivos, implantou, logo no início da primeira fase do programa, uma fazenda sob sua administração direta na vizinhança do Projeto de Colonização Coromandel, no município do mesmo nome, em Minas Gerais. Ao longo do tempo, procurando uma administração segura e sadia, buscou adequar-se às condições conjunturais e econômicas do país. Para tanto, com autorização de seus acionistas, utilizando suas competências técnicas e administrativas, além do grande conhecimento da região dos Cerrados, diversificou as suas atividades e as suas fontes de receita.

Vale ressaltar que, em decorrência de seu desempenho e atuação, foi garantida a transparência na aplicação e utilização correta dos recursos. As experiências adquiridas na execução de cada fase foram se acumulando e, graças a isto, foi possível a ampliação do programa e a transição eficiente à fase subseqüente, durante mais de 20 anos.

5.5.2 - Métodos de Colonização

A seleção das cooperativas participantes foi feita pela Campo, com base em critérios como situação financeira, experiências com grãos, nível técnico, estrutura administrativa. Após análise própria e aprovação do agente financeiro, as indicações foram homologadas pelo Ministério da Agricultura.

As cooperativas desempenharam, no PRODECER, além de suas atividades específicas, outras especiais: apoio à administração rural de forma personalizada, a seleção de produtores, etc. A Tabela 5.12, a seguir, ilustra suas funções e principais atividades no Programa:

É importante registrar: os acordos assinados entre os dois países, determinaram que a implantação da infraestrutura econômica e social básica, como estradas de acesso, energia elétrica, obras coletivas de irrigação, comunicação, escolas, postos de saúde, etc., era de responsabilidade dos governos federal e, principalmente, dos governos estaduais.

A construção de estradas e o fornecimento de energia elétrica no PRODECER I foram

realizados, na sua maioria, com recursos do Polocentro, por intermédio da concessionária de energia elétrica estadual e pelo governo do Estado de Minas Gerais. No PRODECER II, não houve uniformidade de situações: ocorrendo desde projetos onde já existiam (ou rapidamente receberam essas melhorias) estradas pavimentadas, e energia elétrica, como outros em que as cooperativas

Tabela 5.11 - Papel e função da Campo.

Objetivo: Apoio, promoção e implantação de atividades de produção agrícola na Região dos Cerrados	
	Principais Atividades
Levantamento, planejamento e coordenação do Programa	Assinaturas de convênios de trabalho com as cooperativas participantes e convênios técnicos (normas de procedimento com os bancos, convênio de cooperação com os governos dos Estados onde serão implantados os projetos), trabalhos de articulação e coordenação com outros órgãos envolvidos.
Definição da área do projeto	No Prodecer I a Campo fez a aquisição e a distribuição das áreas.No Prodecer II e III, apoiou as cooperativas na escolha da área do projeto, por meio da realização de estudos nas áreas pré-selecionadas e fornecimento de seus resultados às cooperativas escolhidas.
Seleção dos participantes do Projeto (produtores e cooperativas)	Seleção das cooperativas, com base em critérios pré-estabelecidos.Seleção final dos produtores, entre aqueles selecionados pelas cooperativas. Parte dos produtores foram selecionados diretamente pela Campo, entre agricultores e profissionais de ciências agrárias, que já estavam instalados na região, na época da implantação do projeto.
Elaboração e implantação do Plano	Medição, demarcação e elaboração do plano de uso da terra e da infra-estrutura, por projeto. (Master Plan)
Elaboração do plano de Administração Rural (projeto técnico).	Elaboração do plano de administração rural por meio da consolidação das técnicas de administração rural, por região, e confecção de seus manuais, com a colaboração dos óre:ãos de pesquisa dos !!Overnos federal e estaduais.
Elaboração do plano de Administração Rural (projeto técnico individual) e prestação de assistência técnica.	Elaboração do plano de administração rural por meio da consolidação das técnicas de administração rural, por região, e confecção de seus manuais, com a colaboração dos óre:ãos de pesquisa dos !!Overnos federal e estaduais.A Campo realizou, durantes os primeiros 4 a 5 anos, em cada projeto, trabalhos de assistência técnica, passando posteriormente esta responsabilidade para as cooperativas. Na primeira fase, esse trabalho inicialfoi desenvolvido, sob convênio, pela Emater-MG.
Recomendação e supervisão da liberação dos recursos de financiamento	Recomendação e orientação, de acordo com os projetos elaborados conformeitem anterior, para a liberação dos recursos de fmanciamento ao produtor combase nos critérios e normas dos bancos e supervisão de seu uso. Graças a estetrabalho, foi assegurado o uso regular e adequado dos recursos.
Administração de campos administrativos	Apoio à instalação e administração de áreas para demonstração e/ou produçãoe distribuição de sementes, como atividade de apoio aos produtores, de acordocom a necessidade e possibilidades.
	Estrutura Administrativa
Número de funcionários (março 2001)	Matriz: 38; Setor de Biotecnologia: 46 (Paracatu) e 30 (Cruz das Almas);Fazenda Coromandel: 7; Laboratório de Análises: 10 e Escritórios Regionais:30. Total: 161.
a) Fontes de Receitas	Taxa de supervisão do Prodecer, equivalente a 1% do saldo devedor dos financiamentos (paga pelo Ministério da Agricultura do Brasil).Taxa de elaboração de projeto, equivalente a 2% do valor dos financiamentosliberados pelos bancos aos produtores.Taxa de assistência técnica aos produtores, equivalente a 2% do saldo devedordo financiamento.
b) Situação administrativa	No R/D foi definida a auto-suficiência da Campo com as receitas de serviçosde planejamento, coordenação, etc.A maior parte das rendas, portanto, são originadas de taxas diversas citadas no item a, acima, além de receitas provenientes das atividades dos departamentosjá citados. Com a finalização do Prodecer, a tendência é de redução das receitasprovenientes das taxas diversas, estando atualmente, em análise, a reforma administrativa da Cao.

e produtores tiveram que arcar com os custos de sua abertura, implantação, manutenção, e carecendo de investimentos públicos básicos. Evidentemente que essas deficiências prejudicaram o desenvolvimento e desempenho dos produtores e suas cooperativas, além de aumentar seus custos de produção. No Prodecer III, também ocorreu atrasos na construção de estradas e de instala-

Tabela 5.12 - Funções e principais atividades das cooperativas.

Função	Atividade
Seleção de produtores	A escolha dos produtores foi realizada com a pré-seleção feita pelas cooperativas participantes e triagem final da Campo. As cooperativas priorizaram, em geral, filhos das famílias cooperadas, em sua região de origem.Na maioria dos projetos, 80% dos produtores vieram de outras regiões -especialmente Sul e Sudeste - e 20% foram selecionados pela Campo entre agricultores e técnicos em ciências agrárias da região, quando existentes. Com esses 20%, a essa companhia buscava, não só promover a melhor integração local, como difundir e estimular o associativismo e as novas tecnologias agrícolas na região.
Aquisição e distribuição das terras	Dentro das regiões previamente definidas, as cooperativas fizeram a pré-seleção das áreas dos projetos com base nas condições naturais e socioeconômicas. Após esta escolha preliminar, a Campo realizou estudos e levantamentos detalhados para analisar se eram adequadas e convenientes, de acordo com os fundamentos do Programa.Com base nestes estudos, e após as análises jurídicas e documentais, as cooperativas fizeram a aquisição e a medida da terra. Em seguida, foi elaborado o projeto de parcelamento, as terras demarcadas e transferidas aos produtores.Na elaboração do projeto de parcelamento, além da obediência estrita à legislação ambiental, foram introduzidos conceitos como o da reserva em condomínio, e buscou se uma divisão racional e eqüitativa de acordo com os recursos naturais existentes.
Aquisição e distribuição de insumos, máquinas e equipamentos para a produção e comercialização de produtos agrícolas	As cooperativas adquiriram e distribuíram insumos, máquinas, equipamentos, etc., além de prestarem serviços de armazenamento, beneficiamento, processamento e comercialização de produtos agrícolas. Para isso, construíram escritórios, silos, depósitos, instalações de secagem, etc. Os recursos para estas obras vieram, na sua maioria, de financiamentos pelo Prodecer.Conforme esperado, à medida que se estimula a implantação de novos produtores na região, amplia-se o quadro social nas cooperativas, otimizando a utilização das instalações físicas e administrativas das cooperativas.
Construção de instalações coletivas e implantação de infra-estrutura dentro da área do Projeto	As cooperativas que implantaram infra-estruturas administrativas e de apoio à produção, em alguns casos também se incumbiram de implantar obras de infra-estrutura básica.
Assistência técnica	As cooperativas, após a conclusão da implantação do projeto, se responsabilizam pela assistência e orientação técnica aos produtores.

Fonte: *Campo*

ções para fornecimento de energia elétrica. A causa básica dessa situação foi a dificuldade nas finanças públicas especialmente a nível estadual.

5.5.3 - Cooperativas Nikkeis

O pioneirismo e as realizações das cooperativas *nikkeis* na Região dos Cerrados exerceram grande influência na adoção do método de colonização pelo PRODECER. A Cooperativa Agrícola de Cotía, que foi a mais representativa, participou da implantação do Projeto de Assentamento Dirigido do Alto Parnaíba - Padap -, considerado como um dos precursores deste programa. Em 1974, a CAC instalou uma filial no município de São Gotardo-MG, região central do projeto acima citado, tornando o referido município, um núcleo pioneiro no desenvolvimento dos Cerrados. Em abril desse ano foram definidos os primeiros 24 colonos (todos cooperados originários dos Estados de São Paulo e Paraná). Em seguida, em dezembro, foram definidos mais 65 colonos, e deu-se o início da colonização com um total de 89 produtores. Em 1979, já se alcançavam produções que superavam a marca de 2 t/ha na soja e 3,6 t/ha no trigo irrigado, além de ótimas lavouras de café, demonstrando, na prática, a viabilidade da agricultura na região.

O presidente Ernesto Geisel visitou a região acompanhado do seu ministro da Agricultura, Dr. Alysson Paulinelli, e não poupou elogios, vendo in loco a transformação dos Cerrados numa grande região produtora. No mesmo ano, a CAC foi convidada pelos dois governos a participar no PRODECER. Além de ser considerada a maior cooperativa brasileira à época, por causa da sua experiência na produção e comercialização agrícola, e no desenvolvimento dos Cerrados, essa cooperativa foi a responsável pelo assentamento dos produtores no Projeto de Colonização Mundo Novo (Paracatu,MG) do PRODECER I, e no Projeto de Colonização Ouro Verde (Barreiras,BA) do PRODECER II. Nessa segunda fase, participaram outras cooperativas com forte presença *nikkei,* como a Cooperativa Agrícola Sul Brasil, chegando a 154 o número de famílias de produtores *nikkeis* assentados no Programa, equivalendo a 22% do total.

5.5.4 - Outros Aspectos

Edafo-Climáticos

As características naturais (altitude, temperatura, precipitação, solo, topografia e vegetação original predominante) dos projetos do PRODECER estão apresentados na Tabela 5.11 .

Todas as áreas estão na região dos Cerrados e, portanto, seus solos apresentam forte acidez. Esses solos são, predominantemente, classificados como latossolos. Quimicamente, há carência de nutrientes e, portanto, a fertilidade natural é baixa, mas sua estrutura física, no geral, é uma característica favorável. Os produtores fizeram constantemente correção de solo com a aplicação de calcário e, inicialmente, com adubos fosfatados.

A média pluviométrica anual nos projetos do PRODECER é de 1.350 mm. Há períodos bem distintos de estiagem (abril a setembro) e de chuva (outubro a março), com a concentração quase total das precipitações nos períodos da chuva. Há a ocorrência de um fenômeno peculiar, denominado "veranico", que se caracteriza por períodos de estiagem de cinco a 20 dias, durante o período da chuva. O grau de dano do veranico varia, principalmente, com a duração e as características do solo da região. Os danos decorrentes de desastres naturais como a seca e a geada, e a frequência com que ocorrem, variam muito de projeto para projeto, sendo a geada, bastante rara. A implantação da infraestrutura necessária à instalação de equipamentos de irrigação também não é uniforme. Essas diferenças nas condições naturais, e nas condições para produção entre os projetos, explicam, de certa forma, as diferenças no volume de produção e na produtividade entre eles.

Tabela 5.13 – *Informações Edafoclimáticas dos Projetos-Piloto, I, II e III*

Cidade/Projeto	Altit. (m)	Temp. Média (ºC)	Precip. (mm) Média Anual	Solo	Relevo	Vegetação
Balsas — MA P.C GEBAL	540	24° a 25°	1216,7	Latossolo Verm.-Amarelo	Plano (O - 3%)	Cerrado
P. Afonso – TO P.C. P. Afonso	240	26,1°	1593,5	Latossolo V erm. -Amarelo	Suave Ondulado (3 - 8%)	Cerrado
Tapurah – MT P.C. Ana Terra	400	25,2°	1619,8	Latossolo Verm.-Amarelo	Plano e Suave Ondulado (O - 8%)	Cerradão
Lucas R. Verde – MT P.C. Piúva	430	25,2°	1.619,80	Latossolo V erm. -Amarelo	Plano (O - 3%)	Campo Cerrado
Barreiras – BA P.C. Ouro Verde	800	24,3°	1.121,8	Latossolo Verm.-Amarelo	Plano (O - 3%)	Cerrado
Formosa do R. P. – BA P.C. Brasil Central	735	24,3°	1.121,8	Latossolo V erm. -Amarelo	Plano (O - 3%)	Campo Cerrado
Iraí de Minas — MG P.C Iraí de Minas	1. 000	20,4°	1574,7	Latossolo Verm.-Escuro	Plano e Suave Ondulado (O - 8%)	Cerrado
Coromandel — MG P.C Coromandel	1.140	21,1°	1.474,40	Latossolo Verm.-Escuro	Suave Ondulado (3 - 8%)	Cerradão
Paracatu – MG P.C. Mundo Novo	1. 000	22,6°	1438,7	Latossolo Verm.-Escuro	Plano e Suave Ondulado (O - 8%)	Cerrado

Fonte: *Campo*

Lotes e Produtores

A área média dos lotes é de 400 ha no PRODECER Piloto I; 410 ha no PRODECER Piloto II e 350 ha no PRODECER Expansão. No PRODECER III, a área média de cada lote é de mais do dobro das fases anteriores, com mil hectares.

Todos os projetos obedeceram rigorosamente à legislação ambiental da época, e em alguns foram observados cuidados adicionais de preservação. No

Tabela 5.14 - *Informações Edafoclimáticas dos Projetos do PRODECER Expansão*

Cidade/Projeto	Altitude (m)	Temp. Média (ºC)	Precip. (mm) Média Anual	Solo	Relevo	Vegetação
Paracatu - MG P.C. PER II	530	22° a 24°	1200	Latossolo Verm.-Amarelo	Plano (O - 3%)	Cerrado
Paracatu - MG P.C. PER III	530	22° a 24°	1200	Latossolo Verm.-Amarelo	Plano (O - 3%)	Cerrado
Paracatu - MG P.C. PER IV	530	22° a 24°	1200	Latossolo Verm.-Amarelo	Plano (O - 3%)	Cerradão
Guarda-Mor - MG P.C. Guarda Mor	1.020	20° a 22°	1.500	Latossolo V erm. -Amarelo	Plano e Suave Ondulado (O - 8%)	Cerrado
Bonfinópolis - MG P.C. Bonfinópolis	900	22° a 24°	1300	Latossolo Verm.-Amarelo	Plano e Suave Ondulado (O - 8%)	Cerrado
Formoso - MG P.C Piratinga	1.000	22° a 24°	1.400	Latossolo V erm. -Amarelo	Plano e Suave Ondulado (O - 8%)	Cerrado
Buritis - MG P.C. Buritis	900	22° a 24°	1400	Latossolo V erm. -Amarelo	Plano e Suave Ondulado (O - 8%)	Cerrado
Cristalina - GO P.C Paineiras	950	20° a 22°	1500	Latossolo V erm. -Escuro	Plano e Suave Ondulado (O - 8%)	Cerrado
Cristalina - GO P.C. Cristalina	930	20° a 22°	1500	Latossolo Verm.-Escuro	Suave Ondulado (3 - 8%)	Cerrado
São 1. D' Aliança - GO P.C. Buriti Alto	1. 000	22° a 24°	1500	Latossolo V erm. -Escuro	Suave Ondulado (3 - 8%)	Cerrado
Camapuã - MS P.C. Alvorada	650	20° a 22°	1400	Latossolo Verm.-Amarelo	Plano (O - 3%)	Cerrado

Fonte: *Campo, 2003*

PRODECER III a área preservada era de 50%. Nas demais fases foram de, no mínimo, 20%. As reservas, além da sua importância sob o ponto de vista da preservação do meio ambiente, têm influência na atividade agrícola pois protegem os mananciais e os solos da erosão. Em vários projetos foi adotada a reserva de forma coletiva, em condomínio, objetivando uma melhor preservação dos recursos naturais.

Ao longo do tempo, foram ocorrendo mudanças nos titulares dos lotes. A Tabela 5.12 mostra essas variações, pela comparação entre os produtores inicialmente assentados e a situação posterior. A coluna "número de produtores que permanecem" indica aqueles produtores que se mantêm no projeto, desde o início.

Os produtores que entraram nos projetos na fase de implantação eram em número de 717 famílias. Até 2001, 251 deles deixaram os projetos, tendo sido seus lotes repassados a outros agricultores. As principais causas destas desistências fo-

Tabela 5.15 - *Número de produtores assentados no início do projeto; substituições de titulares e percentuais.*

	N° Produtores Assentados	N ° Produtores Que permanecem	Substituídos Quant	%
Prodecer I Piloto				
Mundo Novo	48	22	26	55
Iraí de Minas	26	15	11	43
Coromandel	18	6	12	67
Subtotal	92	43	49	54
(Entre Ribeiros I)	-41	-32	-9	-22
Prodecer II Piloto				
Ouro Verde	48	36	8	25
Brasil Central	38	36	2	6
Ana Terra	40	40	0	0
Piúva	39	33	6	16
Subtotal	165	145	20	23
Prodecer II Expansão				
Entre Ribeiros II	28	18	10	36
Entre Ribeiros III	20	15	5	25
Entre Ribeiros IV	10	10	0	0
Guarda Mor	37	27	10	38
Bonfrnópolis	49	34	15	31
Piratin!!a	53	45	8	26
Buritis	42	25	20	41
Paineiras	29	27	2	7
Cristalina	16	15	1	7
Buriti Alto	40	28	12	30
Alvorada	56	34	22	40
Subtotal	380	278	102	27
Prodecer III Piloto				
Gerais de Balsas	40	40	0	0
Pedro Afonso	40	40	0	0
Subtotal	80	80	0	0
Total Geral	717	466	251	35

Fonte: *Campo*

ram as dificuldades financeiras e a inadimplência junto aos bancos financiadores. Também influíram: a atuação das cooperativas e a presença de lideranças pró-ativas na busca de soluções para suas dificuldades nos problemas de condução das atividades agrícolas, na negociação das dívidas e de novos recursos.

Os produtores desistentes transferiram seus lotes para outros, em alguns casos, colegas do próprio projeto. Todas as áreas foram continuamente utilizadas na produção, podendo-se notar um alto índice de uso, não existindo lotes abandonados.

No Brasil, vários outros projetos de assentamento foram executados, especialmente a partir da década de 1970 nas fronteiras agrícolas, alguns na região dos Cerrados. Em sua maioria, visavam atender a pequenos agricultores. No entanto, houve um alto índice de desistência, tornando difícil a manutenção do próprio projeto, além de trazer problemas ambientais com a degradação das terras. As condições sociais básicas de vida e de infraestrutura de produção, as grandes dificuldades na obtenção de recursos para custeio, a estrutura para o desenvolvimento da tecnologia agrícola e o nível de assistência técnica e extensão rural, foram inferiores àquelas oferecidas pelo PRODECER.

A Administração Rural

As características da administração rural dos projetos foram:

Áreas do PRODECER I

A área média dos lotes desta fase do PRODECER no momento da sua implantação foi de 400 ha. No entanto, existem produtores que ampliaram, adquirindo novos lotes ou áreas fora do projeto, chegando a ter mil hectares. Nestas fazendas, a área plantada é de, aproximadamente, 800 a 900 ha de soja, milho e café. Existem produtores que, apesar de não terem aumentado a sua área, seu lucro vem crescendo, pela introdução de culturas mais rentáveis.

O ponto comum dos produtores, nesta fase, foi a implantação da irrigação por meio de pivô central. Este equipamento possibilitou a redução dos danos provocados pelo veranico, e facilitou a consolidação do sistema de rotação de culturas, trazendo como resultado a sua diversificação. Outro ponto importante foi a adoção da técnica de plantio direto: reduz o custo de produção pela diminuição das despesas com máquinas agrícolas, protege o solo da erosão, favorece o desenvolvimento da atividade microbiológica, aumenta o teor de matéria orgânica e a retenção de água no solo.

Áreas do PRODECER II

Nesta fase, foi planejada a diversificação de culturas, especialmente as perenes (fruteiras e seringueira). Pode-se dividir os produtores em dois grandes grupos: aqueles que aumentaram a sua área (média de 800 ha), e aqueles que as mantiveram inalteradas (300 a 400 ha). Nos grupos, pode-se subdividi-los, ainda, em três tipos:

Tipo 1: Projetos sem equipamentos de irrigação, onde houve dificuldades na produção agrícola de sequeiro (Entre Ribeiros II, III e IV);

Tipo 2 : Projetos onde a tecnologia aplicada só viabilizou a produção de grãos (Buritis, Buriti Alto, Alvorada,)e;

Tipo 3: Projetos com sucesso, na diversificação de culturas (Ouro Verde, Bonfinópolis, Guarda Mor, Cristalina e Paineiras).

Na busca da diversificação das culturas - além da influência de ter ou não equipamentos de irrigação (onde o principal fator determinante é a disponibilidade hídrica) - houve outros fatores limitantes: a distância entre a propriedade e o centro consumidor e/ou o parque agroindustrial e a qualidade das vias de transporte. As alternativas de cultivo adotadas foram: café, feijão, alho, cebola, ervilha, frutas, etc., sob irrigação, e o algodão, em condições de sequeiro.

Áreas do PRODECER III

O planejamento para esta fase previa a instalação de equipamentos de irrigação e culturas perenes em todos os lotes. Essa meta não foi alcançada, frustrando a busca da diversificação de produção. Nos locais onde se instalou a irrigação, produziram-se abacaxi e banana, além de feijão e soja para sementes.

5.6 - Endividamento dos mutuários

É importante registrar a forte crise ocorrida a partir de meados da década de 1980, - com graves reflexos no setor cooperativista – que provocou o desmantelamento, desaparecimento e desativação de inúmeras cooperativas de produção do país, independentemente de seu tamanho e tradição. Tal registro se faz para evitar qualquer especulação de que o PRODECER possa ter sido causa das dificuldades por que passou a maioria das cooperativas participantes do programa, quando na realidade, em alguns casos, ocorreu exatamente o contrário, ou seja, buscou-se o programa como tentativa de solução para essas dificuldades.

O PRODECER foi um programa de abertura de fronteiras agrícolas nos Cerrados que, pela sua própria característica, necessitou de grande volume de recursos para investimentos. Todos os produtores obtiveram a maior parte desses recursos iniciais por meio de financiamentos. À exceção de poucos produtores do PRODECER I, os demais trabalharam em situação de alto endividamento e na maioria, inadimplentes quanto aos financiamentos do programa. A principal causa dessa situação foram os altos níveis dos encargos financeiros (a partir de 1986) decorrentes da conjuntura macroeconômica do país, durante boa parte do período de execução dos projetos. Esta inadimplência impossibilitou o acesso a recursos junto às instituições financeiras que atuam no crédito agrícola oficial, com juros mais baixos.

Este desequilíbrio entre o crescimento da dívida e a receita agrícola contaminou todos os agricultores do país, e de modo mais grave aqueles que contraíram dívidas junto ao sistema financeiro, como foi o caso do PRODECER. Na tentativa de minimizar essas dificuldades - ajudando os produtores e as cooperativas - o governo brasileiro elaborou diversas ações: em 1995 a Lei 9.138 conhecida como "securitização"; em 1997, uma medida conhecida como "pesa"; em novembro de 2001, novas medidas, prorrogando prazos e reduzindo encargos; aprovou, buscando solucionar os problemas de endividamento das cooperativas, um plano chamado Programa de Recuperação das Cooperativas - Recoop. Este plano objetivava revitalizar as cooperativas por meio de ações como: novos financiamentos, melhoria da estrutura fisica e do sistema de administração.

A entrevista do Sr Yasuhiro Kataguiri, um produtor assentado em Guarda Mor, perto de Paracatu-MG, expressa a questão do endividamento:

" ...pessoal do PRODECER de Barreiras está lascado, porque a dívida já entrou na panela geral do Tesouro Nacional. É complicado, dá dó de ver o pessoal, a situação que eles estão hoje, não do PRODECER I, mas do PRODECER II, que pegou todos os problemas da política macroeconômica, com indexadores junto, ficou uma dívida impagável...."

5.7 - Intercâmbio tecnológico

"Nós não exploramos nada, por exemplo, jaboticaba. Eu lembro que o filho do prof Kinjo levou sementes de jaboticaba para o Japão, para fazer as miniárvores e a procura pelos japoneses por esta fruta era tanta que se vendia por valores 50 vezes maior." Prof Keigo Minami, Esalq. - Entrevista

"A primeira iniciativa foi o desenvolvimento do Vale do Ribeira onde havia 40.000 hectares de baixada, e nós entendemos que a tecnologia japonesa de exploração de baixada para rizicultura, seria uma tecnologia extremamente interessante para as condições do Vale do Ribeira, e a Constituição Paulista exigia o desenvolvimento desta região." Eng Agrônomo Isidoro Yamanaka – Mapa - Entrevista.

"Se você olhar o país, muitas regiões são carentes de recursos e tecnologia e todo projeto que envolver o desenvolvimento disto, é benvindo. E o cerrado foi um exemplo ótimo, não teve desvio de objetivo e também houve muita lisura neste projeto." Eng Agrônomo Toyoshiko Kashima - Entrevista

O CPAC foi o embrião do desenvolvimento dos cerrados.

O PRODECER teve seu sucesso garantido por uma série de medidas tomadas em conjunto. Uma das vertentes importantes foi a área de pesquisa para desenvolver as técnicas adequadas na agricultura dos cerrados em cooperação com a Embrapa.

A Embrapa recebeu no segundo semestre de 1975 uma missão oficial do governo do Japão, com o objetivo de estabelecer as linhas básicas de cooperação à pesquisa agropecuária no cerrado, conforme a Declaração Conjunta do primeiro-ministro Kakuei Tanaka e o presidente Ernesto Geisel, anunciada em 1974.

No relatório elaborado pelos especialistas da Jica e MAFP, são destacadas as seguintes linhas de cooperação:

- necessidade de pesquisas anteriores ou paralelas ;
- utilidade da pesquisa para tornar eficaz a exploração do cerrado;
- elevar o nível dos pesquisadores do Japão e do Brasil e incrementar as relações de amizade entre os dois países;(Harada, 2008:131)
- adiantar os procedimentos diplomáticos para viabilizar a cooperação em 1976.

Com relação ao conteúdo da cooperação são destacados os seguintes pontos:

- envio de pesquisadores japoneses aos órgãos da contrapartida brasileira;
- fornecimento de materiais e equipamentos para a pesquisa;
- estágio no Japão de pesquisadores brasileiros;
- intercâmbio recíproco de dados, documentos e informações relacionadas.

Em 16 de março de 1976, foi assinada em Brasília a Ata de Entendimento para a Cooperação Técnica entre a Embrapa, representada pelo seu presidente,

Dr. José lrineu Cabral, e a Jica, liderada pelo Sr. Tomoji Egawa, para pesquisa do cerrado, com sede no Centro de Pesquisa do Cerrado (CPAC), em Planaltina - mais tarde ratificada pelo Ajuste Complementar entre os dois governos. Outras entidades de pesquisas, como a Epamig, em suas unidades de Uberaba, Patos de Minas, Estação Experimental do Programa do Alto Parnaíba, foram também beneficiadas por essa cooperação bilateral.

A cooperação japonesa no CPAC foi efetuada em três fases:

Fase I - Suporte técnico para o desenvolvimento agrícola do cerrado (1977-1985) coordenado pelas: Empresa de Pesquisa Agropecuária de Minas Gerais - Epamig; Estação Experimental de Uberaba - EEAU; Estação Experimental Agrícola de Patos de Minas - EEAP; e Estação Experimental Alto Parnaíba - Eeapadap. (Yamanaka,Isidoro em Harada,2008:132)

Os investimentos do lado japonês foram: envio de 50 peritos para os centros de pesquisas; 33 pesquisadores brasileiros treinados no Japão, para as áreas de fitopatologia, entomologia, sistemas de cultivo, relação solo-cultura-disponibilidade hídrica, cultivares, agrometeorologia, administração agrícola e análise financeira; além da doação de 706 milhões de ienes de equipamentos.

Do lado brasileiro: construção de novas instalações para pesquisa, cobertura de custos locais e apoio logístico de moradia e locomoção para os peritos.

Fase II - Suporte técnico/científico para o desenvolvimento do cerrado (1985-1992) coordenado pela Empresa de Pesquisa Agropecuária da Bahia – Epaba - e Empresa de Pesquisa Agropecuária de Mato Grosso - EMPA.

Foram recebidos 11 peritos para longo prazo e 14 para curto prazo para as seguintes áreas: sistema de cultivo, fitopatologia, entomologia, relação solo-cultura-disponibilidade hídrica, máquinas agrícolas, agrometeorologia, administração agrícola, microbiologia do solo. Foram treinados no Japão 20 especialistas da Embrapa; também houve a doação de 207 milhões de ienes de equipamentos e custos locais e mais 38 milhões de ienes em equipamentos de irrigação; realização de seminários em três estados, além de publicações de relatórios de estudos e difusão etc.

A contrapartida da Embrapa foi: fornecimento do campo experimental, pagamentos de custos de terrenos, construção das instalações experimentais, custos locais e benefícios aos peritos etc.

Fase III - Suporte técnico com ênfase no manejo e conservação dos recursos naturais (1994-1999) coordenado pela Empresa Maranhense de Pesquisa Agropecuária – Emapa - e Universidade Estadual de Tocantins - Unitins.

Foram recebidos 30 peritos japoneses nas áreas de proteção agrícola, adubação do solo, sensoriamento remoto, sistema de produção, avaliação da qualidade de água, controle de doenças e pragas, máquinas agrícolas etc.; foram treinados no Japão 23 peritos brasileiros; também houve a doação de 247 milhões de ienes de equipamentos e custeio de realização de seminários no Japão.(Harada, 2008:133)

A contrapartida brasileira foi de cessão de terreno, prédios e instalações de laboratórios para pesquisa, campos experimentais; de pagamento de custos operacionais e despesas de realizações de seminários e palestras.

A cooperação técnica japonesa contribuiu muito para o sucesso do PRODECER. O CPAC tornou-se entidade de referência internacional em pesquisa de solo, melhoramento de culturas tropicais e suas doenças, desenvolvimento de áreas e regiões não tradicionais. Em última análise, contribuiu para que a Embrapa se tornasse o sustentáculo do agronegócio brasileiro do fim do século passado e líder mundial em tecnologia para agricultura tropical.

5.8 - Avaliação do PRODECER

Embora a região dos cerrados tenha sido objeto de variados esforços de ocupação ao longo da história, ela se manteve relativamente vazia, dos pontos de vista econômico e populacional, até meados do século XX, quando se acelerou o moderno processo de ocupação, enraizado em um conjunto de fatores e programas. À preocupação geopolítica e à construção da nova Capital Federal articularam-se os programas de colonização, infraestrutura e incentivos à produção, dos quais decorreu o crescimento demográfico. Em função da aptidão agrícola das terras, da sua distância dos mercados nacionais e dos portos, da oferta de infraestrutura e dos movimentos de ocupação populacional, a grande região dos cerrados vem passando por um acelerado processo de antropização, cuja intensidade e caminhos são retratados pelas figuras 5.1 e 5.2. (Diniz, 2006:30)

Na sua primeira versão, o projeto esteve restrito ao cerrado de Minas Gerais. O PRODECER I foi implementado no noroeste mineiro, abarcando os municípios

Mapa 5.1 - Área ocupada e modificada pelo homem (1970)

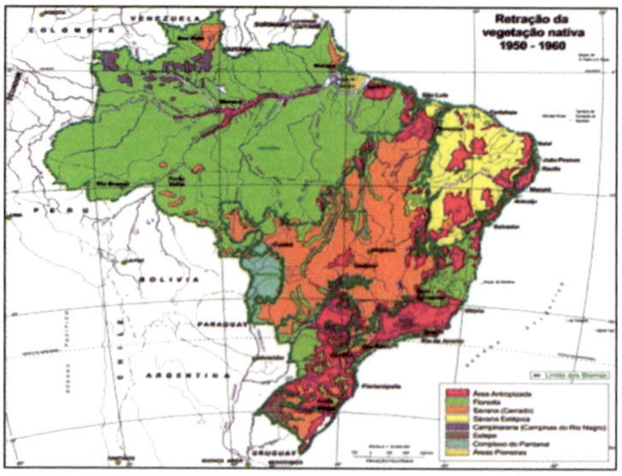

Fonte: *IBGE/Departamento de Geografia, 2005.*

Mapa 5.2 - Área ocupada e modificada pelo homem (1997)

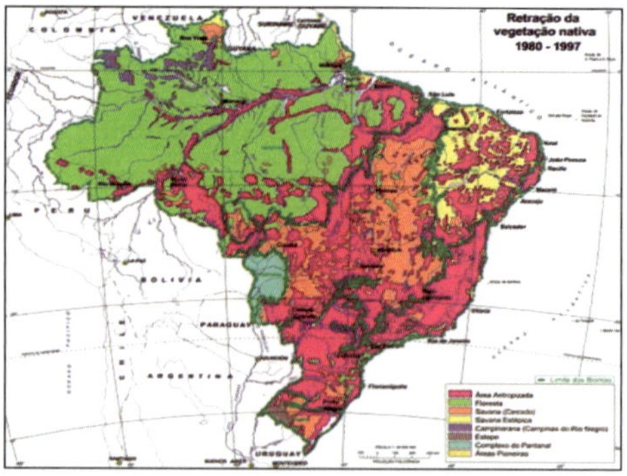

Fonte: *IBGE/Departamento de Geografia, 2005.*

de Iraí de Minas, Coromandel e Paracatu. Foram incorporados 70 mil hectares de cerrado para o desenvolvimento de tecnologia e produção de grãos (milho, soja e trigo). O investimento nesta primeira fase foi de US$ 50 milhões.

Na segunda versão, iniciada em 1985, o programa passou a atuar no Centro-Oeste, através do assentamento de colonos selecionados por cooperativas credenciadas em seis projetos, sendo um no Mato Grosso do Sul, três em Goiás e dois no Mato Grosso. O PRODECER II incorporou uma área de 200 mil hectares e os investimentos japoneses foram de US$ 350 milhões.

A terceira fase do projeto (PRODECER III) estendeu-se aos estados da Bahia, Maranhão e Tocantins, incorporando cerca de 80 mil hectares e investimento inicial de US$ 138 milhões. Prevê-se que o projeto atinja os Estados do Piauí, Pará e Rondônia, e o orçamento total foi estimado em US$ 850 milhões (sendo 60% de responsabilidade do governo japonês e os outros 40% do governo brasileiro).

O PRODECER II teve uma grave crise financeira. Segundo auditoria do Ministério da Agricultura, Pecuária e Abastecimento, a dívida desse programa está estimada em R$ 400 milhões (Osada, 1999).

Essa dívida foi gerada em grande parte pelo não cumprimento de uma das cláusulas do contrato, que foi a de não cobrar juros superiores às taxas fixadas pelo Japão para o repasse dos recursos. A partir de acordos entre o Ministério da Agricultura, Pecuária e Abastecimento e o governo japonês foram obtidas condições especiais para o pagamento e a amortização da dívida, com juros de 3,1% ao ano, carência de sete anos e prazo de 25 anos (Osada, 1999; Brasil, 2004).

Outros fatores também contribuíram para o crescimento da dívida, dentre eles os sucessivos planos de ajuste econômico, o tabelamento dos produtos agrícolas e o não tabelamento dos insumos agrícolas.

A avaliação do programa, apesar dos problemas do PRODECER II, é extremamente positiva. O projeto possibilitou o desenvolvimento de novas técnicas agrícolas, a pesquisa de alta tecnologia, a incorporação de 350 mil hectares de cerrados em sete estados brasileiros, gerando cerca de 20 mil empregos diretos e 40 mil indiretos (Osada, 1999), permitindo a expansão agrícola brasileira e o aumento nas exportações.

Por parte dos japoneses, a empresa Pacific Consult analisou as contas do PRODECER. A liberação de recursos para o PRODECER IV (ainda não implantado) depende da solução da dívida do PRODECER II.

Além desses programas, vale ressaltar também o crédito subsidiado e a política de preços mínimos como fatores que estimularam a colonização e a expansão da fronteira agrícola em direção ao Cerrado.

A partir desses dados, pode-se concluir que os diversos programas para o desenvolvimento do Centro-Oeste reforçaram o processo de concentração fundiária na região, privilegiando o estabelecimento de grandes empresas agrícolas.

Há ainda alguns outros projetos, de menor envergadura e cuja importância foi muito menor para a região. São eles: o Programa Especial de Desenvolvimento do Pantanal (Prodepan); o Programa Especial de Desenvolvimento da Grande Dourados (Prodegran); o Programa Especial da Região Geoeconômica de Brasília (Geoeconômica), o Programa de Pólos Agropecuários e Minerais da Amazônia (Poloamazônia), que impactou o Mato Grosso e o norte de Goiás, e o Programa Integrado de Desenvolvimento do Noroeste do Brasil (Polonoroeste), cujo objetivo — não atingido — era organizar a caótica ocupação de Rondônia e de partes do Mato Grosso (Mueller, 1990, p. 61).

No ensejo do encerramento da Fase III, os governos dos dois paises realizaram o "ESTUDO DE AVALIAÇÃO CONJUNTA DOS PROGRAMAS DE COOPERAÇÃO NIPO-BRASILEIRA PARA O DESENVOLVIMENTO AGRICOLA DOS CERRADOS" para confirmar, sob o ponto de vista macro, os resultados obtidos durante mais de 20 anos de implementação dos programas e deixá-los registrados em forma de relatório. As normas detalhadas para a realização do estudo estão contidas no documento denominado SN.J assinado pelos dois países em outubro de 2000. Para a execução do estudo, o lado japonês instalou, através da Jica, o Comitê Consultivo Japonês e o lado brasileiro, o Comitê Consultivo Brasileiro, através de Portaria do Ministério da Agricultura. Assim, foi estruturado o "COMITÊ CONSULTIVO CONJUNTO NIPO-BRASILEIRO", formado pela junção dos dois comitês, dando início oficial aos trabalhos de levantamentos.

Este estudo teve o enfoque principal na análise e na avaliação do impacto do PRODECER. Teve seu conteúdo diversificado: abrangeu desde a análise do contexto histórico do processo de desenvolvimento dos cerrados até os seus desafios futuros, principalmente sobre seu alcance, contexto, objetivo, histórico de execução e estrutura de execução.

O PRODECER alcançou resultados tais como:

- contribuição ao abastecimento regular de alimentos ao mundo;
- melhorias socioeconômicas, graças ao desenvolvimento do interior do país;
- desenvolvimento do agronegócio e estímulo ao desenvolvimento regional;
- diversificação de países exportadores de grãos para o Japão.

O PRODECER tornou-se um *big-push* do processo de desenvolvimento dos cerrados.

5.8.1 - Investimentos

Os recursos totais aplicados no programa foram estimados em US$ 553 milhões, assim distribuídos: PRODECER I: US$ 60 milhões; PRODECER II: US$ 375 milhões; PRODECER III: US$ 118 milhões. Como resultado deste investimento, estima-se a criação de 20 mil novos postos de trabalho diretos e 40 mil indiretos. A tabela 5.13 ilustra os investimentos realizados e os resultados esperados em volume e em valor de produção agrícola, em criação de oportunidades de empregos e impostos gerados, a implantação de infraestrutura administrativa e produtiva, por meio do PRODECER.

Tabela 5.16 – *Valor de financiamento e efeito da produção esperada, por projeto (1/2)*

Nome do Projeto/Estado	Produção (ton)	Produção (mil US$)	Impostos Gerados (mil US$)	Empregos Diretos	Empregos Indiretos	Investimentos (mil US$)	Cooperativas participantes e sua substituição	Órgãos repassadores de recursos	Arca de Irrigação (ha) Potencial	Arca de Irrigação (ha) Utilizado	Infra-estrutura Agricola e Rural
PRODECER I	**120.200**	**30,475**	**5.385**	**4.400**	**8.600**	**60.03**			**8.746**	**7.350**	
Irai de Minas-MG	21.600	5.600	982	900	1.600	11.610	Cooperativa dos Suinocultores de Encantado-COSUEL)-- +COPAMIL - Coo.Agrícola Mista lra	BDMG	3.030	3.030	Silos para grãos: 61.172 tono Unidade de beneficiamento de sementes: 4.800 tono Balança para caminhão: 80 tono Secadora, escritório
Mundo Novo- MG	55.000	14.000	2.500	2.400	4.800	26.500	(Cooperativa Agricola de COTIA)-- + COOPERNOVO	BDMG	2.198	1.635	Silos para grãos: 41.000 ton. Armazém para insumos: 2.300 m^2 Unidade de beneficiamento de Simentes,
Coromandel – MG	11.500	2.875	503	600	1.200	4.800	Associacao dos Produtores de Coromandel	BDMG	94	94	
Paracatu Entre Ribeiros I-MG	32.100	8.000	1.400	500	1.000	17.120	COOPERVAP-Cooperativa Agropecuaria do Vale do Paracatu Ltda	BDMG	3.424	3.191	Silos para grãos: 64.000 ton. Unidade de beneficiamento de sementes, Supermercado, Posto de Gasolina, Laticinio e processamento de Leite, Fábrica de ração (capacidade, 12 t/h), Fábrica de suplemento mineral (capacidade, 6 t/h)
PRODECER II-Piloto	**79.610**	**20.070**	**3.515**	**5.600**	**11.200**	**100.000**			**8.032**	**846**	
Ouro Verde- BA	26.830	6.700	1.170	1.600	3.200	26.000	(Cooperativa Agricola de COTIA)-- COOPROESTE	Banco do Brasil S/A	3.226	846	Silos para grãos: 24.200 ton. Armazém para insumos: 3.000 m^2. Unidade de beneficiamento de sementes, balança para caminhão, escritório, residência.
Brasil Central – BA	24.500	6.370	1.115	2.000	4.000	24.000	COACERAL (Cooperativa Agrícola do Cerrado Brasil Central)	Desenbanco	1.800		Silos para grãos: 24.200 ton. Armazém para insumos: 3.000 m^2. Unidade de beneficiamento de sementes, balança para caminhão, escritório, residência.
Ana Terra – MT	15.860	3.900	690	1.000	2.000	22.000	(COOPERCANA) - Associação	BNCC/Banco do Brasil S/A	846		Silos e armazens para grãos: 42.000 ton Armazém para insumos: balança para caminhão 60 ton. Secadora, escritório, residência.
Piuva – MT	12.420	3.100	540	1.000	2.000	28.000	COOPERLUCAS - Coopertiva Agropecuária Lucas do Rio Verde	BEMAT/Banco do Brasil S/A	2.160		Silos para grãos: 42.000 ton. Armazém para insumos: 1.020 m^2 mudas 150.000 pés. Unidade de beneficiamento de sementes, balança para caminhão, escritório, residência.
PRODECER III - Piloto	**171.190**	**32.970**	**5.027**	**680**	**1.360**	**118.000**			**4.100**	**1,52**	
Gerais de Balsas-MA	84.390	19.310	2.978	330	660	60.000	BATAVO NOR.	Banco Nordeste	2.050	1.520	Silos e armazens de grãos
Pedro Afonso-TO	86.800	13.660	2.049	350	700	58.000	(Coopersan - CooperativaAgropecuaria de São Joãode Boa Vista)-COAPA	Banco do Brasil	2.05		Silos e armazens de grãos

Tabela 5.17 – *Valor de financiamento e efeito da produção esperada, por projeto (2/2)*

Nome do Projeto/Estado	Produção (ton)	Produção (mil US$)	Impostos Gerados (mil US$)	Empregos Diretos	Empregos Indiretos	Investimentos (mil US$)	Cooperativas participantes e sua substituição	Órgãos repassadores de recursos	Arca de Irrigação (ha) Potencial	Arca de Irrigação (ha) Utilizado	Infra-estrutura Agricola e Rural
PRODECER II - Expansão	**196.940**	**49.260**	**8.665**	**8.450**	**17.170**	**275.028**			**21.358**	**9.387**	
Paracatu Entre Ribeiros II-MG	7.660	1.930	340	500	1.000	23.655	COOPERVAP- Cooperativa Agropecuária do Vale do Paracatu	BDMG	3.000	373	Utiliza-se da infra estrurura do Entre Ribeiros I
Paracatu Entre Ribeiros III-MG	7.660	1.910	330	580	1.160	19.317	COOPERVAP- Cooperativa Agropecuária do Vale do Paracatu	Banco do Brasil S/A	2.400		Utiliza-se da infra estrurura do Entre Ribeiros I
Paracatu Entre Ribeiros IV-MG	3.870	970	170	300	600	9.103	COOPERVAP- Cooperativa Agropecuária do Vale do Paracatu	BNCC	1.140	60	Utiliza-se da infra estrurura do Entre Ribeiros I
Guarda Mor-MG	20.170	5.030	880	1.000	2.000	24.350	(Cooperativa Central Agricola Sul Brasil Llda.) -OESTE MINEIRO	Banco do Brasil S/A	4.180	2.000	Silos para grãos, 18.000 ton. Unidade de beneficiamento de sementes: 50.000 sacas. Unidade de beneficiamento de café: 60 sclh. Balan ç a paracaminhão, escritório e casa de funcionário
Bonfinopolis-MG	25.500	6.380	1.110	270	750	38.300	(Femecap-FederacaoMeridional de CooperativasAgropecuarias Llda).-COANOR	BDMG	2.300	1.982	Silos para grãos: 37.850 ton Armazém de insumos:2.000 m². Balança para caminhão: 60 ton Secadora,escritório.
Piratinga-MG	29.500	7.380	1.290	1.400	2.800	41.800	COOPERTINGA-Cooperativa Agropecuariada Regiao de PiratingaLlda.	Banco do Brasil S/A, BNCC	2.698	1.998	Silos para grãos: 39.000 ton. Annazém para sementes: 3.200ton. Armaz é m para insumos: 1.750 m². Unidade deempacotameoto de feijão: capacidade para 48.854 pacotes.
Buritis-MG	19.670	4.920	860	1.500	3.000	24.200	(Coopago-CooperativaAgropecuaria do PlanaltoGoias Ltda.)-COOACERTIS	Banco do Brasil S/A, BNCC	2.140	60	Silos para grãos: 25.920 ton. Unidade de beneficiarnento de sementes: capacidade de beneficiarnento: 5.000 ton. Arnazém para insumos: 1.000 m². Balança para caminhão: 60 ton.Escritório e casa de funciooário: 5 casas.
Paineiras-GO	18.660	4.670	880	800	1.600	23.129	(Cocari-Cooperativa dosCafeicultores de MandaguariLtda.)->COACER	Bancodo Brasil S/A, BNCC	2.698	1.998	Silos de grãos: 96100ton .Unidade de beneficiamento de sementes.Unidade de beneficiamento de café.
Cristalina-GO	10.410	2.600	455	100	260	9.428	(Cocari-Cooperativa dosCafeicultores de MandaguariLtda.)->COACER	Banco do Brasil S/A	550		Utiliza-se da infra-estrutura de Paineiras.
Buriti Alto-GO	15.640	3.910	680	1.500	.000	35.650	(Cooplac -CooperativaAgropecuaria de SantoAntonio da Platina)-COPACEN	Banco do Brasil S/A, BNCC	1.345	919	Silos e armazéns para grãos: 38.400 tono Unidade debeneficiamento de sementes, armazé m para insumos,oficina mecânica, escritório, residência.
Alvorada-MS	38.250	9.560	1.670	500	1.000	26.096	(Camas-CooperativaAgricola Mista de Alvoradado Sul)-COPDER	Banco do Brasil S/A			Silos e armaz é ns para grãos: 93.600 ton. Unidade de beneficiarnento de sementes, armazém para insumos,secadora. balança para caminhão, escritório, residêocia.
Total	**667.940**	**132.775**	**22.592**	**19.130**	**38.330**	**573.058**					

5.8.2. - Resultados da Produção Agrícola

Em maio de 1981, foi realizada a primeira colheita de soja do PRODECER I. A Campo promoveu levantamentos referentes à produção agrícola nos projetos, baseados em entrevistas e informações coletadas nas cooperativas, inferindo tendências de produção ao longo do tempo.

A Tabela 5.18 visualiza a evolução da área de plantio e do volume de produção das principais culturas nos projetos do PRODECER, em suas três fases.

Tabela 5.18 - Evolução da área de plantio e volume de produção das principais culturas no PRODECER

	SOJA		MILHO		FEIJÃO		ARROZ	
Ano	Área(ha)	Prod(t)	Área(ha)	Prod(t)	Área(ha)	Prod(t)	Área(ha)	Prod(t)
81/82	18977	22.240	447	1164			970	1620
82/83	23.620	39.661	700	2.129			3.119	6.206
83/84	22.941	34.254	1.200	3.299	451	671	3.285	2.154
84/85	27.072	57.635	3.004	10.891	264	470	4.467	7.629
85/86	21.553	43.627	6.344	27.834			4.888	7.301
86/87	32.544	50.086	12.277	49.219			15.325	13 .199
87/88	68.475	114.934	13.812	65.997	198	136	22.907	28.392
88/89	128.777	208.238	13.060	56.704	1.079	2.103	4.433	6.632
89/90	133.231	135.857	15.900	49.013	2.540	3.549	2.668	3.141
90/91	94.216	201.706	28.569	109.636	7.924	11.162	16.899	25.443
91/92	98.978	192.959	31.328	115.097	5.082	5.080	22.904	30.749
92/93	106.382	209.277	15.305	48.012	380	536	12.777	49.736
93/94	105.016	240.637	28.403	149.024	1.369	2.232	4.110	6.704
94/95	107.850	237.901	31.520	165.950	5.832	9.617	4.611	8.785
95/96	90.347	185.032	28.919	146.006	3.353	6.397	1.605	3.678
96/97	92.940	196.935	30.958	165.447	4.101	7.568	6.785	12.185
97/98	112.675	259.842	25.817	137.808	6.166	10.528	6.943	13.529
98/99	94.504	231.662	25.726	141.818	9.594	14.144	11.192	30.273
99/00	96.679	257.274	33.622	210.087	9.280	20.176	8.924	30.234

Fonte:

1) Dados básicos dos Projetos PRODECER, Campo, 2000.

2) Dados e Informações Gerais, PRODECER, Campo, 1997, 1998,2000.

As culturas principais do PRODECER, por área plantada, foram: soja, milho, feijão e arroz. Os preços da soja variaram por influência dos preços internacionais, mas têm sido o eixo do sistema de plantio. Nos projetos em que há grande número de equipamentos de irrigação propiciaram a introdução de outras culturas, como café e algodão.

As metas de produtividade para as culturas de soja e milho, após alcançarem a estabilização, eram as seguintes:

Tabela 5.19 – *Metas de produtividade para milho e soja*

Cultura	PRODECER I	PRODECER II	PRODECER III
Soja	2.200 kg/ha	2.200 kg/ha	3.000 kg/ha
Milho		3.500 kg/ha	6.000 kg/ha

Fonte: *Campo*

O Gráfico 5.4. mostra a evolução anual do volume de produção, da produtividade e da área de plantio da soja e do milho. Pela evolução anual nas Fases I e II observou-se que as metas de produtividade inicialmente estabelecidas foram superadas. Na Fase II, a produtividade obteve a tendência de crescimento, ano a ano.

Gráfico 5.4 – *Evolução anual da área de plantio, volume de produção e produtividade*

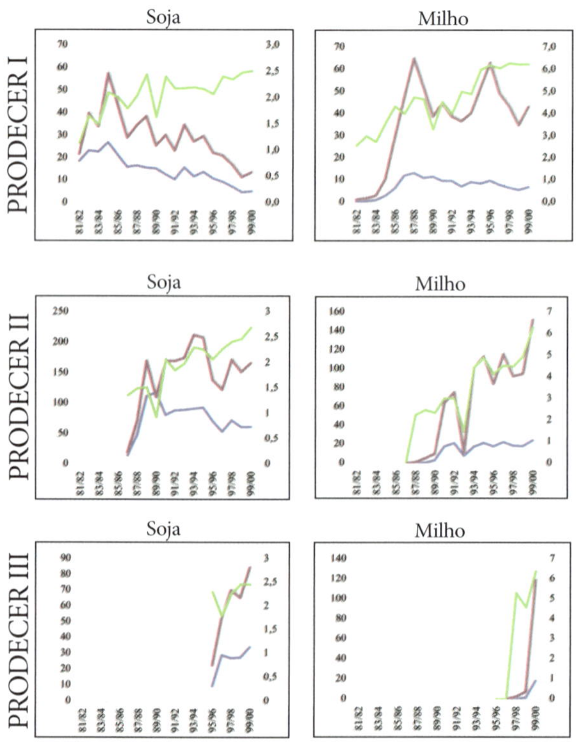

5.8.3 - Impacto ao Japão

O volume de soja importado pelo Japão, no período de 1991-2001 foi de 4,9 milhões de toneladas por ano. Como seria o comportamento econômico, se o Japão não participasse da abertura da exploração dos cerrados? Qual seria o volume de soja produzida no Brasil, nestas condições, sabendo que o volume anterior ao PRODECER era de 15 milhões de toneladas, enquanto em 2001 foi de 40 milhões de toneladas.

Formularam-se duas hipóteses:

Cenário 1: A produção brasileira de soja ficaria em torno de 20 milhões de toneladas, o volume de produção mundial reduziria em 11%, o preço internacional subiria 19,1% em relação aos US$ 200,00 (2001), um incremento de US$ 38,00 por tonelada. O Japão desembolsaria US$ 186 milhões a mais na compra anual de soja (4,9 milhões ton). O investimento do Japão no PRODECER foi de US$ 295 milhões, assim o retorno deste investimento foi alcançado em menos de dois anos.

Cenário 2: A produção brasileira de soja estaria em 30 milhões de tonelada, o preço internacional subiria para US$ 219,00/ton, um incremento de US$ 19,00. Neste cenário o Japão desembolsaria US$ 93 milhões, sendo o retorno do investimento alcançado em três anos.

Observe-se que o retorno calculado é anual, e assim acumula-se ao longo dos anos. O quadro 5.6 ilustra o acumulado em valor de milhão de US$, no tempo. O valor acumulado em 2001 chegaria em torno de US$ 2.200 milhões no cenário 1, e a US$ 1.100 milhões no cenário 2. São valores bastante significativos, cujo saldo acumulado ultrapassa em muito o valor investido no PRODECER no período de 1980 a 2001.

Gráfico 5.5 - Benefício acumulado proporcionado pelo PRODECER ao Japão

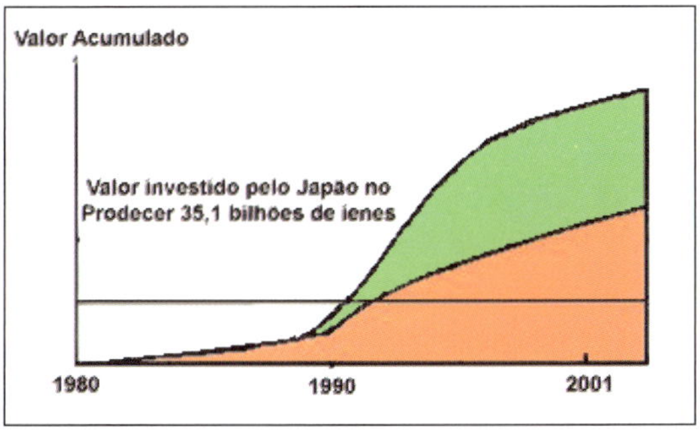

Fonte: *Campo*

Em 2008, a produção brasileira de soja alcançou 60 milhões de toneladas, das quais 40 milhões vieram da região dos cerrados (Ministério da Agricultura). Assim, os retornos de investimento de 2001 se apresentam modestos perante a realidade de 2008. Também é verdade que os preços da "commoditie" soja, teve um incremento por razões de mercado e pelo aumento de produtos derivados da soja, alcançando US$ 300/ton na época da safra e chegando até a US$ 360/ton na entressafra (2008).

Além disso, o crescimento do setor pecuário, como efeito multiplicador do aumento de produção de soja, tem provocado o aumento da exportação de carnes de frango e suínos e contribuido para a estabilização de preços no mercado internacional. O Japão, importador de produtos pecuários, recebe estes benefícios indiretos trazidos pelo desenvolvimento dos cerrados.

A importação de soja brasileira é relativamente pequena. Em 2001, o Japão importou cerca de cinco milhões de toneladas, que não chega a representar 10% do total, o que aparenta ser pouco significativo quanto à contribuição do PRODECER ao Japão. No entanto, considerando-se o aumento da produção e o consequente aumento da oferta com tendência de queda de preços no mercado internacional, o Japão, dependente da importação, tem recebido grandes benefícios que superam o valor investido no PRODECER.

Em 2006, segundo dados do site http://www.brasemb.or.jp/portugues/economy/pdf/Soja.pdf, pesquisado em março de 2009, da Embaixada Brasileira no Japão, a importação de soja brasileira no ano de 2006, reduziu para 377 mil toneladas ainda representando cerca de 10% do total importado (maior volume de importação foi no ano de 2003 com 890 mil toneladas). A tendência de queda do consumo de soja no Japão manifesta-se pelas mudanças na dieta tradicional, em direção a uma alimentação mais ocidentalizada. A importação da soja brasileira tem diminuído a partir de 2005 devido a: valorização do Real; preço de exportação (custo e frete, sem seguro) da soja brasileira maior do que a americana; custo do frete; e qualidade em termos de porcentagem de óleo e proteína.

5.8 - Impacto sobre o meio ambiente

Primeira regra do desenvolvimento sustentável, denominado de Princípio do Resultado Sustentável, enunciado por Hermann Daly, estabelece que: "os recursos naturais devam ser explorados a uma taxa compatível com sua velocidade de reposição pela natureza".

No Brasil, existem vários e imensos ecossistemas, todos eles ricos em biodiversidade, sendo os principais, a partir do norte: Amazônia, Cerrados, Caatinga, Mata Atlântica e Pantanal. O mapa5.3. mostra a classificação dos ecossistemas do Brasil.

Mapa 5.3 - *Classificação dos ecossistemas*

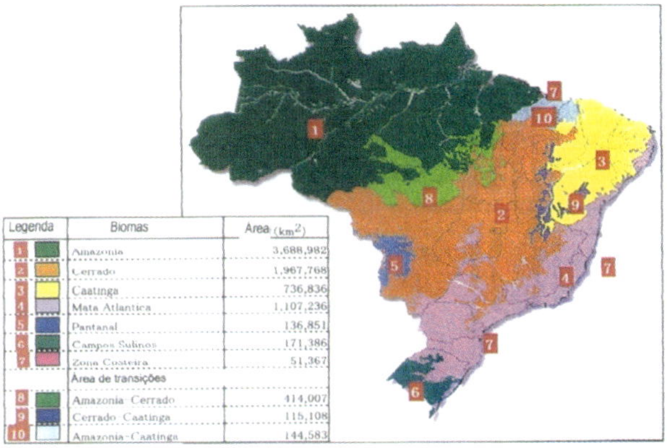

Fonte: *Campo*

A partir do início do desbravamento do Brasil, a agricultura desenvolveu-se pelo aproveitamento de terras férteis, principalmente a Mata Atlântica, onde a cobertura nativa representa somente 7% do total original.

Na década de 1970, iniciou-se o desenvolvimento dos cerrados, ocupando 57 milhões de um total de 204 milhões de hectares. O PRODECER incorporou um pouco mais de 345 mil hectares, no entanto, foi o grande estimulador da abertura agrícola, promovendo o desenvolvimento global dessa vasta região. A conscientização sobre a prática de uma agricultura ambientalmente sustentável foi determinante para que o ecossistema dos cerrados fosse preservado, intensamente, cada vez mais.

Foram e ainda são motivos de preocupação, várias questões referentes ao desenvolvimento agrícola:

- Redução da diversidade da flora e fauna, em decorrência da destruição da vegetação natural.
- Variação das condições meteorológicas locais, em consequência da abertura e do desmatamento rápido e em grande escala.
- Ocorrência de doenças e pragas resultantes da prática da monocultura.
- Contaminação do solo e da água pela utilização, em grande quantidade, de adubos e defensivos.
- Erosão e perda de solos causados pela aração de grandes áreas.

- Assoreamento de rios em decorrência de erosões.
- Esgotamento dos recursos hídricos por causa da instalação desordenada de equipamento de irrigação.
- Consequências sobre a flora, decorrentes da utilização dos rios como hidrovias.

Segundo a Conservation Internacional, organização não governamental que atua na preservação ambiental em âmbito internacional, a área de vegetação nativa ainda intocada nos cerrados é da ordem de 35 milhões de hectares, equivalendo a 20% da área total. Fica evidente que a área de vegetação nativa tem sido reduzida, desde a década de 1970. Por isso, o bioma Cerrado é considerado um dos *hotspots* do mundo.

A Conservation Internacional age em prol da "conservação da biodiversidade e patrimônio natural do mundo, desenvolvendo atividades procurando harmonizar a convivência humana com o meio ambiente". Esta ONG selecionou 25 biomas do mundo como *hotspots.* Embora não tenha reconhecimento oficial, *hotspots* quer dizer: "regiões do mundo que necessitam de atenção especial em virtude da ameaça real ao ecossistema natural, com perda de mais de 70% da vegetação nativa" e "o grau de ameaça a extinção do hábitat natural e o número de sobreviventes das espécies específicas da região". Entre essas regiões, aquelas onde há perda de mais de 90% da mata nativa são chamadas de *the hottest of the hotspots.* No Brasil, o bioma cerrado é classificado como *hotspots*, a Mata Atlântica *the hottest of the hotspots.*

Os Cerrados apresentam rica biodiversidade e múltiplas espécies biológicas. Entre as 774 identificações de árvores e arbustos, 429 são específicas, esbanjando riqueza de variedades comparativamente com outras regiões de savana tropical . A tabela 5.20 ilustra o número de espécies, as específicas dos Cerrados, e as que estão ameaçadas de extinção.

Para a preservação de espécies animais de grande porte, é necessária uma reserva ambiental superior a 300 mil hectares, e importante, devem ser contíguas. Nos Cerrados somente 10% das reservas ambientais têm mais que 50 mil hectares. As regiões importantes sob o ponto de vista da biodiversidade estão concentradas nos Estados de Goiás, Bahia, Mato Grosso e Tocantins. O hábitat biológico natural, inclusive as reservas, foi isolado em forma de ilha. Se esses locais não forem preservados mantendo uma conexão mediante corredores, a biodiversidade será afetada com risco de extinção. O quadro 5.7 mostra que os ecossistemas mantém-se por meio de ligações, proporcionando o contato

Tabela 5.20 - Número de espécies biológicas que habitam a Região dos Cerrados

	Espécies	Específicas da Região	Com risco de extinção
Répteis (Cerrados)	180	20	15
Répteis (Pantanal)	113	5	15
Anfíbios (Cerrados)	113	32	3
Aves (Cerrados)	887	29	33
Mamíferos (Cerrados)	195	18	16
Mamíferos (Pantanal)	132	2	0

Fonte: *Campo*

entre as reservas, assim, deverão ser preservados globalmente, pois o desaparecimento de um deles pode acarretar o desaparecimento dos outros. O mesmo princípio é válido para as bacias hidrográficas dos Rios Araguaia, Paraná e São Francisco com seus afluentes espalhados como uma rede que têm como nascedouro a região dos Cerrados. É vital a preservação do ecossistema do Cerrado.

Em algumas regiões onde se implantou o PRODECER, percebe-se o esgotamento dos recursos hídricos. Como causa aponta-se a redução do volume de precipitação média anual e o aumento da utilização da água para a irrigação, sendo política das secretarias estaduais de recursos hídricos a elaboração detalhada dos projetos agrícolas com sistema de irrigação objetivando o uso racional da água.

O PRODECER na conservação do meio ambiente.

Entre os fundamentos do PRODECER, está implícito o conceito de que não existe desenvolvimento agrícola sem harmonia com o meio ambiente. Assim, inovou-se com a criação de reservas florestais em condomínio, no PRODECER II. Aumentou-se para 50% no mínimo, a área coletiva no PRODECER III, além de permanecer as reservas individuais dos lotes do PRODECER I.

Os projetos de cooperação técnica (Projeto de Suporte Técnico-Científico para o Desenvolvimento Agrícola Sustentável dos Cerrados) deram ênfase na preservação de recursos naturais (1994 a 1999), empenhando-se na consolidação de técnicas agrícolas que reduzissem o impacto ambiental. Outro passo importante foi o monitoramento ambiental (1992 a 2000) , com o levantamento de indicadores de impacto que o PRODECER causou ao meio ambiente. Este estudo foi financiado pela Jica, na forma de cooperação técnica e sua metodologia e os dados obtidos estão servindo de referência para outras regiões dos Cerrados.

A preservação da biodiversidade por meio de reserva em condomínio foi um passo decisivo na procura do equilíbrio desenvolvimento agrícola/meio ambiente. O uso do solo nos lotes do PRODECER foi cuidadosamente planejado, dividindo-se as áreas em culturas anuais, perenes, pastagens e reserva legal, sempre em atendimento à legislação ambiental. Quanto à reserva legal, foram adotadas duas formas: reserva individual dentro de cada lote (formação de ilhas isoladas) e reserva em condomínio caracterizando-se pelo agrupamento das reservas individuais numa grande área, preservando a vegetação natural numa unidade maior, conseguindo também evitar que a reserva se torne área cultivada, indevidamente.

O levantamento de uso do solo feito no monitoramento ambiental comparou a situação no PRODECER I e PRODECER II, após sete e 13 anos de implantação, em relação ao planejamento inicial e o resultado mostrou uma redução de 34% nas reservas individuais, enquanto, nas reservas em condomínio foi de 2%. Tendo em vista o resultado, a Campo adotou no PRODECER III o modelo de reserva natural em condomínio.

A reserva individual, normalmente, é preservada em forma denominada de microcorredor, junto ao curso de água que corta a propriedade e desempenha a função de proteger os mananciais, manter a biodiversidade, conservar a qualidade da água e evitar a erosão. As áreas próximas aos rios são formadas por matas ciliares e várzeas em declive, e as áreas de proteção são legisladas tendo como base a largura dos rios.

No PRODECER, mediante a intervenção da Campo e das cooperativas, foram introduzidas medidas agrícolas que buscavam a otimização da produção com viés sustentável e minimização dos efeitos nocivos da contaminação ao meio ambiente.

- Conservação do solo por plantio direto.
- Adoção da rotação da cultura para evitar a degradação do solo.
- Introdução de micro-organismos (rizobium) e matéria orgânica em substituição aos adubos químicos.
- Introdução de técnicas de controle biológico de pragas e doenças.
- Reflorestamento de áreas degradadas e reposição de matas ciliares.
- Plantação de árvores evitando a perda do solo por erosão eólica.
- Proibição do uso conjunto de defensivos agrícolas.
- Manejo de defensivos agrícolas e suas embalagens evitando contaminação das águas dos rios.

- Treinamento de trabalhadores rurais para cumprimento das normas ambientais.

Uma proposta de melhoria ambiental em barreiras, na bahia
conveniência da reserva legal ser melhor distribuída na propriedade

A reserva florestal legal, por lei, representa 20% da área total da propriedade. Atualmente, esta área é deixada em alguma parte na propriedade sem estar inserida em qualquer planejamento do ecossistema regional. No modelo apresentado, de uma área de 2.000 ha, a reserva florestal corresponde a uma área de 400 ha e deve estar incluída em um planejamento abrangente, onde a mesma atenderia a vários objetivos. Deveria ser, ao mesmo tempo: corredor da fauna, manutenção da biodiversidade, quebra ventos, receptora do excedente de águas das lavouras nos anos de chuvas excepcionais, em que as suas quantidades fossem muito acima das médias históricas de recorrência do projeto de terraceamento. Como a maior parte da reserva ficará anexada à vereda que é a reserva permanente, ter-se-ia, ao longo de todo o rio, uma reforçada proteção vegetal.

A idéia consiste em manter, no momento do desmatamento, faixas de vegetação natural, com uma largura mínima de 50 m e comprimento de 10.000 m, interligando a estrada do divisor de águas e, também do divisor de propriedades, ao rio. O desmatamento da área seria feito a cada 875 m de largura, dentro de cada propriedade; após esta área desmatada, manter-se-ia outra faixa de vegetação natural de 50 m de largura. Entre uma propriedade e outra, a faixa de vegetação natural seria de, no mínimo, 100 m de largura.

Nos casos em que a faixa de vegetação da propriedade não coincidir com a propriedade vizinha, seria deixada ao longo da estrada do divisor de águas, até interligá-las, permitindo que todos os ecossistemas de cada rio sejam ligados entre si, através das faixas de vegetação.

A inovação que se tem nesta proposta é que estas faixas de vegetação que estão sendo previamente programadas para ter os diferentes usos de benefício para todo o ecossistema sejam transformadas em **Reserva Legal.**

UMA SEMENTE

O grande mérito do PRODECER foi o de lançar uma semente de conscientização da preservação ambiental, quer seja nos produtores, trabalhadores rurais, a sociedade civil das localidades bem como nas autoridades governamentais dos dois países. Percebe-se que há um engajamento e comprometimento dos produtores do PRODECER à questão ambiental, fruto da semente plantada em 1980.

Capítulo 6

Atualidade do cerrado

Bernardo Palhares Campolina Diniz

Celso Norimitsu Mizumoto

Júlio César Augusto Sesma da Cruz

Yoshisuke Ogura

O desenvolvimento do Cerrado brasileiro repercute com muita força no resultado do agronegócio. O país que estava com a produção agrícola estabilizada com crescimento estagnado no início dos anos 1980 toma novo impulso a partir da viabilização da agricultura no Cerrado.

"Retrato do Brasil", divulgado pela Folha de São Paulo em 19 de setembro de 2008, mostra que o crescimento da renda foi mais expressivo nas regiões Centro-Oeste e Norte com 8,0% e 5,7% respectivamente, conforme dados do IBGE. A Região Centro-Oeste também teve grande redução no trabalho infantil (9,8%), passando a perder somente da Região Sudeste (7,9), mas abaixo da média nacional de 10,8% (Norte – 11,3%, Nordeste – 13,4%, Sul 13,6%).

6.1. Evolução da Produção do Cerrado e sua Participação Relativa

A expansão da produção agropecuária na região do Cerrado foi o resultado de um conjunto de fatores: destaque para o desenvolvimento de novas tecnologias que permitiram o avanço da agricultura no Cerrado aliado a processos migratórios e de colonização; programas de desenvolvimento do governo federal; avanço da infraestrutura; aumento do preço da terra nas outras regiões; aumento da demanda interna e das exportações.

Cabe ressaltar a importância do PRODECER como fator de desenvolvimento tecnológico no mais amplo sentido, desde os acordos bilaterais que fundamentaram o projeto, a criação de instituições para o acompanhamento da evolução dos projetos (Brasagro e Jadeco), a empresa responsável pela implantação (Campo), a definição das cooperativas como intermediadoras na seleção dos agricultores e da responsabilidade pela implantação dos projetos juntos aos cooperados, a definição dos métodos para o desenvolvimento de tecnologias junto a instituição como a Embrapa, com a implantação do CPAC (Centro de Pesquisa do Cerrado) em Planaltina - DF.

A produção dos principais grãos (milho, soja, feijão, arroz e trigo) no Cerrado aumentou de oito milhões de toneladas em 1975, para 47 milhões de toneladas em 2003, passando de 21% para 40% do total nacional. No mesmo período, a produção nacional foi multiplicada por quatro, subindo de 30 para 120 milhões de toneladas. De forma semelhante, a produção nacional de algodão, que havia entrado em crise com a praga do bicudo, encontrou no Cerrado melhor condição para recuperação e expansão, ampliando a sua participação de 21% para 88% do total nacional. Finalmente, o rebanho bovino do Cerrado subiu de 34 para 85 milhões de cabeças, passando de 34% para 43% do total nacional (Tabela 6.1 e Gráfico 6.1).

Tabela 6.1 - Cerrado e Brasil: produção dos principais grãos, algodão, cana-de-açúcar e rebanho bovino, 1975 e 2003 (mil t)

	1975				2003			
Produto	Cerrado	Resto do Brasil	Brasil	%	Cerrado	Resto do Brasil	Brasil	%
Milho	3.611	12.723	16.335	22	15.219	33.108	48.327	31
Soja	853	9.040	9.893	9	27.986	23.933	51.919	54
Arroz	3.303	4.478	7.782	42	2.796	7.539	10.335	27
Feijão	352	1.930	2.282	15	1.062	2.240	3.302	32
Trigo	129	2.431	2.560	5	356	5.707	6.154	6
Sub-Total	8.249	30.603	38.852	21	47.419	72.618	120.037	40
Algodão	362	1.386	1.748	21	1.944	258	2.202	88
Cana	26.548	64.977	91.525	29	183.072	212.941	396.012	46
Total	8.611	31.989	40.600	21	49.362	72.876	122.239	40
Bovino (mil Cab)	33.960	66.000	99.959	34	85.057	110.495	195.552	43

Fonte: *IBGE-Pesquisa Agropecuária Municipal 1975 e 2003. Em (Diniz, 2006:139)*

Gráfico 6.1 - Cerrado e Brasil: evolução da produção dos principais grãos, 1975-2003 (1975=100)

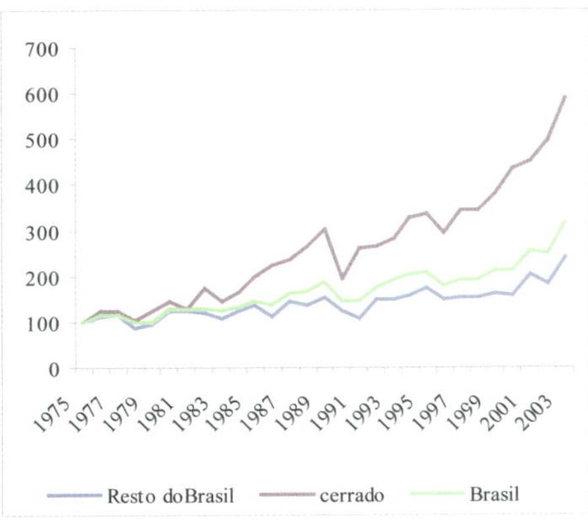

Fonte: *IBGE. Em (Diniz, 2006:139)*

A área colhida com as culturas mencionadas passou de sete para 17 milhões de hectares no Cerrado, enquanto a área colhida no restante do Brasil teve um ligeiro declínio (Tabela 6.2). O aumento da produção foi acompanhado por um grande crescimento da produtividade, com comportamento semelhante tanto no Cerrado quanto no Brasil, subindo de uma média de 1,3 para 3,0 toneladas por hectare (Tabela 6.3). (Diniz, 2006:138)

Tabela 6.2 - Cerrado e Brasil: área colhida dos principais grãos, algodão e cana-de-açúcar, 1975 e 2003 (milha)

	1975				2003			
Produto	Cerrado	Resto do Brasil	Brasil	%	Cerrado	Resto do Brasil	Brasil	%
Milho	2.330	8.524	10.885	21	3.812	9.154	12.966	29
Soja	571	5.234	5.824	10	10.092	8.433	18.525	54
Arroz	2.980	2.327	5.306	56	1.297	1.884	3.181	41
Feijão	715	3.431	4.146	17	731	3.360	4.091	18
Trigo	83	2.848	2.932	3	45	1.743	1.788	3
Sub-Total	6.679	22.384	29.063	23	15.976	24.574	40.550	39
Algodão	356	3.520	3.876	9	555	164	718	77
Cana	538	1.431	1.969	27	2.331	3.040	5.371	43
Total	7.035	25.904	32.939	21	16.531	24.737	41.268	40

Fonte: *IBGE-Pesquisa Agropecuária Municipal 1975 e 2003. Em (Diniz, 2006:140)*

Estes números indicam a grande expansão da produção agropecuária no Brasil e a explosão do cerrado como a grande fronteira nacional. Os gráficos a seguir apresentam a evolução da produção, da área plantada e da produtividade para os principais grãos, no Cerrado e o restante do Brasil.

Percebe-se que o arroz, inicialmente tido como cultura indicada para a abertura do Cerrado, como ocorreu na época do desbravamento do sertão paulista, regride ao longo do tempo no Cerrado. Vê-se inclusive a produtividade menor como motivo da redução de sua participação nesta área do país.

O crescimento da produção agrícola brasileira ocorreu por meio de dois movimentos simultâneos: um de expansão e incorporação de novas áreas; e outro de investimento em ciência e tecnologia, que propiciou aumento da produtividade e da incorporação de terras consideradas menos férteis, como é o caso de parcela expressiva da região dos Cerrados.

Do ponto de vista da localização da produção agropecuária e da expansão da fronteira, o esgotamento relativo de novas áreas agricultáveis e o aumento

Tabela 6.3 - Cerrado, Resto do Brasil e Brasil: produtividade dos principais grãos, algodão e cana-de-açúcar, 1975 e 2003 (tonelada/hectare)

Produto	1975				2003			
	Cerrado	Resto do Brasil	Brasil	%	Cerrado	Resto do Brasil	Brasil	%
Milho	1,5	1,5	1,5	1	4	3,6	3,7	1,1
Soja	1,5	1,7	1,7	0,9	2,8	2,8	2,8	1
Arroz	1,1	1,9	1,5	0,8	2,2	4	3,2	0,7
Feijão	0,5	0,6	0,6	0,9	1,5	0,7	0,8	1,8
Trigo	1,5	0,9	0,9	1,8	7,9	3,3	3,4	2,3
Sub-Total	1,2	1,4	1,3	0,9	3	3	3	1
Algodão	1	0,4	0,5	2,3	3,5	1,6	3,1	1,1
Cana	49,4	45,4	46,5	1,1	78,5	70	73,7	1,1
Total	1,2	1,2	1,2	1	3	2,9	3	1

Fonte: *IBGE-Pesquisa Agropecuária Municipal 1975 e 2003. Em (Diniz, 2006:141)*

do preço das terras nos estados do sul do Brasil e em São Paulo promoveram o deslocamento da produção das culturas de menor valor por área para regiões mais distantes, em terras mais baratas.

Este deslocamento só foi possível por meio das mudanças tecnológicas que viabilizaram a incorporação produtiva dos cerrados à agricultura moderna, em função da articulação do esforço binacional Brasil-Japão de pesquisa, que tiveram como base o PRODECER, impulsionado pelos interesses de grandes empresas, inclusive multinacionais, produtoras de máquinas, equipamentos, insumos químicos e avanços genéticos (como, por exemplo, os transgênicos).

O desenvolvimento tecnológico foi alcançado por meio do grande esforço dos programas de desenvolvimento para a região. O PRODECER, um programa binacional de cooperação Brasil-Japão, permitiu o provimento de crédito abundante e subsidiado, a expansão da infraestrutura, especialmente de transportes que viabilizaram o escoamento da produção para os grandes mercados nacionais e de portos, permitindo a exportação de produtos. Facilitou a importação e a chegada dos insumos agrícolas transformando o Cerrado em uma grande base exportadora de bens agropecuários — a exemplo de outras experiências no Brasil, com destaque para o café e a cana-de-açúcar em períodos anteriores, como analisa Furtado (1959) — voltada tanto para o abastecimento dos grandes mercados brasileiros quanto para o atendimento à crescente demanda de bens para exportação, a exemplo da soja e da carne bovina, de suínos e de aves.

Considerando-se a disponibilidade de terras, a aptidão agrícola, a adaptação tecnológica para a agricultura e o avanço da infraestrutura, pode-se esperar o contínuo avanço da produção, como indicam os caminhos de expansão nos Estados do Mato Grosso, Piauí, Maranhão e regiões do Pará, em que pesem os riscos ambientais que vêm sendo observados na região.

O fenômeno de transformação produtiva do Centro-Oeste pode ser dividido em três fases: a primeira começa ao final dos anos 1960, com a chegada a Mato Grosso do Sul dos pioneiros da soja, marcando o período de tentativas de adaptação de espécies de soja ao clima tropical. Mas sem sucesso, convertem a produção para a cultura do arroz (Goiás), uma espécie já adaptada ao Cerrado. A segunda fase ocorre durante a primeira metade da década de 1980. É a fase de expansão e consolidação do sistema de produção intensivo da soja e do milho no Cerrado com o apoio do desenvolvimento tecnológico atrelado ao PRODECER. A terceira fase que se inicia a partir de 1985, caracteriza-se pelo deslocamento dos grandes conglomerados industriais do Centro-Sul para o Centro-Oeste e pela consolidação do complexo de transformação dos grãos em proteína animal. Com a chegada de grandes empreendimentos patrocinados por capitais multinacionais, o Centro-Oeste brasileiro se transforma, instalam-se grandes indústrias processadoras de alimentos, muitas delas voltadas para o mercado internacional, exportando produtos acabados prontos para o consumo.

O desenvolvimento da lavoura no velho Mato Grosso e a modernização rodoviária induziu mudanças na estrutura produtiva do rebanho bovino no final dos anos 1970, melhorando as pastagens, o padrão genético e internalizando as funções de cria, recria e engorda, o que viabilizou a instalação dos frigoríficos no Centro-Oeste.

A introdução das culturas voltadas para a exportação, com maior capacidade competitiva e forte apoio oficial, levou as culturas tradicionais a perder espaço pela falta desse mesmo apoio. O perfil econômico da região mudou a partir dos anos 1970, com grande expansão da área cultivada, progressiva construção de silos e armazéns e instalação de empresas ligadas às diversas cadeias produtivas de alimentos mundiais.

A agroindústria, seja à montante, com as indústrias de sementes e melhoramento genético, indústrias de matérias-primas como fertilizantes e calcários, seja à jusante, com as processadoras dos produtos agrícolas e de origem animal, entraram com ímpeto no cerrado contando inclusive com inversões das indústrias líderes, como Sadia, Ceval, Perdigão, Bunge, Cargill e ADM.

Este processo está ligado às mudanças ocorridas à luz da modernização da agricultura brasileira com ênfase na formação das cadeias produtivas, iniciando com o fornecimento de sementes, insumos agrícolas, a produção, a industrialização e a comercialização seja utilizando a cadeia de vendas nacionais (a rede varejista de lojas e supermercados) ou o comércio internacional.

A vigorosa expansão agrícola sustentou-se com expressivos ganhos de produtividade associados ao potencial ainda não esgotado de modernização agrícola do Cerrado. Este fato, associado à instalação da indústria processadora de insumos, contribuiu para minimizar os efeitos decorrentes dos altos custos de transporte.

No entanto, ao contrário dos EUA, onde boa parte da infraestrutura de armazenamento está instalada dentro das fazendas, não é muito comum encontrarem-se silos e armazéns de grãos no interior de fazendas brasileiras, dado o seu alto custo e condições de financiamento difíceis com taxas de juros extremamente altos.

O alto custo financeiro aliado aos costumes praticados pelo governo, no sentido de garantir a armazenagem da produção agrícola, fez com que os produtores não investissem na infraestrutura de armazenamento. Os produtores consideram responsabilidade do governo armazenar a produção e garantir o abastecimento até a entrada da nova safra.

Empresários de visão buscaram este filão e instalaram os seus armazéns em locais estratégicos. Muitas empresas de grande porte, e até mesmo empresas multinacionais do setor de agronegócios entraram para este rico mercado, obtendo lucros significativos principalmente com a variação estacional de preços.

Cabe ressaltar a vantagem competitiva da soja em relação a outras culturas pelo fato do Cerrado ser pobre em fertilizantes. A soja, uma planta leguminosa, tem a capacidade de captar o nitrogênio do ar através de suas raízes, reduzindo sensivelmente o custo de adubação, alem de deixar o solo adubado com nitrogênio pela fixação deste importante adubo ao solo, permitindo inclusive a rotação com outras culturas, melhorando o desempenho da agricultura. A alta produtividade atingida pela soja fez com que prevalecesse a tentativa da monocultura da soja em grandes espaços do Cerrado.

Hoje, o desenvolvimento tecnológico está permitindo o plantio de diversas outras culturas. O melhor exemplo é o algodão que, baseado no ciclo das chuvas que são muito características na região, consegue produtos de melhor qualidade, colhido em época sem chuva. Hoje, o Cerrado responde por quase 90% da produção nacional de algodão.

A agricultura do Cerrado sendo uma atividade mais tecnificada, tem um coeficiente de absorção de mão de obra mais baixo. A mecanização reduz a necessidade de mão de obra, mas tem levado expressiva riqueza. Hoje não existe crise no Centro-Oeste brasileiro.

Embora alguns autores questionem a responsabilidade social dos projetos implantados na região - que aparentemente foram concentradores de renda e no início não trouxeram benefícios imediatos para a população local - vê-se claramente o enorme desenvolvimento ocorrido na região como resultado do crescimento da economia local, trazendo o bem-estar a toda a população local e aos migrantes que para lá se deslocaram em busca de riqueza e oportunidade.

6.2 - Atividades de maior destaque

O processo de ocupação produtiva do cerrado foi liderado pelo complexo grãos-carne, com destaque para o binômio soja-boi. Na produção de grãos, a soja e o milho se destacam, respondendo por 59% e 32%, respectivamente, do volume de toda a produção de grãos. Os outros 9% dividem-se entre arroz, feijão e trigo. Na última década, no entanto, o algodão surgiu como uma grande alternativa produtiva para o cerrado brasileiro.

No lastro destes segmentos agrícolas cresce todo o parque industrial de processamento de alimentos, isto sem mencionar as indústrias que surgiram para dar suporte à crescente economia local como os setores de construção civil, elétrica e de telecomunicações, alem das indústrias fornecedoras de matérias-primas, máquinas e equipamentos para o agronegócio.

6.2.1 - Soja

A explosão da produção de soja no Brasil coincide com o processo de modernização da conservadora agricultura brasileira, que se inicia no final da década de 1960, embora ainda restrito à Região Sul e parte do Estado de São Paulo. A partir da década de 1980 com a viabilização da soja no Cerrado, esta se tornou a cultura de maior representatividade, tanto no mercado interno como no comércio externo. Do ponto de vista econômico, a cultura da soja ganhou mais importância nos últimos anos, principalmente com a ampliação do mercado externo impulsionado pelo crescimento de países asiáticos, especialmente a China e a Índia.

A produção mundial de soja foi multiplicada por 10 nos últimos 40 anos, subindo do patamar de 20 milhões de toneladas em 1960 para mais de 200 milhões de toneladas no início do século XXI.

Além dos Estados Unidos, líderes mundiais na produção e na exportação, destacam-se o Brasil e a Argentina (tabelas 6.4 e 6.5 e Gráfico 6.2). O crescimento da produção brasileira contribui de forma significativa para este desempenho, tendo passado de cinco milhões de toneladas em 1975 para 51 milhões de toneladas em 2003. Isso representou um aumento significativo na participação do Brasil na produção mundial, que passou de menos de 10% em 1975 para mais de 25% em 2003.

Tabela 6.4 - Evolução da produção mundial de soja: principais produtores (mil t)

País /	Estados Unidos		Brasil		Argentina		China		Outros		Mundo	
Ano	Prod	%	Prod	%	Prod	%	Prod	%	Prod	%	Prod	%
1970	30.675	70	1.509	3	27	0	8.775	20	2.711	6	43.697	100
1980	34.892	60	15.156	19	3.500	4	7.966	10	5.496	7	81.040	100
1990	52.416	48	19.898	18	10.700	10	11.008	10	14.431	13	108.453	100
2004	85.741	42	49.205	24	32.000	16	17.750	9	21.713	11	206.410	100
2008	70.358	32	61.000	28	47.000	21	13.500	6	26.938	12	218.796	100

Fonte: *Food and Agriculture Organization of the United Nation (FAO), 2005*

Tabela 6.5 - Argentina, Brasil e Estados Unidos: evolução das exportações do complexo soja (mil t)

	Soja (em grão)					Derivados (óleo e farelo)				
	1970	1980	1990	2004	2008	1970	1980	1990	2004	2008
Argentina	0,0	2,7	3,2	6,5	13,8	0,0	0,4	6,2	22,3	32,1
Brasil	0,3	1,5	4,1	19,2	25,4	0,5	7,3	9,5	17,0	14,5
Estados Unidos	11,8	21,8	15,5	25,6	31,6	4,3	8,1	5,1	4,5	9,6
Subtotal	12,1	26,0	22,8	51,4	70,8	4,9	15,8	20,9	43,9	56,2
%	96	97	88	89	89	74	75	70	74	85
Total Mundial	12,6	26,9	25,9	57,6	79,4	6,5	21,0	30,0	59,0	66,1

Fonte: *FAOST data, 2005.*

Gráfico 6.2 - Evolução da produção mundial de soja, segundo os principais produtores, 1961-2009

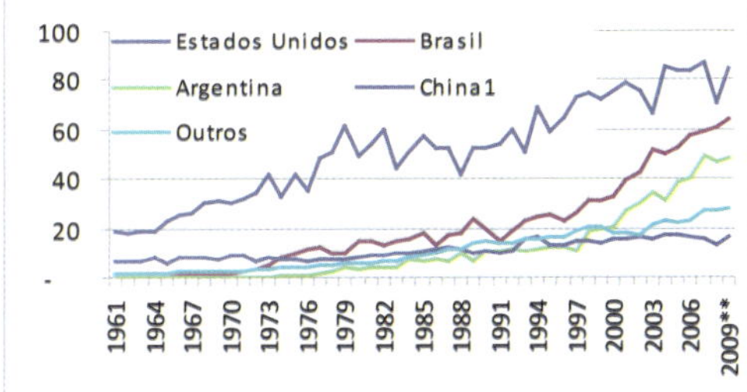

Fonte: *FAO. Nota:* [1] *Não considera Hong Kong, Macau e Taiwan.* *** Projeção*

A grande expansão da produção mundial de soja observada desde a década de 1970 foi acompanhada pelo aumento considerável da área colhida em terras incorporadas ao seu cultivo em várias partes do mundo, especialmente nos Estados Unidos, Brasil e Argentina. A área cultivada total saltou de 23 milhões de hectares em 1961 para 84 milhões de hectares em 2003. Essa expansão se deu de forma intensiva, incorporando terras férteis, mecanização e novas tecnologias, permitindo, assim, o crescimento mais acelerado da produção. O desempenho sul-americano foi influenciado diretamente pelas expansões da fronteira agrícola no Brasil e na Argentina. De outro lado, entre 1961 e 2003, a produtividade da cultura da soja no mundo experimentou expressiva tendência de alta, com a média mundial saltando de 1,1 toneladas/hectare para 2,3 toneladas/hectare ou seja, a produtividade dobrou em pouco mais de 40 anos.

Esse desempenho foi resultante especialmente dos avanços tecnológicos em três áreas: genética (sementes e plantas mais resistentes e mais produtivas, envolvendo inclusive os produtos transgênicos); máquinas e implementos agrícolas (permitem um cultivo melhor do solo e uma distribuição mais uniforme das sementes otimizando o perfilhamento das plantas, além de incrementar o trato cultural com a concepção de equipamentos mais eficientes e menor perda na colheita, em função de colheitadeiras de qualidade superior); adubos, fertilizantes e defensivos agrícolas (o contínuo desenvolvimento dos insumos químicos mais eficazes no combate a pragas e doenças, e adubos corretamente aplicados de acordo com a necessidade do solo).

Paralelamente a isto, vêm ocorrendo melhorias nas técnicas de gestão e manejo agrícolas, que resultam em aumento de produtividade e redução das perdas na colheita e no armazenamento. Um bom exemplo da contribuição dos avanços tecnológicos para o incremento da produção e da produtividade da soja é dado pelo Brasil, que desenvolveu variedades adequadas aos cerrados, aprimorou a técnica do plantio direto e adotou maciçamente a mecanização ao longo de todo o processo de produção agrícola, utilizando insumos de correção de solo, fertilização e controle de pragas e ervas daninhas.

Vale lembrar também que a produção de soja transgênica vem contribuindo decisivamente para a diminuição dos custos de produção, na medida em que esta variedade tem como característica uma maior resistência a pragas e doenças, o que faz com que os gastos com herbicidas e outros produtos químicos sejam menores. Indiretamente, contribui para uma elevação da produtividade uma vez que perdas são menores com este cultivar.

No Brasil, o ganho de produtividade da soja foi ainda maior em termos absolutos, passando de 1,6 toneladas/hectare em 1975 para 3,0 toneladas/hectare em 2008. Apesar dos períodos comparados serem distintos, observa-se que em 33 anos, o Brasil alcançou uma produtividade acima da média mundial.

A soja, uma cultura milenar, cultivada nos países asiáticos há mais de cinco mil anos, chegou ao Brasil no final do século XIX, trazido pelos imigrantes japoneses. No entanto, as primeiras experiências com a cultura da soja em escala comercial só foram feitas na década de 1920, em São Paulo e no Rio Grande do Sul, mas somente a partir dos anos 1950 é que a cultura ganhou impulso.

A produção nacional de soja passou por quatro fases distintas: a primeira, que compreendeu o período entre 1961 e 1970, onde a produção foi lenta (50 mil toneladas); a segunda entre 1971 e 1978 com crescimento rápido (a produção nacional atingindo 10 milhões de toneladas concentrada nos estados da Região Sul e parte do Estado de São Paulo); a terceira entre 1979 e 1990, período de menor crescimento (a produção saltando para 20 milhões de toneladas, fase de adaptação da soja ao Cerrado); a quarta e última fase, a partir da década de 1990, caracterizada pelo crescimento mais acelerado (saltou de 20 para 60 milhões de toneladas em 2008) em função do incremento da produção no Cerrado e do aumento da produtividade, como conseqüência do desenvolvimento tecnológico resultante dos investimentos em pesquisa estruturados no PRODECER, junto a Embrapa, inclusive com a criação do CPAC, atual Embrapa Cerrados.

Inicialmente, a produção de soja se restringiu aos Estados do sul, em especial Rio Grande do Sul e Paraná, devido a: adaptação ao clima semelhante ao dos países de origem, de clima temperado; proximidade aos mercados internos e aos portos para exportação e a tradição e cultura agrícola dos descendentes de imigrantes europeus.

Em 1970, a produção de soja no Brasil atingiu 1,5 milhões de toneladas sendo que 1,4 milhões de toneladas vinham do Rio Grande do Sul e do Paraná. Entre 1970 e 1975, estimulada pela política agrícola do governo, a produção nacional de soja deu um salto alcançando quase 10 milhões de toneladas, ainda fortemente concentrada nos estados do sul. No entanto, a soja chegava também ao Cerrado e ao Pantanal do Mato Grosso do Sul, com uma produção aproximada de um milhão de toneladas.

A produção continuou crescendo nos estados do sul. Mas, em função do esgotamento relativo das terras aptas ao cultivo de soja e do aumento do preço das terras naqueles estados e, de outro lado, pelo efeito dos programas governamentais de melhoria da infraestrutura do Cerrado ocorreu um deslocamento dos produtores do sul, ampliando a produção de soja nesta região. Este deslocamento foi fortemente apoiado pelas cooperativas do sul que abriram filiais nas novas regiões produtoras, além do projeto PRODECER que proporcionavam incentivos financeiros e fomentavam a pesquisa de novas tecnologias tanto no desenvolvimento de sementes como de técnicas agrícolas adequadas.

Observa-se que o início da ocupação dos cerrados com soja foi na região de latossolo, cuja estrutura suporta a mecanização e as necessidades de correção eram conhecidas, por possuírem características físico-químicas semelhantes aos solos da região sul (onde a soja se adaptou muito bem e a correção de solo é feita basicamente com calcário e fosfatados).

Com o desenvolvimento de variedades adaptadas ao clima tropical e especialmente ao Cerrado, a produtividade da soja nessa região superou a média mundial e proporciona boas perspectivas aos produtores. O processo de melhoramento da soja inicialmente elaborado pela Embrapa dentro do projeto conjunto com o governo japonês através do CPAC, conduziu a excelentes resultados e tamanho sucesso trouxe em seu lastro o interesse de outras instituições públicas de pesquisa, de empresas privadas concorrentes da Embrapa na determinação de novas variedades de cultivares da soja, do algodão e da cana. Um bom exemplo desta nova realidade é a Fundação Mato Grosso, uma empresa formada por um grupo de empresas voltadas ao agronegócio, que decidiu investir na produção de suas próprias sementes melhoradas e melhor adaptadas ao seu microclima.

Cabe ainda ressaltar a importância das cooperativas que permitem aos pequenos produtores concorrerem em igualdade de condições com os grandes grupos econômicos que se engajaram na produção de alimentos. As cooperativas têm desenvolvido o fundamental papel de difusão das técnicas agrícolas aos produtores, ao mesmo tempo em que realizam pesquisas de novas técnicas com quadro de pesquisadores e técnicos próprios.

A partir dos anos 1980, com o processo de modernização e o início da constituição dos complexos agroindustriais, complementados por um planejamento voltado para a ocupação e a expansão da produção agrícola nacional, a soja ampliou sua participação tendo se tornado a principal cultura de dinamização econômica e social do Cerrado brasileiro. Esta cultura teve um crescimento vertiginoso ao longo dos últimos trinta anos.

Este processo, baseado em uma ampla gama de programas governamentais iniciado nos anos 1970 teve seu ponto de apoio mais importante no PRODECER. Em 1975, a produção de soja na região de Cerrado era praticamente inexistente, representando menos de 10% da produção do grão no Brasil, com uma produção de menos de 500 mil toneladas. Em 2008, a produção de soja no Brasil atingiu a marca de 60 milhões de toneladas, e a região do Cerrado respondeu por 54% da produção nacional.

Do ponto de vista espacial, a produção de soja concentrou-se nas áreas de melhor aptidão agrícola, ou seja, melhores terras e relevo mais apropriado à mecanização: o corredor do sudoeste de Goiás em direção a Cuiabá; a parte central do Estado do Mato Grosso, em direção a Sorriso, Lucas do Rio Verde (Norte) e a Chapada dos Parecis (Noroeste); o noroeste mineiro (Patos de Minas, Paracatu e Unaí) em direção ao entorno de Brasília; e o oeste da Bahia (Barreiras e Luiz Eduardo Magalhães) subindo na direção do sul do Piauí e do Maranhão nos anos mais recentes, como indicam os mapas a seguir (mapas 6.1 e 6.2).

No que tange à produtividade, há grandes flutuações. Em Lucas do Rio Verde (MT), apresenta a produtividade de soja na ordem de 3,5 toneladas/hectare enquanto em São Desidério, com produtividade de apenas 1,8 toneladas/hectare.

A soja incorporou-se ao complexo agroindustrial, integrando tanto o processamento de alimentos para consumo humano quanto o fornecimento de ingredientes para ração animal. Na área alimentar tem uma diversidade de produtos desde óleos, fibra alimentar, proteína de soja, leite de soja, suco de soja, além de uma gama de produtos alimentícios que tem a soja na sua base.

Na área de ração animal forma o principal elo na integração dos complexos grãos-carne, que têm como função principal ser fonte de alimento protéico e energético, para a criação de aves, suínos e bovinos. Com esta cadeia alimentar, a interiorização da indústria de alimentos se efetiva no Centro-Oeste, com a entrada das principais empresas do setor alimentício, empenhadas na busca de matérias-primas e na integração da produção visando o abastecimento não só do mercado nacional, mas também o mundial.

A expansão da produção permitiu o fortalecimento do complexo grãos-carne e a instalação de frigoríficos na região, como, por exemplo, a Perdigão em Rio Verde (GO), a Bunge Alimentos em Rondonópolis (MT), o Grupo Amaggi no Mato Grosso, a Cargill (no Triângulo Mineiro).

O impacto da produção é tal, que o Brasil ocupa o posto de 2º maior produtor e 1º maior exportador deste grão, só perdendo para os Estados Unidos em termos

Mapa 6.1 - Produção Municipal de Soja no Cerrado, 1975

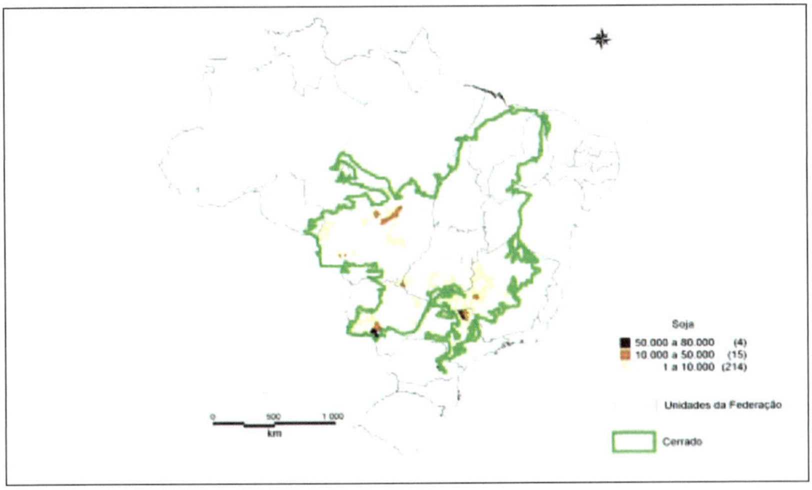

Fonte: *IBGE. Malha Municipal Digital, 2003. IBGE. PAM, 1975. Em (Diniz, 2006:151)*

Mapa 6.2 - Produção municipal de soja no Cerrado, 2003

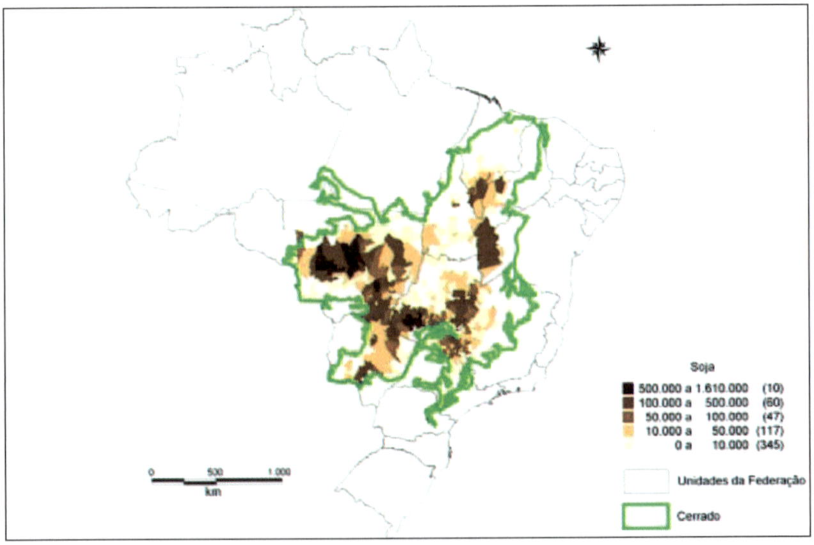

Fonte: *IBGE. Malha Municipal Digital, 2003. IBGE. PAM, 2003. Em (Diniz, 2006:151)*

de produção. Siqueira (2004) compara a expansão da soja nas três últimas décadas, aos ciclos da cana-de-açúcar e do café, nos séculos XVI e XX, respectivamente, tal a dimensão e importância do complexo para a economia nacional.

No Brasil, a soja é consumida quase que exclusivamente na forma de óleo (cerca de 90% do consumo nacional) e de farelo, ao contrário do que acontece na Ásia onde o hábito alimentar inclui a soja como um forte componente do cardápio. A cultura do consumo da soja está se infiltrando gradativamente nas famílias e observa-se o crescente mercado dos sucos à base de soja ocupando espaço cada vez maior nas gôndolas de supermercados. O incremento da produção e desenvolvimento de novas tecnologias de processamento da soja deve proporcionar a redução dos custos industriais de forma que o produto possa atingir preços ainda mais adequados a toda a população.

Todavia, a expansão da soja esbarra nos limites da fronteira agrícola. As regiões Centro-Oeste e Nordeste dispõem de vastas áreas próprias para este cultivo, mas a baixa competitividade sistêmica e a infraestrutura precária não permitem por ora o seu cultivo em grande escala.

No que se refere ao comércio internacional de soja e seus derivados, até a década de 1960 os Estados Unidos eram os maiores exportadores mundiais. A partir da década de 1970, perderam a liderança nas exportações de farelo e de óleo para a América do Sul, mantendo-se na dianteira apenas nas exportações de grãos (27 milhões de toneladas em 2002). A sua participação situou-se um pouco acima de 50% em 2002, bem abaixo dos percentuais próximos a 90% alcançados na década de 1960 (Siqueira, 2004). Nesse mesmo período, a América do Sul ampliou a produção e ganhou importância no comércio de grãos, com sua participação saltando para percentuais um pouco acima de 40% em 2002. O Brasil e a Argentina são, respectivamente, o segundo e o terceiro maiores exportadores mundiais de grãos de soja, com vendas de 16 e seis milhões de toneladas, o que equivale a participações de 29,23% e 11,28% em 2002.

Em relação aos principais importadores mundiais de soja e seus derivados, destacam-se os países asiáticos, tanto na compra de grãos quanto na compra de derivados (Tabela 6.6).

Tabela 6.6 - Principais importadores de soja e seus derivados (mil t)

	Soja (em grão)				Derivados (óleo e farelo)			
	1970	1980	1990	2004	1970	1980	1990	2004
Ásia	4.258	7.353	9.259	34.778	403.969	1.577.546	1.910.071	5.463.046
China	62	1.515	1.992	22.255	6.499	120.303	530.102	2.563.728
Índia	-	7	-	-	78.508	762.058	25.276	1.048.055
Paquistão	-	-	-	22	118	133.861	343.224	80.864
União Européia	-	-	-	13.789	-	-	-	113.213
Ex-URSS	-	1.085	-	-	-	52.394	136.524	-
Rússia	-	-	-	1	-	-	-	71.715
Total Mundial	12.295	27.037	26.330	58.400	1.044.640	3.245.530	3.646.440	9.413.176

Fonte: *FAO, 2005.*

Entretanto, enquanto o Brasil se destaca nas exportações de grãos, a Argentina concentra os esforços em produtos de maior valor agregado, como farelo e óleo de soja, commodities nas quais já é líder mundial, à frente do Brasil e dos Estados Unidos em termos porcentuais.

Vale observar que a posição brasileira é decorrente da escassez de indústrias esmagadoras nas novas áreas de expansão do Centro-Oeste e dos resultados negativos da Lei Kandir. As indústrias esmagadoras nacionais do sul não se interessavam em comprar soja vinda do Centro-Oeste por não poderem se beneficiar da isenção do ICMS. A venda ao mercado interno não incentivava o uso desta lei, benefício este proporcionado somente na exportação direta em forma de grãos. (Siqueira, 2004). O efeito da Lei Kandir foi a redução das exportações de óleos e farelo de soja, que em 1996 atingia a marca de mais de 40% das exportações mundiais, e em 2004 cair para menos de 30%.

Assim, o Cerrado, principalmente a região do Centro-Oeste, se consolidou como grande exportador de grãos e não de produtos de maior valor agregado (Abag, 2005; Agrianual, 2003). Outro fator do predomínio de grãos foi a inércia na instalação do parque processador em relação ao aumento da produção. A indústria não acompanhou o rápido crescimento da produção de grãos, de forma que o excedente de soja teve que ser escoado diretamente na forma de grãos.

Em 2002, os estados das regiões Sul e Sudeste contavam com 47,8% e 17,55%, respectivamente, da capacidade de processamento de oleaginosas existente no país e 37% e 8% da produção nacional de soja. Já os estados do Centro-Oeste, embora contassem com 48% da produção, respondiam por apenas 27% da capacidade de processamento do país nesse mesmo ano.

O ano de 2005 foi muito ruim para as esmagadoras de soja no Brasil, operavam com prejuízo em função da cotação do dólar que tiravam a capacidade de competição das empresas nacionais. À época, seis unidades processadoras encontravam-se paradas, segundo informações da Associação Brasileira das Indústrias de Óleos Vegetais, além de muitas estarem operando com capacidade ociosa próxima aos 30%.

Cabe ressaltar a forte participação da indústria de processamento de carne como a Sadia e Perdigão, que vêm crescendo no consumo de grãos otimizando o uso de seus produtos e subprodutos. A parte mais nobre é utilizada diretamente no setor alimentício, ficando a outra parte para o abastecimento da indústria de ração animal.

Estas empresas, que começam a se destacar no cenário mundial, foram as primeiras protagonistas nas negociações da OMC (Organização Mundial do Comércio) como membro do Brasil neste intricado e competitivo mercado em que o país não tinha voz ativa, tendo que aceitar todas as decisões passivamente. Para esta façanha, instalaram uma joint venture na Europa e iniciaram as primeiras participações efetivas no inicio dos anos 2000, representando o Brasil nas rodadas de negociações da OMC.

Estas indústrias - que iniciaram suas atividades no sul e estão migrando com abertura de filiais no Cerrado - com os seus parques modernos, convertem o cerrado no núcleo de tecnologia de produção do agronegócio brasileiro. No médio e longo prazo o Centro-Oeste pode passar a ocupar posição de destaque na produção de alimentos. Atuam na cadeia de grãos como um todo, possuindo desde fazendas até marcas próprias de óleos, margarinas, carnes de aves, suínos e bovinos e contam ainda com uma ampla gama de produtos acabados, prontos para consumo, na forma de alimentos congelados ou resfriados. Processam a proteína animal com base na bovinocultura, suinocultura e avicultura. São fortes no setor de exportação e importação, possuindo logística e armazéns próprios.

A Cargill possui sede em São Paulo, e suas principais unidades de produção e de logística no Cerrado incluem: duas unidades produtoras de fertilizantes sólidos (nos municípios de Acreúna e Bom Jesus de Goiás, em Goiás); o complexo produtivo de Uberlândia (processamento de milho e soja; produção de rações e ácido cítrico); fazendas de laranja em Uberaba; unidade de produção de fertilizantes sólidos em Comendador Gomes (SP); unidades processadoras de soja em Barreiras (BA) e Três Lagoas (MS); unidades de compra e armazenagem de milho e soja nos principais centros produtores. A empresa possui um conjunto diversificado de atividades em vários outros estados brasileiros, incluídos terminais próprios nos portos de Santos (SP); Guarujá (SP), Paranaguá (PR) e Santarém (PA), indústrias de óleos, sucos de laranja, margarina etc.

6.2.2 - Pecuária bovina

A pecuária bovina evoluiu consideravelmente no Cerrado, principalmente nas áreas cujas terras são pouco apropriadas para a cultura de grãos. Em 1975, o Cerrado tinha 34 milhões de cabeças de gado, o que equivalia a 34% de todo o rebanho do Brasil. Entre 1975 e 2003, a região teve um incremento de mais de 50 milhões de cabeças (taxa anual de crescimento de 3,2% ante uma taxa de

1,8% para o restante do Brasil) passando a ter 85 milhões, o que corresponde a 43% do rebanho (vide Tabela 6.6).

Em 1975, o rebanho estava disperso em Minas Gerais e Goiás, ocupando poucas áreas no Mato Grosso, Mato Grosso do Sul, Tocantins, Maranhão, Piauí e Bahia (mapas 6.3 e 6.4). A principal mudança está na parcela do Estado do Mato Grosso do Sul que faz parte do cerrado, possuindo o maior rebanho bovino do país. Observa-se em 2003, um incremento no rebanho bovino do Estado do Mato Grosso e do eixo do rio Araguaia, que inclui parcela dos Estados de Goiás, Mato Grosso e Tocantins.

Mapa 6.3 - Rebanho bovino no Cerrado, 1975

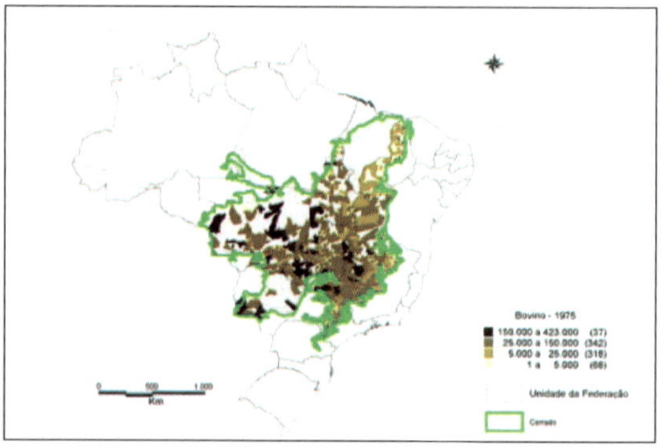

Fonte: *IBGE. Malha Municipal Digital, 2002. PPM, 1975. Em (Diniz, 2006:156)*

Mapa 6.4 - Rebanho bovino no Cerrado, 2003

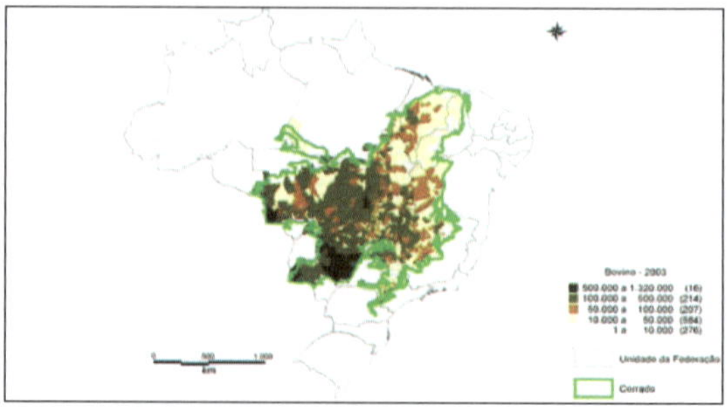

Fonte: *IBGE. Malha Municipal Digital, 2002. PPM, 2003. Em (Diniz, 2006:157)*

A análise dos mapas e dos dados por município mostra que o rebanho bovino está concentrado em áreas, cujas terras não são propícias para a agricultura mecanizada em larga escala e/ou necessitam de muito investimento em tecnologias de correção de solo e manejo. O rebanho bovino cumpre também um outro papel, qual seja o de ocupar áreas degradadas pela agricultura, cujos custos de recuperação são elevados.

6.2.3 - Milho

O milho, por ser uma cultura mais conhecida, já possuía produção significativa na área do cerrado (em 1975 - 21% das 10 milhões de toneladas produzidas no país). O aumento entre 1975 e 2003 foi significativo, tendo a região atingido a marca de 15 milhões de toneladas produzidas em 2003, correspondente a 31% da produção nacional num total de 48 milhões de toneladas (vide tabelas 6.1, 6.2 e 6.3).

Do ponto de vista espacial, o cultivo de milho acompanhou a produção de soja, aproveitando as áreas de melhor aptidão agrícola: o corredor do sudoeste de Goiás em direção a Cuiabá; a parte central do Estado do Mato Grosso, em direção a Sorriso, Lucas do Rio Verde (norte) e a Chapada dos Parecis (noroeste); o noroeste mineiro (Patos de Minas, Paracatu e Unaí) em direção ao entorno de Brasília; e o oeste da Bahia (Barreiras e Luiz Eduardo Magalhães) tendo subido na direção do sul do Piauí e do Maranhão nos anos mais recentes.

No caso do milho, os municípios que possuem as maiores produções não coincidem com aqueles que apresentam as melhores produtividades. Por ser uma cultura de mais fácil manejo e plantio, encontra-se também mais dispersa no espaço. Em alguns casos, a produtividade do milho atinge mais de oito toneladas por hectare, como em Carambeí (PR) que se encontra na área do Cerrado. O Paraná continua sendo o maior produtor de milho do país, com aproximadamente 40% da produção nacional. A dispersão se reflete na menor concentração da produção, os dez municípios com maior volume respondem por 22% deste grão no cerrado, contra 30% no caso da soja. O milho, diferentemente da soja, está mais distribuído entre os principais produtores, contemplando municípios de Mato Grosso (3), Goiás (3), Minas Gerais (2), Mato Grosso do Sul (1) e Bahia (1). Os municípios com 1% ou mais de produção deste grão são 25 e respondem por 39% do milho do Cerrado, havendo uma distribuição mais equilibrada com ligeira tendência a concentração no Mato Grosso e em Goiás, mas com destaque para áreas na Bahia e em Minas Gerais. Quando se analisa a concentração de 80% da produção, vê-se que ela está distribuída entre 181 municípios. É interessante notar que a produtividade média destes 181 municípios é 4,8 toneladas/hectare, com desvio padrão de 1,2 toneladas em relação à média, ou seja, apresenta municípios com alta produtividade, seis toneladas por hectare ou mais, e municípios com baixa produtividade, 3,5 toneladas por hectare ou menos (mapas 6.5 e 6.6). (Diniz, 2006:158)

Mapa 6.5 - Produção municipal de milho no Cerrado, 1975

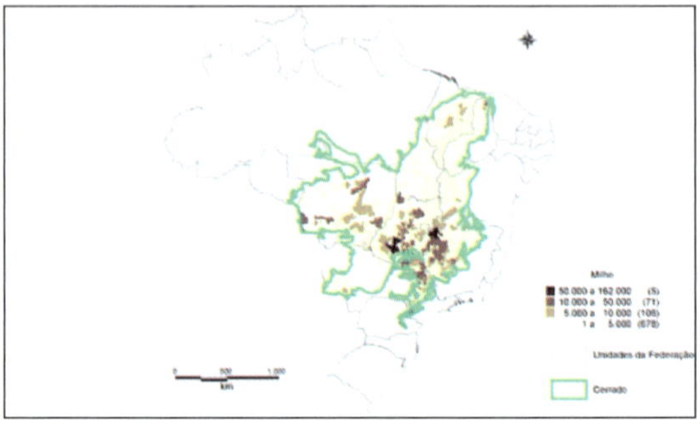

Fonte: *IBGE. Malha Municipal Digital, 2003/IBGE PAM, 1975. Em (Diniz, 2006:159)*

Mapa 6.6 - Produção municipal de milho no Cerrado, 2003

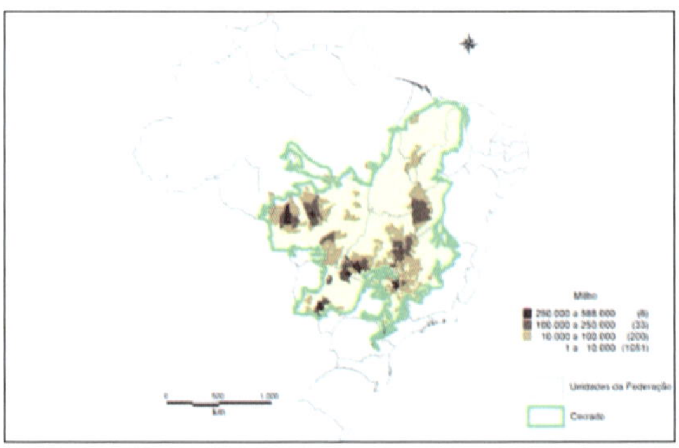

Fonte: *IBGE. Malha Municipal Digital, 2003/IBGE PAM, 2003. Em (Diniz, 2006:159)*

6.2.4 - Algodão

Outra cultura agrícola implantada com sucesso na região do Cerrado é o algodão, cuja produção estava concentrada nos Estados de São Paulo e Paraná e no

Nordeste (90%) até o final dos anos 1970 (dois milhões de toneladas). Neste ano, São Paulo produziu 700 mil toneladas de algodão em caroço (cerca de 36% da produção nacional), o Paraná produziu 500 mil toneladas, (algo como 26% da produção nacional), e os estados nordestinos outras 500 mil toneladas. Até 1975, a produção de algodão no Brasil se manteve estável, sendo 60% provenientes do algodão do tipo arbóreo. No entanto, esse tipo de algodão praticamente desapareceu em virtude de pragas. A participação do Cerrado restringia-se a menos de 10% (350 mil toneladas) da produção nacional, sendo a maioria (84%) do tipo herbáceo.

Em 1970, o Brasil exportou 350 mil toneladas de algodão em pluma.

Com a crise da cotonicultura brasileira, o país, que era autossuficiente e exportador na década de 1970, viu sua produção despencar e tornou-se um grande importador de algodão. Outro impacto da praga do bicudo foi a mudança no tipo de algodão plantado. Há dois tipos de algodão que são cultivados no Brasil: o herbáceo, cujo ciclo é anual e a planta destruída com a colheita, e o arbóreo, cuja produção pode perdurar alguns anos sem a necessidade de replantio e é típica do Nordeste brasileiro. No Cerrado prevalece o algodão herbáceo. Na década de 1980, a praga do bicudo se alastrou nas plantações nordestinas e em seguida na paulista e na paranaense. A consequência para o Brasil foi que de exportador de algodão o país passou a ser um grande importador. Em 1993, chegou a importar 60% do algodão que consumia. Para o Nordeste, o impacto foi ainda mais grave, pois eliminou muitos postos de trabalho e provocou grande êxodo rural.

A produção se recuperou no final dos anos 1980 e voltou a cair no início da década de 1990 em função da taxa de câmbio, que prejudicou a competitividade do algodão nacional, quando, em 1997, atingiu o nível mais baixo dos últimos 40 anos.

De 1985 até 1997, o setor viu a demanda interna por algodão aumentar significativamente, com uma produção em constante queda. O impacto sobre as importações foi imediato, tendo atingido o valor mais alto em 1993, quando o país importou 500 toneladas de algodão, colocando-se ao lado da China, do Japão e da Turquia como grande importador mundial de algodão.

Começou-se um processo de recuperação que teve no Cerrado, mais precisamente na Chapada dos Parecis no Mato Grosso, seu início. A cultura do algodão foi sendo distribuída pelos cerrados do Mato Grosso, Mato Grosso do Sul e mais recentemente para Goiás, Bahia e Minas Gerais, caminhando em direção ao Piauí e ao Maranhão.

A recuperação da cultura do algodão está ligada diretamente às pesquisas da Embrapa, no Centro Nacional de Pesquisas do Algodão (CNPA), sediado em Campina Grande (PB). Foi a parceria da Embrapa com o grupo Itamarati que possibilitou o desenvolvimento e a adaptação de sementes às terras altas do Cerrado de Mato Grosso. As pesquisas contaram ainda com o apoio da Fundação Mato Grosso, sediada em Rondonópolis (MT). O desenvolvimento da semente conhecida como CNPA ITA 90 possibilitou a obtenção de altas produtividades e de fibras de alta qualidade, equivalentes ao produto importado. A Embrapa desenvolveu também o algodão colorido, cuja primeira cultivar foi lançada em 2000, a BRS Marrom. A BRS Verde foi lançada em 2003 e, em 2005, a empresa colocou no mercado a BRS Safira e a BRS Rubi. Essas variedades foram obtidas por métodos de melhoramento genético convencionais. Segundo a Embrapa Algodão, as cultivares coloridas além de já adaptadas às fiações modernas, podem reduzir os custos para a indústria têxtil e o lançamento de efluentes químicos e outros tóxicos, por dispensarem o uso de corantes. Além das sementes, a Embrapa algodão lançou uma miniusina de beneficiamento de algodão, que descaroça e enfarda a pluma, agregando valor à produção, principalmente dos pequenos produtores.

Rapidamente, a produção brasileira de algodão cresceu, tendo atingido mais de 3,5 milhões de toneladas em 2004. O Mato Grosso tornou-se o maior produtor nacional, com mais de 1,8 milhões de toneladas (cerca de 50% da produção nacional), seguido pelos Estados da Bahia, com 19% , e Goiás, com 13%. Merecem destaque ainda, os Estados de São Paulo, Mato Grosso do Sul e Minas Gerais (mapas 6.7 e 6.8).

Mapa 6.7 - Produção municipal de algodão herbáceo no Cerrado, 1975

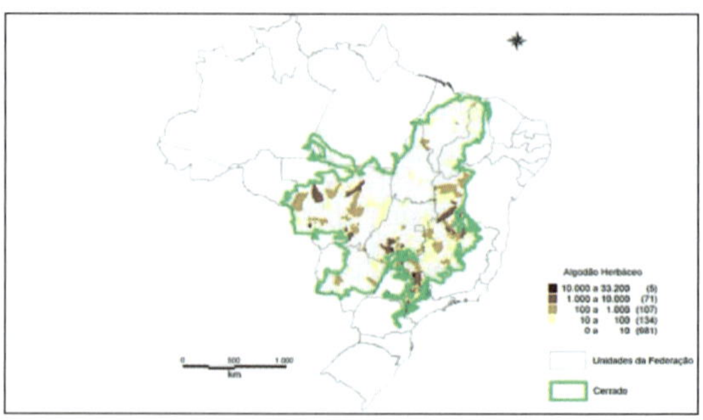

Fonte: *IBGE. Malha Municipal Digital, 2003/ PAM, 1975. Em (Diniz, 2006:162)*

Mapa 6.8 - Produção municipal de algodão herbáceo no Cerrado, 2003

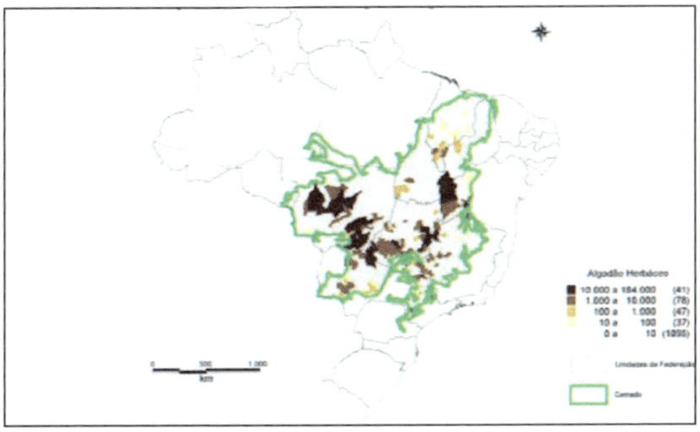

Fonte: *IBGE. Malha Municipal Digital, 2003/ PAM, 2003. Em (Diniz, 2006:163)*

Corroborando as análises anteriores, observa-se que a qualidade da terra tem influência decisiva na distribuição da plantação de algodão, concentrando-se nas terras de melhor qualidade (latossolo vermelho e vermelho amarelo) e relevo passível de mecanização.

Em 1970, a produção mundial de algodão foi de 35 milhões de toneladas (em caroço), tendo mais que dobrado em 34 anos, passando para 72 milhões de toneladas em 2004. Em 1970, os maiores produtores mundiais eram: China, com cerca de 20% da produção mundial (sete milhões de toneladas); Estados Unidos que produziam 17% (seis milhões de toneladas); Índia com 8% (2,8 milhões de toneladas); Brasil com 5,5% (1,9 milhões de toneladas) e pelo Paquistão, com aproximadamente 4,5% da produção mundial. Entre 1970 e 1997, a participação brasileira despencou até atingir 1,5% da produção mundial (54 milhões de toneladas em 1997 - Tabela 6.7). Enquanto isso, a China teve sua participação aumentada para 26% em 2004 (19 milhões de toneladas), tendo chegado a atingir mais de 30% em alguns anos da década de 1980. Os Estados Unidos mantiveram a segunda colocação permanecendo no mesmo patamar, 17% da produção mundial (12,5 milhões de toneladas em 2004). A Índia aumentou sua participação (nove milhões de toneladas em 2004), o que equivale a 12% do total mundial. O Paquistão, cuja produção era semelhante à brasileira em 1970, atingiu os sete milhões de toneladas em 2004, com pouco mais de 10%. O Brasil, por sua vez, depois de atingir o ponto mais baixo em 1997, conseguiu recuperar o patamar dos anos 1970.

Tabela 6.7 - *Algodão em caroço: principais produtores mundiais (mil t.)*

País/Ano/ Produção	1970 Prod.	%	1980 Prod.	%	1990 Prod.	%	1997 Prod.	%	2004 Prod.	%
China	6.834	19	8.121	20	13.523	25	13.809	25	18.960	26
Estados Unidos	5.909	17	6.478	16	8.790	16	10.382	19	12.539	17
Índia	2.862	8	3.876	9	5.020	9	5.535	10	9.000	13
Paquistão	1.627	5	2.144	5	4.913	9	4.686	9	7.350	10
Brasil	1.955	6	1.676	4	1.921	4	822	2	3.622	5
Subtotal	19.188	54	22.294	54	34.167	63	35.234	65	51.471	72
Outros	16.256	46	18.920	46	20.141	37	19.374	36	20.511	29
Total mundial	35.444	100	41.214	100	54.308	100	54.608	100	71.982	100

Fonte: *FAO, 2006.*

Segundo a Associação Brasileira dos Produtores de Algodão, comemora-se esta recuperação como uma vitória da agricultura brasileira, pois em determinado momento a cultura do algodão chegou a ser dada como extinta no país. Além disso, o grande destaque fica por conta do desenvolvimento tecnológico e das parcerias entre a Embrapa e a iniciativa privada, que permitiram o desenvolvimento e a adaptação do algodão para as áreas de Cerrado, nas quais a introdução das novas variedades de algodão fez com que a fibra produzida no país alcançasse os mais altos padrões internacionais de qualidade.

6.3 - Os caminhos da agricultura nos espaços do cerrado

Quando se analisa a configuração geográfica da expansão recente da produção agrícola do Cerrado, observam-se dois grandes eixos. O primeiro eixo parte do Triângulo Mineiro em direção ao sudoeste de Goiás, seguindo para o Mato Grosso na direção norte, em torno da BR-163 (Cuiabá-Santarém); e o segundo se inicia no noroeste mineiro (Unaí/Paracatu), passa pelo entorno de Brasília e vai em direção ao oeste da Bahia (Barreiras), sul do Maranhão e do Piauí, conforme indicam os mapas 6.8 e 6.9. (Diniz, 2006:165)

A expansão agrícola vem ocorrendo nas áreas de melhor aptidão agrícola. Isso demonstra que, apesar dos avanços tecnológicos, as condições naturais continuam exercendo papel determinante na produção e na produtividade agrícolas. Adicionalmente, a disponibilidade de infraestrutura e suas conseqüências sobre os custos e, em especial, sobre os custos de transporte, são condicionantes dos rumos da produção.

Estes elementos desfazem o mito de que o Cerrado é homogêneo e possui ap-

Mapa 6.9 - Produção municipal de grãos no Cerrado, 1975

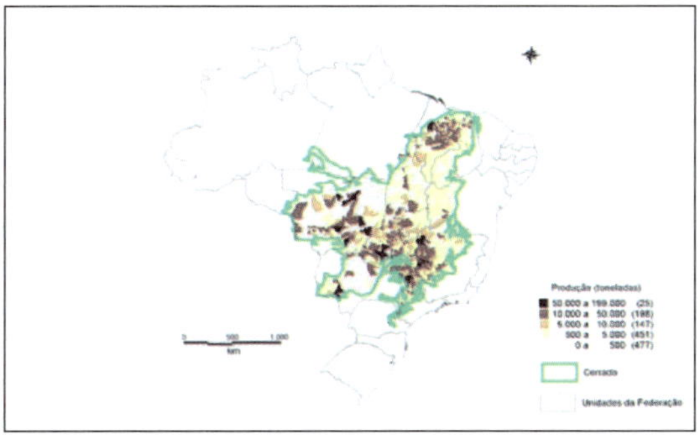

Fonte: *IBGE. Malha Municipal Digital, 2003/ IBGE. PAM, 1975. Em (Diniz, 2006:166)*

Mapa 6.10 - Produção municipal de grãos no Cerrado, 2003

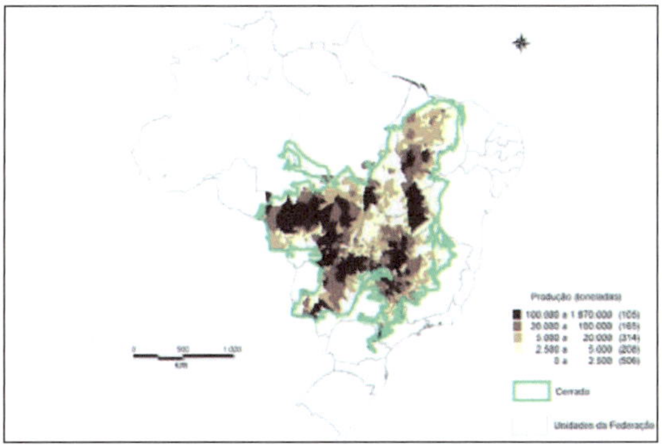

Fonte: *IBGE. Malha Municipal Digital, 2003/ IBGE. PAM, 1975. Em (Diniz, 2006:166)*

tidão agrícola generalizada. Além disso, estas áreas se sobrepõem aos principais eixos rodoviários e de atração de população, demonstrando a importância da disponibilidade de infraestrutura e de serviços complementares à produção agrícola.

Na verdade, o que ocorre é uma concentração da produção agrícola em poucos municípios da região. Os 10 municípios de maior produção respondem com 22% de toda a produção de grãos da região, ou seja, 10,5 milhões de toneladas de grãos. Destes, apenas dois (Jataí e Rio Verde, em Goiás) não se encontram no Estado de Mato Grosso, todos os outros se encontram no norte de Mato Grosso, na Chapada dos Parecis. Estes, exceto Primavera do Leste (MT), têm produção acima de um milhão de toneladas em grãos, confirmando o grande potencial agrícola daquela região, que poderá ser ampliado com o asfaltamento da BR-163 que corta uma área de grande aptidão agrícola.

A análise por município, no entanto, apresenta um problema, pois não leva em consideração o tamanho do município, ou seja, um município muito grande pode apresentar uma produção grande, mas não necessariamente detém os melhores índices de produtividade, por sua vez, uma alta produtividade pode estar escondendo uma baixa produção. Por exemplo, se em um determinado município apenas um fazendeiro planta 400 hectares de soja e obtém uma colheita de cinco toneladas por hectare, este município apresenta uma alta produtividade, mas uma baixa produção, de apenas 2000 mil toneladas.

Para sanar este problema, concentra-se a análise em municípios cuja produção é maior que 100 mil toneladas. Isso representa 105 dos 1279 municípios da região de Cerrado, ou seja, menos de 10% dos municípios e 75% de toda a produção de grãos da região de Cerrado em 2003. Comparando a lista dos 10 maiores produtores com aquela dos 10 melhores municípios em termos de produtividade, não há nenhuma coincidência. O primeiro município dos 10 maiores em termos de produção aparece apenas na 17ª posição em termos de produtividade (Jataí – GO).

Os municípios de melhor produtividade são de ocupação mais antiga e mais dispersa, em Minas Gerais, São Paulo, Paraná e Goiás. Isso indica que o grande diferencial dos municípios das áreas de Cerrado de colonização mais recente ainda é a disponibilidade de terra a menores preços. Além disso, apesar da queda na produtividade, os 50 primeiros municípios em termos de produtividade estão todos acima da média da região (2,95 toneladas por hectare) e do resto do Brasil.

Quando se analisa a geografia da pecuária dos Cerrados, esta mostra comportamento diferenciado da agricultura. Mais dispersa, em função da possibilidade de utilização de terras de menor aptidão agrícola e com menores exigências de infraestrutura, a pecuária generaliza-se em toda a região, cujos caminhos muitas vezes são abertos pela própria pata do boi. No entanto, algumas sub-regiões possuem grande tradição pecuária, como o Mato Grosso do Sul, onde se concentra grande parcela do rebanho. Nesse sentido, as ocupações produtivas da agricultura e da pecuária funcionam de forma complementar. Além da diferença de exigências, muitas vezes a pecuária serve como alternativa de abertura de áreas, antecipando-se à produção agrícola, ou, alternativamente, como forma de rotação de atividades em terras cansadas ou com declínio de produtividade.

Em síntese, a análise dos caminhos geográficos da agricultura brasileira com a incorporação produtiva dos cerrados, nas últimas décadas, permite visualizar uma nítida especialização regional. São Paulo, onde estão as terras mais caras e onde é menor o custo de transportes, vem se especializando em bens mais intensivos por área, a exemplo da cana-de-açúcar e da laranja. Os estados do sul se especializaram na produção de grãos. À medida que as terras ali encarecem e se escasseiam, a produção de grãos vai se deslocando para os cerrados, onde, nas melhores terras, e de mais fácil acesso, se localiza a produção mais intensiva (grãos, algodão e cana-de-açúcar). A pecuária localiza-se nas terras de menor aptidão agrícola, ou mais distantes e de pior acesso.

6.4 - Os impactos da expansão agropecuária na agroindústria

O setor agroindustrial pode ser dividido em dois grandes grupos. O primeiro é constituído pelas indústrias à montante da agricultura, produtoras de máquinas, equipamentos e insumos de uso agropecuário. O segundo é constituído pelas indústrias à jusante da agropecuária, transformadoras de produtos de origem agropecuária, com grande ênfase nas indústrias alimentícias e de bens intermediários.

Nas regiões de fronteira agropecuária, é baixo o processo de industrialização, tanto à montante quanto à jusante da agricultura. À medida que o setor agropecuário vai sendo expandido e consolidado, começam a surgir indústrias tanto para a produção de matérias-primas para a agricultura como para o processamento de seus produtos.

As indústrias de máquinas e equipamentos dificilmente se localizam nas regiões agrícolas novas, pois já estão localizadas nas regiões ou áreas industriais mais desenvolvidas, uma vez que exige complementaridade industrial para manter seu padrão de qualidade e corpo técnico adequado para o desenvolvimento da atividade, além do fornecimento de componentes e matérias-primas.

No Brasil, a indústria de máquinas e equipamentos produziu 70 mil unidades motorizadas em 2004 (tratores, cultivadores, colheitadeiras, retroescavadeiras etc.). No entanto, a produção está localizada nas regiões mais desenvolvidas e de maior tradição agrícola, estando 54% do total no Rio Grande do Sul, 22% em São Paulo, 22% no Paraná 2% em Minas Gerais (Anfavea, 2005).

As indústrias produtoras de insumos de uso difundido e de tecnologias mais sofisticadas — em geral sob o controle de multinacionais — com menor custo de transporte, também não se localizam nas regiões agrícolas. São exemplos, as indústrias de produtos veterinários, defensivos agrícolas, herbicidas e outros insumos de alto valor e baixo volume, em parte, cuja oferta é garantida pelas importações.

As indústrias de fertilizantes, ao contrário, em geral com maior peso e maior custo de transporte, tendem a se localizar nas regiões agrícolas, orientando-se pela fonte de matérias-primas ou pelo mercado, em função do menor custo de transporte.

As indústrias à jusante da agricultura, especialmente aquelas processadoras básicas, como as de esmagamento de soja, descaroçamento de algodão, matadouros-frigoríficos e usinas de açúcar e álcool tendem a se localizar mais próximas à região produtora das matérias-primas. As dificuldades estão relacionadas com a eventual existência de base processadora fora da região, com capacidade ociosa, cujos investimentos funcionam como redutores de custos fixos, levando à exportação dos produtos na sua forma primária. No entanto, este tipo de indústria tem sua localização fortemente influenciada pela perda de peso e volume no processo produtivo, o que leva o seu deslocamento para as regiões produtoras primárias.

6.5 - A agroindústria dos cerrados

Nas primeiras etapas da colonização da região Centro-Oeste, foram instaladas algumas indústrias rudimentares como as processadoras de erva mate, charqueadas e extrativas minerais. No entanto, a crise e as mudanças tecnológicas levaram à sua extinção.

Mais recentemente, predominou a indústria de beneficiamento de madeira e de produtos agrícolas. As matas naturais, que se escassearam nas regiões Sul e Sudeste, fizeram com que as indústrias de beneficiamento de madeira se deslocassem para esta região ainda rica em florestas naturais, e à medida que escasseiam as matas, as indústrias de beneficiamento se deslocam para novas frentes e hoje estão chegando à Região Amazônica. As indústrias de beneficiamento primário, como as beneficiadoras de arroz ou de extração de óleo vegetal, são as primeiras que se seguem à região onde se inicia a produção agrícola.

No lastro destas indústrias, se deslocam para as regiões pioneiras as empresas pecuárias que utilizam os produtos agrícolas como matéria-prima para a criação dos animais, tanto bovinos, suínos como aves.

No Brasil, a partir dos anos 1960 se inicia a instalação da indústria alimentícia para processamento de matéria-prima de origem animal e vegetal, com o crescimento da produção de soja e algodão e com o aumento da pecuária de corte e da agroindústria sucroalcooleira, exigindo maior aporte de tecnologia e mão de obra mais qualificada.

Este processo se intensificou a partir da década de 1970, com a introdução de novas tecnologias nas lavouras e na pecuária, largamente favorecidas por programas e incentivos públicos, com fortes efeitos sobre a estrutura agrícola da região. Em um primeiro momento, houve expansão da produção agrícola, para comercialização in natura nos mercados nacionais e internacionais, e modernização da produção pecuária.

As grandes empresas, principalmente as multinacionais, implantaram uma rede estratégica de silos e armazéns, desde o início acompanhando e, ao mesmo tempo, estimulando o avanço das frentes de agricultura comercial. Essa rede de armazenamento permitiu que as multinacionais e as grandes empresas nacionais controlassem a oferta de grãos e mantivessem o processamento nos estados pioneiros do Sul e do Sudeste, com melhores condições de infraestrutura. Embora partes desse mercado agrícola tenham sido dominadas pelo capital estrangeiro desde o início, o ciclo produtivo subordinava-se diretamente ao controle dos postos avançados de compra da matéria-prima, restrito ao domínio do circuito comercial, sem maiores impactos para a economia regional.

A partir de meados dos anos 1970, paulatinamente surgiram pequenas unidades agroindustriais no Centro-Oeste, operando com baixo nível técnico e sob a tutela de pequenos grupos empresariais locais e regionais, por vezes utilizando plantas industriais desmontadas do Centro-Sul.

O Censo Industrial do Brasil para o ano de 1980, ainda mostra que nos Estados de Mato Grosso e Mato Groso do Sul a atividade industrial era incipiente, predominando a indústria de beneficiamento de madeira, unidades rudimentares de abate e processamento de alimentos. Em Goiás, embora houvesse uma maior diversificação, a indústria correspondia a apenas 0,7% da produção brasileira e 1/3 da ocupação desta ainda estava vinculada ao beneficiamento de madeira.

A partir de meados da década de 1980 - com o crescimento da produção de grãos e o aparelhamento da infraestrutura do Centro-Oeste, com a obsolescência das plantas pioneiras do Sul e do Sudeste e, com os incentivos fiscais estaduais - iniciou-se a ocupação desse espaço pelas plantas industriais das grandes empresas nacionais e internacionais. As empresas multinacionais, que no passado se limitaram a controlar o mercado, com unidades postadas em suas franjas — como o Triângulo Mineiro e o Paraná — estão sendo levadas a implantar novas unidades na região do Cerrado, como é o caso da ADM, Cargill, Perdigão, Sadia e da Bunge.

Castro e Fonseca (1995), analisando as características da agroindústria da região, mostraram que o Estado de Goiás antecedeu aos demais, apresentando características próprias, onde as empresas de capital internacional têm fundamental importância.

A grande mudança deste perfil ocorre com o estabelecimento na região de empresas agroindustriais de grande porte a partir do final dos anos 90. As novas agroindústrias que estão sendo instaladas no Cerrado estão intimamente ligadas à evolução recente da produção primária na região, especialmente processamento de soja e algodão e a indústria frigorífica e o complexo sucroalcooleiro, somado à instalação de um novo segmento da pecuária de produção de suínos e aves e suas indústrias processadoras.

Entre 1998 e 2004, houve um grande deslocamento do parque industrial de esmagadora de soja para o Cerrado. Enquanto a capacidade de produção dos estados do Sul do Brasil, de São Paulo e de Minas Gerais tiveram pequena redução, a capacidade dos Estados de Mato Grosso, Goiás, Bahia e Tocantins se expandiu consideravelmente. Os maiores destaques são para os Estados do Mato Grosso, cuja capacidade de moagem saltou de 8,8 para 20,6 mil toneladas/dia, e Goiás, cuja capacidade de moagem passou de 9,7 para 17,0 mil toneladas/dia.

Assim, em 2004, de uma capacidade de esmagamento de soja total no Brasil de 132 mil toneladas/dia, 59 mil toneladas/dia ou 45% da capacidade nacional já estava localizada no Cerrado, indicando a força da atração da produção de soja desta região (Tabela 17). Estes dados indicam que a indústria de esmagamento acompanhou a produção de grãos e demonstrou a importância da produção dos cerrados de Mato Grosso, Goiás e Piauí, conforme indica o mapa das unidades esmagadoras de soja no cerrado (Mapa 6.10).

Do ponto de vista da capacidade de refino e enlatamento de óleo, a situação ainda é distinta. Embora estas indústrias estejam acompanhando a indústria de esmagamento, sendo em alguns casos de unidades integradas, o grosso da capacidade ainda está no Estado de São Paulo, que sozinho detém 35% da capacidade de refino, seguido por 16% no Paraná e 12% em Goiás. Nos Estados da Bahia e do Piauí foram instaladas indústrias integradas, com o objetivo de abastecer diretamente os mercados regionais.

Mapa 6.11 - Localização das esmagadoras de soja

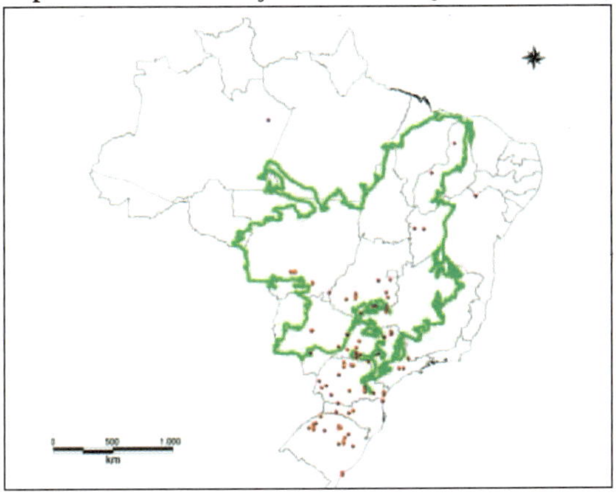

Fonte: *ABIOVE, 2005. Em (Diniz, 2006:173)*

Tabela 6.8 - Soja: Capacidade de esmagamento, refino e enlatamento de óleo (t./dia)

Estado	Processamento			Capacidade de Refino			Capacidade Enlatamento		
	1998	2004	%	1998	2004	%	1998	2004	%
Paraná	36.770	31.765	24	2.520	2.910	16	2.517	1.381	10
Mato Grosso	8.770	20.600	16	225	1.250	7	225	945	7
Rio G. do Sul	28.930	19.700	15	2.035	1.650	9	2.510	1.740	13
Goiás	9.660	16.920	13	1.420	2.090	12	1.292	2.020	15
São Paulo	13.780	14.950	11	5.470	6.230	35	3.926	4.170	30
Mato G. do Sul	7.480	7.295	6	490	540	3	600	540	4
Minas Gerais	5.900	6.400	5	880	1.270	7	938	1.034	8
Bahia	2.750	5.344	4	490	880	5	795	1.000	7
Santa Catarina	5.210	4.034	3	530	530	3	450	450	3
Piaui	260	2.360	2	120	120	1	180	180	1
Amazonas	-	2.000	2	-	450	3		230	2
Pernambuco	600	400	0	500	80	0	200	80	1
Ceara	200	-	0	42	-	0	33	-	0
Distrito Federal	600	-	0	120	-	0	67	-	0
Total	120.910	131.768	100	14.842	18.000	100	13.733	13.770	100

Fonte: *ABIOVE, 2005. Em (Diniz, 2006:172)*

Na indústria frigorífica, o crescimento do rebanho, o aumento da demanda interna e a demanda para exportações provocaram um grande crescimento do setor. Historicamente, a produção pecuária bovina era transferida para abate mais próximo aos mercados, especialmente São Paulo e Triângulo Mineiro. Gradativamente, a indústria frigorífica bovina começou a instalar unidades de abate e processamento no Cerrado.

Em 1970, o número de cabeças abatidas em frigoríficos controlados pelo SIF, sistema de inspeção sanitária do Ministério da Agricultura, foi de 10,7 milhões de cabeças, dos quais 25% estavam nos estados do Centro-Oeste. Em 2004, o número de cabeças abatidas subiu para 25,8 milhões, sendo a participação dos estados do Centro-Oeste, de 40%. Em 2004, existiam 125 matadouros frigoríficos bovinos instalados na região do Cerrado, sendo nove no Estado de Tocantins, três no Maranhão, um na Bahia, 17 em Minas Gerais, 16 em São Paulo, 21 no Mato Grosso do Sul, 23 no Mato Grosso e 27 em Goiás, vide Mapa 6.11. P 174.

Mapa 6.12 - Localização dos frigoríficos da área do Cerrado

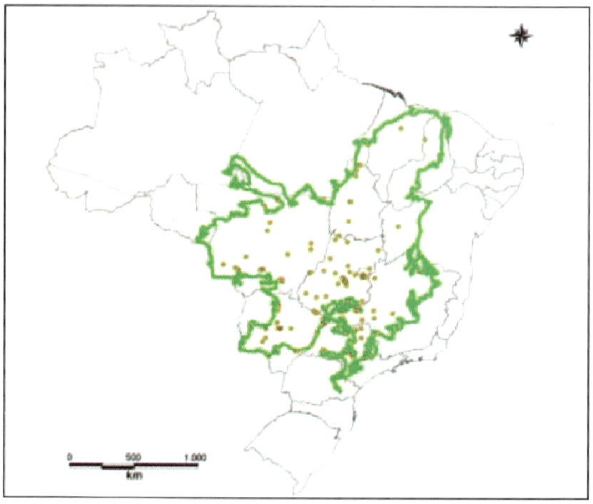

Fonte: *IBGE. Malha Municipal Digital, 2001/ Brasil Ministério da Agricultura, 2005. Em (Diniz, 2006:174)*

De forma semelhante, os estados do Centro-Oeste participavam com 5% do abate de suínos em 1970, elevando-se esse número para 12% em 2004. Igualmente, o abate de aves subiu de 3,6% para 10% do total nacional no mesmo período. Em 2004, o número de frigoríficos de suínos era de 30 e o de aves de 43 no Cerrado, conforme mapas 6.12 e 6.13. Neste caso, a produção de grãos atraiu os tradicionais frigoríficos de suínos e aves para a região, que induziram a criação daqueles animais, de forma semelhante ao processo de Santa Catarina.`

Os dados indicam o papel da fronteira agropecuária na atração da indústria frigorífica de boi, suíno e ave, com a presença dos tradicionais produtores nacionais. À medida em que se amplia e se consolida a produção agropecuária e a rede urbana e de serviços, tende-se também a ampliar a rede frigorífica regional.

A atividade agroindustrial de grande importância que nos últimos anos iniciou a construção de indústrias de grande porte nos cerrados é o setor sucro-

Mapa 6.13 - *Localização dos frigoríficos avícolas*

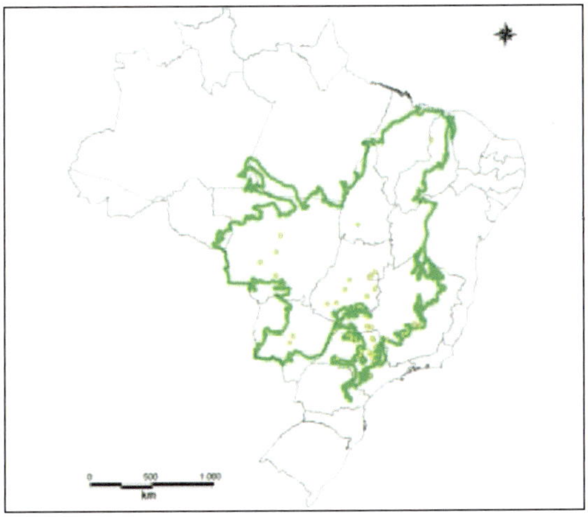

Fonte: *IBGE. Malha Municipal Digital, 2002. Brasil. Ministério da Agricultura, 2005. Em (Diniz, 2006:175)*

Mapa 6.14 - *Localização dos frigoríficos de suínos*

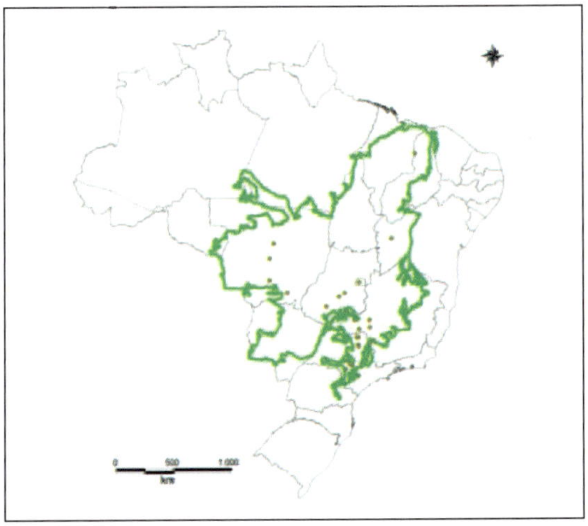

Fonte: *IBGE. Malha Municipal Digital, 2002. Brasil. Ministério da Agricultura, 2005. Em (Diniz, 2006:175)*

alcooleiro. Historicamente, a atividade estava concentrada na região da mata nordestina até meados do século XX. A partir de então, a atividade cresceu na região Sudeste, principalmente em São Paulo, que se tornou o maior produtor de açúcar e álcool. A atividade ganhou impulso em meados dos anos 1970, com a primeira crise do petróleo e a criação do Pró-Álcool. Durante a segunda metade dos anos 1990, a atividade sofreu uma crise em função da baixa no preço do petróleo e das dificuldades tecnológicas que tornaram o carro a álcool menos competitivo do que o movido a gasolina. Nos últimos anos, este quadro tem se revertido, principalmente com a alta recente do preço do petróleo e o desenvolvimento da tecnologia bi-combustível que tornou possível o abastecimento dos carros com álcool ou gasolina, em quaisquer proporções.

A produtividade da cana-de-açúcar obteve ganhos consideráveis, tendo como base a pesquisa tecnológica do Instituto Agronômico de Campinas, do Centro de Tecnologia Canavieira em Piracicaba e da Universidade Federal de Viçosa (MG). Os grandes grupos nordestinos que se capitalizaram mediante incentivos fiscais e financiamento barato passaram a investir em áreas de melhor produtividade no Sudeste e, mais recentemente, na área do Cerrado. Assim, nos últimos 10 anos, diversos grupos nordestinos, em especial os pernambucanos e alagoanos instalaram plantas na região do Cerrado. As principais razões para a mudança estão relacionadas à possibilidade de maior escala de produção na região dos Cerrados, com topografia plana, apropriada ao uso de máquinas de grande capacidade, que induzem as indústrias a deixarem a topografia acidentada do Nordeste e ainda sair do gerenciamento familiar e do maquinário ultrapassado.

As principais agroindústrias processadoras da cana-de-açúcar que se instalaram na região de Goiás, Mato Grosso do Sul e Triângulo Mineiro possuem, em sua maioria, capital de origem nordestina.

Este é o caso da usina Anicuns em Goiás, que pertence ao Grupo Antônio Farias de Pernambuco, da usina CRV em Goiás, que pertence ao Grupo Japungu da Paraíba, das usinas de Volta Grande e Delta, na região do Triângulo Mineiro, que pertencem ao Grupo Carlos Lyra de Alagoas, das usinas Vale do Parnaíba e Triálcool, também no Triângulo Mineiro pertencentes ao Grupo João Lyra, das usinas de Campo de Florido e Iturama no Triângulo Mineiro, pertencentes ao Grupo Tércio Wanderley de Alagoas. O Grupo Tavares de Melo, de Pernambuco, possui duas usinas no Mato Grosso do Sul, e o Grupo EQM, de Pernambuco, possui duas usinas na região do Cerrado, uma no Mato Grosso e outra no Tocantins. O Grupo Naoum de Anápolis (GO) possui uma usina em Goiás e duas no Mato Grosso.

Grupos paulistas também se expandiram para o Mato Grosso do Sul e para o Paraná.

Atualmente, a cana-de-açúcar voltada para a produção de açúcar e álcool está em torno de 400 milhões de toneladas/ano, sendo a região Centro-

Sul responsável por aproximadamente 80% da produção brasileira, destes, 60% estão no Estado de São Paulo, o principal produtor.

Nos últimos anos, a produção nos estados que fazem parte do Cerrado cresceu principalmente nos Estados de Goiás e Mato Grosso. Na última década tem se destacado a região de cerrado do Triângulo Mineiro, que vem substituindo antigas regiões produtoras em Minas Gerais. Entre 1993 e 2003, a cana-de-açúcar voltada para a produção de açúcar e álcool passou de 219 milhões para mais de 317 milhões de toneladas, um aumento de quase 100 milhões de toneladas em um período de 10 anos.

Os Estados de Goiás, Mato Grosso e Mato Grosso do Sul tiveram sua produção de 12 milhões de toneladas de cana em 1993 aumentada para 31 milhões de toneladas em 2003, quase o triplo, com destaque para o Estado do Mato Grosso, que passou de quatro para 12 milhões de toneladas no período.

Em 2003 encontravam-se instaladas na região dos cerrados de Minas Gerais, Mato Grosso e Mato Grosso do Sul 58 unidades produtoras de açúcar e álcool, em funcionamento ou em processo de instalação (Udop, 2006). Dentre elas a Usina Itamarati, uma das maiores do país, com uma moagem de, aproximadamente, cinco milhões de toneladas de cana por ano. Em 2009 passou para 166 usinas entre os estados de Góias, Mato Grosso, Mato Grosso do Sul e Minas.

Considerada a disponibilidade de terras adequadas e de menor preço e a experiência que vem sendo adquirida nos últimos anos, é de se esperar a contínua expansão do setor sucroalcooleiro na região do Cerrados. Entretanto, a pesquisa realizada mostra que a maioria das usinas existentes hoje foi instalada ainda durante a década de 1980. O que tem ocorrido nos últimos anos é um movimento de duas naturezas, um de aquisição de usinas e melhoria do parque tecnológico, e outro, mais recente, de instalação de novas plantas.

No que se refere às usinas beneficiadoras de algodão, o crescimento da produção regional de algodão vem induzindo a instalação de indústrias de descaroçamento e de óleos na região, sendo a última complementar à indústria de soja.

Com a disseminação das empresas nacionais no Cerrado, a disputa pelo mercado vem acirrando a concorrência e estimulando as multinacionais a ocuparem estrategicamente também esse espaço territorial, por meio de plantas agroindustriais. O processo de modernização da fronteira teve, então, uma característica central: os produtores sempre estiveram subordinados às estratégias comerciais e ao poder de mercado dos grandes capitais agroindustriais.

Assim, a expansão da produção agropecuária na região dos cerrados, na primeira fase, foi embasada na exportação de sua produção tanto a outros estados da União como para o mercado externo para, num segundo momento, com a instalação de indústrias processadoras se consolidando, partir para processar a produção e exportar produtos elaborados.

Embora no primeiro momento a base exportadora não tenha se diversificado em termos de um processo de industrialização generalizado e completo, não há nenhuma dúvida de que ela vem induzindo a constituição de uma ampla gama de agroindústrias e de serviços urbanos.

Além da pesquisa, o desenvolvimento da agricultura no Cerrado brasileiro foi impulsionado pelos produtores rurais, cooperativas e empresas que por lá se instalaram. A produção na região se tornou um negócio de grandes proporções e atrai investimentos pesados de companhias brasileiras e multinacionais de diferentes segmentos.

Um dos exemplos é a Perdigão, que já investiu R$ 411 milhões no seu complexo agroindustrial de Rio Verde, em Goiás. A planta, que a empresa diz ser a maior do gênero na América Latina, tem capacidade para produzir 194 mil toneladas de carne de frango por ano, mais 104 mil toneladas de carne suína e industrializar 160 mil toneladas de diversos tipos de carnes. O faturamento da unidade gira em torno de R$ 1 bilhão por ano.

A Perdigão levou para Goiás o modelo que já utilizava em outras unidades localizadas no Sul do país, com os chamados "produtores integrados". Ou seja, os produtores cuidam da criação em suas propriedades, mas com assistência técnica, insumos e os próprios animais fornecidos pela companhia.

Os frangos abatidos por lá abastecem vários mercados no exterior, incluindo Arábia Saudita, Omã, Emirados Árabes Unidos e Iêmen, todas nações árabes. O complexo conta com 6,4 mil funcionários, o que tornou a Perdigão a maior empregadora da região Centro-Oeste. De acordo com a empresa, foram criados mais 32,4 mil empregos indiretos desde que o centro começou a funcionar em 2000.

Além da ampliação da planta de Rio Verde, a Perdigão está construindo um outro complexo em Mineiros, tem negócios na área avícola em Jataí e no segmento de carne bovina em Cachoeira Alta. Ainda no cerrado, a companhia anunciou que vai investir R$ 100 milhões para a ampliação de sua unidade em Nova Mutum, no Mato Grosso. Mais R$ 117 milhões serão aplicados pelos avicultores integrados, que criam as aves e suínos para serem abatidos nos abatedouros da Perdigão. Os investimentos serão realizados em quatro anos e, segundo a empresa, vão gerar 2,5 mil empregos diretos e 3,9 mil indiretos.

A indústria de alimentos e bebidas de Goiás está produzindo em ritmo cada vez mais acelerado para atender a demanda nacional; em fevereiro de 2008 registrou um crescimento de 18,1% sobre o mesmo mês do ano anterior. A indústria química local registrou crescimento de 41 % no mesmo período, a indústria de transformação 18,5% e a indústria geral cresceu 18,1%. No primeiro bimestre de 2008, a indústria goiana cresceu 11,8% em relação ao mesmo período do ano anterior, segundo o IBGE. Esta é a consequência da nova vocação que surge com ímpeto no Centro-Oeste como consequência da exploração agrícola dos cerrados que traz no seu bojo todo um desenvolvimento regional, embasado numa forte e diversificada agroindústria que tem boa competitividade com penetração de seus produtos tanto no mercado interno como externo. A tecnologia transferida para a região, com a ida de grandes empresas nacionais como a Sadia e Perdigão, e o crescimento de tantas outras indústrias locais com absorção destas tecnologias, são promissores e interessantes para a perspectiva da região.

A exploração agrícola dos cerrados trouxe consigo uma transferência do centro de tecnologia na produção agrícola de grandes culturas, antes residente principalmente nos Estados do Paraná e Rio Grande do Sul para Mato Grosso e Goiás.

6.5.1 - O Grupo Maggi

"Terras baratas e fartas e o desenvolvimento da tecnologia agrícola atraíram os produtores", disse Pedro Valente, gerente de produção da Divisão Agro do Grupo Maggi, outra gigante brasileira do agronegócio. Fundada por André Maggi, pai do atual governador do Mato Grosso, Blairo Maggi, a empresa exemplifica a história dos diversos produtores do Sul do país que imigraram para o Centro-Oeste na década de 70 em busca de fortuna. "Eles já eram grandes produtores no Paraná e queriam expandir os negócios", afirmou Valente.

Hoje a companhia sediada em Rondonópolis (MT) comercializa cerca de três milhões de toneladas de soja por ano, sendo 430 mil de produção própria. Ela produz também 190 mil toneladas de milho e este ano deverá produzir 12 mil toneladas de algodão em pluma. A companhia tem ainda duas esmagadoras de soja e está construindo uma terceira e, além disso, tem negócios nas áreas de transportes e energia elétrica. Ela emprega 2,8 mil pessoas.

O desenvolvimento das tecnologias agrícolas foi essencial para a empresa. "A tecnologia permitiu um grande crescimento, se não fossem elas o negócio seria menor. O grande salto não foi nem na área plantada, mas na produtividade", disse Valente. Em sua opinião, no caso da soja, o desenvolvimento de novas variedades de sementes pela Embrapa e pela Fundação Mato Grosso, instituição privada de pesquisa, foi o principal indutor do ganho de produtividade. "Saímos de 35 a 36 sacas por hectare na década de 80 para mais de 50 hoje", acrescentou.

A meta na empresa é buscar cada vez mais produtividade, sem necessariamente ampliar a área plantada. "Estamos focados na produtividade e na racionalização daquilo que já foi aberto", declarou Valente. A companhia estuda, por exemplo, plantar mais algodão em terras hoje ocupadas por soja e milho, investir em culturas complementares, como o girassol, e diversificar a produção, o que pode incluir a construção de uma usina de açúcar e álcool.

Na área de logística, o Grupo Maggi foi responsável pela construção da Hidrovia Madeira-Amazonas, que liga Porto Velho, em Rondônia, ao Porto de Itacoatiara, no Amazonas, e escoa a produção do oeste do Mato Grosso.

O cerrado é também terra de multinacionais do agronegócio, como Bunge, Cargill e Louis Dreyfus. A Bunge, por exemplo, compra 25% da soja e 10% do milho produzido no Mato Grosso do Sul, Mato Grosso, Goiás e Tocantins, segundo informações da própria empresa. Tem também diversas unidades de armazenamento de grãos e plantas industriais nos municípios de Luziânia (GO), Dourados (MS) e Rondonópolis. A companhia atua também no fornecimento de fertilizantes e emprega cerca de mil pessoas na região.

6.5.2 - Sadia

A Sadia também está ampliando seus negócios na região do Cerrado. A companhia prevê investimentos de R$ 1,5 bilhão no Mato Grosso até 2009, sendo que R$ 800 milhões serão aportes próprios e os R$ 700 milhões restantes virão dos produtores integrados. Este é, de acordo com a companhia, o maior investimento anunciado por ela nos últimos anos.

O dinheiro será aplicado na construção de dois novos abatedouros de aves e de uma planta de abate e industrialização de suínos. Cada uma das instalações avícolas terá capacidade para abater 500 mil frangos por dia. Elas vão ser instaladas nos municípios de Lucas do Rio Verde e Campo Verde. Espera-se a criação de oito mil empregos diretos e 24 mil indiretos, sempre segundo a empresa.

Quando os empreendimentos estiverem concluídos, em 2009, a Sadia espera conseguir receitas adicionais de R$ 1,2 bilhão por ano. É mais uma empresa do setor agroindustrial que está investindo pesadamente no cerrado. Ela se junta a outras, como sua principal concorrente, a Perdigão; o Grupo Maggi, que produz e comercializa commodities agrícolas; além de multinacionais como a Bunge, a Cargill e a francesa Louis Dreyfus.

De acordo com a Sadia, entre os fatores que influenciaram a decisão de investir no Mato Grosso estão a disponibilidade de grãos, uma vez que as rações dos animais são compostas de milho e soja e o estado é o maior produtor de soja e o quarto maior de milho no Brasil; o clima; a disponibilidade de terras para o plantio; e a diversificação de riscos, caso algum problema sanitário ocorra em algum dos estados onde a empresa já tem unidades produtoras.

6.5.3 - Perdigão

"Nova unidade vai gerar cerca de dois mil empregos diretos e consolida posição da empresa como uma das maiores empregadoras do Centro-Oeste"

A **Perdigão** inaugurou em 2007 o Complexo Agroindustrial de Mineiros (GO), referência mundial na produção de aves. A unidade terá capacidade para processar 81 mil toneladas/ano de produtos à base de carne de aves pesadas, o equivalente a 24 mil cabeças de peru e 140 mil cabeças de frango e ave Chester® por dia, quando estiver operando a plena carga. Pelo menos 80% deste volume serão destinados ao mercado externo.

O complexo vai gerar cerca de dois mil empregos diretos e mais de oito mil indiretos. Pelas projeções, a nova unidade deverá elevar em R$ 550 milhões a receita anual da companhia e terá grande importância para sua estratégia de expansão. Além de ampliar a produção de frangos, Mineiros possibilitará o crescimento nos segmentos de perus e de aves Chester®, atividades até agora concentradas em unidades da empresa no sul.

O projeto, que se destaca pela alta tecnologia, está recebendo investimentos de R$ 510 milhões, sendo R$ 240 milhões por parte da **Perdigão**, com financiamento parcial do BNDES. Os restantes R$ 270 milhões serão aplicados pelos produtores integrados, na construção de 200 módulos de produção. Os integrados serão financiados pelo Fundo Constitucional do Centro-Oeste (FCO), por intermédio do Banco do Brasil. Durante o ano de 2005, também foram liberados recursos do FAT (Fundo de Amparo ao Trabalhador).

O Complexo Agroindustrial de Mineiros ocupa 135 hectares — o que corresponde a 175 campos oficiais de futebol — no distrito industrial às margens da rodovia GO 341, a 430 quilômetros da capital goiana, Sudeste do Estado. Do total da área, 23 hectares foram destinados à reserva legal. A área construída soma 55 mil m^2.

A unidade é composta de dois abatedouros e um incubatório. Também já foram iniciadas as obras da fábrica de rações, que vai ocupar 200 mil m^2. O incubatório, instalado em área de 4,5 mil m^2, tem capacidade para 209 mil ovos/semana. A obra representa o mais moderno conceito em tecnologia de incubação e biosegurança, contribuindo para a preservação do meio ambiente.

Os equipamentos, de última geração, foram importados de fabricantes europeus, canadenses, americanos e japoneses, já que grande parte deles ainda não estava disponível no país.

Para a instalação da linha de perus, técnicos da **Perdigão** visitaram plantas na Holanda, Alemanha, França e Polônia, consideradas as mais avançadas no setor. Entre as inovações apresentadas pela unidade de Mineiros está o sistema de atordoamento de perus com utilização de dióxido de carbono (CO2), que melhora a qualidade e a maciez da carne e garante melhor aproveitamento do peito, além de contribuir para a redução do esforço físico dos funcionários envolvidos na linha de produção.

Outra novidade é a mudança da matriz energética das caldeiras que fornecem vapor para as linhas de produção de perus e frangos. A utilização de gasogênio permitirá um rendimento melhor e vai reduzir em 10% o consumo de lenha.

A preocupação com o meio ambiente se reflete em todas as áreas do complexo. No sistema de refrigeração, um conjunto de medidas trará economia e segurança. A principal delas visa reduzir em 50% a quantidade de amônia, produto químico de alta toxidade, empregado como fluido térmico. A solução encontrada foi instalar unidades de geradores e compressores para cada uma das duas câmaras frigoríficas e para os dois túneis de congelamento, em vez de colocar os equipamentos num único local, como se faz habitualmente.

Nas salas de corte, onde é preciso manter a temperatura a 10 graus celsius, a amônia será substituída por água gelada. Na linha de produção de perus, novas tecnologias de resfriamento vão reduzir a perda que ocorre na operação de desossa, de 3% para 1% do peso.

Aproveitando o clima favorável do Cerrado, o prédio da administração utilizará energia solar. Todos os aspectos foram rigorosamente planejados para permitir o emprego, no maior grau possível, de fontes renováveis de energia.

A exemplo de outras unidades da empresa, o complexo de Mineiros conta com avançado sistema aeróbico de tratamento de efluentes que, entre outras vantagens, possibilita maior reutilização de água tratada, produz menos odores e é mais seguro em relação a outros processos de tratamento.

O principal diferencial do sistema de integração de Mineiros é o seu zoneamento. A região foi dividida ao meio, tomando-se como base a barreira natural formada pelo Rio Verde, que passa próximo à cidade. De um lado estão sendo instalados os módulos para produção de frango Chester® e do outro, os diferentes sistemas de produção de perus, que também são separados em microrregiões, criando uma espécie de barreira sanitária. A disposição das rodovias locais ajudou nesse planejamento. Tanto os caminhões de transporte quanto as equipes de assistência técnica seguirão rotas diferentes para realizar seu trabalho, garantindo, assim, os mais rigorosos padrões em sanidade.

A cadeia de integração, quando totalmente implantada, deverá consumir aproximadamente 210 mil toneladas/ano de milho e 120 mil toneladas/ano de farelo de soja, contribuindo para incrementar a produção de grãos, que é a principal base econômica de Mineiros.

6.5.4 - O sistema cooperativo

Iniciando pelo Padap que teve o seu projeto embasado no sistema cooperativo para viabilizar a exploração do Cerrado e seguido nos projetos subseqüentes do Polocentro e PRODECER, as cooperativas também têm um papel importante no Cerrado. De acordo com o presidente da Organização das Cooperativas Brasileiras (OCB), Márcio Lopes de Freitas, em 2005 o número de cooperativas agropecuárias na região chegou a 218 com 110.941 associados. No Brasil existem 1.514 cooperativas voltadas para o setor.

As cooperativas foram fundamentais no início da exploração agrícola do Cerrado, permitindo o trabalho conjunto dos produtores reunidos em cooperativas na busca de novas técnicas agrícolas para o uso desta área inóspita.

Este tipo de empresa, segundo Freitas, responde por 40% da produção brasileira de grãos. No cerrado, porém, a participação é menor. "Elas ainda não se fazem tão presentes pelo porte da agricultura praticada na região, com grandes produtores individuais que têm maior autonomia e poder de barganha", disse.

Ele ressalta, no entanto, que com o tempo o processo de socialização torna-se natural e a tendência é que o número de cooperados aumente. "Mesmo sendo de grande porte, o produtor percebe a importância de se organizar e começam a surgir as cooperativas. O objetivo é aumentar a escala de produção e o poder de negociação, além de reduzir custos", acrescentou.

Apesar da pesquisa e do empreendedorismo, o cerrado ainda tem obstáculos a superar. Um dos principais é a logística. Boa parte da produção da região ainda é levada para os portos de caminhão por estradas muitas vezes de má qualidade, o que onera os produtos e, dependendo do caso, pode tirar sua vantagem competitiva.

6.6 - Crescimento demográfico e urbanização do cerrado

O Cerrado, que teve muitas tentativas de ocupação desde os tempos remotos, se caracterizava como uma sociedade desestimulada pelos seguidos insucessos. Os centros urbanos eram formados pelo contingente que deixou as minas pós-exaustão, ou das atividades rurais em pequena escala que necessitavam das atividades dos centros urbanos.

6.6.1 - O papel da rede de cidades no processo de desenvolvimento

Os centros urbanos possuem o papel central de articulação e estruturação do território, da organização da população e do comando do crescimento econômico. As atividades econômicas se localizam em centros, formando áreas de mercado, em função da dimensão da demanda e da escala, bem como do custo de transporte. Cada área de mercado vai até o limite geográfico, no qual o custo de transporte da produção originada de outra localidade, é mais baixo. Assim, forma-se um conjunto de centros, cuja magnitude e função vão depender do estágio de desenvolvimento de cada país ou região, constituindo a rede urbana de um determinado território.

A importância desses lugares centrais não se deve nem à área e nem à população, mas deriva do esforço econômico combinado dos habitantes. Isso leva ao conceito de concentração ou aglomeração como forma de fazer crescer o centro e o entorno. O que faz com que esse lugar central ganhe importância relativa e absolutos são os bens e serviços por ele produzidos, ou seja, os bens produzidos em poucos pontos e oferecidos e consumidos em muitos pontos dispersos no espaço. Cria-se, assim, o que a literatura chama de "hierarquia urbana", em torno da qual se forma uma rede urbana. A hierarquia urbana pode ser definida de acordo com a função de cada cidade no espaço, o tipo de bens e serviços ofertados e a influência da mesma em relação às cidades do entorno. Vão surgindo a partir desse centro, áreas complementares cuja distância, para se mensurar, deve ser econômica e não geográfica. Não existe cidade isolada, sem relações com o seu entorno, as cidades mantêm relações entre si.

6.6.2 - A rede urbana no Brasil

No Brasil os primeiros trabalhos sobre a rede urbana e o papel das cidades na conformação do território foram feitos no início dos anos 1960, pelos geógrafos Pedro Pinchas Geiger e Speridão Faissol. Geiger (1963) foi o precursor, tendo escrito o primeiro trabalho de fôlego que se propunha a fazer uma análise sistemática da rede urbana no Brasil. A idéia que permeia o trabalho é a de que é necessário compreender o fenômeno urbano e suas relações com sua região. O estudo de Geiger (1963) se inspirou nas formulações de Tricart (1951) e Rochefort (1958).

A idéia de se classificar os municípios segundo o tamanho de sua população urbana e do papel do setor terciário já está presente no trabalho de Geiger (1963), que resgata as origens do fenômeno urbano no Brasil, remontando-o desde a época do Brasil colônia. O autor mostra que, durante a fase colonial e mesmo no início do século XX, o fenômeno urbano estava em grande medida concentrado no litoral, o papel dos portos era essencial. A partir dos anos 1940, com a industrialização, o fenômeno urbano passou a ter outra face que acelerou o crescimento das grandes e médias cidades brasileiras.

No quadro XVII de seu livro, o autor mostra como o crescimento industrial impulsionou o movimento migratório em direção a grandes metrópoles brasileiras (São Paulo, Rio de Janeiro, Recife, Belo Horizonte, Porto Alegre, Fortaleza e Belém). Se a acumulação primitiva de capital foi gerada pela prosperidade da agricultura cafeeira, a indústria surgiu em função de uma conjunção de fatores: disponibilidade de capital, de mão de obra, aumento de preço dos produtos manufaturados e as facilidades criadas pelo governo para a importação de material necessário à industrialização. Nessa linha, Geiger (1963) descreve o que era o processo de criação de núcleos urbanos — geralmente a sede de uma fazenda, cujas atividades estavam relacionadas com o entorno. A relação urbano-rural é uma relação presente, e a dinâmica do urbano depende, em grande medida, da dinâmica determinada pelo meio rural. Ou seja, o urbano está intimamente vinculado ao rural.

O trabalho de Geiger (1963), discute ainda os problemas da classificação das cidades. Podemos classificar uma rede urbana em função de vários aspectos: data da fundação, tamanho de sua população, função de sua origem, entre outros. O problema, segundo o autor, é que em nenhum destes casos temos uma hierarquia lógica que satisfaça a uma classificação geral e real que permita comparar e evolução da rede urbana em distintos espaços.

Já está presente no trabalho de Geiger (1963), a concepção de metrópole nacional, metrópole regional, submetrópole regional e áreas de influência. Ou seja, o autor constrói toda uma tipologia para classificar a rede urbana brasileira, a partir da conjugação de aspectos demográficos, econômicos, políticos e geográficos. Faissol et al. (1978) foi importante na proposição de forma de mensuração e construção de tipologias para o urbano.

Contribuições importantes foram dadas por Santos (1979) quando analisa a rede urbana, separando a mesma em duas partes: o circuito superior ligado às atividades econômicas mais avançadas e vinculado ao processo de acumulação de capital; e o circuito inferior, que sobrevive à margem do sistema principal e fora do eixo de acumulação do capital. Mesmo que esta análise não seja atual, ajuda a compreender os espaços e a rede de cidades que conformam a rede urbana do Cerrado brasileiro.

No mais recente trabalho sobre a rede urbana no Brasil, publicado pelo IPEA/IBGE/NESUR (2001), resgata-se, à luz de um novo paradigma, a necessidade de se estudar o urbano e a conformação da rede de cidades para que se dê subsídio ao planejamento do desenvolvimento territorial brasileiro.

A idéia que permeia esse estudo da rede urbana é a tentativa de uma região como um todo, ou seja, uma região com uma malha urbana frágil é uma região vazia e desintegrada. Não basta haver redes de transporte, é necessário que a rede seja permeada de pontos de conexão.

Egler (2001) propõe que o estudo do fenômeno urbano e, consequentemente, da rede urbana, deva ser feito à luz da mudança de paradigma ocorrida no século XX e da passagem de uma economia capitalista mercantil para uma economia capitalista urbano-industrial. Nesse sentido, o fenômeno urbano no Brasil a partir dos anos 1950 deve ser entendido como cada vez mais ligado ao fenômeno industrial.

Retrocedendo a análise historicamente, Monte-Mór (2006) conclui que no Brasil, predominou um padrão de ocupação rural extensivo ao longo de vários séculos, em função de sua condição colonial e depois de país primário exportador. Nessas fases, as cidades cumpriam o papel de centros políticos e de controle, e não de centros de produção e/ou consumo, como ocorria nos países centrais (Monte-Mór, 2006).

No caso específico do desenvolvimento do Cerrado, afirma-se que a região nasceu urbana desde sua colonização, pois a atividade mineradora foi uma atividade por essência urbana. Após um longo atrofiamento, o renascimento da região, baseado no crescimento da agropecuária capitalista e moderna, implicou na demanda de uma série de bens industriais e serviços especializados para o seu suporte. No entanto, a comercialização desta produção agrícola ou sua transformação industrial estão baseadas nas cidades.

Mais do que isso, a velocidade e a forma como ocorreu o processo de ocupação do Cerrado a partir dos anos 1960 indica que o processo agropecuário que se desenvolveu na região estava baseado no padrão urbano-industrial que se consolidava no restante do país. Se tomarmos em conta, ainda, que a revolução agrícola no Brasil ocorreu depois da industrialização do país, isso vem corroborar a concepção jacobiana da ascensão da cidade e do urbano sobre o rural.

Numa análise sob a ótica marxista, o processo recente de desenvolvimento da agricultura no Brasil ocorre de tal forma que o setor agrícola perde sua autonomia enquanto setor econômico independente, para se subordinar cada vez mais ao padrão urbano-industrial que emergira no país. É sob essa ótica já capitalista e, mais do que isso, dominada pelo novo padrão urbano-industrial, que ocorre o processo de incorporação das terras do Cerrado.

A região nasce, assim, subordinada ao padrão urbano-industrial, pois o desenvolvimento agropecuário está calcado em um padrão intensivo em tecnologia e mecanização. A intensidade do processo de mecanização, uso de insumos agrícolas, defensivos, sementes melhoradas e geneticamente modificadas, além de técnicas de manejo sob constante aperfeiçoamento, coloca a agricultura cada vez mais subordinada ao urbano.

Em interpretação recente sobre o processo de urbanização das áreas demograficamente vazias até pouco tempo (Norte e Centro-Oeste), Monté-Mor (1994) propôs o conceito de urbanização extensiva, naquilo que ele concebeu como um processo de urbanização que se generalizou no país a partir das condições de produção e reprodução colocadas pelo paradigma urbano-industrial. Segundo o autor, a primazia das cidades e a generalização da importância do urbano atingiram todo o espaço nacional tendo se difundido a partir das regiões metropolitanas por meio da articulação dos centros industriais às fontes de matérias-primas. A urbanização ocorre quando o urbano-industrial passa a impor e determinar as relações sobre todo o espaço.

> [...] é a essa urbanização que ocorreu para além das cidades e áreas urbanizadas, e que

> carregou com ela as condições urbano-industriais de produção (e reprodução) como também a práxis urbana e o sentido de modernidade e cidadania, que tenho chamado urbanização extensiva. A urbanização extensiva atingiu nos últimos 30 anos praticamente todo o país [...] Ao final do século XX, o urbano se fazia então presente em todo o território nacional, com destaque para a fronteira amazônica e do centro-oeste onde a produção do espaço já se dava a partir de uma base urbano-industrial que emanava dos centros metropolitanos e de seus desdobramentos sobre as regiões agrárias articuladas à base agro-industrial do país. É neste sentido amplo que se pode falar de uma urbanização extensiva que se impõe no espaço brasileiro para muito além das cidades, integrando espaços rurais e regionais ao espaço urbano-industrial através da expansão da base material requerida pela sociedade e economia contemporâneas e das relações de produção que são (ou devem ser) reproduzidas pela própria produção do espaço. Neste contexto multiplicam-se as fronteiras (urbanas), tanto internamente e nas franjas das aglomerações quanto nos espaços regionais e rurais incorporados à lógica urbano-industrial dominante. A urbanização extensiva caminha assim ao longo dos eixos viários e redes de comunicação e de serviços em regiões "novas" como a Amazônia e o Centro-Oeste, mas também em regiões "velhas", como o Nordeste, em espaços residuais das regiões mais desenvolvidas, nas "ilhas de ruralidade" no interior mineiro ou paulista. Em toda parte, a lógica urbano-industrial se impõe ao espaço social contemporâneo, no urbano dos nossos dias.

Este conceito de urbanização extensiva foi cunhado por Monte-Mór (1994) para analisar e explicar a extensão das condições gerais de produção urbano-industriais para além das cidades, pelo avanço da práxis urbana em todo o território, por uma síntese dialética entre cidade e campo, unificando a questão rural e urbana sob a hegemonia do urbano.

No caso da região em análise, chama atenção a velocidade com que a região se urbanizou. O Cerrado brasileiro não viveu um processo de ocupação rural que depois se converteu em urbano, deu-se o contrário, a região nasceu urbana, em função da atividade que inicialmente ali se desenvolveu. Num segundo momento, o crescimento da malha urbana, que ocorreu pari passu com a expansão da fronteira agrícola também fez com que a região crescesse.

Guimarães e Leme (1997) afirmam que foi durante os anos 1960/70 que se constituíram as bases para a introdução das frentes modernas, que impactaram vigorosamente a economia e a estrutura urbana do Cerrado brasileiro. O auge das transformações iniciadas na década de 30 ocorre nesse período, com as políticas nacionais de colonização, integração e interiorização da economia, capitaneadas pelo estado brasileiro, e com a implantação, pouco tempo depois, dos dois principais núcleos urbanos que cumprem funções polares na região, Goiânia e Brasília.

Com visão e proposta alternativas, Veiga (2002) tenta demonstrar a importância do rural, negando os argumentos da força e da magnitude da urbanização. Argumenta que o setor rural vai mais além do aparente e que sua importância é geralmente reduzida. Para este autor, a urbanização brasileira não tem a dimensão proposta por Monte-Mór (1994; 2004).

Entende-se que os argumentos de Veiga devem ser qualificados. Não se está negando a importância do rural, mas sim demonstrando que ele está cada vez mais integrado e articulado ao urbano. Portanto, não faz sentido tomá-lo de forma independente, inclusive porque, com a constituição do complexo agroindustrial, o rural passou a estar subordinado à indústria e aos serviços urbanos.

6.6.3 - Crescimento demográfico e urbanização recente no Brasil

Entre 1970 e 2000, a população brasileira praticamente dobrou, subindo de 93 para 170 milhões de habitantes. Este crescimento foi diferenciado por regiões, em função dos estímulos econômicos, das oportunidades de emprego e, consequentemente, dos movimentos migratórios (Gráfico 6.3). Além do movimento migratório das regiões antigas e de baixo dinamismo econômico, como o Nordeste para São Paulo, iniciou-se um forte movimento migratório para as fronteiras agropecuárias do Centro-Oeste e Norte do país (Tabela 6.9). No caso do Centro-Oeste, passou a haver uma nova origem migratória originária dos estados do Sul, em função da mudança de estrutura produtiva, do aumento do preço da terra naqueles estados e da expectativa gerada pela fronteira agrícola, especialmente com as mudanças tecnológicas, que permitiram a ocupação produtiva dos cerrados e as políticas públicas de estimulo à sua ocupação. Nesse sentido, destaca-se o crescimento diferenciado da região do Cerrado, em função de dois fenômenos independentes, porém articulados: o movimento da fronteira agropecuária e o crescimento de Brasília.

6.6.4 - Migração

No caso dos cerrados, a migração teve, e continua tendo, papel fundamental na ocupação. Analisar migração num país de dimensões continentais como o Brasil, extremamente heterogêneo e com enormes fluxos migratórios é fundamental para compreender a evolução das regiões nos diferentes momentos do tempo e dar subsídio à formulação de políticas públicas no território.

A análise do processo migratório é importante, pois indica as necessidades de formulação de políticas públicas, e constitui ponto importante tanto para o planejamento de investimentos públicos quanto privados. Ou seja, a necessidade de adequação da infraestrutura e das condições básicas de uma determinada

Gráfico 6.3 - Cerrado, grandes regiões e Brasil: crescimento relativo da população (1970 = 100%)

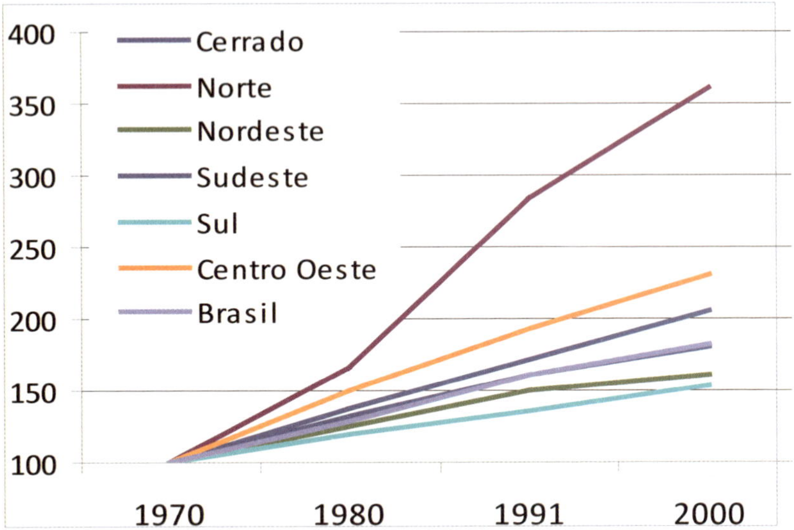

Fonte: *IBGE. Em (Diniz, 2006:190)*

Tabela 6.9 - Brasil: saldos e taxas líquidas de migração quinquenais das regiões e estados selecionados, população de cinco anos ou mais de idade

UF/Região/ Quinquenios	Saldos migratórios quinquenais*			Taxas líquidas de migração quniquenais (%)**		
	1975/ 1980	1986/ 1991	1995/ 2000	1975/ 1980	1986/ 1991	1995/ 2000
Região Norte	312.275	9.758	76.480	5,74	0,11	0,68
Tocantins	-	10.708	13.703	-	1,35	1,34
Região Nordeste	(870.640)	869.909	743.188	-2,97	-2,35	-1,74
Região Sudeste	1.005.055	680.561	546.723	2,22	1,21	0,83
Região Sul	(627.708)	167.680	33.465	-3,77	-0,85	0,15
Região Centro-Oeste	287.148	300.143	288.740	4,94	3,60	2,75
Mato Gros Sul	37.931	23.749	(2.473)	3,24	1,51	-0,13
Mato Grosso	114.160	109.307	52.099	11,92	6,17	2,32
Goiás	(34.517)	112.547	207.059	-1,29	3,15	4,58
Distrito Federal	169.574	54.540	32.055	16,91	3,82	1,73

Fonte: *IBGE. Censos Demográficos de 1980, 1991 e 2000. Em (Diniz, 2006:191).*

**Diferença entre imigrantes e emigrantes do quinquênio.*

*** Saldo migratório do quinquênio dividido pela população e numerado ao final do qüinqüênio (população de cinco e mais anos de idade)*

região como, por exemplo, a construção de estradas, demanda por energia elétrica, serviços de saneamento básico, escolas e hospitais, com vistas a atender um determinado crescimento populacional.

A expansão econômica foi acompanhada por grandes fluxos migratórios, como apontam os estudos demográficos, gerando taxas de crescimento populacional superiores às médias nacionais. Martine (1994) divide o processo migratório para o Centro-Oeste em três fases: a primeira se inicia no final de 1930 e vai até aproximadamente 1960, sendo marcada pela ocupação do oeste paulista, norte e oeste do Paraná, oeste de Santa Catarina e sudeste do Mato Grosso (atual Mato Grosso do Sul). O autor identifica no café as origens deste processo migratório, que, mesmo com a crise dos anos 1930, se intensificaria com a recuperação nos anos seguintes. A segunda fase de migração iniciou-se em 1940 e foi até os anos 1960, em direção à faixa mais central do país, abrangendo os Estados de Mato Grosso do Sul, Goiás e Maranhão — parcela do volume migratório para esta área se deve ao esforço governamental (construção de Brasília, rodovias, rede elétrica e programas de colonização). A terceira fase migratória inicia-se na década de 1970 em direção à Amazônia. É neste ciclo que Rondônia e o norte do Mato Grosso são ocupados, por projetos de colonização públicos e privados (Martine, 1994).

Martine (1994) analisa o processo de incorporação das áreas vazias do território brasileiro, mostrando que o processo de ocupação do Centro-Oeste foi rápido e apresentou um contrafluxo. Se no início a fronteira agrícola foi capaz de absorver grandes contingentes populacionais, nas fases dois e três a fronteira já estava fechada e havia um processo de refluxo. A explicação para isso está na forma como ocorreu este processo de migração e incorporação de novas áreas, sem modificar substancialmente a distribuição da terra e da renda, ou seja, a questão social não foi atendida neste processo.

À luz de um desenvolvimento altamente mecanizado com baixa necessidade de ocupação, ganhou vigor o setor urbano ligado à agricultura. Assim, parcela da migração acabou se fixando nas áreas urbanas constituindo mão de obra auxiliar no desenvolvimento agrícola. O setor de serviços se expandiu nestas áreas. O mapa 6.15 mostra o saldo líquido da migração no último quinquênio da década de 1990.

Simultaneamente ao crescimento demográfico, houve rápido processo de urbanização. Esta decorreu do crescimento da produção industrial e seus impactos na renda e nos serviços urbanos, do processo de mecanização e trans-

Mapa 6.15 - Contribuição do saldo migratório para o estoque populacional em julho de 2000[1]

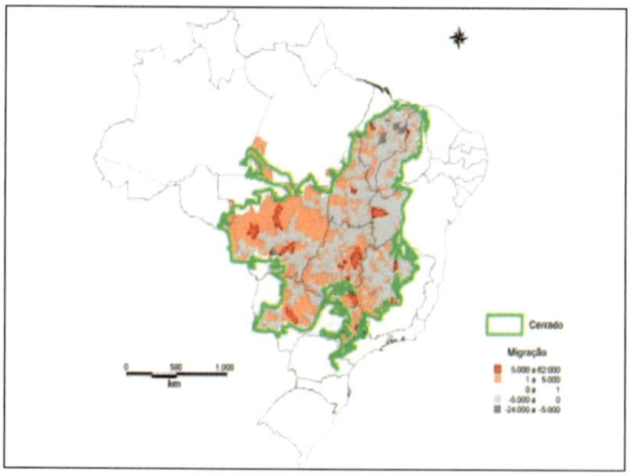

Fonte: *IBGE. Censo Demográfico, 2000/Malha Municipal Digital do Brasil. Em (Diniz, 2006:193)*

formação tecnológica da agricultura, com a consequente redução da demanda de trabalho no campo e, do êxodo rural decorrente das precárias condições de subsistência em várias regiões do país.

O ritmo da urbanização coincidiu com mudanças estruturais da economia brasileira, com a redução da importância relativa da agropecuária e da indústria, no emprego e na renda, e o aumento da participação dos serviços, localizados preferencialmente nas cidades.

Essas mudanças são compatíveis com a reavaliação do papel das cidades no desenvolvimento recente, em função dos efeitos dos avanços do meio técnico-científico e seus impactos estruturais e organizacionais (Santos, 1994), da compressão do espaço-tempo e da urbanização do capital (Harvey, 1985), do papel das cidades na globalização (Sassen, 1991), com a integração econômica e a formação de uma economia em rede (Castells, 1999).

Entre 1950 e 2000, o grau de urbanização no Brasil subiu do patamar de 30 para 80%. Isso, no entanto, ocorreu de forma diferenciada entre os estados e regiões brasileiras, sendo que, em alguns estados, o grau de urbanização superava os 90% (São Paulo e Rio de Janeiro), enquanto em outros ainda estava em

1 O cálculo do saldo migratório foi feito utilizando-se os microdados do Censo Demográfico, 2000. Construiu-se uma matriz de 5507 X 5507 a partir da qual se tinha o município de residência em 31 de julho de 1995 e o município de residência em 31 de julho de 2000. Capta-se assim, somente o migrante data fixa, ou seja, aquele que residia em um outro município cinco anos atrás. Não são captados aqueles que migraram neste intervalo.

Tabela 6.10 - Brasil e Cerrado: distribuição regional da população e grau de urbanização.

Unidade da Federação / Ano	População dos estados na área de Cerrado (mil hab)				Grau de urbanização			
	1970	1980	1991	2000	1970-80	1980-91	1991-2000	1970-2000
Rondônia	-	50	108	99	-	39	62	73
Pará	-	-	178	35	-	-	45	20
Tocantins	483	667	916	1.103	23	37	58	75
Maranhão	2.076	2.710	3.231	3.381	21	31	45	57
Piauí	1.134	1.456	1.689	2.024	36	47	60	68
Ceará	187	210	65	251	19	24	39	43
Bahia	464	543	611	683	21	29	38	48
Minas Gerais	3.242	3.881	4.788	5.691	47	63	75	82
São Paulo	2.810	3.638	4.692	5.766	70	83	89	93
Paraná	182	248	125	376	72	80	66	90
Mato Gosso Sul	554	799	1.132	1.396	53	72	83	87
Mato Gosso	563	1.055	1.760	2.079	39	60	77	82
Goiás	2.341	3.047	3.883	4.906	46	68	81	88
Distrito Federal	537	1.177	1.601	2.051	96	97	95	96
Cerrado	14.574	19.482	24.778	29.842	47	62	73	81
Brasil	93.131	119.011	146.825	169.799	56	68	76	81

Fonte: *IBGE. Censo Demográfico, vários anos. Em (Diniz, 2006:195)*

torno de 60% (Maranhão e Pará). Curiosamente, nos estados do Centro-Oeste, o grau de urbanização alcançou patamares semelhantes àqueles observados nos estados do Sul e do Sudeste em um curtíssimo espaço de tempo (Tabela 6.10).

O crescimento da população e o rápido processo de urbanização levaram ao aumento da rede urbana em geral e das grandes cidades em particular, com a criação de novos municípios. O número oficial de municípios subiu de 1889, em 1950, para 3951 em 1970 e 5.507 em 2000. O número de cidades com população acima de 50.000 habitantes subiu de 38, em 1950, para 124, em 1970, e 409 em 2000, das quais 202 com população superior a 100.000 habitantes (Mapas 6.16 e 6.17). Como muitas dessas cidades têm suas áreas urbanas contíguas a outras, amplia-se o tamanho das concentrações urbanas (Diniz, 2005:196).

No que se refere à região dos Cerrados, embora a rede urbana seja dispersa e limitada em termos da oferta de serviços, ela vem apresentando grande dinamismo, em função da expansão agropecuária e, mais recentemente, industrial.

Até os anos 1950, o padrão da ocupação do território nacional era um padrão rural e extensivo, que ocupava grandes áreas do território nacional. É à luz deste processo que se deve compreender a ocupação do Centro-Oeste brasileiro, mais do que isso, esta ocupação se faz à luz do novo padrão urbano-industrial.

Ocupação iniciada com a construção de Brasília na segunda metade dos

Mapa 6.16 - Rede Urbana com mais de 50 mil pessoas em 1970

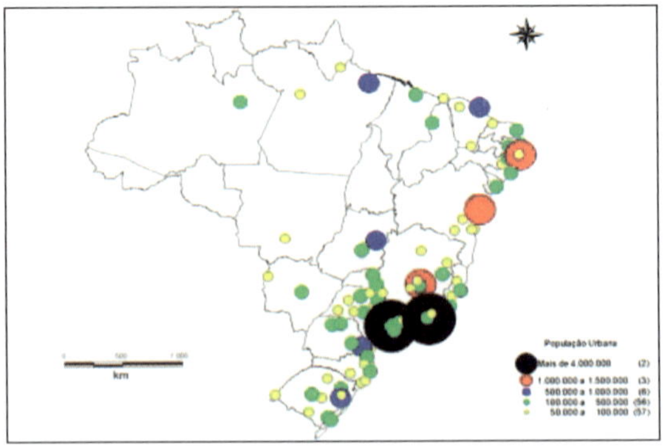

Fonte: *IBGE. Malha Municipal do Brasil, 1997/ IBGE. Censo Demográfico do Brasil, 1970. Em (Diniz, 2006:196)*

Mapa 6.17 - Rede Urbana com mais de 50 mil pessoas em 2000.

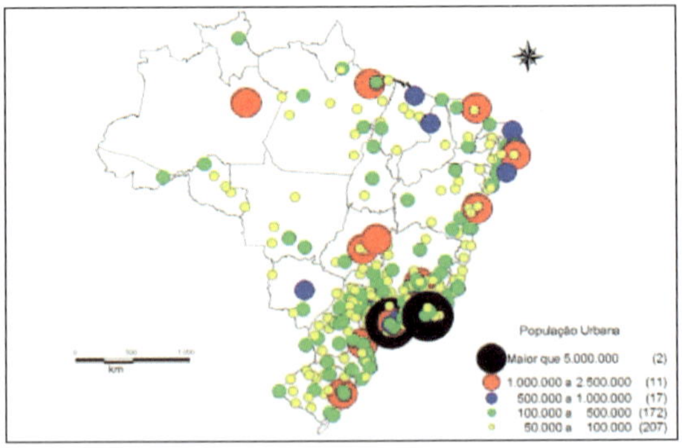

Fonte: *IBGE. Malha Municipal do Brasil, 1997/ IBGE. Censo Demográfico do Brasil, 2000. Em (Diniz, 2006:196)*

anos 1950, mas só ganhou impulso a partir da segunda metade da década de 1960 com a criação das condições necessárias à ocupação (estradas, programas de colonização, infraestrutura, constituição de um sistema nacional de crédito agrícola, criação da Embrapa e incentivo à pesquisa agropecuária, para adaptação de sementes e insumos, e preocupações geopolíticas).

Diniz (2005) analisa o papel do crescimento industrial e da ampliação do mercado nacional no crescimento das cidades e da malha urbana brasileira. De um lado, o desenvolvimento industrial impactou a renda dos trabalhadores e impulsionou o crescimento das cidades por meio do incremento nos serviços urbanos. A agricultura, por sua vez, viu reduzida sua demanda por trabalho em função do desenvolvimento industrial que impôs ao setor um novo padrão de mecanização e de tecnologia.

No caso do Cerrado, este salto foi ainda maior, tendo passado de um patamar em torno de 25% de população urbana em 1950, para mais de 80% em 2000. A expansão da fronteira agrícola a partir de meados dos anos 1960, que se intensificou nos anos 1970, ocorreu de tal forma, que o paradigma urbano-industrial já estava colocado e comandava o processo de acumulação no restante da economia. Dessa forma, a agricultura que cresce no Cerrado brasileiro é uma agricultura urbana. Urbana no sentido de que está diretamente atrelada à evolução da indústria e da inovação da pesquisa de ponta na área.

Esta interpretação é corroborada por vários autores quando descrevem o processo de constituição do complexo agroindustrial brasileiro.[2]

6.8.5 - Crescimento demográfico e urbanização do Cerrado

A expansão demográfica da região dos Cerrados só ocorre a partir da segunda metade da década de 1960. Esse impulso tem origem na construção na nova capital federal — Brasília —, e nas preocupações geopolíticas do Estado brasileiro — que se materializam na criação de uma série de programas de infraestrutura e integração das regiões Centro-Oeste e Norte com o restante do país. É a partir desse momento, que os grandes fluxos migratórios se dirigem à região. Juntamente com estas preocupações geopolíticas foi criada uma série de programas de colonização e ocupação das áreas vazias do território brasileiro.

Sawyer (1984), analisando o processo de ocupação da fronteira, questiona a relação de causa e efeito que os programas de incentivo à migração (como, por exemplo, a "marcha para Oeste") ou o Programa de Integração Nacional tiveram sobre o processo migratório. Discorda-se desta avaliação, pois mesmo que os programas tenham tido, e ainda tenham, descontinuidade, eles foram, sem dúvida, a faísca para o processo migratório. A continuidade desse processo, mesmo com a ausência dos programas e do incentivo governamental direto, está ligada a outros fatores criados na própria dinâmica regional de um ciclo virtuoso de desenvolvimento.

Embora o crescimento econômico da região do Cerrado tenha sido acelerado, o crescimento demográfico não acompanhou o mesmo ritmo da produção. Isso porque a expansão agrícola se baseou e se baseia em atividades altamente intensivas em capital, com forte mecanização e pouca demanda relativa de trabalho. A pecuária, especialmente de corte, também demanda pouco trabalho.

2 Ver, por exemplo, Müller (1982); Delgado (1985) e Kageyama et al. (1990).

Assim, o crescimento demográfico foi seguido de forte processo de urbanização, seja como suporte à expansão agropecuária, seja em função do crescimento de Brasília e seu entorno. Esta última cidade, como se verá, cumpre a função de capital política do país e de nódulo de integração do território, mas até recentemente, tinha pouca vinculação com o setor produtivo do Cerrado.

Outra característica da expansão do Cerrado é a conjugação com o processo de industrialização dos produtos agrícolas que passam a ser processados. A indústria processadora surge com relativa rapidez para absorver a produção rural desta região, agilizando ainda mais o processo de urbanização da região.

Assim, a população dobrou em termos absolutos, mas sua participação subiu apenas 2%, passando de 16% para 18% do total do país, graças ao crescimento de Brasília e seu entorno.

O aumento da participação da população dos Cerrados no total geral do país só não é maior devido à pequena base populacional original de cerca de 14 milhões de pessoas em 1970. Ainda assim, a região mais do que dobra sua população em trinta anos passando a quase 30 milhões de pessoas em 2000. Sua taxa de crescimento tem se mantido estável nas duas últimas décadas, o que indica que tanto o crescimento vegetativo da região quanto os acréscimos populacionais advindos da migração têm contribuído para esta manutenção.

A Tabela 6.11 mostra a evolução da população dos cerrados entre 1970 e 2000, segundo as unidades da federação. Na média geral, as taxas de crescimento da área dos Cerrados são sempre superiores àquelas do Brasil, para todo o período analisado. A exceção fica por conta da taxa de crescimento do rural que é sempre negativa e maior do que aquela apresentada para o país. Analisando o comportamento por estados e municípios, observa-se uma distinção no comportamento das áreas cujo potencial agrícola tem um crescimento populacional maior do que as demais, como é o caso do Mato Grosso, do sudoeste de Goiás, parcelas do Triângulo e do noroeste de Minas Gerais.

A despeito da aparente homogeneidade e das elevadas taxas de crescimento da região, quando analisadas as parcelas de Cerrado em relação a seus estados e no seu nível municipal, observa-se que a região é muito heterogênea do ponto de vista populacional e migratório. Nota-se que grandes parcelas da região permanecem estagnadas ou sofrem grandes perdas populacionais — Minas Gerais, Maranhão e Piauí têm perdas; Mato Grosso, Tocantins e Goiás permanecem estagnados, pois são regiões ainda vazias.

Os mapas com as taxas anuais de crescimento da população (média ge-

Tabela 6.11 - Cerrado e Brasil: população por estado e taxa de crescimento anual

Unidade da Federação / Ano	População dos estados na área de Cerrado (mil hab)				Taxa anual de crescimento			
	1970	1980	1991	2000	1970-80	1980-91	1991-2000	1970-2000
Rondônia	-	50	108	99	-	7,2	-1	-
Pará	-	-	178	35	-	-	-16,5	-
Tocantins	483	667	916	1103	3,3	2,9	2,1	2,8
Maranhão	2076	2710	3231	3381	2,7	1,6	0,5	1,6
Piauí	1134	1456	1689	2024	2,5	1,4	2	1,9
Ceará	187	210	65	251	1,1	-10,1	16,1	1
Bahia	464	543	611	683	1,6	1,1	1,3	1,3
Minas Gerais	3242	3881	4788	5691	1,8	1,9	1,9	1,9
São Paulo	2810	3638	4692	5766	2,6	2,3	2,3	2,4
Paraná	182	248	125	376	3,1	-6	13	2,4
Mato Gr Sul	554	799	1132	1396	3,7	3,2	2,4	3,1
Mato Grosso	563	1055	1760	2079	6,5	4,8	1,9	4,4
Goiás	2341	3047	3883	4906	2,7	2,2	2,6	2,5
Distrito Fed	537	1177	1601	2051	8,2	2,8	2,8	4,6
Brasil	93131	119011	146825	169799	2,5	1,9	1,6	2

Fonte: *IBGE. Censos Demográficos, 1970 , 1980, 1991 e 2000. Em (Diniz, 2006:200)*

ométrica) segundo os municípios, para os períodos 1970-1980; 1980-1991 e 1991-2000 mostram os vetores de ocupação na região. Percebem-se como as taxas de crescimento populacional acompanharam os vetores rodoviários e os caminhos da expansão agrícola. Na década de 1970, destacam-se os vetores da Belém (PA) — Brasília (DF) e São Paulo (SP) — Campo Grande (MS) (Mapa

Mapa 6.18 - Taxa de crescimento anual, 1970-1980

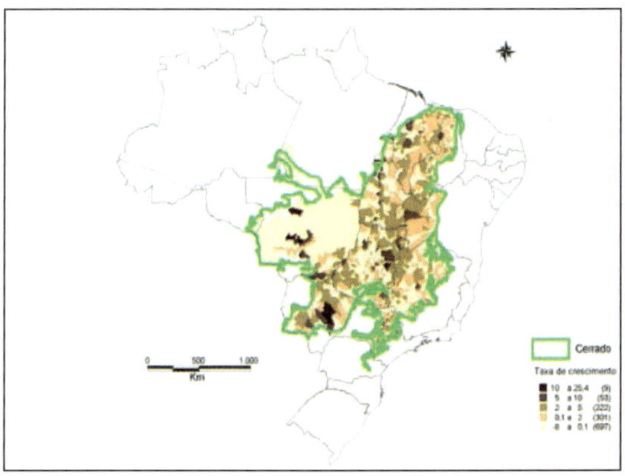

Fonte: *Malha Municipal Digital do Brasil. IBGE – 2001, Censos demográficos (vários anos). Em (Diniz, 2006:201)*

Mapa 6.19 - Taxa de crescimento anual, 1980-1991

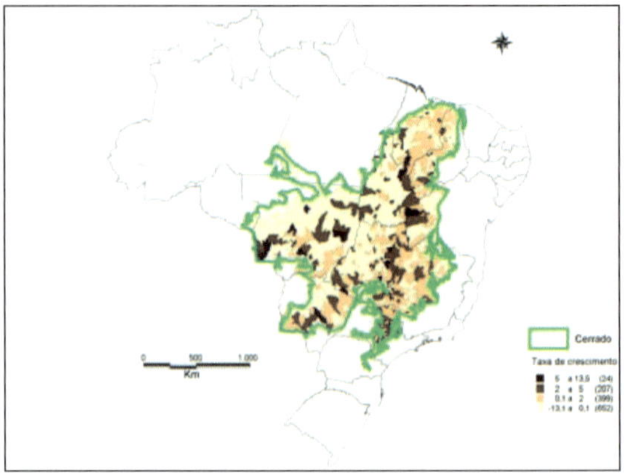

Fonte: *Malha Municipal Digital do Brasil - IBGE, 2001, Censos Demográficos (vários anos). Em (Diniz, 2006:202)*

Mapa 6.20 - Taxa de crescimento anual, 1991-2000

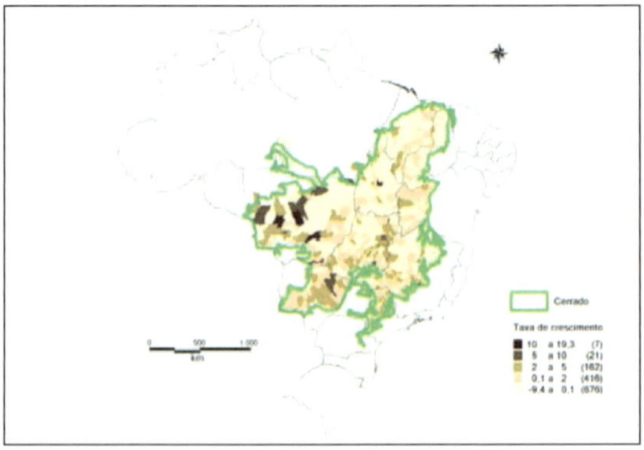

Fonte: *Malha Municipal Digital do Brasil - IBGE, 2001, Censos Demográficos (vários anos). Em (Diniz, 2006:202)*

6.18). Na década de 1980, a tendência se altera, e as áreas de maior taxa de crescimento estão ligadas, principalmente, às rotas Brasília (DF) — Porto Velho (RO) e Brasília (DF) — Barreiras (BA) (Mapa 6.18). Por fim, na última década acentuam-se as taxas de crescimento populacional do eixo Campo Grande (MS) — Cuiabá (MT) — Sinop (MT) (Mapa 6.19).

É interessante observar que parcela importante deste crescimento ocorreu na área urbana, ou seja, corroborando as formulações teóricas de Jacobs (1969), a região é vinculada especialmente à produção agrícola, mas com uma característica eminentemente urbana. Entretanto, este processo não se homogeneizou na região, mas está restrito àquela parcela da região cujo desenvolvimento está vinculado à agricultura intensiva em mecanização e tecnologia de ponta. Na área de ocupação mais tradicional, vinculada à pecuária, a rede urbana ainda é muito mais frágil. Este fato é explicado pelas características da atividade pecuária, cuja demanda por determinados serviços é inferior àquela da agricultura; a menor mecanização e ao fato de a utilização de insumos modernos não requererem um profissional muito qualificado.

6.8.6 - Uma tipologia da urbanização do Cerrado

A evolução da malha urbana do Cerrado não é um fenômeno recente. A rigor, o início da colonização da região, cujas bases econômicas estavam ligadas à mineração, constituía uma malha urbana, precária e deficiente, mas com características distintas daquela observada em outras regiões do país. O esgotamento da mineração levou a um atrofiamento da economia regional e, consequentemente, de seus núcleos urbanos.

A partir do final do século XIX, o alargamento da área de influência de São Paulo com a expansão ferroviária fortaleceu alguns centros urbanos que exerciam o papel de centros de comercialização da produção agropecuária e pontos de apoio à própria expansão desta. Mas, até então, os centros urbanos eram poucos e com baixa capacidade de polarização e de irradiação do crescimento econômico. Ainda assim, podemos destacar Anápolis (GO), Uberaba (MG) e Uberlândia (MG), Cuiabá (MT), Campo Grande (MS) e uma série de cidades menores no sudoeste de Goiás (Catalão, Mineiro, Jataí). No caso de Mato Grosso do Sul, surgiram algumas cidades ao longo da ferrovia Noroeste do Brasil, que ligava o Estado de São Paulo a Campo Grande, dentre elas, Três Lagoas e Aquidauana.

Foi com a construção de Goiânia e de Brasília, já nos anos 1950, com a migração e os programas de colonização e adaptação agrícola, que a malha urbana do Cerrado foi impulsionada.

Até 1960 a taxa de urbanização da região era muito inferior à nacional (34% contra 45%). A partir de então, a urbanização do cerrado cresce mais que a brasileira, empatando em 1980, e, superando-a em 2000. Destaca-se que esse não é um fenômeno quantitativamente alterado por Brasília, pois a maioria dos estados da região Centro-Oeste possui altos índices de urbanização, comparativamente à média do Brasil e das demais regiões brasileiras (Gráfico 6.4).

O processo de urbanização da região está ligado às diferenças estruturais da agropecuária do Cerrado, onde predominam atividades agrícolas mecanizadas

Gráfico 6.4 - *Evolução do número de municípios, segundo classes de tamanho da população urbana.*

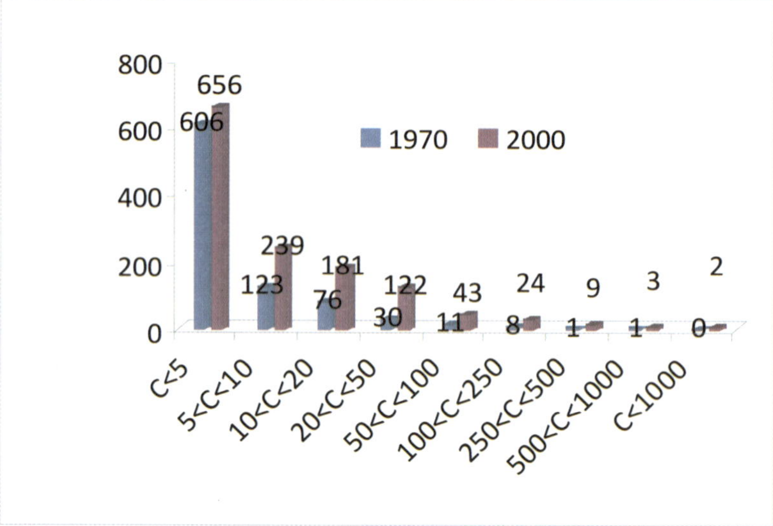

Fonte: *IBGE. Em (Diniz, 2006:204)*

(soja e milho principalmente), portanto, com baixa demanda de trabalho. Ele reflete também diferenças na agricultura da região. Adicionalmente, parcela da própria população que trabalha no campo vive nas cidades. As características de uma agricultura totalmente mercantilizada e moderna implicam em grandes demandas de bens e insumos industriais e de serviços, que se localizam nas cidades. A pecuária, por sua vez, é atividade extensiva, com reduzida demanda de trabalho. As grandes propriedades e a introdução de modernos sistemas de manejo e seleção genética demandam insumos e serviços modernos, exigindo suporte urbano para seu desenvolvimento. Além disso, a pecuária tem alta capacidade relativa de geração de renda, embora parte seja transferida para fora da região. Assim, o próprio efeito multiplicador de renda e emprego do setor agropecuário se traduz em demanda de bens e serviços urbanos, reforçando o crescimento das cidades e sustentando sua reprodução e expansão.

Pode-se distinguir uma malha urbana de três tipos distintos, cuja análise tem de ser feita de forma diferenciada e cujos resultados têm impactos diferentes. Brasília, capital federal, merece tratamento distinto em relação ao restante da região. O fato de ser capital administrativa do país dá a Brasília características econômicas e políticas que a distinguem do restante da malha urbana da região. No caso da região, podemos identificar ainda dois tipos de espaço urbano distintos, um ligado à bovinocultura extensiva, mais dispersa e menos evoluída no que tange aos serviços prestados e às características; e outro ligado à expansão da agricultura moderna, com a utilização de máquinas e insumos modernos e com efeitos sobre as agroindústrias, altamente dependentes dos serviços urbanos qualificados, impostos pela dinâmica e articulação da agricultura no mercado mundial. Desse modo, o agricultor pode, simultaneamente, colher sua produção, acompanhar a evolução do preço na Bolsa de Chicago e obter outras informações relevantes.

Brasília: capital política e nódulo de integração territorial

Por ter sido criada por uma decisão política vinda de fora, Brasília não decorreu dos efeitos econômicos da região e tem pouca vinculação com a mesma. Sua função principal é a de ser a capital administrativa do país. No entanto, as preocupações geopolíticas que orientaram sua localização a transformaram no nódulo de integração nacional. Inicialmente, pela malha rodoviária, orientada para a integração do território. Depois, pela sua função de centro político-administrativo, exercendo o papel de coordenação política, do orçamento, das políticas do sistema financeiro. Por último, transformando-se recentemente em um dos hubs de integração do sistema aéreo, já sendo o segundo aeroporto em termos de vôos domésticos nacionais, só perdendo para o aeroporto de Congonhas, em São Paulo.

Em função dessas características, do mais alto nível de renda pessoal do país e da consequente demanda de serviços, vem ocorrendo forte pressão migratória com destino a Brasília e às suas cidades satélites. Como decorrência, sua população subiu de 540 mil habitantes, em 1970, para dois milhões em 2000.

Mais recentemente, a expansão agrícola em seu entorno tem levado à criação de atividades complementares a esta, gerando efeitos de integração econômica regional. A isto se soma o crescimento de um colar urbano, através das cidades de Planaltina, Padre Bernardo, Cacoalzinho de Goiás, Águas Lindas de Goiás, Santo Antônio do Descoberto, Novo Gama, Valparaíso de Goiás, Cidade Ocidental, Cristalina, Unaí, Cabeceira Grande, Cabeceiras, Formosa, transformando a aglomeração urbana de Brasília em uma grande metrópole onde não só se reproduz o circuito produtivo, mas também se acumula a concentração de população e pobreza, reproduzindo fenômeno semelhante às demais metrópoles brasileiras.

6.8.7 – A urbanização do circuito agrícola

A evolução da rede urbana deve ser tratada tendo em vista as recentes mudanças estruturais do país. Segundo estudo do IPEA/IBGE/NESUR (1999), vêm ocorrendo novos padrões de localização produtiva, como decorrência das mudanças econômicas e seu impacto sobre os espaços e estruturas regionais, contribuindo para redesenhar a configuração territorial do país. Como resultado, vem surgindo novas espacialidades na economia brasileira, como por exemplo, aglomerações de fronteira, polos industriais dinâmicos, áreas estagnadas e cidades globais. Estas características são permeadas por radicais alterações nos padrões de mobilidade espacial da população.

No cerrado pertencente ao circuito agrícola moderno, a malha urbana vem sofrendo os impactos da expansão desta agricultura, da demanda de máquinas, equipamentos e insumos modernos, de serviços de suporte e dos efeitos do crescimento agroindustrial. Estes aspectos, conjugados com a crise das metrópoles e altas taxas de desemprego, estimularam o crescimento das cidades médias.

É nesse contexto de crise das metrópoles, que a expansão agrícola e o surgimento de novos centros urbanos voltados para dar suporte às atividades agrícolas foram importantes no que diz respeito ao impulso dado à agroindústria na região Centro-Oeste. O número de cidades com mais de 50 mil habitantes subiu de 21 em 1970 para 81 em 2000. Observa-se, no entanto, que das 21 cidades com mais de 50 mil habitantes em 1970, a quase totalidade estava no eixo São Paulo-Brasília, incluídas as cidades do Triângulo Mineiro, sudoeste de Goiás e Goiânia. Ao contrário, em 2000, além do crescimento do número de cidades, estas seguiram as regiões de agricultura mais dinâmica e os eixos de transporte no sentido do Mato Grosso e da rodovia Belém-Brasília (Mapas 6.21 e 6.22).

No que se refere às cidades de maior porte, aqui consideradas com população superior a 100 mil habitantes, seu número subiu de 10 para 38 no período em análise. Além de Brasília e Goiânia, merecem destaque as cidades de Campo Grande, Cuiabá e Palmas, que têm suas funções reforçadas por serem as capitais dos respectivos estados. Destacam-se como pólos de suporte à agricultura: Campo Novo dos Parecis, Tangará da Serra, Nova Olímpia, Rondonópolis, Sonora (MS), Sorriso e Lucas do Rio Verde no Mato Grosso; no eixo do Sudoeste de Goiás: Mineiros (GO), Jataí (GO) e Rio Verde (GO); Patos de Minas, Unaí e Paracatu na região do noroeste de Minas Gerais; além de Barreiras

Mapa 6.21 - Rede Urbana, 1970

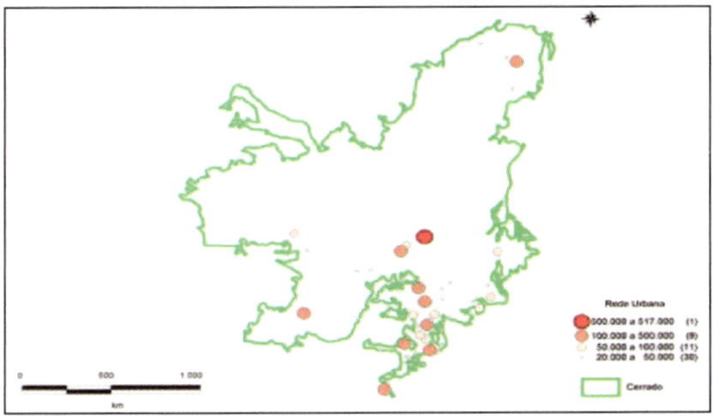

Fonte: *Malha Municipal Digital do Brasil - IBGE, 2001. Censo Demográfico, 1970, IBGE. Em (Diniz, 2006:207)*

Mapa 6.22 - Rede Urbana, 2000

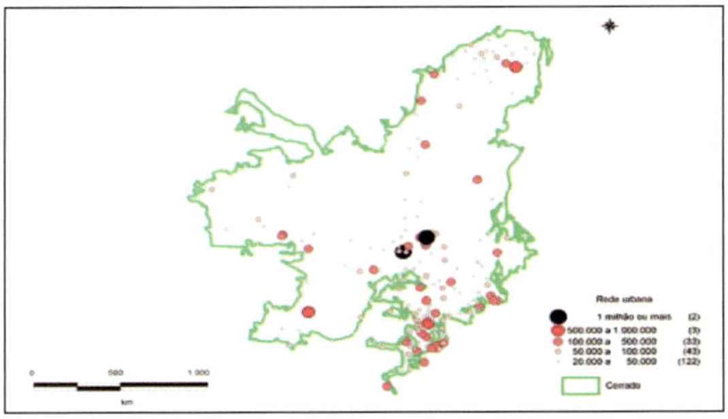

Fonte: *Malha Municipal Digital do Brasil - IBGE, 2001. Censo Demográfico, 2000. IBGE. Em (Diniz, 2006:207)*

(BA), Uruçuí (PI) e Balsas (MA) e Cristalina e Formosa no entorno de Brasília. Estas últimas estando no circuito agrícola moderno, exercendo as funções de centro de suporte à agricultura e de bases de crescimento agroindustrial.

Destaca-se por sua múltipla função a cidade de Uberlândia (MG), pela sua localização, que a torna nódulo de integração rodo-ferroviária. Além de concentrar atividades de suporte à agricultura, concentra também as distribuidoras atacadistas do país. Possui setor agroindustrial bem desenvolvido, com indústrias à montante e à jusante da agricultura, além de escala de atividade urbana ampla e diversificada.

Capítulo 7

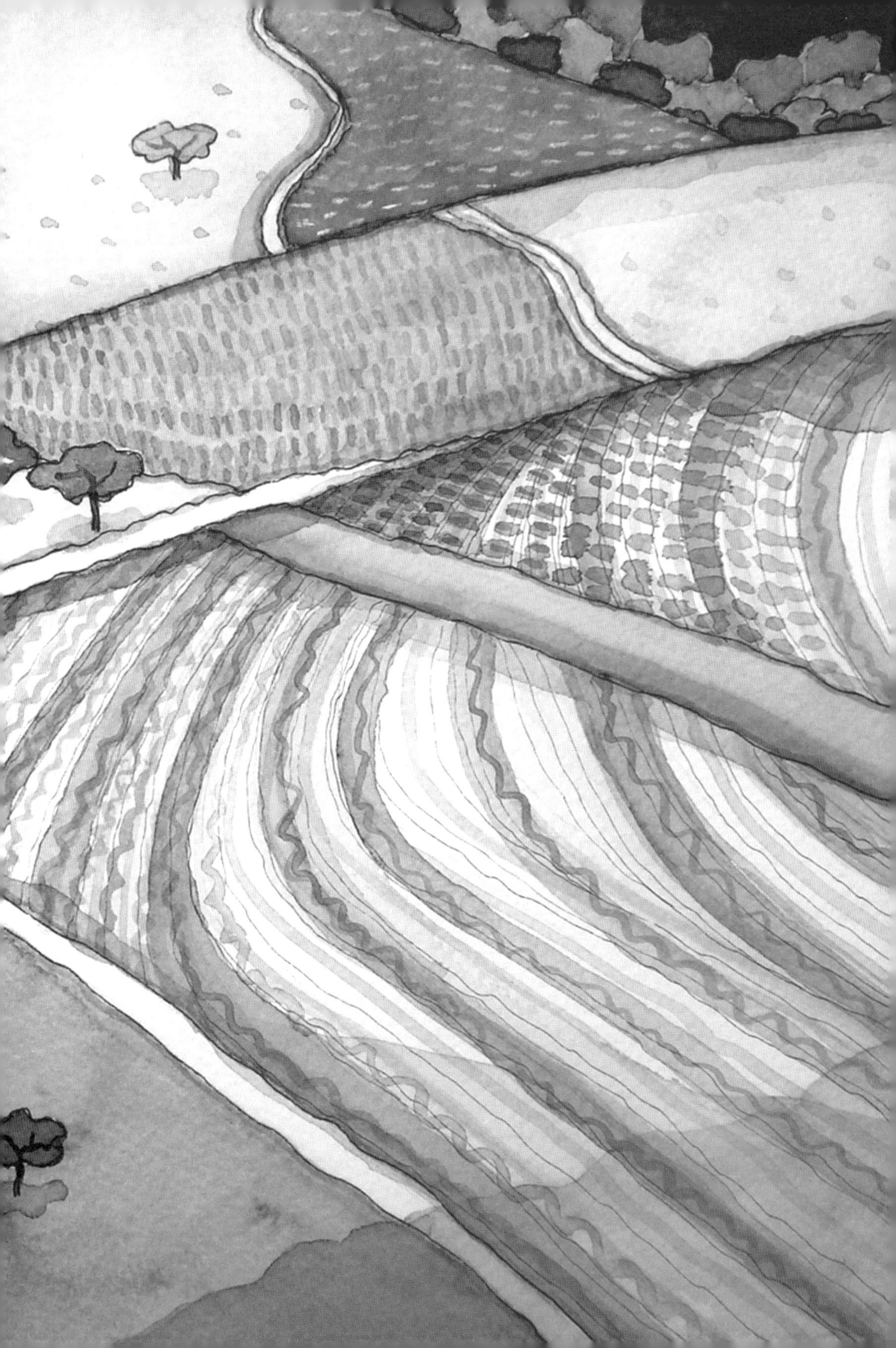

REFLEXO DO DESENVOLVIMENTO DO CERRADO NO AGRONEGÓCIO BRASILEIRO

Celso Norimitsu Mizumoto

Júlio César Augusto Sesma da Cruz

Yoshisuke Ogura

O desenvolvimento do Cerrado brasileiro repercute com muita força no agronegócio. O país que estava com o crescimento da produção agrícola estagnado no inicio dos anos 80, toma novo impulso a partir da viabilização da agricultura no Cerrado.

Gráfico 7.1 - Produção Agrícola do Brasil: Cerrado X Resto do País (1976/77 = 100)

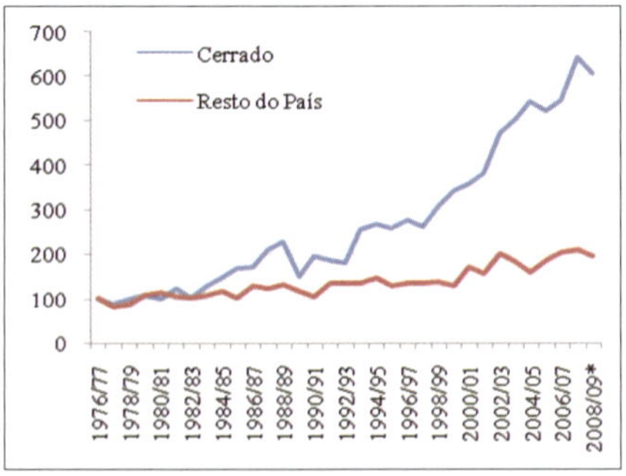

Fonte: *CONAB*

A produção agrícola na região do Cerrado cresceu cinco vezes da safra 1976/77 para a safra 2008/09 enquanto no resto do país o crescimento foi de somente uma vez. Estes dados mostram a efetiva contribuição que os Cerrados têm trazido ao agronegócio do país.

Em 2007, Sorriso (MT) foi novamente o maior produtor de grãos do país, com 2,5 milhões de toneladas, quase um milhão a mais que Sapezal (MT), o segundo colocado. Foi o município com maior área plantada, 809.396 ha, em sua maioria, ocupados por soja (67,1%) e milho (28,2%). A produção de Sorriso teve um incremento de 12,6% entre 2006 e 2007, puxada pela maior quantidade produzida de milho, que apresentou um crescimento de 139,9% na área colhida e de 88,8% na produção. Esse aumento, associado a melhores preços, proporcionou uma valoração de 53,2% na produção agrícola do município.

A crescente produção refletida no gráfico abaixo mostra o potencial de abastecimento da demanda de alimentos. Com a produção de grãos efetivamente enraizada no Cerrado, a produção brasileira sai da faixa de 50 milhões de toneladas (década de 1980) e a partir da década de 1990 atinge 144 milhões de toneladas na safra 2008.

Gráfico 7.2 - Variação percentual da produção de produtos selecionados entre as safras 1993/1994 e safra 2006/2007, Produtividade em kg/ha e Área plantada na safra 2006/2007 em milhões de ha.

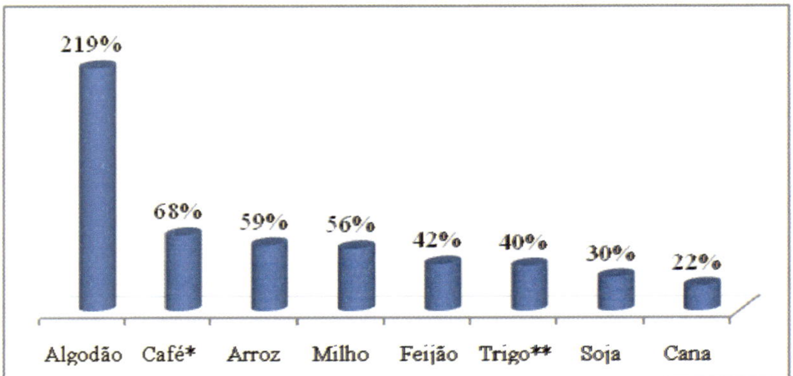

	Algodão	Café*	Arroz	Milho	Feijão	Trigo**	Soja	Cana
Produt.(Kg/ha) 2006/2007	3.563	20	3.813	3.655	817	2.063	2.822	77.038
Área Plantada (milhões de ha)	1,1	2,2	3,0	14,1	4,1	2,4	20,7	7,0

Fonte: *CONAB e IBGE*
**Produtividade em sacas/ha*
***Safras 1993/94 e 2005/06*
Elaboração: GV Agro

O contínuo crescimento mostra a estabilidade da produção como resultado do ganho de produtividade adotando-se novas tecnologias. Os agricultores altamente tecnificados estão abrindo uma larga vantagem em ganhos produtivos em relação aos tradicionais. Se de um lado isto pode trazer problemas, de outro mostra que à medida que esta tecnologia se difundir a todos os agricultores, pode se obter mais capacidade competitiva.

A agricultura brasileira - baseada em solo plano e fértil do cerrado, com clima adequado, com disposição de chuvas, luz e calor em quantidade, com a enorme reserva de recursos hídricos que atingem 14% da água do planeta,

Tabela 7.1 - Evolução da Produção Brasileira de Grãos

Safra	Produção (milhões ton)	Área Plantada (milhões ha)	Produtividade (ton/há)
1976/77	46.943,1	37.318,9	1.258
1977/78	38.213,4	36.570,6	1.045
1978/79	41.554,7	37.495,2	1.108
1979/80	50.871,2	40.158,2	1.267
1980/81	52.212,2	40.384,0	1.293
1981/82	50.861,1	41.174,9	1.235
1982/83	47.654,6	37.212,3	1.281
1983/84	52.431,0	38.020,9	1.379
1984/85	58.143,3	39.692,7	1.465
1985/86	53.925,2	42.534,0	1.268
1986/87	64.949,3	42.062,1	1.544
1987/88	66.307,6	42.810,7	1.549
1988/89	71.487,6	42.243,3	1.692
1989/90	58.280,3	38.945,0	1.496
1990/91	57.899,6	37.893,7	1.528
1991/92	68.400,1	38.492,3	1.777
1992/93	68.253,2	35.621,3	1.916
1993/94	76.035,0	39.094,0	1.945
1994/95	81.064,9	38.538,9	2.104
1995/96	73.564,7	36.970,9	1.990
1996/97	78.426,7	36.574,8	2.144
1997/98	76.558,7	35.000,8	2.187
1998/99	82.437,9	36.896,2	2.234
1999/2000	83.029,9	37.824,3	2.195
2000/01	100.266,9	37.847,3	2.649
2001/02	96.799,0	40.235,0	2.407
2002/03	123.168,0	43.946,8	2.803
2003/04	119.114,2	47.422,5	2.512
2004/05	114.695,0	49.068,2	2.339
2005/06	122.530,8	47.867,6	2.560
2006/07	131.750,6	46.212,6	2.851
2007/08	144.127,4	47.423,7	3.039
2008/09*	137.573,9	47.613,8	2.889

Fonte: *CONAB/MAPA* ** Previsão*

dispondo de recursos humanos com vocação e qualificação aliado a tecnologia de máquinas, equipamentos e manejo - mostra o seu potencial para abastecer a demanda mundial de alimentos.

Gráfico 7.3 - Produção, Área Plantada e Produtividade da Agricultura Brasileira (1976/77 a 2008/09)

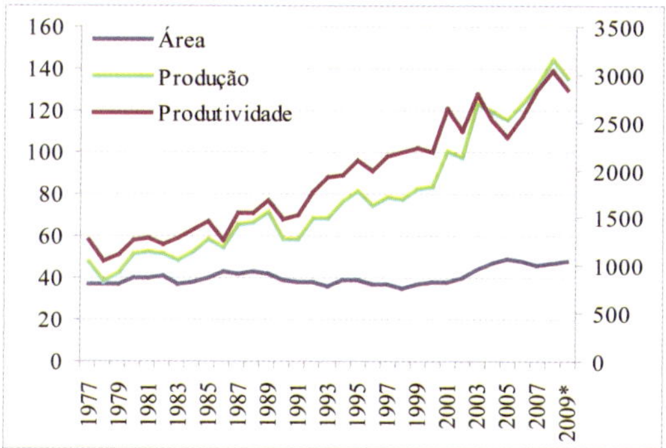

Fonte: *CONAB*

Com o domínio da agricultura no cerrado, que proporciona maior sustentabilidade (com base no sistema de plantio direto) colhendo até duas safras ao ano, mesmo sem irrigação, tem atraído as indústrias de transformação dos produtos agrícolas do mundo todo. O agronegócio é hoje a principal locomotiva da economia brasileira e responde por um em cada três reais gerados no país.

Moderno, eficiente e competitivo, o agronegócio brasileiro é uma atividade próspera, segura e rentável. Com um clima diversificado, chuvas regulares, energia solar abundante e quase 13% de toda a água doce disponível no planeta, o Brasil tem 388 milhões de hectares de terras agricultáveis férteis e de alta produtividade, das quais 90 milhões ainda não foram exploradas. Esses fatores fazem do país um lugar de vocação natural para a agropecuária e todos os negócios relacionados à suas cadeias produtivas.

O agronegócio é responsável por 33% do Produto Interno Bruto (PIB), 42% das exportações totais e 37% dos empregos brasileiros. Estima-se que o PIB do setor chegou a US$ 180,2 bilhões em 2004. Entre 1998 e 2003, a taxa de crescimento do PIB agropecuário foi de 4,67% ao ano. As vendas externas de produtos agropecuários renderam ao Brasil US$ 36 bilhões, com superávit de US$ 25,8 bilhões em 2004.

Gráfico 7.4 - Saldo da Balança Comercial Brasileira (1990 a 2007)

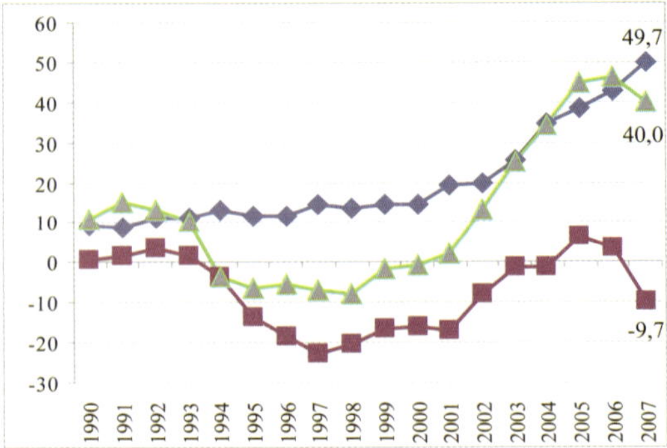

Fonte: *MAPA em (PINTO, L. C. G.:2008)*

Nos últimos anos, poucos países tiveram um crescimento tão expressivo no comércio internacional do agronegócio quanto o Brasil. Os números comprovam: em 1993, as exportações do setor eram de US$ 15,94 bilhões, com um superávit de US$ 11,7 bilhões. Em dez anos, o país dobrou o faturamento com as vendas externas de produtos agropecuários e teve um crescimento superior a 100% no saldo comercial. Esses resultados levaram a UNCTAD (Conferência

Tabela 7.2 - Exportações Agroindustriais Brasileiras

Produto	Exportações 2007 US$ Milhões	Brasil / Mundo 2005 Participação	Ranking	Taxa de crescimento anual (1996-2007) Valor	Volume	Preço
Complexo Soja	11.381	38%	2	9%	10%	1%
Açúcar / Etanol	6.578	29%	1	13%	14%	0%
Frango	4.626	29%	1	19%	19%	-1%
Bovino	4.232	20%	1	28%	25%	-2%
Café	3.892	29%	1	6%	2%	-3%
Tabaco	2.262	23%	1	6%	3%	-3%
Suco de laranja	2.252	82%	1	5%	3%	-2%
Milho	1.943	2%	8	54%	42%	-8%
Suínos	1.209	16%	4	27%	26%	-1%
Frutas	717			17%	19%	1%
Algodão	507	5%	4	91%	88%	-2%
Leite em pó	225	1%	14	47%	44%	-2%
Outros	7.061					
Total Agro	47.078	4%	3	8%	13%	-4%

Fonte: *SECEX/MDIC, ICONE, FAO. Elaboração: ICONE*

das Nações Unidas para o Comércio e Desenvolvimento) a prever que o país será o maior produtor mundial de alimentos na próxima década.

O Brasil é um dos líderes mundiais na produção e exportação de vários produtos agropecuários. É o primeiro produtor e exportador de café, açúcar, álcool e sucos de frutas. Além disso, lidera o ranking das vendas externas de soja, carne bovina, carne de frango, tabaco, couro e calçados de couro. As projeções indicam que o país também será, em pouco tempo, o principal polo mundial de produção de algodão e biocombustíveis, feitos a partir de cana-de-açúcar e óleos vegetais. Milho, arroz, frutas frescas, cacau, castanhas, nozes, além de suínos e pescados, são destaques no agronegócio brasileiro, que emprega atualmente 17,7 milhões de trabalhadores somente no campo.

Mesmo sujeito a altas barreiras tarifárias e não tarifárias impostas pelos países desenvolvidos, o Brasil conseguiu buscar a liderança no mercado de produtos agropecuários.

Tabela 7.3 - Exportações Brasileiras em 2006 por Grau de Tecnologia(US$ Milhões)

Produtos	Categoria	Valor	Participação
Commodities	Agronegócio	41,04	30,60%
	Combustíveis	10,59	7,90%
	Minerais e Metais	24,501	18,30%
	Subtotal - commodities	**76,131**	**56,80%**
Produtos diferenciados	Alta tecnologia	9,118	6,80%
	Média-alta tecnologia	31,774	23,70%
	Média-baixa tecnologia	7,392	5,50%
	Baixa tecnologia	9,662	7,20%
	Subtotal - diferenciados	57,946	43,20%
Total Geral		**134,077**	**100,00%**

Fonte: *ICONE, com dados da UNCTAD, OCDE e SECEX/MDIC*

Hoje, vende 82% do suco de laranja distribuído no planeta, detém 38% do mercado mundial de soja, vende 29% de todo o açúcar consumido no mundo, 28% do café em grão, 44% do café solúvel e 23% do tabaco consumido no planeta. É o maior exportador mundial de álcool, ocupa o primeiro lugar no ranking mundial de couro curtido e de calçados de couro. Assumiu a liderança mundial de produção de carne bovina e frango em 2003.

7.1 - O Desempenho do Agronegócio

O desempenho da agropecuária brasileira é incomparável. Nenhum outro país do mundo teve um crescimento tão expressivo na agropecuária quanto o Brasil nos últimos anos. A safra de grãos saltou de 57,8 milhões de toneladas para 144,1milhões de toneladas entre as safras 1990/1991 e 2007/2008. De 1991 a 2003, a evolução da pecuária também foi invejável, com destaque para a avicultura, cuja produção aumentou 234% - ou incríveis 16,7% ao ano -, passando de 2,3 milhões para 7,8 milhões de toneladas de carne de ave. Não é por acaso, portanto, que o setor, dono de uma alta produtividade, excelente nível sanitário e alta tecnologia, tem atraído cada vez mais investimentos internacionais nos últimos anos.

De 1990 para cá, a produção de grãos no Brasil cresceu 149%. Nesse período, a área plantada ampliou-se apenas 16,1%, passando de 36,8 milhões para 43,9 milhões de hectares. A abundância foi obtida, portanto, graças ao aumento de 85,5% no índice de produtividade nessas últimas 13 safras. O rendimento das principais culturas agrícolas saltou de 1,5 tonelada para 3,0 toneladas por hectare. Por trás desse avanço, estão as pesquisas agropecuárias desenvolvidas pela Embrapa e demais centros de pesquisa agropecuária, que em muitos casos, como relatado no capitulo quinto, teve colaboração decisiva do intercâmbio tecnológico Brasil – Japão. Foram desenvolvidos mais de 500 novos cultivares adaptados especificamente a cada clima e solo nas principais regiões produtoras do Brasil. Pesaram também o emprego de técnicas mais avançadas e ambientalmente corretas, como o plantio direto na palha, e o trabalho de correção de solos e recuperação de áreas degradadas de pastagens e outras culturas.

Dispondo de mais de 90 milhões de terras agricultáveis ainda não utilizadas, o Brasil pode aumentar em, no mínimo, três vezes sua atual produção de grãos, saltando dos atuais 144,1 milhões de toneladas para mais de 400 milhões de toneladas. Esse volume, porém, poderá ser ainda maior, considerando-se que 30% dos 220 milhões de hectares hoje ocupados por pastagens podem ser incorporados à produção agrícola em função do expressivo aumento da produtividade na pecuária. O país tem condições de chegar facilmente a uma área plantada de 140 milhões de hectares, com a expansão da fronteira agrícola no Centro-Oeste e no Nordeste. Tudo isso sem causar qualquer impacto à Amazônia e em total sintonia e respeito à legislação ambiental.

As exportações do agronegócio brasileiro têm crescido a um ritmo acelerado. De 1997 até 2007 cresceu a uma media de 9,7% ao, ano resultando em volume exportado em 2007, de 2,5 vezes o de 1997. O gráfico abaixo demonstra que o crescimento se acentua a partir de 2001 e a perspectiva é de continuo crescimento como consequência da vantagem competitiva agregada pelos produtores brasileiros.

Gráfico 7.5 - Evolução das Exportações do Agronegócio Brasileiro

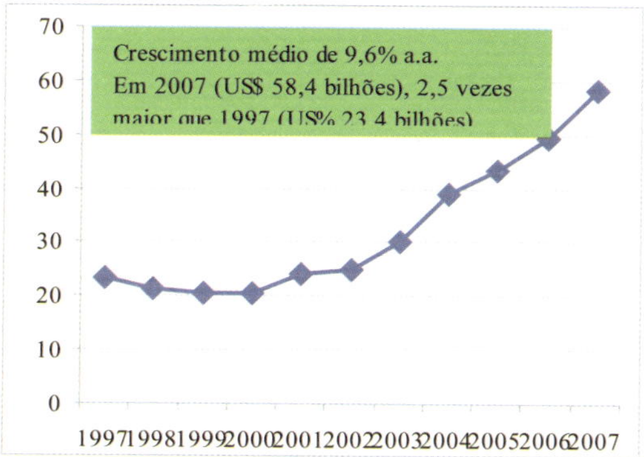

Fonte: *MAPA - em (PINTO:2008)*

O bom desempenho das exportações do setor e a oferta crescente de empregos na cadeia produtiva não podem ser atribuídos apenas à vocação agropecuária brasileira. O desenvolvimento científico-tecnológico e a modernização da atividade rural, obtidos por intermédio de pesquisas e da expansão da indústria de máquinas e implementos, contribuíram igualmente para transformar o país numa das mais respeitáveis plataformas mundiais do agronegócio. A adoção de programas de sanidade animal e vegetal, garantindo a produção de alimentos saudáveis, também ajudou o país a alcançar essa condição.

É evidente que o clima privilegiado, o solo fértil, a disponibilidade de água e a inigualável biodiversidade, além da mão de obra qualificada, dão ao Brasil uma condição singular para o desenvolvimento da agropecuária e de todas as demais atividades relacionadas ao agronegócio. O país é um dos poucos do mundo onde é possível plantar e criar animais em áreas temperadas e tropicais. Favorecida pela natureza, a agricultura brasileira pode obter até duas safras anuais de grãos, enquanto a pecuária se estende dos campos do Sul ao Pantanal de Mato Grosso - a maior planície inundável do planeta.

Com uma agricultura pujante, o país mantém o seu ritmo de crescimento a níveis elevados conquistando novos mercados, aumentando o grau de abertura da economia brasileira para 16,63%, em consequência da crescente exportação

Tabela 7.4 - Grau de Abertura da Economia e do Agronegócio (US$ milhões)

Ano	Exportações Totais	PIB Total a Preços Correntes	Exportações do Agronegócio	Grau de Abertura Total %	Grau de Abertura do Agronegocio %
1989	34383	415916	13921	8,27	
1990	31414	469318	12990	6,69	
1991	31260	405679	12403	7,71	
1992	38505	387295	14455	9,94	
1993	38555	429685	15940	8,97	
1994	43545	543087	19105	8,02	2,67
1995	46506	705449	20871	6,59	4,06
1996	47747	775475	21145	6,16	4,58
1997	52994	807814	23404	6,56	5,49
1998	51140	787889	21575	6,49	5,41
1999	48011	536554	20514	8,95	7,9
2000	55086	602207	20610	9,15	8
2001	58223	509797	23863	11,42	11,69
2002	60632	459379	24839	13,14	13,9
2003	73084	506784	30639	14,42	16,96
2004	96475	603994	39016	15,97	19,96
2005	118308	796284	43601	14,86	19,75
2006	137471	826543	49428	16,63	20,01

Fonte: *MAPA e Banco Central, Elaboração:AGE/MAPA em (PINTO:2008)*

Obs: O grau de abertura total é a relação entre as Exportações e PIB e o grau de abertura do agronegócio é a relação entre as exportações do agronegócio e o PIB do agronegócio.

de produtos agropecuários. O grau de abertura do agronegócio, insignificante até o início da década de 1990, permanece em constante ritmo de crescimento e em 2006 atingiu 20,01%.

No total do mercado mundial o agronegócio vem perdendo espaço para os setores de indústria e de serviços, reduzindo a sua participação de 11% em 1997 para 7% em 2006. Por outro lado, considerando somente o mercado mundial agrícola, o agronegócio brasileiro aumentou a sua participação no cenário

Tabela 7.5 - Participação do Agronegócio no Comércio Mundial

	1997	1998	1999	2000	2001	2002	2003	2004	2005
Total Mundial	3.694	3.683	3.859	4.615	4.466	4.280	5.148	6.361	7.399
Agro Mundial	389	379	386	403	415	391	461	536	573
Part. Agro/Total - Mundial %	11%	10%	10%	9%	9%	9%	9%	8%	8%
Total Brasil	53	51	48	55	58	60	73	97	119
Agro Brasil	19	17	16	16	19	20	25	33	37
Part. Agro - Brasil %	36%	34%	34%	28%	33%	34%	34%	34%	31%
Part. Total Brasil/ Total Mundial %	1,40%	1,40%	1,20%	1,20%	1,30%	1,40%	1,40%	1,50%	1,60%
Part. Agro Brasil/ Agro Mundial %	5%	5%	4%	4%	5%	5%	5%	6%	6%

Fontes: *WTO, UNCTAD, Secex, COMTRADE e Eurostat em (PINTO:2008)*

mundial de 5% para 7% no mesmo período, mesmo tendo reduzido a sua participação sobre a produção total do país de 36% para 31% no período.

7.1.1 - Mecanismos de Auto-sustentação Financeira

O crédito rural - peça fundamental de estímulo ao produtor rural e do desenvolvimento da agricultura brasileira, que por sua vez, deu suporte ao "Milagre Brasileiro" na década de 1970, quando o país teve um alto ritmo de crescimento econômico - perdeu a sua importância e deixou de ser uma ferramenta de política agrícola do governo.

O governo sinalizava aos produtores rurais os melhores rumos com uma política de zoneamento rural, indicando as melhores culturas a serem incrementadas, incentivando mediante o crédito agrícola subsidiado. Os produtores, na busca de novas tecnologias que em 1970 se resumiam ao uso de insumos agrícolas como adubação e correção adequada do solo - na época denominados de "insumos modernos" por serem produtos considerados de alta tecnologia agrícola -, recebiam créditos com subsídios especiais por adotarem estas técnicas que ajudavam a melhorar a produtividade agrícola.

Atividades como a avicultura de corte e de postura e a suinocultura que utilizavam os grãos transformados em proteína animal, um produto mais nobre e com maior valor agregado, também receberam incentivos especiais e se desenvolveram em ritmo mais acelerado. As "sementes", assim plantadas pelos governos da década de 1970 baseados no PND (Plano Nacional de Desenvolvimento), continuam dando os seus frutos e alavancando o desenvolvimento nacional. Hoje, a avicultura nacional é considerada de ponta no cenário mundial, com índices de produtividade invejáveis, dos mais altos do mundo.

A fonte para o crédito rural vinha do orçamento monetário, que fornecia 80% dos recursos até 1985, reduziu sua participação para 26% no período 1990-94 e em 2005 o tesouro nacional participou com somente 2% da necessidade de financiamento do SNCR (Sistema Nacional de Credito Rural). A exigibilidade bancária que participava com apenas 12% até 1985, aumenta a sua participação para 18% no período 1990-94 e chega a 35% do financiamento rural em 2005. A poupança rural criada no governo Collor assume a segunda posição no financiamento do SNCR.

O volume de crédito rural do SNCR, que atingiu mais de 30 bilhões de reais em 1986, caiu para a faixa de menos de 10 bilhões de reais na segunda metade da década de 1990, retomando nos últimos anos a faixa de 15 bilhões de reais.

Quadro 7.6 - Fontes de Recursos - Sistema Nacional de Credito Rural

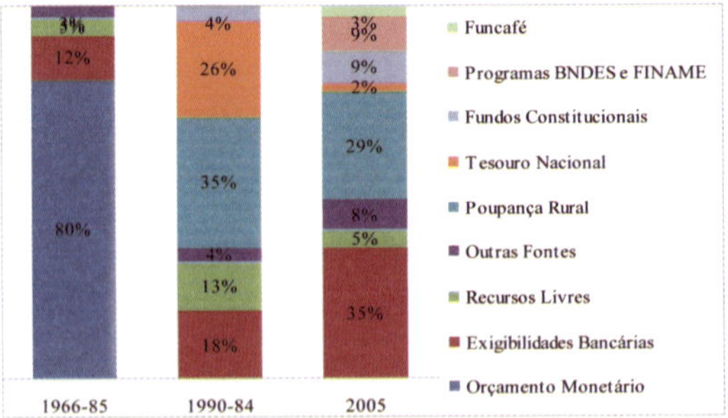

Fonte: *BACEN, BNDES - Elaboração: SPA-MAPA*

Gráfico 7.7 - Evolução do Volume de Crédito Agrícola

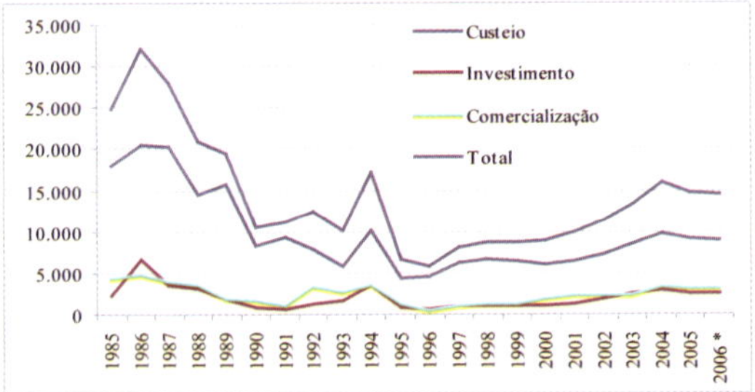

Fonte: *Banco Central*

*Dados Preliminares

O quadro abaixo ilustra a falta de apoio que os produtores recebem nas diversas culturas.

Gráfico 7.8 - Custo de Produção X Volume de Crédito Rural (2006)

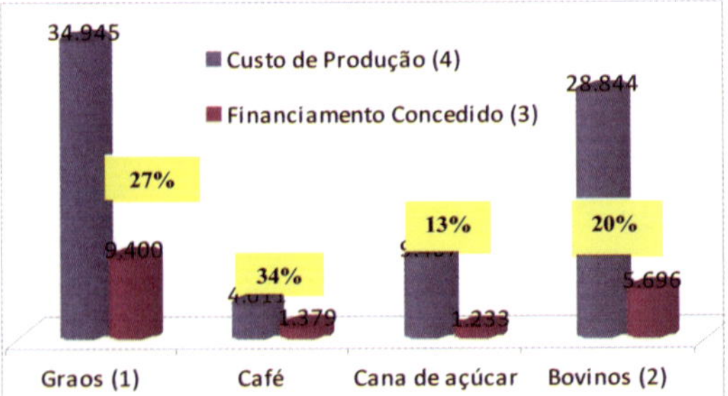

Fonte: *CONAB/BACEN (1) Arroz, Soja, Milho, Trigo, Feijão, Algodão; (2) Corte e Leite; (3) Financiamentos concedidos a Produtores Rurais e Cooperativas - Custeio Agrícola e Pecuário; (4) Custo de produção de cada atividade*

Com a contínua queda de apoio do governo na manutenção do crédito rural, o mercado buscou fontes alternativas de recursos. Hoje, o produtor agrícola trabalha: a terça parte com recursos financeiros próprios; mais uma terça parte busca recursos no mercado através de contratos de vendas antecipadas, trocas por insumos e adiantamentos de fornecedores e títulos do mercado como a Cédula do Produtor Rural, CDA-WA, LCA, CDDA, CRA e Agrinote. Somente a última terça parte continua sendo financiada pelo acomodado governo.

Quadro 7.9 - Financiamento da Produção Rural

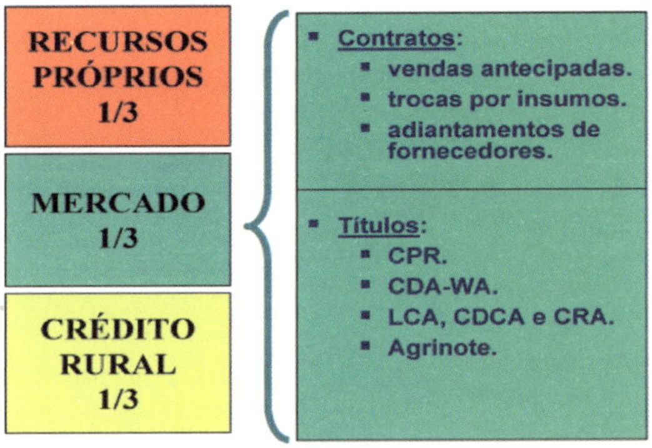

Fonte: *AGE-MAPA*

Outros instrumentos de política agrícola, como o FIA (Fundo de Investimento do Agronegócio), o Certificado de Depósito Agropecuário e o Warrant Agropecuário, têm sido desenvolvidos e aperfeiçoados pelo Ministério da Agricultura, Pecuária e Abastecimento. Com isso, o governo supre parte dos recursos financeiros de mais de US$ 165 bilhões dos fundos de investimentos, ao financiar as atividades agropecuárias.

Modernizou os contratos de opção de venda, trazendo recursos do setor privado para auxiliar na política pública do setor, aumentando o potencial de alavancagem financeira dos recursos aplicados na agropecuária.

Para fortalecer as vantagens competitivas do agronegócio, a única ferramenta que o governo tem priorizado na política agrícola é o seguro rural, indispensável à garantia de renda do produtor, geração de empregos no campo, ao avanço tecnológico e à efetiva incorporação do setor ao mercado de capitais.

7.1.2 - Cerrado: Um Modelo para Superar Barreiras

Enquanto o governo brasileiro se mantém acomodado, deixando os agricultores enfrentarem o mercado sem apoio oficial, os demais países adotam uma política de enorme proteção ao produtor, além das barreiras tarifárias e não tarifárias impostas das mais diversas formas para não permitir a entrada de produtos brasileiros.

O quadro abaixo mostra a estimativa de apoio ao produtor rural em diversos países onde se destaca o Japão com 58% de estímulo ao produtor, enquanto no Brasil fica restrito a 5%. A União Européia aporta 34% e os Estados Unidos 16%. Até mesmo o México subvenciona 15% e a China 9%. Este é o cenário que os produtores brasileiros enfrentam para concorrer no cenário internacional.

Gráfico 7.10 - *Estimativa de Apoio ao Produtor Rural*

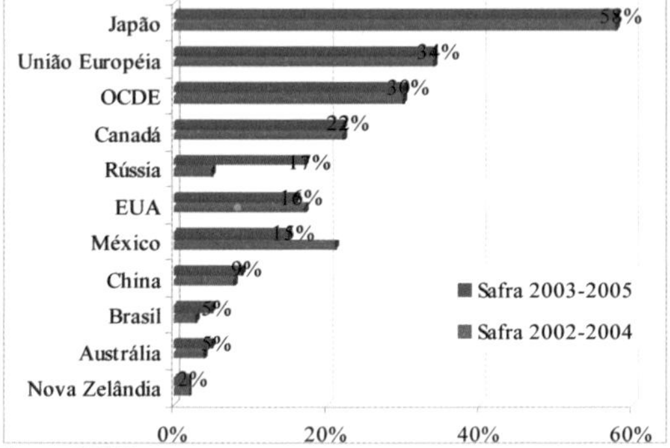

Fonte: *OCDE*

Dentro deste panorama de dificuldades, os competentes produtores brasileiros mediante a utilização da moderna agricultura têm conseguido superar todos os obstáculos interpostos e brigar pelo espaço mundial do agronegócio.

A agricultura no cerrado, um solo mais plano que os das regiões Sul e Sudeste, permitiu a mecanização que reduz os custos de produção, além de manter um padrão mais elevado de tecnologia agrícola com produtividade elevada. A mecanização permitiu o cultivo em grande escala e o uso das modernas técnicas agrícolas de monitoramento e de recursos.

O monitoramento da área plantada, mediante o uso de máquinas de grande porte com recursos de sistema de GPS, proporciona o controle do adensamento de plantio, colocando maior ou menor quantidade de sementes por área cultivada de acordo com o padrão de solo variáveis de uma mesma propriedade rural. Na adubação e correção do solo também se adota esta técnica para otimizar as quantidades destes insumos. O monitoramento por satélite é um instrumento fundamental no combate a pragas e doenças, podendo-se registrar os diferentes níveis de infestação das plantas, efetuar a dosagem correta na aplicação de produtos químicos ajustando o tratamento do problema a ser solucionado na propriedade rural de uma maneira única e individual. O monitoramento das colheitadeiras registra a produção detalhada de cada área plantada permitindo o levantamento pormenorizado da produtividade, de forma que no plantio seguinte o produtor possa realizar cálculos e otimizar a relação custo/beneficio. Assim define: a semente mais adequada; a quantidade de insumos; o nível de correção de solo; a adubação em cada lote e o controle de pragas e ervas daninhas.

Estas técnicas agrícolas puderam ser incorporadas ao dia-a-dia dos produtores rurais brasileiros impulsionados pela extensão das lavouras do cerrado.

7.1.3 - O Crescimento da Pecuária

A pecuária brasileira é hoje uma das mais modernas do mundo. O alto padrão da sanidade e qualidade dos produtos de origem bovina, suína e de aves elevou as exportações do complexo carne. De 1994 a 2007, a produção de carne bovina aumentou 77% - ou 4,5% ao ano -, passando de 5,2 milhões para 9,2 milhões de toneladas. Nesse período, a suinocultura cresceu 130%, ou 6,6 ao ano. A produção de carne suína saltou de 1,33 milhão para 3,06 milhões de toneladas. A avicultura teve um crescimento ainda maior de 200% - ou 8,8% ao ano -, passando de 3,4 milhões de toneladas para 10,2 milhões de toneladas de carne produzida ao ano. O complexo carnes, que inclui outros tipos do produto, também investe em pesquisa, por intermédio do melhoramento genético e na certificação de origem do produto. Tudo para oferecer aos consumidores alimentos seguros e de alta qualidade, como o chamado "boi verde", um animal alimentado apenas com pastagem, muito diferente dos sistemas mantidos em outros países produtores de regime de produção de gado confinado alimentado por ração e silagem vegetal.

Seguindo o crescimento da agricultura no Cerrado, o setor de produção pecuária avança no Centro-Oeste brasileiro. Os grandes grupos de integração avícola e de suínos como a Sadia e a Perdigão passaram a direcionar a sua produção para esta região, que tem o maior crescimento de produção agropecuária dos últimos anos, passando a transformar os grãos produzidos em proteína animal. No lastro desta base de produção formada pela agricultura e pecuária, vem crescendo a agroindústria para o processamento tanto dos produtos agrícolas como os pecuários.

Este parque industrial do agronegócio que se forma no Centro-Oeste, agregado ao parque do restante do país, resultou na capacidade brasileira de suprir a demanda de alimentos ao mundo.

Em 2003, o país assumiu a liderança do ranking dos maiores exportadores do setor avícola com a maior parte dos embarques para a Arábia Saudita, Japão, Países Baixos, Alemanha, Rússia e Hong Kong.

Gráfico 7.11 - Produção Brasileira de Carnes

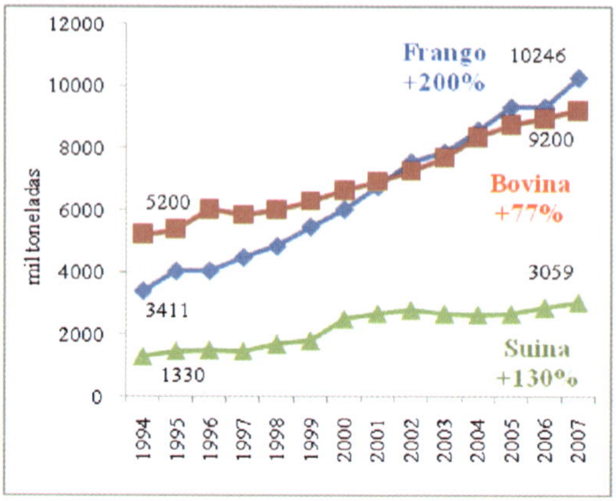

Fonte: *MAPA em (PINTO, L.C.G.:2008)*

Dono do maior rebanho bovino comercial do mundo, o Brasil tem mais de 83% das suas 183 milhões de cabeças em áreas livres da febre aftosa, uma doença altamente contagiosa e economicamente devastadora. O país também é considerado pelo Comitê Veterinário da União Européia como "área de risco desprezível" para a ocorrência do chamado mal da "vaca louca", a doença que dizimou populações inteiras de gado na Europa e chegou ao continente americano.

Ao mesmo tempo, a maior parte do território brasileiro está livre de doenças como "Newcastle", que pode exterminar plantéis inteiros de frangos e até mesmo contagiar o homem, e a peste suína clássica, letal para animais jovens. O país também não registra qualquer caso de influenza aviária, a chamada "gripe do frango", um vírus altamente contagioso que tem infectado aves na Ásia, América do Norte e Europa. No setor avícola, o país é o segundo maior produtor e o maior exportador de carne de aves do mundo. Em suínos, tem a terceira maior população do globo.

Em 2004, o Brasil passou a ser o maior exportador de carne bovina do mundo, superando a Austrália e em 2007 também passou à frente dos australianos em número de bovinos confinados.

A exportação brasileira de carnes tem crescido também em ritmo acelerado e hoje lidera a exportação de carne de aves com participação de 38,2% das

Gráfico 7.12 - Participação Brasileira nas Exportações Mundiais de Carnes (%)

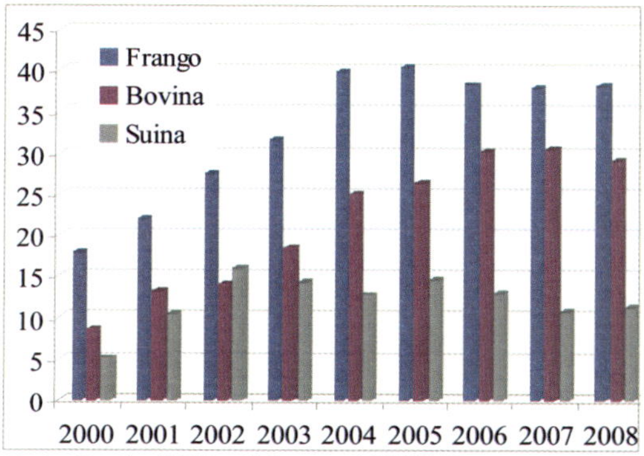

Fonte: *Conab e USDA - Elaboração AGE/MAPA*

exportações mundiais, num mercado em que em 2000 detinha somente 17,8%. Da mesma forma na exportação de carne bovina, que detinha 8,6% do mercado, hoje supre 29,1%. Dados estes, que demonstram o potencial brasileiro de abastecer o mercado mundial de produtos agropecuários.

O Brasil também registrou crescimento nas vendas externas de carne suína, que aumentaram 12%, chegando a US$ 526 milhões - ou cerca de 550 mil toneladas. Rússia, Hong Kong, Argentina, Cingapura e Uruguai foram os principais importadores da carne suína brasileira.

Gráfico 7.13 - Exportações brasileiras de carne (US$ Bilhões)

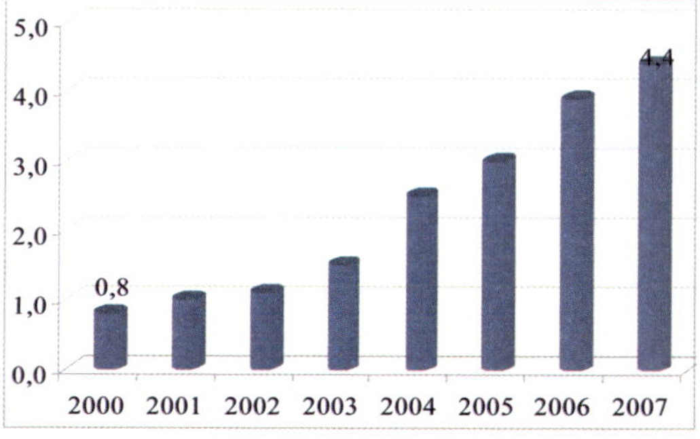

Fonte: *MAPA em (PINTO, L.C.G.:2008. Agroenergia)*

As exportações de couros cresceram mais de 10,2% em 2003, chegando a US$ 1,06 bilhão. O couro acabado foi o que apresentou o melhor resultado, ampliando seu volume de negócios em 29,5%, o que correspondeu a quase US$ 469 milhões, atingindo 44% da exportação total. As vendas externas dos produtos de couro foram de quase US$ 1,4 bilhão em 2007, onde os calçados representaram 91,5% das exportações. Os Estados Unidos compraram 91,5% dos produtos de couros, seguidos do Reino Unido e Canadá.

O desenvolvimento de polos de processamento e industrialização de alimentos conduzirá o país no médio e longo prazo para o abastecimento de alimentos processados e prontos para o consumo, agregando mais valor e divisas no mercado internacional.

7.1.4 - Álcool e Açúcar

Introduzida no Brasil para consolidar a colonização portuguesa e, ao mesmo tempo, garantir grandes lucros à metrópole, a cana-de-açúcar tornou-se um dos produtos mais importantes do agronegócio brasileiro. Desde o auge, durante o chamado ciclo da cana (séculos XVI e XVII) aos dias de hoje, a cultura manteve uma forte participação na economia nacional. O país é o maior produtor mundial de cana, com uma área plantada de 5,4 milhões de hectares e uma safra anual de cerca de 354 milhões de toneladas. Em consequência disso, também é, naturalmente, o mais importante produtor de açúcar e de álcool.

Com a possibilidade de produção agrícola no Cerrado, aumentou o horizonte do setor sucroalcooleiro que começa a expandir a sua produção para esta enorme região produtora.

Em 2003, segundo dados consolidados pela Secretaria de Produção e Comercialização (SPC), as exportações de açúcar atingiram 12,9 milhões de toneladas, com receitas de US$ 2,1 bilhões, um resultado 2,2% superior ao registrado em 2002. Os principais destinos do produto brasileiro foram Rússia, Nigéria, Emirados Árabes Unidos, Canadá e Egito. A produção em 2003/2004 chegou a 24,8 milhões de toneladas de açúcar.

A cana também é matéria-prima para extração de álcool. Cada tonelada de cana tem o potencial energético de 1,2 barril de petróleo. Com o desenvolvimento da tecnologia de motores a álcool, esta movimenta 15% da frota automotiva do país. Em 2003/20004, o Brasil produziu 14,4 bilhões de litros de álcool e o volume de exportação bateu em 800 milhões de litros. Combustível não-poluente, o álcool é um produto que cada vez mais interessa às nações compromissadas em reduzir a emissão de gases nocivos à saúde humana. Países como a China e o Japão já manifestaram intenção de importar o combustível.

O etanol produzido a partir da cana-de-açúcar tem o balanço energético acima de 8, segundo a World Watch Institute, que considera os combustíveis completamente não renováveis com fator 1. Nesta escala, somente o biodiesel

Gráfico 7.14 - Balanço Energético: energia contida no combustível X energia fóssil utilizada na sua produção

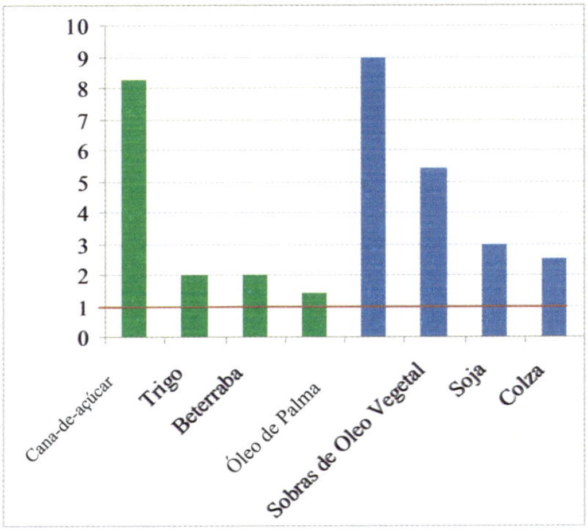

Fonte: *(PINTO, L.C.G.:2008)*

produzido a partir do óleo de palma, resultado da exploração de atividade extrativa que não envolve o processo produtivo de agricultura comercial, tem melhor balanço energético chegando ao índice 9. Mesmo o biodiesel produzido a partir de sobras de óleos vegetais, com índice 5,5 não atinge a eficiência da cana-de-açúcar. O quadro acima demonstra a vantagem ambiental do etanol da cana em termos ambientais, em relação aos demais produtos.

Neste cenário, a exportação brasileira de açúcar e álcool ganha mercado a passos largos. O gráfico abaixo ilustra o crescimento das exportações de açúcar e álcool de 2000 a 2007.

Gráfico 7.15 - Brasileira de açúcar e álcool (US$ bilhões)

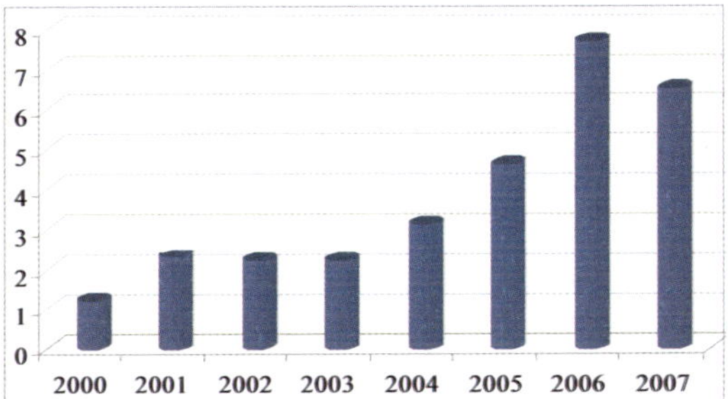

Fonte: *MAPA. Em (PINTO, L.C.G.:2008)*

Impulsionado inicialmente pelo Pró-Alcool e pela crise do petróleo na década de 1970, o programa de desenvolvimento da produção do álcool a partir da cana-de-açúcar foi determinante para o surgimento de novas tecnologias, a genética com novas variedades mais produtivas, a otimização do processo de produção, manejo agrícola e industrialização, resultando em contínuo ganho de produtividade e redução de custos.

Gráfico 7.16 - Cana: Evolução da Produção e Produtividade -1990 a 2008

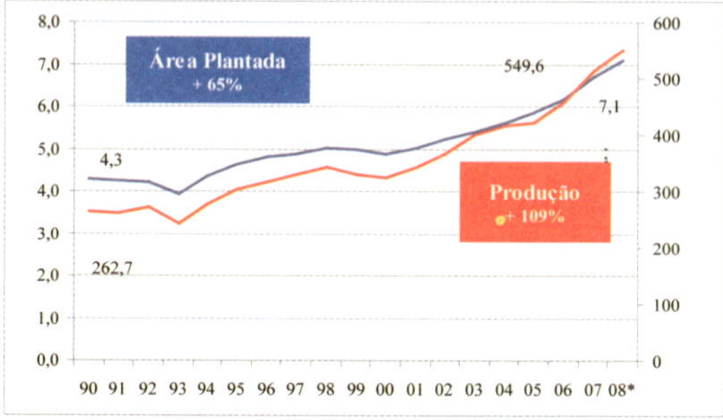

Fonte: *IBGE - Elaboração: GV Agro *Estimativa*

Tabela 7.6 - Brasil - Aumento da Produção e da Produtividade da Cana-de-Açúcar

	Unidade	1990	2008	Crescimento
Area Plantada	milhões ha	4,3	7,1	65%
Produção	milhões ton	262,7	549,6	109%
Produtividade	t/ha	60,8	77,1	27%

Fonte: *IBGE, elaboração GVAgro*

A produção brasileira de cana de 262,7 milhões em 1990 passou para 549,6 milhões de toneladas em 2008 aumentando em 109%, enquanto a área plantada de 4,3 milhões passou para 7,1 milhões de hectares, aumentando somente 65%. A produtividade de 60,8 toneladas /hectare em 1990 passou para 77,1 toneladas/hectare em 2008, um crescimento de 27% na produtividade.

Este desempenho da cana aliado ao desenvolvimento da tecnologia de processamento industrial do etanol da cana resulta na melhor produtividade em relação ao etanol proveniente de outros cultivos. O etanol da cana com tecnologia brasileira produz 6.800 litros/hectare enquanto o etanol de beterraba com tecnologia da União Européia produz 5.400 litros/hectare. Mesmo a cana com a tecnologia da Índia só produz 5.200 litros/hectare. Os demais produtos, como o milho utilizado nos Estados Unidos, mandioca da Tailândia, trigo da União Européia têm desempenho muito inferior. A produção do etanol a partir da celulose pode ser uma tecnologia que aumente significativamente a oferta mundial de etanol, mas ainda não se consolidou como processo industrial.

Tabela 7.7 - Produtividade na Produção de Biocombustíveis nos Principais Países

Produto	País	Produtividade litros/hectare
Etanol de cana	Brasil	6800
Etanol de beterraba	UE.	5400
Etanol de cana	India	5200
Etanol de milho	EUA	3100
Etanol de mandioca	Tailandia	3100
Etanol de Trigo	UE.	2400
Etanol de celulose*		640
Biodiesel de colza*		1408

Fonte: *International Energy Agencia * ISPA. Em (Pinto, L.C.G.:2008. Agroenergia)*

A demanda pelo etanol tem sido crescente, em conseqüência da crescente carência na oferta de combustíveis fósseis que não são recicláveis e tendem a se exaurir. A recente queda nos preços do petróleo (abril de 2009) como consequência da grave crise financeira mundial tende a retornar aos preços anteriores à crise, assim que os mercados se estabilizarem e se restabelecerem desta situação.

As exportações mundiais de etanol vêm crescendo de um patamar de dois bilhões de litros em 2000 para mais de seis bilhões de litros em 2007, dos quais o Brasil participa com mais da metade (3,5 bilhões de litros).

As exportações brasileiras de etanol se destinaram principalmente para a União Européia, Estados Unidos e Japão. O gradativo aumento da produção de veículos movidos pelo etanol abre a perspectiva de se distribuir melhor o leque de países importadores , dando mais estabilidade nos preços mundiais.

A União Européia reduziu a participação da importação de etanol aumentando a sua produção de 15% para 39%, mas como a demanda cresceu de menos de um bilhão de litros por ano em 2000 para mais de três bilhões de litros em 2007, tem um déficit na produção de etanol de dois bilhões de litros ao ano.

Gráfico 7.17 – Exportações Mundiais de Etanol

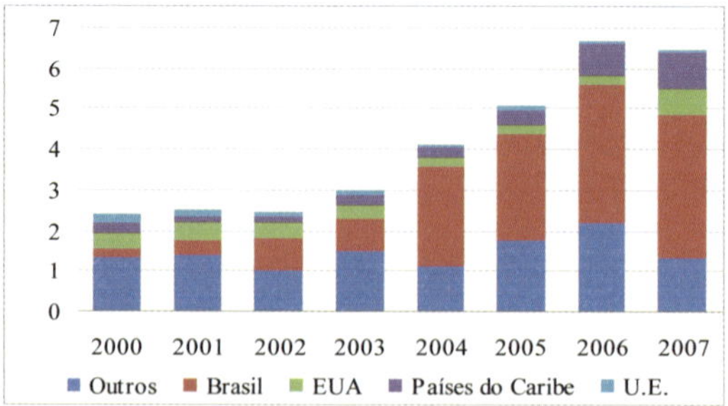

Fonte: *UNICA*

Tabela 7.8 – Principais Destinos das Exportações Brasileiras de Etanol (US$ milhões)

Países	2005	2006	2007
União Européia	535	581	1.017
Estados Unidos	261	1.749	873
CBI	449	486	920
Japão	318	228	364
Nigéria	120	43	123
Coréia do Sul	218	93	67
Outros	698	236	170
Total	2.599	3.417	3.533

Fonte: *Secex. Elaboração: UNICA*

Gráfico 7.18 – Importações de Etanol pela União Européia

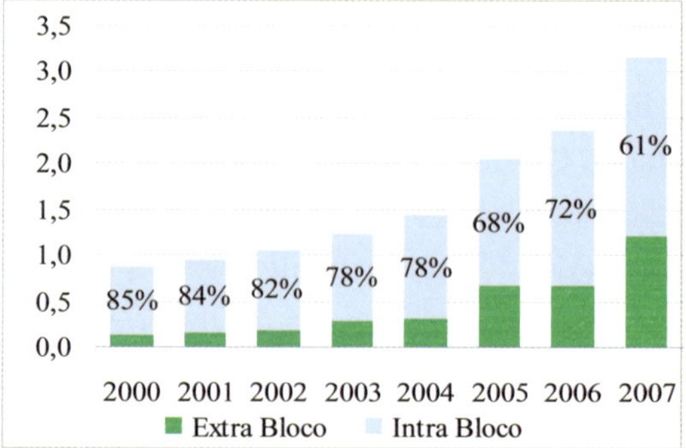

Fonte: *UNICA*

O Brasil supre esta demanda baseado no seu parque produtivo de baixo custo de produção, como se pode ver no gráfico abaixo.

Gráfico 7.19 - Produção de Etanol por hectare

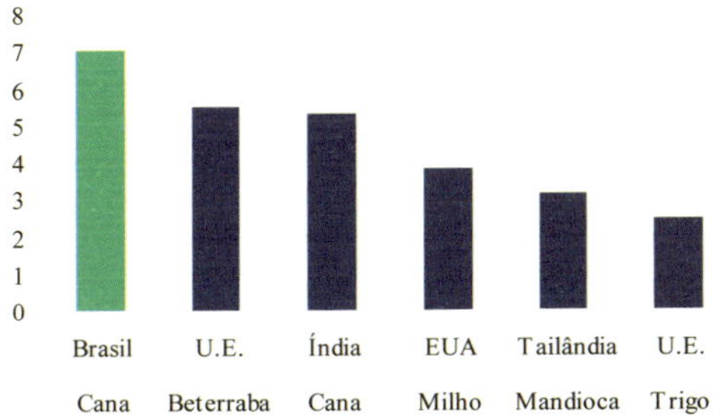

Fonte: *IEA - International Energy Agency (2005), MTEC e UNICA.*
Elaboração: UNICA

Além da produção do etanol, o uso do bagaço e da palha de cana para geração de energia elétrica mostra um potencial gerador equivalente ao de uma usina hidrelétrica do porte da Usina de Itaipu no ano de 2013.

Gráfico 7.20 - Potencial de Geração de Bioeletricidade no Brasil

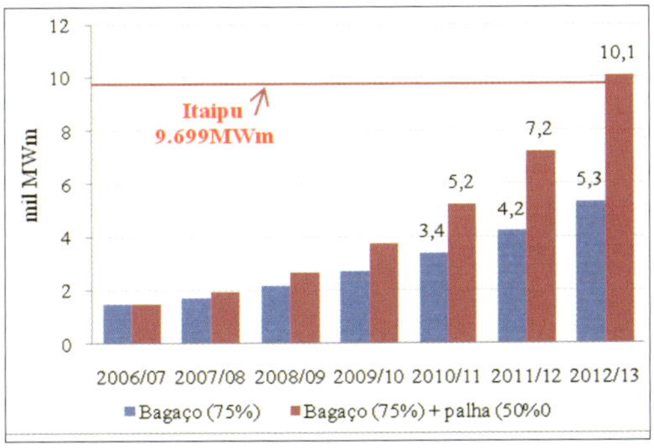

Fonte: *ÚNICA e COGEN*

Estes fatores em contínuo crescimento permitirão ao Brasil ocupar posição de destaque no fornecimento de energia nas próximas décadas.

7.1.5 - Café

Da Etiópia, no Nordeste da África, ao Brasil, o café fez um longo percurso. Primeiro, migrou para a Península Arábica, entre 600 e 700 D.C, conquistando mouros e cristãos. Durante a Idade Média, chegou à Europa, onde era conhecido como a "vinha da Arábia". No início do século XVIII, as primeiras sementes do produto chegaram ao território brasileiro trazidas da Guiana Francesa. Depois de tentativas frustradas de desenvolver a cultura no Norte, a cafeicultura se fixou no Sudeste do país e, mais tarde, expandiu-se por Paraná e Bahia, transformando o Brasil no maior produtor e exportador mundial de café.

Esta foi a lavoura que atraiu muitos imigrantes de diversos países que vieram em busca de riqueza e de trabalho na agricultura, como ocorreu com os imigrantes japoneses que acabaram se radicando neste país.

Com uma área plantada de 2,2 milhões de hectares, o Brasil teve uma safra de 28,82 milhões de sacas em 2003/04. As exportações brasileiras do produto chegaram a 1,43 milhão de toneladas, com faturamento de US$ 1,51 bilhão. Os principais destinos foram Estados Unidos, Alemanha, Itália e Japão. O país detém 28% do mercado mundial de café em grão in natura.

Gráfico 7.21 - Café: Principais Países Produtores (mil t)

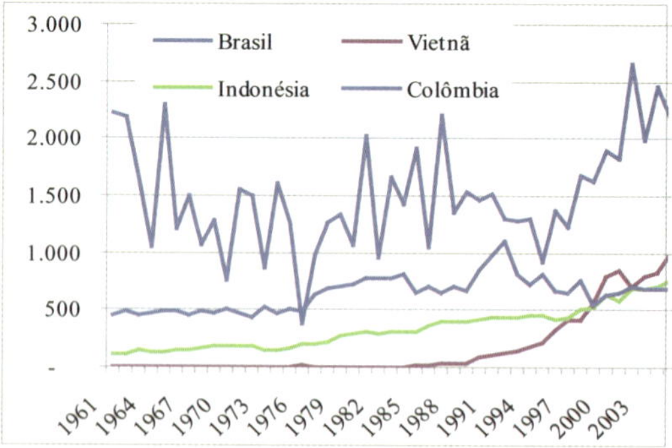

Fonte: *FAO*

O café teve a liderança de mercado ameaçada no início dos anos 70 com a praga da ferrugem do cafeeiro. Com a geada de 1975, grande parte dos cafeeiros foi dizimada e no ano seguinte foi ultrapassada pela Colômbia. Retoma a liderança nos anos seguintes até 1995, onde a produção ficou abaixo de um milhão de toneladas de grãos, permitindo o encosto da Colômbia. A partir daí sua produção aumenta com o café nos cerrados, apoiado por tecnologia avançada, colheitadeiras mecanizadas e plantio em solos mais planos permitindo a redução de custos. A invenção da máquina colheitadeira de café pela Jacto, uma indústria brasileira implantada pelo Sr. Shunji Nishimura, (um imigrante japonês), foi um instrumento da maior importância para que o Brasil liderasse a produção do café no cenário internacional, com ampla margem.

Gráfico 7.22 - Projeção da Distribuição da Produção de Café por Estado (% em 2009)

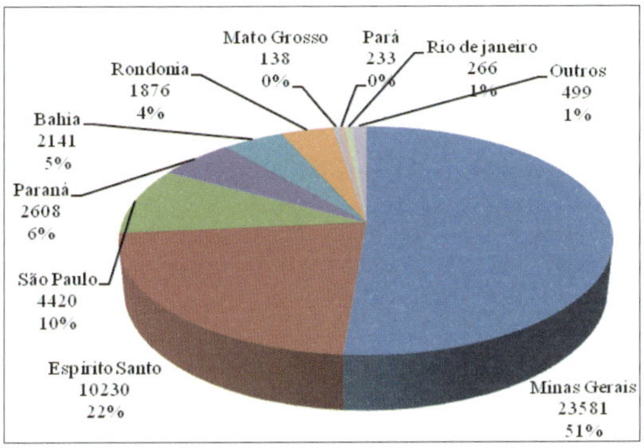

Fonte: *CONAB*

A produção do café estava concentrada nos Estados de São Paulo e Paraná até a década de 1970. Hoje, os Cerrados respondem por 80% da produção nacional.

7.1.6 - Soja

Originária da China, a soja é o principal grão do agronegócio brasileiro. O país é o segundo maior produtor mundial da oleaginosa, com uma safra de 60 milhões de toneladas e uma área plantada de 18,4 milhões de hectares na temporada 2007/2008.

Gráfico 7.23 - Produtividade da Soja (mil Kg/ha)

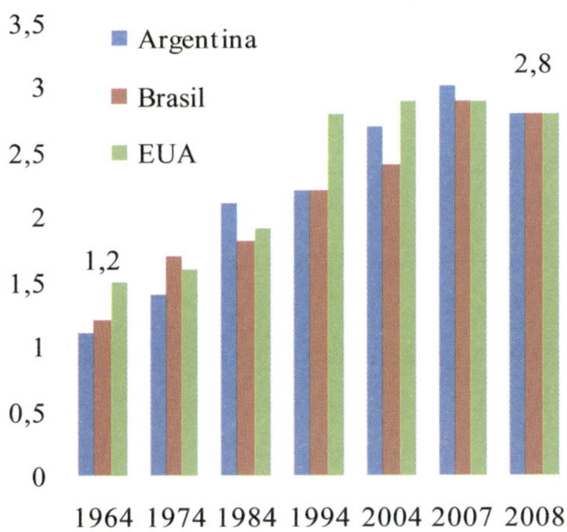

Fonte: *USDA - Elaboração: MAPA*

A soja é conhecida há mais de cinco mil anos. No Brasil, chegou em 1882, quando foi introduzida no tórrido território baiano. A partir de 1940, começou a ganhar importância na agricultura. Passados quase 64 anos, transformou-se no maior destaque do agronegócio brasileiro. Em 2003, o Brasil assumiu a liderança no mercado internacional do complexo soja (grãos, farelo e óleo), com exportações de US$ 8,1 bilhões, 31% acima do valor alcançado em 2002.

A expansão do plantio de soja é um dos maiores exemplos do potencial e vocação agrícola brasileira. Até a década de 80, as lavouras da oleaginosa se concentravam nos Estados do Sul - Rio Grande do Sul, Paraná e Santa Catarina.

Com a viabilização da agricultura nos cerrados como resultado de pesquisas desenvolvidas pelos programas como o PRODECER e graças ao desenvolvimento de cultivares adaptados ao solo e ao clima das diferentes regiões brasileiras, a soja se espalhou também pelo Centro-Oeste, nos Estados de Mato Grosso, Mato Grosso do Sul, Goiás e no Distrito Federal, além de parte do Nordeste - principalmente no oeste da Bahia e no sul do Maranhão e do Piauí.

Mato Grosso se tornou o principal Estado produtor, colheu em 2007, 15.274.887 t, 26,3% do total nacional em 5.075.079 hectares, com produtividade média de 3.010 kg/ha, superior à do Paraná. O Paraná, o segundo maior produtor de soja, colheu 11.876.790 t, 20,5% do total nacional, numa área de 4.007.323 hectares.

Os cinco municípios que mais produziram soja em 2007 foram mato-grossenses: Sorriso (2,9% de participação na produção nacional); Sapezal (1,7%); Nova Mutum (1,7%); Campo Novo do Parecis (1,5%); e Diamantino (1,4%). São Desidério (BA), que em 2006 era o nono maior produtor nacional, assumiu a sexta colocação em 2007, com crescimento de 11,2% na produção (de 617.583 para 686.575 toneladas).

Além de oferecer matéria-prima para a fabricação de óleo, a soja é utilizada no consumo humano, estando na composição de vários produtos alimentícios, como macarrão, pães e bebidas.

O crescimento da soja no Brasil também foi fantástico. Em 1990/1991, a colheita foi de 15,3 milhões de toneladas, com uma área plantada de 9,7 milhões de hectares. Com a safra de 60 milhões de toneladas em 2007/08, a produção quadruplicou em consequência dos ganhos de rendimento que passaram de 1.500 kg/ha no início da década de 1970, para 2.816Kg. por hectare em 2008.

Este crescimento da produção de soja está baseado no crescimento do horizonte para os Cerrados. Como mostram os quadros comparativos acima, na

Gráfico 7.24 - Brasil: Produção Comparativa de Soja por Estado - Safra 1976/77 e Safra 2007/08 (mil t)

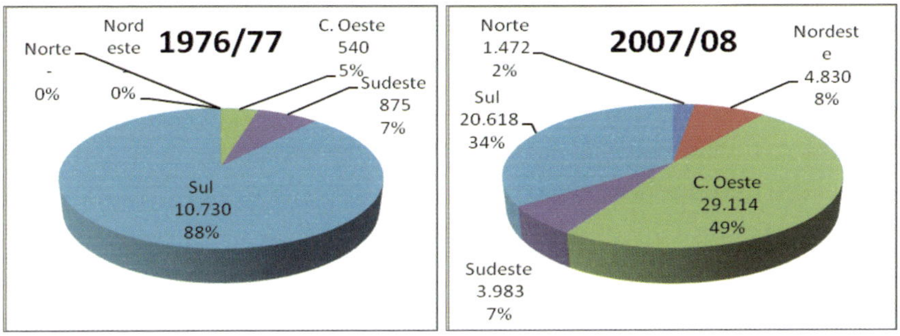

Fonte: *CONAB*

safra 1976/77, 95,6% das 12,1 milhões de toneladas de soja foram produzidas nas regiões Sul e Sudeste. Na safra 2007/08 das 60,1 milhões de toneladas produzidas no país, somente 24,6 milhões de toneladas ou 41,0% da safra de soja foram produzidas nas regiões Sul e Sudeste, e 59,0% foram produzidas nas demais regiões cujos centros de produção ficam localizados nos Cerrados. Como parte dos Estados de São Paulo e de Minas Gerais são áreas de cerrado, podemos considerar que hoje mais de 60% da produção de soja vem dos Cerrados.

As regiões Sul e Sudeste cresceram no período 112%, passando de 11,6 milhões de toneladas para 24,6 milhões de toneladas de soja enquanto as demais regiões que produziam 540 mil toneladas passaram a produzir 35,4 milhões de toneladas no período, aumentando em mais de cinco vezes a sua produção de soja.

7.1.6 - Milho

O milho é um conhecido cereal cultivado em grande parte do mundo, extensivamente utilizado como alimento humano ou ração animal, devido às suas qualidades nutricionais.

Segundo Mary Poll, em trabalho publicado na revista Pnas, os primeiros registros do cultivo do milho datam de há 7.300 anos, e foram encontrados em pequenas ilhas próximas ao litoral do México, no golfo do México. Seu nome, de origem indígena caribenha, significa "sustento da vida". Alimentação básica de várias civilizações importantes ao longo dos séculos, os Olmecas, Maias, Astecas e Incas reverenciavam o cereal na arte e religião.

Com as grandes navegações do século XVI e o início do processo de colonização da América, a cultura do milho se expandiu para outras partes do mundo. Hoje é cultivado e consumido em todos os continentes e sua produção só perde para a do trigo e do arroz.

No final da década de 1950, por causa de uma grande campanha em favor do trigo, o cereal perdeu espaço na mesa brasileira. Atualmente, embora o nível de consumo do milho no Brasil venha crescendo, ainda está longe de ser comparado a países como o México e aos da região do Caribe.

A produção mundial de milho em 2006 foi de 695.228 mil toneladas, sendo que os maiores produtores são os Estados Unidos com 38,5% e a China com 20,9%.

O Brasil é o terceiro maior produtor de milho e sua produção corresponde a 6,1% da produção mundial. A produção de milho distribui-se pelo país com vários estados com produção significativa.

Gráfico 7.25 - Milho – Principais Países Produtores (milhões t)

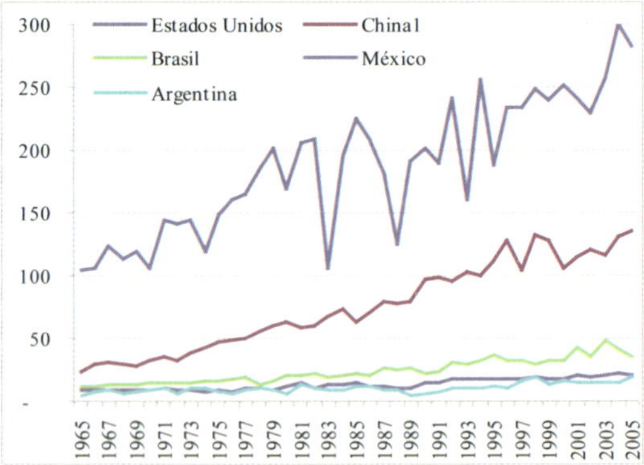

Fonte: *FAO Nota: não considera Hong Kong, Macau e Taiwan*

O Estado do Paraná continua sendo o maior produtor, contabiliza 25,72% do total produzido no país. O Mato Grosso é o segundo maior produtor, a partir, principalmente, da colheita na safrinha. Considerando que o cultivo da soja vem crescendo e o plantio do milho de safrinha está ligado às áreas de soja na rotação de cultura, espera-se que o milho tenha condições de contribuir ainda mais para o abastecimento interno nos próximos anos.

A sustentabilidade desta produção tem sido cada vez mais assegurada pelo aumento da produção de aves, suínos e bovinos confinados na região Centro-Oeste, além da melhoria das condições de transporte ferroviário que permite a sua exportação para outros estados da federação. De certa forma, isto tem sustentado os preços e evitado que eles caiam a níveis reduzidos, como acontecia em condições semelhantes em anos passados.

A produção brasileira de 58,7 milhões de toneladas em 2008 foi 13,9% superior à safra de 2006/07. No caso da Região Sul, o crescimento da produção no Paraná e em Santa Catarina compensou, com folga, a redução na safra gaúcha de milho e fornece uma boa garantia para o abastecimento interno.

O Brasil tem uma das produtividades mais baixas entre os exportadores de milho e o preço do produto brasileiro é mais alto do que o do mercado internacional. Choques de produtividade serão necessários para reduzir o custo de produção.

No contexto atual, a introdução da biotecnologia é fundamental ao Brasil. É importante lembrar que o milho ainda é, em parte, uma cultura de subsistência no país, e não tem um foco comercial tão elevado quanto nos Estados Unidos e na Argentina. O foco comercial ganha importância justamente quando a produtividade é alta e precisa-se escoar o excedente produzido, utilizando geralmente a exportação.

Tanto na Argentina quanto nos Estados Unidos, é possível observar o choque de produtividade alcançado após a introdução do milho geneticamente modificado. O aumento da produtividade média nos Estados Unidos entre 1988 e 1997 foi de 0,6% ao ano, ao passo que no período de 1998 (introdução da biotecnologia do milho nos EUA) a 2007, o crescimento médio foi de 1,6% a.a.

No caso da Argentina, o comportamento é semelhante. A elevação da produtividade média no período de 1988 a 1997 foi de 1,9%, ante um crescimento médio de 2,8% entre 1998 (também com a introdução da biotecnologia) e 2007. A barreira de rompimento da produtividade média é explícita com a introdução de variedades geneticamente modificadas. De 1990 a 1997, a Argentina manteve sua produtividade média sempre na casa de 4.200 kg/hectare. Com a introdução do milho geneticamente modificado em 1998, a produtividade média saltou imediatamente para o patamar de 6.000 kg/hectare.

No Brasil, o milho é a cultura que tem permanecido com a tecnologia mais atrasada dentre os produtos de maior volume de produção. Uma cultura antiga que não atualizou o seu padrão tecnológico e está baseada num sistema obsoleto de produção.

Mesmo sendo uma cultura com baixo desempenho e com crescimento abaixo da média do agronegócio brasileiro, a produção do milho aumentou de 19,256 milhões de toneladas da safra 1976/77 para 58,664 milhões de toneladas na safra 2007/08, triplicando a produção em 31 anos, um crescimento anual de 3,66%. Fica claro, até mesmo na cultura do milho, que não é um produto com bom desempenho no Cerrado, que o crescimento da agricultura neste bioma

Gráfico 7.26 - Brasil: Produção de milho por Região:
(Comparação de Safra 1976/77 X Safra 2007/08 - mil t e %)

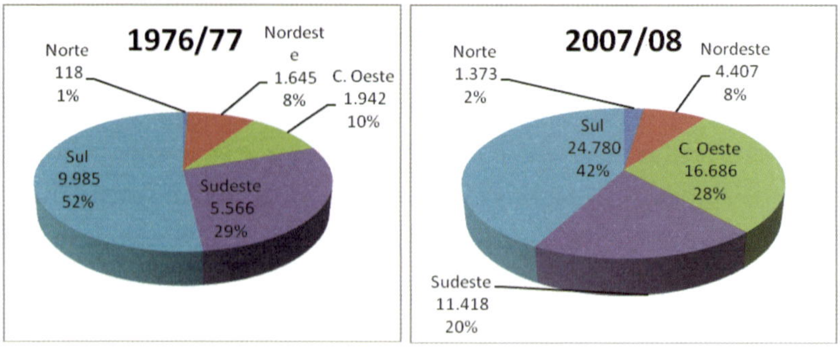

Fonte: *CONAB*

cresce além da média nacional. Os estados do Sul e Sudeste que produziram 81% do milho na safra 1976/77 produziram somente 62% na safra 2007/08, com um crescimento de somente 133%, enquanto a Região Norte cresceu 1064%, a Nordeste 168% e o Centro-Oeste 759%.

O principal destaque da safra de 2007, com um crescimento de quase 9,2 milhões de toneladas (21,5%) em relação a 2006 e impulsionado pelo avanço dos preços do mercado externo, levou os produtores brasileiros a ampliarem em 11,5% a área cultivada, principalmente na segunda safra. Além disso, o milho de primeira safra apresentou um rendimento médio superior ao de 2006. O aquecimento dos preços no mercado externo deveu-se ao fato de os Estados Unidos, maior produtor e exportador mundial, destinar parte da sua produção para a fabricação de etanol, com o objetivo de diminuir a dependência do petróleo, que tem atingido preços elevados.

O município de Sorriso lidera o ranking nacional do milho, com 755.678 t produzidas em 228.266 ha. Os seis maiores municípios que cultivam milho tiveram acréscimo da produção em relação a 2006. Todos estão nos cerrados, onde as estações são bem definidas. As condições climáticas, de um modo geral, foram bastante favoráveis para a produção em 2007.

Os brasileiros ainda não "descobriram" o milho. O grão não faz parte do hábito alimentar da maioria dos consumidores. Do total produzido, 70% é destinado à ração animal, para a cadeia das carnes (bovina, suína e de frango). "Enquanto no Brasil há entre 600 e 800 usos para o milho, nos Estados Unidos são mais de três mil. Há usos para as indústrias farmacêutica e de bebidas, que são desconhecidos do grande público", comentou Jason de Oliveira Duarte, pesquisador da Embrapa Milho e Sorgo (sediada em Minas Gerais).

7.2. Exportação

Com uma população de 190 milhões, o Brasil tem um dos maiores mercados consumidores do mundo. Cerca de 80% da produção brasileira de alimentos é consumida internamente e apenas 20% são embarcados para mais de 209 países. Em 2003, o Brasil vendeu mais de 1.800 diferentes produtos para mercados estrangeiros. Além dos importadores tradicionais, como Europa, Estados Unidos e os países do Mercosul (Argentina, Uruguai e Paraguai), o Brasil tem ampliado as vendas dos produtos do seu agronegócio aos mercados da Ásia, Oriente Médio e África.

Gráfico 7.27 - Exportação do Agronegócio Brasileiro (2003) - (US$ milhões e % de venda)

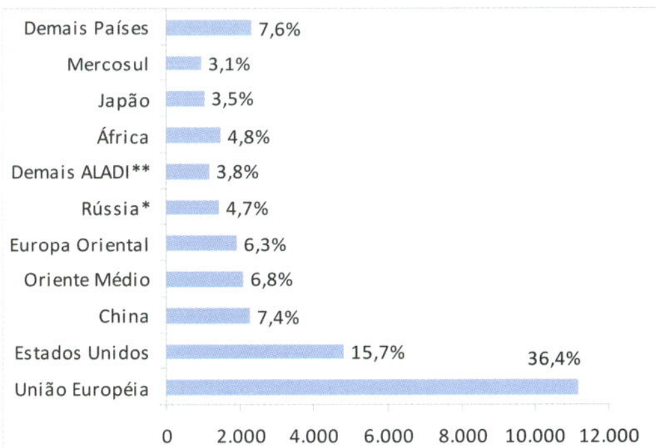

Fonte: *MAPA-SPA **Excl.Mercosul * Federação da Rússia*

O amplo leque de países importadores mostra estabilidade e segurança de um mercado disperso sem nenhuma concentração. Exportando volumes razoáveis a diversos países, tendo um amplo mercado, com uma política externa sem discriminação, isto proporciona uma maior tranquilidade contra flutuações de mercado.

Ampla gama de produtos, sem concentração em alguns produtos ou mesmo linha de produtos, desde o complexo soja que lidera com 26% das exportações, o complexo carne com 11%, papel e celulose com 9%, madeira com 9%, couros e calçados com 8%, açúcar e álcool com 8%, café com 5%, sucos de frutas com 4%, algodão e fibras com 4%, fumo e tabaco com 4%, frutas com

2%, além de outros produtos de menor representatividade, forma o portfólio de exportação do agronegócio do país. Embora o complexo soja ainda esteja concentrado no produto *"in natura"*, outros segmentos estão com o grau de processamento avançado e proporcionam margens ainda maiores, como no caso do complexo carne.

Gráfico 7.28 - Exportações Agronegócio: Principais Produtos (2003)

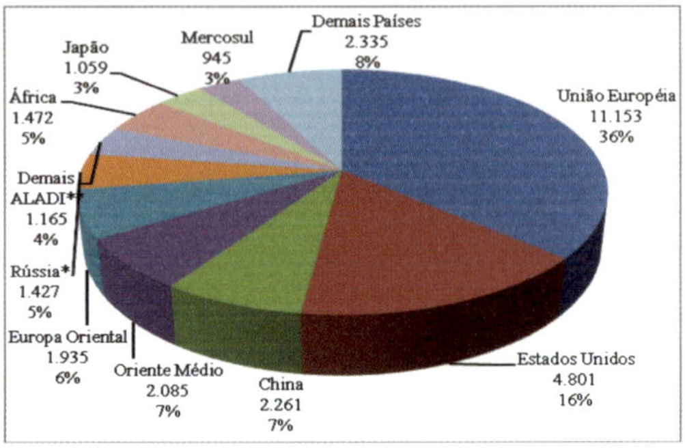

Fonte: *MAPA. Em (Marques:2004)*

7.3 - Pesquisa & Desenvolvimento

O conhecimento e tecnologia são instrumentos imprescindíveis ao crescimento sustentável do agronegócio do Brasil. A Embrapa tem papel fundamental no desenvolvimento de pesquisas e na produção de novas técnicas agrícolas e pecuárias, além de contribuir com a agroindústria.

Reconhecida como uma das grandes responsáveis pelo aumento da produção brasileira de grãos, que atingiu 9,5% em 2003, a Embrapa lidera o Sistema Nacional de Pesquisa Agropecuária (SNPA). Essa rede engloba, além das unidades de pesquisa e desenvolvimento da empresa, centros de pesquisa agropecuária estaduais, algumas universidades brasileiras e outras instituições privadas. Também fazem parte do sistema os Labex (Laboratórios Virtuais no Exterior da Embrapa), implantados atualmente nos Estados Unidos e na Europa (França).

Estudos de simulação feitos pelo Ipea (Instituto de Pesquisa Econômica Aplicada) demonstraram que os investimentos em pesquisa e desenvolvimento podem elevar a produção de grãos no Brasil a 295 milhões de toneladas com a utilização da tecnologia já disponível, hoje usada apenas por parte dos produtores brasileiros. De acordo com especialistas da área, a Embrapa desenvolve 52% dos projetos em agricultura no Brasil. Governos estaduais contribuem com 20%. Universidades, com 21%.

As variedades de sementes representaram 77% dos cultivares de arroz oferecidas no Brasil entre 1976 e 1999; 30% do feijão; e 37% da soja. Entre os materiais desenvolvidos pela empresa até 2004 são contabilizadas 91 variedades de arroz, 36 de feijão, 68 de milho, 87 de trigo, 37 de algodão e 210 variedades de soja.

O imenso potencial do agronegócio brasileiro, aliado à capacidade instalada de suas instituições e à reconhecida criatividade de seus pesquisadores, abrem enormes possibilidades de investimentos externos e privados em pesquisa e desenvolvimento no país.

Desenvolvimento de cosméticos, nutracêuticos, uso da biotecnologia para desenvolvimento de raças e variedades resistentes a parasitas, doenças, pragas, estresse hídrico e secas prolongadas, juntamente com informática agropecuária e agricultura de precisão, são algumas das áreas que apresentam as melhores oportunidades de investimento por intermédio de parceria público-privada para a geração de conhecimento técnico-científico.

Gráfico 7.29 - Produção e Produtividade Brasileira de Grãos (1991 a 2008)

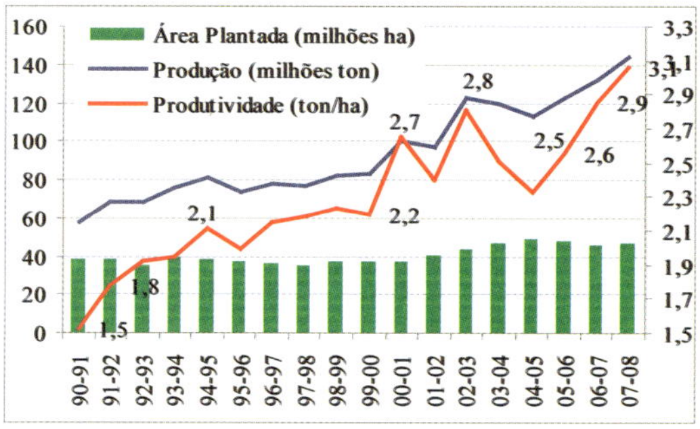

Fonte: *CONAB*

O desenvolvimento de tecnologia própria inclusive para o desenvolvimento de novas variedades mais produtivas, permite à agricultura brasileira percorrer caminhos diferentes da tecnologia americana e com isto manter-se mais distante da produção de alimentos geneticamente modificados. Produtos brasileiros têm conseguido manter alta produtividade para concorrer com os produtos geneticamente modificados, mantendo-se na sua linha de produtos sem a introdução desta tecnologia.

A longo prazo, isto pode acarretar perdas para a agricultura brasileira, pois a tecnologia esta sendo encarada ainda com certo ceticismo pelos pesquisadores brasileiros, enquanto outros países têm colocado todo o empenho na busca de novas plantas resistentes a secas, frios, e inúmeros outros fatores que podem trazer um grande diferencial de produtividade.

Complexos agroindustriais de integração na produção de aves e suínos trazem eficiência na produção e redução de custos operacionais das empresas, que aliado à redução de custos de transportes pela industrialização *in loco,* competem no cenário internacional aumentando a participação no concorrido mercado.

A fruticultura que se desenvolve na Região Nordeste se beneficia da irrigação em clima seco. As árvores com irrigação controlada proporcionam produção de frutas de melhor qualidade por não permitir a multiplicação de pragas e doenças transmitidas pela umidade das chuvas comuns nas regiões Sul e Sudeste, bem como na maioria das regiões de clima temperado onde se concentrava a produção de frutas.

O boi criado em pastagens extensivas permite a produção de carnes mais saudáveis e mais disputadas no mercado. A biotecnologia desenvolvida no país proporciona novas variedades com alta produtividade.

O Pró-Álcool - programa de desenvolvimento do álcool automotivo – instituído no governo militar durante a crise de petróleo da década de 80, resultou numa eficiente tecnologia de substituição do combustível fóssil pelo combustível renovável.

Hoje, países do mundo todo buscam a tecnologia brasileira de produção de combustíveis e máquinas e equipamentos que consigam maior desempenho no consumo dos bicombustíveis e sua transformação em energia motriz.

7.4 - A Infraestrutura do Agronegócio Brasileiro

O Brasil produz 144 milhões de toneladas de grãos numa área de 47 milhões de hectares, que ocupa apenas 5,4% do território nacional. Excluindo florestas, cidades, rios e estradas, ainda há, no mínimo, 90 milhões de hectares virgens que somam 11% da área do país.

O agronegócio brasileiro tem atraído capitais do mundo todo. Grandes empresas ligadas ao agronegócio estão aportando aqui, vendo as grandes oportunidades apresentadas pela pujante indústria agrícola.

A agricultura no Cerrado alargou os horizontes do agronegócio brasileiro. O mercado mundial enxerga o grande potencial de crescimento da agricultura brasileira, não só pela grande extensão territorial, mas principalmente pelo crescimento global do país. O Brasil deixou de ser uma colônia portuguesa e hoje tem efetivamente ocupado o seu espaço no panorama mundial.

Sua capacidade de desenvolver produtos como o álcool é invejável. O parque industrial cresceu e as máquinas agrícolas produzidas no Brasil atendem a todas as necessidades dos produtores, inclusive no que tange à tecnologia de ponta com sistemas monitorados por satélite.

A Jacto desenvolve máquinas para a colheita de café e frutas como a laranja. Seus equipamentos de aplicação de produtos químicos nas lavouras são projetos pioneiros desenvolvidos por seu quadro de pesquisadores.

Indústrias brasileiras que surgiram no lastro do crescimento do agronegócio desenvolvem tecnologias e produzem os equipamentos para as indústrias de processamento de alimentos permitindo agregar valor com a venda de produtos mais elaborados.

O fundo Laep do empresário Marcus Elias adquiriu a Parmalat e colocou em marcha o projeto Integral. Nos últimos dois anos várias empresas agrícolas como Agenco, SLC, Vanguarda e Marfrig fizeram IPO's[1].

O setor de aves é outro que se destaca e também se internacionaliza. A Sadia está investindo 100 milhões de dólares numa fábrica nos Emirados Árabes e a Perdigão adquiriu a Plusfood da Holanda.

7.4.1. Sadia

A Sadia é mais uma empresa que investe no Cerrado como base para crescimento da sua produção. A primeira base para produção da Sadia foi instalada no Mato Grosso.

Fundada em 1944 por Atilio Fontana no oeste catarinense, ao longo dos anos a Sadia firmou sua excelência no segmento agroindustrial e na produção de alimentos derivados de carnes suína, bovina, de frango e de peru, além de massas, margarinas e sobremesas. Nos últimos anos, a Sadia se especializou, cada vez mais, na produção e distribuição de alimentos industrializados congelados e resfriados diferenciados. Uma das preocupações da companhia é desenvolver, constantemente, novos produtos.

---

1 IPO é uma sigla que vem do inglês "***Initial Public Offering***" que significa a abertura do capital da empresa ao mercado acionário.

Companhia aberta desde 1971, a Sadia lançou, em 2001, seus ADRs - American Depositary Receipts na Bolsa de Nova York e aderiu ao Nível 1 de Governança Corporativa da Bovespa. Em 2004, a empresa passou a fazer parte do Latibex, índice de empresas latino-americanas da Bolsa de Madrid.

Por quatro vezes consecutivas (2001, 2003, 2004 e 2005), a Sadia foi eleita a marca mais valiosa do setor de alimentos brasileiro, em pesquisa divulgada pela Interbrand - consultoria inglesa conhecida pela tradicional lista das 100 marcas mais valiosas do mundo –, que avalia companhias nacionais listadas na CVM e, dentre elas, elege as marcas brasileiras de maior valor no mercado.

A empresa mantém um parque fabril com 14 unidades industriais, duas unidades agropecuárias e centros de distribuição espalhados por sete estados brasileiros. No exterior, tem representações comerciais em 11 países, a exemplo do Panamá, Chile, Uruguai, Argentina, Alemanha, Inglaterra, Rússia, Turquia, Emirados Árabes, China e Japão.

Cinco unidades industriais da Sadia estão localizadas no Estado do Paraná, nas cidades de Ponta Grossa, Dois Vizinhos, Paranaguá, Toledo e Francisco Beltrão. Santa Catarina abriga duas unidades, uma em Chapecó e outra em Concórdia. No Rio Grande do Sul, em Três Passos, a companhia também mantém uma indústria. A Sadia conta ainda com unidades industriais distribuídas em Minas Gerais, na cidade de Uberlândia; no Rio de Janeiro, em Duque de Caxias; no Mato Grosso, em Várzea Grande e Lucas do Rio Verde; no Distrito Federal e na Rússia.

A Sadia emprega hoje cerca de 52 mil funcionários e, por meio de seu Sistema de Fomento Agropecuário, mantém parceria com cerca de 10.000 granjas integradas de aves e de suínos.

Desde o início de suas atividades, a Sadia é reconhecida como uma empresa socialmente responsável, preocupada com o meio ambiente e a comunidade.

Sadia na direção da sustentabilidade

"Agindo no presente e construindo no futuro".

Uma empresa que escolhe o caminho do desenvolvimento sustentável quer um mundo mais promissor, com a preservação e conservação do meio ambiente e a garantia do bem-estar da sociedade sem comprometer as necessidades e escolhas das futuras gerações.

É desta forma que a Sadia atua em direção à sustentabilidade, um tema que vem sendo incorporado nos processos da companhia, de forma a buscar o equilíbrio econômico-financeiro com respeito ao meio ambiente e responsabilidade social. Este assunto faz parte de um seleto grupo de temas estratégicos da Sadia que, juntos, objetivam a excelência em seu ramo de atividade.

Como resultado do tratamento estratégico, que tem sido dedicado ao tema, algumas iniciativas têm sido desenvolvidas tanto no âmbito do negócio da empresa quanto na atuação do Instituto Sadia, visando aprimoramentos nos processos internos de toda a companhia. Alguns exemplos deste processo:

A Sadia aderiu ao Pacto Global das Nações Unidas (Organização das Nações Unidas). A plataforma tem o objetivo de mobilizar as lideranças da comunidade empresarial internacional para apoiarem as Nações Unidas na promoção de valores fundamentais nas áreas de meio ambiente, direitos humanos, trabalhistas e de combate à corrupção. Conseqüentemente, visa um avanço na busca de uma economia global mais sustentável e inclusiva.

Exportação

A Sadia tem publicidade exclusiva no Oriente Médio por considerar o mercado tão importante para a companhia, estrelada pela galinha Henrietta, personagem criada para a divulgação da marca no local.

A Sadia, uma das maiores empresas brasileiras do ramo de alimentos, continua a ter no Oriente Médio um de seus principais mercados de exportação. Cerca de 20% dos R$ 1,5 bilhão que a companhia faturou com as vendas externas no primeiro semestre de 2006, vieram da região, que ficou atrás apenas da União Européia. No ano passado, quando a empresa embarcou o equivalente a R$ 4,1 bilhões, o Oriente Médio ficou com 26% e foi o maior destino de suas mercadorias.

O mercado é tão importante para a companhia que ela tem campanhas publicitárias exclusivas para a região. Como no Brasil, as propagandas são estreladas por um personagem. Só que aqui é o franguinho Lequetreque, aquele que usa um capacete e vive apressado, e lá é a galinha Henrietta.

Além do Oriente Médio, a empresa tem publicidade exclusiva na Rússia. Os negócios da empresa na região são tocados por um escritório em Dubai, um dos 11 que ela mantém no exterior. A Sadia exporta para os árabes desde o final dos anos 60.

Apesar de a indústria brasileira de frangos ter sofrido com a retração do consumo internacional, causada pelo medo da gripe aviária, a companhia ainda está entre as maiores empresas exportadoras do Brasil. No período de janeiro a julho de 2008, ela ficou na 15a. colocação, segundo a Secex (Secretaria de Comércio Exterior) do governo federal.

7.4.2 - Comigo

A atividade da Comigo (Cooperativa Mista dos Produtores Rurais do Sudoeste Goiano Ltda) se iniciou em 1976 com a abertura de uma loja de insumos em Rio Verde, complementada por um departamento de assistência técnica e pela aquisição de um terreno para a futura instalação de um parque agroindustrial. Esta atividade inicialmente surgiu da necessidade de solucionar uma pequena dificuldade, adquirir sacaria para o arroz, e depois com problemas de secagem e comercialização deste produto. Iniciado por 50 produtores, em 1981 já tinha 721cooperados e em 2001 atinge 4233 associados.

A área plantada de soja nos municípios de Rio Verde, Montividiu e Jataí era de apenas 750 ha em 1975, na implantação da cooperativa, com uma produtividade de apenas 1,49 t/ha. Em 1980, passou para 42.180 ha, ano em que a Comigo fez a primeira exportação para a Suíça. Em 1985, a área plantada cresceu para 148 mil ha e a produtividade passou para 1,68t/ha. Em 2001, a produtividade atinge 3,08t/ha, com uma área plantada de 489 mil hectares.

Entre as atividades paralelas a Comigo conta com uma unidade reflorestadora, uma unidade de moagem de soja e refino e envasamento do óleo e uma unidade de fabricação de sabão para aproveitar a borra do óleo. Em 1996, a cooperativa adquire um misturador de adubos por solicitação dos cooperados, motivado pelos altos preços e pelo poder de barganha das empresas que comercializavam fertilizantes.

Após adquirir algumas empresas correlatas e de crédito, em 1988 cria a Cooperativa de Crédito Rural do Sudoeste Goiano Ltda.-- Credi-Rural Comigo.

Em meados da década de 1990, a Comigo inovou fomentando entre os produtores associados a atividade da suinocultura na região. Inicialmente foi formada uma *joint venture* com a Dalland, empresa holandesa, com o objetivo de instalar um polo de desenvolvimento genético de suínos na região, finalizada em 1995.

Em 1996, a Comigo mobilizou os produtores rurais para reuniões, diretamente com a Perdigão, de forma a incentivar e atrair a instalação desta empresa em Rio Verde, o que acaba por ocorrer efetivamente em 2000. A Perdigão investiu em 2001 mais de R$ 40 milhões no projeto Buritis em Rio Verde.

Deste modo ocorre a formação de uma importante rede, onde uma parte desta é responsável pelo desenvolvimento genético para a produção de matrizes, a segunda incentiva a integração, e uma terceira ainda possibilita a colocação de rações. Por fim, a economia local é incrementada e assim o produtor rural tem acesso a alternativas de renda.

A Dalland - Comigo fornece parte das fêmeas e dos machos para o Projeto Buritis da Perdigão, e como conseqüência, os produtores associados à Comigo participam de contratos de fornecimento com a Perdigão.

Em 2002 a Comigo instala o CTC (Centro Tecnológico Comigo) que promove geração e difusão de tecnologia para a soja no sudoeste de Goiás promovendo um "Agrishow" regional onde conta com a participação das grandes empresas do agronegócio como a Pioneer/Dupont, Monsanto/Agroceres, Basf, Bayer, Aventis, Embrapa, entre outras. A cooperativa tem uma ação específica de articulação de uma rede onde cada um dos agentes tem interesses em comum, resguardados os seus interesses empresariais.

7.4.3 - Grupo Amaggi

O Grupo Amaggi é mais um grupo empresarial que nasceu e cresceu na região dos Cerrados. A Amaggi Exportação e Importação foi fundada em 1977, atuando nos Estados de Mato Grosso, Rondônia, Amazonas, São Paulo e Paraná, detém uma estrutura para comercializar, armazenar, processar, transportar e fomentar a produção de soja no Mato Grosso, através de recursos ou insumos.

A Amaggi importa e comercializa fertilizantes e também é responsável pela produção de sementes de qualidade, mas é o Departamento Comercial, localizado na matriz do Grupo em Rondonópolis (MT), que faz a ligação direta com os principais centros de comercialização de soja em todo o mundo. Assim, a soja, o farelo e o óleo produzidos são exportados para a Austrália e países da Europa e Ásia.

Para garantir qualidade na armazenagem da soja, a Amaggi utiliza 39 unidades armazenadoras, capazes de estocar mais de dois milhões de toneladas. Ao todo são 24 armazéns próprios e 15 arrendados.

As duas indústrias de esmagamento de soja da Amaggi (Cuiabá/MT e Itacoatiara/AM) possuem 3,6 mil toneladas/dia de capacidade de processamento. Mas o projeto de uma terceira indústria, localizada em Lucas do Rio Verde(MT) e com capacidade de esmagamento de soja de três mil toneladas/dia, já está em desenvolvimento.

Para incrementar ainda mais as exportações, a Amaggi, em parceria com outras empresas do setor, construiu o Terminal de Granéis do Guarujá (TGG - localizado no estado de São Paulo), para o embarque de commodities agrícolas e com capacidade para movimentar cinco milhões de toneladas/ano de soja e derivados. O terminal possui acesso ferroviário e rodoviário, o que garante maior flexibilidade na movimentação de cargas, para exportação e importação.

O TGG em sua primeira fase, já em funcionamento, possui capacidade de armazenagem de 236 mil toneladas e capacidade de carregamento de três mil toneladas/hora. Já em sua segunda fase, o TGG, poderá armazenar até 472 mil toneladas e o carregamento chegará a seis mil toneladas/hora.

Além disto, a Amaggi utiliza outras duas rotas de escoamento: uma via porto de Paranaguá e outra pelo rio Madeira/Amazonas, utilizando o porto da Hermasa em Itacoatiara (AM), que é a única opção viável de escoamento da produção, para os produtores do norte e noroeste de Mato Grosso e sul de Rondônia.

A Amaggi Exportação e Importação, localiza-se em Lucas do Rio Verde (MT) em uma área de 54 hectares com 35 mil metros quadrados de construção. O investimento, orçado em R$ 100 milhões para moagem de um milhão de toneladas de soja e extração de óleo e outros R$ 30 milhões destinados a construção de dois armazéns com capacidade de 124 mil toneladas, além da unidade de reflorestamento, visando abastecer as florescentes atividades de produção de suínos e frangos na região.

Respeito ao meio ambiente, segurança do trabalho e valorização das pessoas são características presentes em todo o processo produtivo do Grupo André Maggi, que se inicia no campo, com a produção de soja, algodão e milho safrinha.

As 10 fazendas administradas pela Divisão Agro estão todas localizadas no Mato Grosso. Em Sapezal estão sediadas as fazendas Tucunaré e Agro-Sam; no município de Campo Novo do Parecis encontra-se a fazenda Itamarati; no sul do Estado nos municípios de Itiquira e Rondonópolis estão as primeiras unidades do Grupo, as fazendas SM e no nordeste do Estado, está situada a fazenda Tanguro.

Vale destacar que a fazenda Tanguro recebeu a certificação ambiental do governo de Mato Grosso, o Selo Verde e que a fazenda Tucunaré, já possui implantado o Sistema de Gestão Ambiental do Grupo e está no processo de certificação da ISO 14000. Além disso, o Grupo possui 85 mil hectares de vegetação nativa preservadas.

O grupo planta 125 mil hectares de soja, 23 mil hectares de milho e 16 mil hectares de algodão.

Hermasa Navegação

A Hermasa Navegação da Amazônia, uma empresa do Grupo Amaggi, surgiu da necessidade de escoar a produção de parte de Mato Grosso e do Estado de Rondônia e também facilitar acesso de matérias-primas aos produtores rurais desta região. Em atividade desde 1997, a Hermasa, viabilizou o Corredor Noroeste de Exportação onde é escoada a produção das regiões noroeste de Mato Grosso e sul de Rondônia.

A soja segue via rodovia até Porto Velho, onde a Hermasa possui um porto de transbordo. Em seguida, a produção segue viagem em comboio formado por barcaças pelo Rio Madeira, até o porto graneleiro para navios (tipo Panamax) às margens do Rio Amazonas em Itacoatiara (AM), de onde a soja, óleo e farelo são exportados para a Austrália, Europa e Ásia.

No ano de 2007, a Hermasa exportou 2,5 milhões de toneladas. Esta movimentação, além de gerar divisas municipais, estaduais e federais, incrementa a geração de emprego e renda para a população das cidades onde a Hermasa tem atividades, com uma das maiores frotas fluviais da América Latina.

Além dos dois terminais portuários, a Hermasa também possui um terminal de fertilizantes e ainda atua na geração de vapor com biomassa utilizando resíduos das indústrias locais.

E aliado a tudo isto, está a sustentabilidade das suas operações, que é desenvolvida através da preservação do meio ambiente, com a utilização responsável e sustentável dos recursos naturais brasileiros.

O Terminal de Porto Velho possui a certificação do **PDV - GMP/BPF**- Boas Práticas de Fabricação. O PDV é um órgão holandês, reconhecido internacionalmente, que foi criado pelas empresas que compõem a cadeia do setor industrial de alimentação animal, para garantir a qualidade dos produtos.

Já o terminal de Itacoatiara alem da certificação **PDV – GMP-BPF**; possui o Sistema de Gestão Ambiental do Grupo André Maggi implantado, está em processo de certificação da **ISO 14000** e apresenta a certificação portuária internacional **ISPS Code**.

Outra conquista do terminal da Hermasa, em Itacoatiara, foi a obtenção do **Permit,** que é um atestado do governo australiano que credencia o porto a exportar sua produção para a Austrália. A Hermasa é a segunda empresa brasileira a ter esse certificado.

Ainda no Amazonas, a Hermasa mantém uma parceria com a Capitania dos Portos da Amazônia Ocidental, através da Escola de Fluviários, que desde 2003, capacita a população para atuar como aquaviário.

A Hermasa também realiza o transporte fluvial de minério de ferro, com uma frota de 21 barcaças de seis mil toneladas/cada e quatro rebocadores para apoio de navios e formação de comboios entre Santana (Amapá) e Belém do Pará, utilizando o Canal de Breves.

O Grupo Maggi possui ainda duas Pequenas Centrais Hidrelétricas (PCHs), localizadas na região de Sapezal (MT), que garantem a energia necessária para o desenvolvimento não só das atividades do Grupo André Maggi, mas também das comunidades locais.

7.4.4 - Bunge

A Bunge, prevendo a necessidade de aumentar a sua produção para suprir a demanda futura de fertilizantes, planeja investir R$ 3,2 bilhões na mina da Serra do Salitre, em Patrocínio (MG). A unidade industrial da Fosfertil terá capacidade de produção anual de dois milhões de toneladas de rocha fosfática que, junto com o ácido sulfúrico, será usada na fabricação de ácido fosfórico, MAP (fosfato mono amônio), DAP (fosfato diamônio) e TSP (superfosfato triplo) com previsão de entrar em operação em 2011.

Além de Salitre, já está em curso investimentos de R$ 300 milhões para a expansão do complexo industrial da Fosfertil de Uberaba (MG) e das minas de Tapira (MG) e Catalão (GO). Com término previsto para o início de 2010, as obras devem permitir a ampliação da capacidade anual de rocha fosfática em 340 mil t. Outro grande projeto é a abertura de uma nova mina de fósforo em Araxá (MG), com capacidade anual de produção de 820 mil t de rocha fosfática, que deverá estar concluída em 2009. O valor do investimento é de R$ 320 milhões.

Em Anitápolis (SC), a Bunge vai iniciar a exploração de uma jazida de fosfato, por meio da subsidiária, IFC (Indústria de Fertilizantes Catarinense). A capacidade anual de produção da mina, cujas operações estão previstas para 2011, será de 300 mil t de rocha fosfática. O investimento inclui a construção de uma fábrica de ácido sulfúrico e superfosfato simples (SSP).

Capítulo 8

O reflexo do desenvolvimento do cerrado na infraestrutura do País

Celso Norimitsu Mizumoto

Júlio César Augusto Sesma da Cruz

Yoshisuke Ogura

O povo japonês é amigo da produtividade do solo.

Francisco Graziano Neto – Sec. Meio Ambiente Est. S.Paulo

O Cerrado, que até a década de 1960 nada produzia e predominava uma ocupação camponesa e, vez por outra, pecuária extensiva de baixa produtividade, se transforma com a entrada da moderna agricultura tecnificada.

Os centros urbanos, da mesma maneira, seguem uma trajetória de mudanças importantes. Se antes apresentava uma área tênue, as cidades do agronegócio adquirem crescimentos expressivos. Exemplos marcantes, dentre outras cidades, são as do norte de Mato Grosso (Aripuanã, Colider, Sorriso, Sinop, Juina, Alta Floresta); oeste da Bahia (São Desidério, Barreiras e Luis Eduardo Magalhães); sul do Maranhão (Balsas) e sul do Piauí (Uruçuí e Bom Jesus).

Na fronteira agrícola, a nova urbanização segue o alucinante ritmo de crescimento econômico como conseqüência do desenvolvimento da fronteira agrícola nos cerrados, isto é, organiza sua vida econômica e social ao ritmo e às necessidades da produção da agricultura moderna.

> *"As cidades dos notáveis, hoje se transformam em cidades econômicas. A cidade dos notáveis, onde as personalidades notáveis eram o padre, o tabelião, a professora primária, o juiz, o promotor, o telegrafista, cedem lugar à cidade econômica, onde são imprescindíveis o agrônomo (que antes vivia nas capitais), o veterinário, o bancário, o piloto agrícola, o especialista em adubos, o responsável pelos comércios especializados".* **(Huertas: 2007, 212)**

As cidades da fronteira agrícola se especializam em serviços para atender às atividades produtivas do campo: lojas de maquinários, de sementes e de defensivos; escritórios de prestação de serviços agropecuários etc. Nesses lugares observam-se também um intenso fluxo de caminhões nos postos de combustíveis e os últimos modelos de camionetas, estas representando os símbolos de status dos novos ricos do campo. É uma constante, ainda, o acontecimento das feiras do agronegócio, cujo volume de dinheiro movimentado supera a arrecadação anual de muitos dos municípios brasileiros.

A paisagem no entorno dessas cidades, do mesmo modo, denuncia a interferência da agricultura na dinâmica urbana local, através dos grandes silos, dos armazéns e das instalações das plantas de fábricas das processadoras de soja. Enfim, visitar uma cidade da fronteira agrícola é acompanhar as profundas transformações em curso do Brasil agrário contemporâneo.

A instalação dos agentes econômicos do agronegócio na fronteira agrícola contribui para redimensionar, a partir da presença de novas mercadorias, as relações de poder político nesses lugares, recompondo-as em novas dimensões.

O desenvolvimento da agricultura no Cerrado trouxe uma transformação no Centro-Oeste brasileiro. O plano do governo de ocupar esta região só se tornou realidade a partir da viabilização da agricultura no Cerrado que teve como um dos fatores primordiais o PRODECER. Este programa conjunto Brasil-Japão trouxe no seu bojo a tecnologia de implantação de projetos em áreas de fronteira, dando amplo suporte a todas as demandas, tanto financeiras como tecnológicas, buscando adaptar as técnicas agrícolas inclusive à cultura da população local.

As novas técnicas incorporadas através de amplos estudos realizados nos diversos centros de pesquisa implantados para a consecução do PRODECER, resultaram no desenvolvimento de técnicas agrícolas e produção de sementes adequadas ao clima e ao solo das diversas regiões brasileiras, algumas específicas para o manejo da agricultura no Cerrado.

Os diversos centros de pesquisa da Embrapa, dentre os quais se destaca o CPAC, atual Embrapa Cerrados, em conjunto com outros centros de pesquisa tanto federais como estaduais, resultaram em inúmeros trabalhos tanto nas grandes culturas como a soja, o milho e o algodão, como na produção de frutas, legumes e verduras.

Como ressaltado em capítulos anteriores, o reflexo destas atividades afetaram a infraestrutura do país como um todo, pois, se de um lado requisitou mais recursos para dar respaldo a esta produção agrícola, de outro, proporcionou bem estar à comunidade local e seus arredores, trazendo até mesmo reflexos a nível mundial. Exemplo recente é a repercussão da tecnologia do etanol como um modelo de tecnologia de energia limpa.

O Brasil, que na década de 80 chegou a ser importador líquido de produtos agrícolas, ou seja, importava volume maior que exportava, não participava das discussões sobre o comércio internacional. A partir dos anos 1990, com o gradativo aumento da produção agrícola principalmente no Cerrado, vem conquistando representatividade no cenário mundial. Como quarto exportador agrícola do mundo, é voz ativa nas negociações internacionais como ocorreu com a Rodada de Doha, onde foi um dos sete membros nos debates, atuando junto com Índia, EUA, União Européia, Austrália, China e Japão, na busca de um acordo mundial no âmbito da Organização Mundial do Comércio.

O Brasil, atuante na área agrícola, desempenha com dinamismo o seu papel de um dos líderes na produção de alimentos do mundo. Com a crise de energia, passa também a ter atuação decisiva neste mercado. A tecnologia do biocombustível desenvolvida no Brasil está sendo motivo de admiração de outros países.

O agronegócio é o responsável pelo saldo positivo da balança comercial do país, como consequência do aumento da produção e da produtividade decorrente da exploração do Cerrado, com base na agricultura tecnificada. A pesquisa agrícola com base na semente plantada do PRODECER resultou nesta ampla base de desenvolvimento agrícola.

O Brasil assume posição de destaque no cenário mundial com a Rodada Doha da OMC. Negocia como representante do G20 (grupo dos 20 países que representam 90% da economia mundial), proposta de iniciativa do Brasil e aceita durante a Rodada de Doha em 2003.

O pagamento de toda a dívida externa brasileira e a manutenção de um elevado superávit permite ao país agir com tranquilidade, mesmo em ambientes críticos como a atual crise da bolha imobiliária americana (dezembro 2008).

O grande volume aliado à perspectiva de contínuo aumento da produção de alimentos proporciona ao país a respeitável posição de negociador com o G7, representando com intensa responsabilidade o G20, liderando o fornecimento de alimentos para o mundo nas próximas décadas. Esta admirável posição já preocupa alguns países do G20, que ponderam a possibilidade de deslocamento dos investimentos mundiais para o Brasil, em função da melhoria na classificação do grau de investimento do país, na análise das instituições financeiras mundiais.

A Rodada de Doha, embora fracassada, mostra a efetiva participação dos países em desenvolvimento nas discussões do comércio mundial reivindicando a redução de tarifas de importação dos países desenvolvidos, além do compromisso de redução de emissão de poluentes, na busca da diminuição do aquecimento global.

8.1 - O Desenvolvimento de Centros Urbanos

No lastro do desenvolvimento da agricultura no cerrado formou-se um grande contingente de centros urbanos com características bastante diferentes das regiões Sul, Sudeste ou Nordeste. Nestas regiões, as cidades tinham uma função menor, restrita ao comércio, uma vez que os camponeses então assim denominados, residiam nas suas propriedades rurais, e os centros urbanos tinham somente a função de abastecer com insumos e materiais necessários à atividade rural. Na região dos Cerrados, devido às características empresariais dos empreendimentos que demandavam tecnologia avançada e aplicação de pouca mão de obra, agregado ao fato de os meios de comunicação e transporte terem se desenvolvido muito, permitiu-se que os proprietários rurais e os seus funcionários residissem nos centros urbanos, com deslocamentos diários para os seus afazeres nas propriedades rurais.

A mão de obra mais especializada já não tem a sua atuação em uma única propriedade, suas tarefas são distribuídas em diversas localidades às vezes não tão próximas, acabando com o conceito de "facilidade da residência e trabalho" na mesma propriedade rural.

Assim, as entrevistas coletadas mostram o grande crescimento dos centros urbanos como fator de referência dos resultados obtidos pela agricultura no cerrado.

> *"Patrocínio, atualmente, é uma cidade bem organizada, estruturada administrativamente. Possui três hospitais, faculdades, boas escolas, rede viária com rodovias cortando para todos os lados, corredor de exportação bem estruturado e bem utilizado. É uma das melhores cidades de Minas Gerais. A cidade precisa agora incrementar a área industrial.*
>
> *O trabalhador do cerrado recebe cursos, informações, tem melhor escolaridade do que há anos atrás. Refere que tem muito orgulho e acha agradável ter um colaborador que entende bem, veste bem, conversa bem; é mais fácil de conduzir e os problemas são bem menores. Não quer pobreza, quer progresso".* **(Grossi: 2007, Entrevista)**

> *"Assisti a muitos problemas primários na região ligados à falta de saneamento básico, fornecimento de água, esgoto, eletrificação e grande pobreza na periferia. Isto porque não era implantado ainda o atual SUS. O atendimento era bastante precário. A pessoa precisava ser ligada ao Inamps ou pagar as consultas. Com a melhoria rápida do poder aquisitivo da população houve uma migração da população de área rural para a zona urbana. Na época, o poder público teve dificuldade para acompanhar e resolver os problemas de infraestrutura da cidade que foram agravados por esta situação... O governo*

federal, na implantação do Padap, não previu a necessidade de planejar um programa de emergência especial específico prevendo essa corrida para a zona urbana". **(Ueizu: 2007, Entrevista)**

Os núcleos urbanos da região de São Gotardo, Patrocínio, Campos Altos, Rio Paranaíba e Ibiá no Estado de Minas Gerais deixa claro o desenvolvimento da infraestrutura das cidades desta região, que antes não tinham nenhuma expressão socioeconômica e agora passam a ser referência aos centros urbanos que buscam alcançar o seu desenvolvimento como um todo ou em particular o da agropecuária. Hoje, estas cidades formam um polo de desenvolvimento de agricultura tecnificada, por exemplo o café tipo exportação (referência mundial de qualidade), além de outras frutas, legumes e verduras.

Seguindo o curso de implantação dos projetos do PRODECER, surge na Bahia os centros agrícolas de São Desidério, Barreiras e Luis Eduardo Magalhães, cidades referência de desenvolvimento da agricultura no Cerrado. O Estado da Bahia, que se tornou um indicador de excelência na produção de algodão, soja e milho, abastece o Nordeste Brasileiro além de exportar produtos de alta qualidade. Observa-se ainda núcleos de desenvolvimento no Estado de Mato Grosso nos municípios de Aripuanã, Colider, Sorriso, Sinop, Juina e Alta Floresta. No sul do Estado do Maranhão consolida-se o município de Balsas e no sul do Estado de Piauí, Uruçuí e Bom Jesus.

Os centros urbanos com as suas características e peculiaridades se desenvolveram no lastro da evolução da moderna agricultura dos cerrados. Cidades antes inexpressivas, tomam vulto e representatividade no cenário estadual e até mesmo nacional com população crescente proporcionando significativa renda ao estado, passando a ser um dos fatores principais na geração de riqueza regional.

A viabilização da produção de soja nos Cerrados permitiu o desenvolvimento da agricultura no sul do Maranhão, iniciando pelo município de Balsas, espalhando depois para os municípios da região como Tasso Fragoso, Sambaíba, Riachão, São Raimundo das Mangabeiras, Fortaleza dos Nogueiras e Loreto entre outros.

8.2 - As Tentativas de Ocupação da Amazônia e do Centro-Oeste

A ocupação da Amazônia sempre foi uma preocupação dos governos brasileiros. O governo de Getúlio Vargas já havia elaborado medidas com esta finalidade. As ações para acelerar a ocupação e a exploração econômica da Amazônia (as instituições regionais criadas por este governo foram modernizadas em 1966, sob a chancela da "Operação Amazônia", empreendida pelo Governo Castello Branco) reorganizaram a legislação básica e as normas institucionais para atrair os grandes capitais corporativos, colocando a região na mira dos investidores. Foi uma tentativa de inserção definitiva da Amazônia no processo de desenvolvimento do capitalismo industrial brasileiro.

As ações propostas foram expostas em Manaus e Belém na I Rida (Reunião de Incentivo ao Desenvolvimento da Amazônia), que contou com a presença do Presidente da República, ministros, governadores, líderes empresariais, investidores em potencial, jornalistas e observadores estrangeiros. O evento, promovido pelo Ministério Extraordinário para a Coordenação dos Organismos Regionais e patrocinado pelas Confederações Nacionais da Indústria e da Agricultura, abordou a questão do desenvolvimento regional pela ótica do povoamento, economia autossustentável e integração nacional.

> A "Operação Amazônia" é um complexo de leis e medidas administrativas que visam promover a definitiva integração daquela Região ao contexto socioeconômico nacional. A via para atingir esse resultado é a do aproveitamento de suas potencialidades naturais, a elevação do nível de renda e bem-estar de suas populações e consequente fixação e ampliação das mesmas na área. Os instrumentos a serem mobilizados compreendem desde os de ação direta do governo até os de indução da iniciativa privada. **(BANCO DA AMAZÔNIA S/A, 1968:226)**

A Amazônia Legal, descrita no Artigo 2° da Lei n° 5.173, ganhou um status geopolítico, já que esse conceito é redefinido para fins de planejamento, delimitando a área de atuação da Sudam. Segurança nacional, ocupação e integração nacional compõem a tríade que passa a orientar as ações públicas básicas para a Amazônia Legal.

A Sudam, seguindo as orientações do governo federal, foi o grande agente de planejamento, controle de execução e coordenação federal na área. Coube ao órgão as funções de supervisionar e orientar a execução dos investimentos públicos, a cargo de organismos especializados ou da iniciativa privada. Ao Basa (Banco da Amazônia S/A) coube o papel de depositário do Fidam (Fundo para Investimentos Privados no Desenvolvimento da Amazônia), cujas normas operacionais eram decididas pela Sudam, e o estabelecimento da consignação anual de meios orçamentários destinados a sustentar a "Operação Amazônia".

Grandes projetos de infraestrutura iniciados pelo governo militar a partir da década de 1970, tendo como o seu maior marco a Rodovia Transamazônica, um amplo projeto desenvolvido ainda durante o regime de governo militar, com um trecho de 2069 km asfaltado e mais 2.211,5 km de estrada de terra, ligando João Pessoa no Estado da Paraíba a Lábrea no Estado do Amazonas, não tiveram sucesso por falta de respaldo econômico que garantisse sustentação para a manutenção destes canais de comunicação e de transporte.

Assim, inúmeros projetos não obtiveram sucesso. A construção de rodovia baseada no Projeto Rondon implantada com base nas estratégias de ocupação, não conseguiram atingir o seu objetivo de no seu lastro, levar o desenvolvimento econômico e social para a vasta região do Centro-Oeste e principalmente para a Amazônia brasileira.

O sucesso da agricultura no Cerrado, como resultado do PRODECER, permitiu o avanço da agricultura em áreas de cerrados. Um marco importante para formação de um sistema de transporte interligando o interior aos outros centros econômicos do país.

O crescimento da produção e a necessidade de escoamento tanto de matérias-primas e insumos agrícolas - sementes, fertilizantes e produtos químicos dos estados do Sul e Sudeste para a região dos Cerrados - assim como da produção agrícola desta região para os centros consumidores do Sul, Sudeste e Nordeste e mercado externo, levaram ao desenvolvimento do corredor de transporte através das rodovias, ferrovias e hidrovias, refletindo na melhoria da infraestrutura dos portos, tanto marítimos como fluviais.

Apesar de suas feições continentais terem sido construídas ainda durante o período colonial, a integração do Centro-Oeste ao mercado nacional torna-se efetiva somente da segunda metade do século XX em diante, quando foram formuladas políticas mais eficazes destinadas à construção de infraestrutura física da rede de sistemas de transportes, de armazenamento, eletrificação e comunicação, interligando regiões que até então pouco se comunicavam, a não ser no âmbito intraregional.

Gráfico 8.1 - Taxas de Crescimento do PIB por Setores

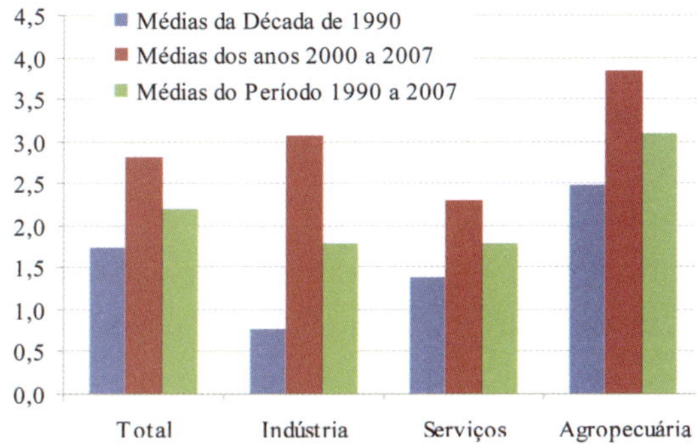

Fonte: *FGV e IPEA - Elaboração MAPA*

Somente com a industrialização brasileira e com a expansão da agricultura moderna em direção às novas terras, inseridas no processo de valorização do capital, é que esse cenário se altera.

O sistema logístico, de transporte e comunicação, amplia-se principalmente nos anos 1990, através de grandes empreendimentos contando, inclusive, com a participação da iniciativa privada, aumentando a fluidez da circulação da produção.

Para atender às novas demandas do agronegócio, representadas pelo crescimento da produção de commodities e pela presença de grandes empresas, instalam-se nas áreas de expansão da agricultura moderna no centro-norte do país importantes vias de circulação, com o intuito de agilizar o escoamento das mercadorias.

Além da malha rodoviária que até os anos 1990 era responsável pela quase totalidade do transporte agrícola do país, outros modais de transportes são incorporados formando uma rede que passa a articular em condições mais favoráveis, as novas áreas de produção de grãos aos terminais portuários de vários estados brasileiros.

Os corredores de transporte que se formam na fronteira agrícola orientam suas rotas para as vias de saídas marítimas, buscando atender aos mais diversos mercados de sua produção agropecuária.

Para dar amplo suporte a todas as atividades oriundas do desenvolvimento da região, muitos outros aspectos se tornam importantes. O transporte aéreo, usado mais para o transporte de passageiros do que para o de cargas, teve um aumento expressivo com o crescimento da atividade econômica na região e, principalmente, com a consolidação de Brasília como capital federal.

As redes de transmissão de energia elétrica têm sua capacidade aumentada para suportar a crescente demanda, com a implantação das usinas hidrelétricas que há muitos anos aguardavam o crescimento da demanda para serem implantadas.

O sistema de comunicação foi contemplado inclusive com a privatização do sistema de telecomunicação no Brasil, que permitiu um amplo crescimento da rede de telefonia fixa eliminando o grande gargalo da comunicação, acabando com as enormes filas nos pedidos de linhas telefônicas.

De outro lado, o surgimento da tecnologia de telefonia móvel trouxe um grande crescimento da rede de telecomunicação, chegando ao ponto de a telefonia fixa passar ao segundo escalão em termos de comunicação, que passa a ser primordialmente realizado pela telefonia móvel, a qual proporciona muito mais mobilidade aos usuários. O sistema de envio de correspondências que havia sido ajustado ainda na década de 70, em termos nacionais aumenta a sua participação no mercado do nascente Centro-Oeste.

8.3 - O Transporte Integrado

Em meados do século XVIII, uma viagem entre a Vila Real do Senhor Bom Jesus do Cuiabá e o Rio de Janeiro levava cerca de 150 dias (Moacir Silva, 1949). Atualmente, gastam-se 24 horas de ônibus ou apenas duas horas de avião...

Pelas grandes distâncias que separam os centros de produção e as cidades do Norte e Centro-Oeste dos centros consumidores do país, assim como para atingir a costa brasileira para exportação de produtos pela via marítima, os transportes se viabilizaram pela integração dos vários sistemas de transporte rodoviário, ferroviário e hidroviário. As longas distâncias, peculiares desta extensa região, fazem com que o transporte integrado seja a melhor forma de reduzir os custos de frete.

No ensaio da USDA (Departamento de Agricultura dos Estados Unidos), considerando somente o frete rodoviário, sem a ferrovia e a hidrovia, o custo para retirar os produtos agrícolas de Mato Grosso e colocar no mercado de Xangai (China), comparado a Minneapolis ou Davenport

Tabela 8.1 - Custo Comparativo de Frete: Brasil – EUA

Destino:	Xangai (CHI)				
Origem:	Brasil			EUA	
Custos (US$/t)	Norte MT - Santos	Sul MT - Santos	Norte PR - Paranaguá	Minnea polis	Davenp ort
Frete Rodoviário	78,76	50,56	21,31	9,75	9,75
Frete Ferroviário	0	0	0	0	0
Frete Hidroviário	0	0	0	33,21	25,59
Frete Marítimo	57,31	57,31	56,31	41,59	41,59
Custo de transporte	136,07	107,87	77,62	84,55	76,93
Custo de Produção	164,68	177,25	213,81	200,41	204,07
Custo Total	300,75	285,12	291,43	289,01	263,43
% Custo Transporte	45%	38%	27%	29%	29%

Fonte: *USDA em (PINTO, L.C.G.: 2008)*

nos EUA ou ao produto do norte do Paraná é 30 a 60 dólares mais caro. Este é o ônus que o produtor brasileiro arca para poder competir na exportação de sua produção.

No ensaio elaborado pela Abiove/Asnec fica também nítida a diferença de custo de transporte para os produtos brasileiros em relação aos argentinos e americanos. Cabe ao governo providências para melhorar esta correlação de custos, investindo em hidrovias e ferrovias, para viabilizar ainda mais a competitividade dos produtos brasileiros.

Tabela 8.2 - Custo de Transporte: EUA, Brasil e Argentina.

	EUA	Brasil	Argentina
Hidrovia (%)	61	7	2
Ferrovia (%)	23	33	16
Rodovia (%)	16	60	82
Distancia media ate o porto (Km)	1000	900 a 1000	250 a 300
Custo do frete até o porto (US$/t)	26	55	14

Fonte: *ABIOVE, ASNEC em (PINTO, L.C.G., 2008), adaptado pelos autores*

O transporte rodoviário é o mais difundido meio de transporte de cargas no Brasil desde os primeiros projetos para a ocupação da Amazônia. Dentro dos projetos do governo militar foi priorizado o transporte rodoviário talvez pela ampla flexibilidade deste meio de transporte. Mas, devido aos altos custos de desbravamento das matas para a abertura das rodovias, historicamente, o transporte fluvial tem sido o principal meio de transporte das regiões mais remotas e longínquas da Amazônia, mas com qualidade e eficiência muito ruim.

Na parte centro-noroeste do país para onde se expande a produção agrícola moderna dos Estados de Mato Grosso, Rondônia, Amazonas e Pará (mapa 8.1), implanta-se um importante corredor de transporte multimodal, que estabelece conexão com os portos hidroviários da Amazônia e os marítimos do Sul (Paranaguá-PR) e do Sudeste (Santos-SP). O sistema de escoamento que utiliza as saídas pela foz do Rio Amazonas teve um substancial melhoramento nos últimos anos por conta de investimentos no transporte hidroviário.

O principal corredor que se forma nessa área, aproveita a navegabilidade dos rios e os ramais rodoviários da região. Numa das opções de escoamento, a produção de grãos segue pela hidrovia do rio Madeira a partir do porto de Porto Velho (mapa 8.1). A soja transportada por caminhões através da Rodovia BR-364, proveniente de municípios do noroeste do Mato Grosso, do Amazonas e do sul de Rondônia chegam a este porto, onde acontece o transbordo para barcaças que seguem pelo Rio Madeira até o Porto de Itacoatiara no Rio Amazonas. Com o transbordo para navios marítimos seguem com destino a países da América do Sul, da Europa e da Ásia.

O porto fluvial de Itacoatiara foi equipado com terminais graneleiros modernos sob a administração da empresa Hermasa Logística, do Grupo Maggi, para atender à demanda gerada pela crescente produção agrícola da região.

Um segundo corredor escoa soja e outros grãos do Mato Grosso pela rodovia BR-163, que liga Cuiabá a Santarém, tomando rumo norte até os municípios paraenses de Itaituba e Santarém (mapa 8.1). Desde 1974, funciona o Porto de Santarém, que tem infraestrutura para receber navios marítimos do tipo Panamax, com capacidade para transportar até 80 mil toneladas. Em 2003, a Cargill construiu neste porto um terminal privativo possibilitando armazenar 60 mil toneladas de soja, onde se movimenta anualmente 800 mil toneladas do produto (Frederico, 2004).

O uso da rodovia BR-163 como alternativa para o transporte da produção agrícola ainda não se consolidou totalmente por falta de pavimentação na parte paraense da rodovia. Cogita-se, entretanto, para os próximos anos, seu capeamento asfáltico, o que deverá constituir mais um importante ramal de escoamento de grãos produzidos principalmente em Mato Grosso.

A soja produzida nos cerrados centro-setentrional, sobretudo nos da Chapada dos Parecis-MT, também seguem para o Sul e ao Leste do país aproveitan-

Mapa 8.1 - Transporte de Soja da Região Norte de Mato Grosso — Ano 2000

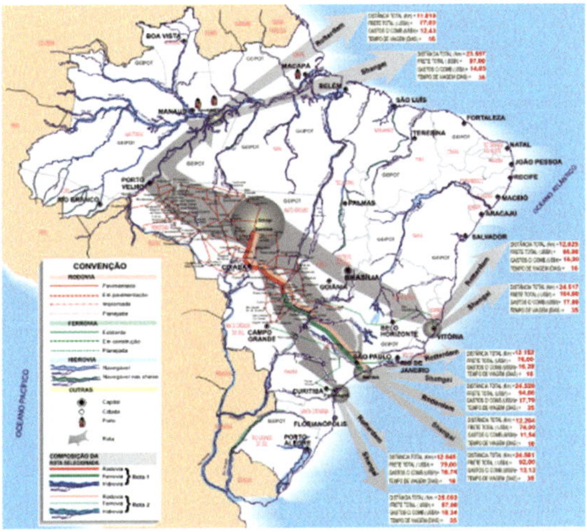

Fonte: *Empresa Brasileira de Planejamento de Transportes — GEIPOT — Ministério dos Transportes — s/d. Em (ALVES, 2006:53)*

do as várias alternativas de rodovias e ferrovias que as interligam aos portos de Santos-SP, de Paranaguá-PR e de Vitória-ES. Atualmente esse é o trajeto mais adotado pelos produtores de grãos dos Estados de Mato Grosso, Mato Grosso do Sul e Goiás, embora seja o mais oneroso em função do longo trecho terrestre a percorrer, predominantemente por rodovias, até aos portos de embarque mais ao sul. Essa rota torna também mais longa a viagem marítima, pois os principais países importadores se localizam no hemisfério norte.

A outra opção de transporte da soja produzida no centro-norte mato-grossense é a Ferrovia Carajás seguindo até o porto de Itaqui (mapa 8.2).

Na Região Centro-Nordeste do território nacional formou-se mais um importante sistema de escoamento, composto por vários corredores de transporte envolvendo os modais rodoviário, hidroviário e ferroviário, que interligam a nova região produtora de grãos dos cerrados aos portos nordestinos.

O "Corredor de Exportação Norte" é o principal eixo viário em atividade na região e por ele escoa, até o complexo portuário Itaqui/Ponta da Madeira no Estado do Maranhão, o minério extraído da Serra do Carajás-PA e parte da produção agrícola de uma extensa região de agricultura moderna correspondente ao sul do Maranhão e do Piauí, oeste da Bahia, norte de Tocantins, nordeste do Mato Grosso e sudeste do Pará. Duas importantes ferrovias, a EFC (Estrada de Ferro Carajás) e a FNS (Ferrovia Norte-Sul), centralizam o escoamento realizado por este corredor.

Mapa 8.2 - Transporte de Soja da Região Centro Leste do Mato Grosso — Ano

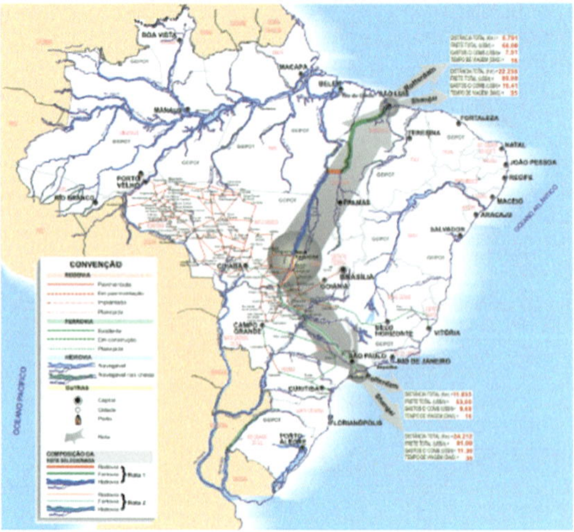

Fonte: *Empresa Brasileira de Planejamento de Transportes — GEIPOT — Ministério dos Transportes — s/d em (ALVES, 2006:56)*

Elas são interconectadas por diversas rodovias que convergem aos municípios troncos, onde ocorre o transbordo da mercadoria para a ferrovia. Os agricultores modernos dos cerrados maranhenses e piauienses utilizam intensamente esse corredor para o transporte da soja (mapa 8.3). A produção segue pelas rodovias BR-230 e BR-010 até o parque intermodal no município de Porto Franco, onde ocorre o transbordo para os trens da FNS, deslocando-se até Açailândia-MA, onde tomam os trilhos da EFC para o porto de Itaqui.

A soja dos cerrados de Tocantins percorre pelas rodovias estaduais e pela BR-153, até a cidade de Estreito - MA onde passa para os vagões.

O governo de Goiás aproveitou a localização estratégica do Estado no território nacional para implementar a primeira experiência de uma plataforma logística multimodal no país. As condições viárias para que a plataforma se concretize estão praticamente implementadas, pois Anápolis já proporciona a intersecção entre eixos rodoviários, ferroviários e aeroportuários - aeroporto municipal, ferrovias FCA (Centro-Atlântica) e FNS (Norte- Sul) e BRs 060 e 153 (Mapa 8.4).

Resumindo, a infraestrutura brasileira de transporte é precária e insuficiente tornando a logística muito complicada, com predomínio excessivo do transporte rodoviário com elevação do preço do frete. A conectividade dos modais com altos custos operacionais de transbordo, além do tempo de transferência

Mapa 8.3 - Transporte de Soja da Região Sul do Maranhão e Piauí — Ano 2000

Fonte: *Empresa Brasileira de Planejamento de Transportes — GEIPOT — Ministério dos Transportes — s/d, em (ALVES, 2006:57)*

Mapa 8.4 - Plataforma Logística Multimodal de Goiás

Fonte: *SEPLAN 2004 em (HUERTAS, 2007:273)*

de mercadorias, dificulta sobremaneira o uso do transporte intermodal que poderia reduzir sensivelmente o custo do frete. A ausência de um planejamento logístico adequado aos reais interesses do Brasil é um dos elementos responsáveis pela sua integração passiva ao mercado mundial.

Existem planos de interconexão dos diversos modais de transporte, mas estes investimentos só se viabilizam no momento em que o volume de produção atingir um determinando nível. A implantação destes sistemas de transbordo intermodal resolveriam esta falta de fluidez de transporte tanto de produtos agropecuários, industrializados e semi-industrializados que oneram o custo Brasil, onerando inclusive o transporte das matérias primas para a produção agropecuária.

8.3.1 - O Transporte Ferroviário

As longas distâncias trazem maior viabilidade ao transporte ferroviário. Para cobri-las, a ferrovia começa a ser vista como solução, o seu custo operacional é inferior em relação ao rodoviário. A malha viária cresce concomitantemente à evolução da agricultura nos cerrados, que por sua vez determina o desenvolvimento regional com a instalação de centros urbanos, trazendo indústrias e o comércio relevantes para o espiral ascendente econômico e social das comunidades. Porém, a lentidão com que avançam estas obras pode estar ligada ao fraco desempenho das ferrovias implantadas até o momento. Elas ainda carecem de maior movimento de cargas para aumentar a eficiência e poder reduzir mais os custos de frete.

A Ferrovia Norte-Sul (FNS)

A Ferrovia Norte-Sul se tornou viável com o desenvolvimento do Cerrado, que tem formado inúmeros núcleos urbanos com movimentação suficiente de mercadorias para construir este importante projeto que liga o Norte ao Sul do país.

Mapa 8.5 - Ferrovia Norte-Sul

Fonte: *Ministério dos Transportes*

Inicialmente foi projetada para ter a extensão de 1.550 quilômetros, cortando os Estados do Maranhão, Tocantins e Goiás. Com a Lei nº 11.297, de 09 de maio de 2006 da Presidência da República, a Ferrovia Norte-Sul incorporou o trecho Açailândia-Belém, e, quando concluída terá 1980 quilômetros de extensão. Nova alteração para ligar Belém do Pará a Rubinéia no Estado de São Paulo e a extensão prevista é de 2.629 quilômetros. O projeto desta ferrovia com suas alterações, formará um grande complexo viário de transporte de cargas interligando o norte e o sul do país e já se cogita na incorporação do trecho Rubinéia a Panorama, junto ao Rio Paraná, no Estado de São Paulo.

A FNS foi projetada para promover a integração nacional, minimizando custos de transporte de longa distância e interligando as regiões Norte e Nordeste às Sul e Sudeste, através das suas conexões com cinco mil quilômetros de ferrovias privadas. A integração ferroviária das regiões brasileiras será o grande agente uniformizador do crescimento autossustentável do país, na medida em que possibilitará a ocupação econômica e social do cerrado brasileiro - com uma área de aproximadamente 1,8 milhão de km^2 , correspondendo a 21,84% da área territorial do país, onde vivem 15,51% da população brasileira - ao oferecer uma logística adequada à concretização do potencial de desenvolvimento dessa região, fortalecendo a infraestrutura de transporte necessária ao escoamento da sua produção agropecuária e agroindustrial.

O primeiro trecho ferroviário ligando as cidades maranhenses de Estreito e Açailândia já está concluído e em operação comercial desde 1996. Esses 215 quilômetros de linha ferroviária se conectam à Estrada de Ferro Carajás, permitindo o acesso ao Porto de Itaqui, em São Luís do Maranhão.

O volume de carga transportado pelos trilhos da FNS tem alcançado um aumento expressivo, atingindo o patamar de 4,9 milhões de toneladas desde o início da operação comercial. O escoamento da produção pela ferrovia representa para o produtor local uma redução no custo do frete calculada em torno de 30% em relação ao praticado pelo transporte rodoviário.

A euforia toma conta dos produtores de Pedro Afonso (TO), que concentra o maior volume de produção agrícola do Estado. Vinte e um anos depois de iniciado o projeto, a ferrovia chega ao centro do Tocantins, onde de fato, pode fazer diferença.

"A Norte-Sul não será apenas uma ferrovia. A estrada de ferro vai mudar o mapa agrícola do país. É um novo movimento de colonização da região", comenta Marcelo Spinelli - diretor da área de comercialização de logística da Vale do Rio Doce.

"O Tocantins é um Estado novo, com produção inferior a um milhão de toneladas por ano, mas surge agora como uma opção de negócios". Complementa Cesar Rodrigues de Souza – vice-presidente da Caramuru.

A construção da ferrovia Norte-Sul ligando Palmas, capital do Tocantins, a Ferrovia Carajás em Açailândia no Estado do Maranhão, numa extensão de 719 km muda a realidade local, é uma nova colonização do Tocantins. A estrada de ferro traz a perspectiva de desenvolvimento a esta região que, por falta de rede de transporte, ficou relegada e desconectada da economia do país e passa agora a fazer parte efetiva da malha produtiva do país.

Na etapa seguinte, a FNS atingirá Anápolis no Estado de Goiás, numa extensão de 1.400 km. Esta etapa é fundamental para no futuro viabilizar a ligação de Anápolis a Estrela D'Oeste no Estado de São Paulo, de onde pode atingir o porto de Santos usando a malha ferroviária existente. Esta seria uma efetiva ligação do norte com o sul do país.

No Estado de Goiás, a FNS terá 427 quilômetros de extensão. Rio Verde foi o município escolhido para sediar a primeira audiência pública para tratar da implantação da interligação das ferrovias Norte-Sul / Ferronorte no Estado de Goiás.

Pela importância do projeto tanto para o escoamento de sua produção agrícola como para a recepção de matérias-primas de insumos agrícolas (fertilizantes e produtos químicos utilizados na moderna agricultura empresarial), tem atraído a presença de políticos desde governadores a deputados, senadores e prefeitos, além de líderes comunitários e empresariais de todos os estados beneficiados pela ferrovia, (Estados de Pará, Maranhão, Tocantins, Goiás, Mato Grosso do Sul e São Paulo) na busca de agilização do projeto e definição da rota que possa beneficiar a comunidade representada por cada um deles. Pelo projeto original estarão à margem da ferrovia as seguintes cidades goianas: Açailândia, Porto Franco, Araguaína, Guaraí, Alvorada do Norte, Porangatu, Uruaçu, Ouro Verde, Anápolis, Aparecida do Taboado e Santa Fé do Sul.

> *"O presidente do Banco Central, Henrique Meirelles, disse que, depois de Brasília, essa é a obra mais importante do Brasil. Seu valor total compreende R$ 8 bilhões, cerca de R$ 3 bilhões da iniciativa pública e R$ 5 bilhões da iniciativa privada", diz Juquinha*[1].

O secretário estadual de Indústria e Comércio de Goiás, Ridoval Chiareloto, vê a ferrovia com otimismo e revela investimentos previstos para Goiás. *"Estamos trabalhando para trazer duas montadoras (de automóveis), além da*

1 Jose Francisco das Neves – presidente da Valec – empresa estatal subordinada ao Ministério dos Transporte criada com o objetivo de implementar os projetos de implantação de ferrovias.

primeira fábrica de computadores em tela plana." Segundo ele, a grande arrancada do Estado será em 2012. "*A partir daí, a previsão é dobrar o PIB*".

Em Goiás serão implantados cinco pólos de carga, em Anápolis, Uruaçu, Santa Isabel, Porangatu e Jaraguá.

"*A FNS, no contexto da reforma tributária, vai ser imprescindível para garantir a competitividade goiana*", defende o secretário estadual de Agricultura, Leonardo Veloso.

Quase 20 cidades goianas serão beneficiadas diretamente com o novo traçado da ferrovia no sul e no sudoeste do Estado, como Rio Verde, Santa Helena de Goiás, Jataí, Campestre, Jandaia, Indiara, Paranaiguara, Aparecida do Rio Doce, Caçu, Turverlândia, Maurilância, Riverlândia, Quirinópolis, Cachoeira Alta e São Simão.

Projeta-se também prolongar a extensão dessa ferrovia interligando ao eixo central mais dois ramais. Um deles permitirá a conexão entre o município de Estreito e Balsas - MA, atendendo à principal região produtora de soja maranhense. O outro ligará Estreito a Xambioá-TO, possibilitando uma melhor integração com a hidrovia Araguaia-Tocantins interligando o norte e o sul do país.

Com a implantação da FNS, cujo traçado corta Goiás, o Estado deve ganhar mais competitividade para sua produção e se inserir definitivamente no cenário internacional.

Com a passagem da FNS por São Simão, a cidade será a única no Estado de Goiás a contar com o sistema trimodal de transporte, rodoviário, ferroviário e hidroviário, se tornando um grande polo modal do Estado. São Simão é um porto fluvial importante pois conecta-se ao Estado de São Paulo através do Rio Tietê, reduzindo o custo de transporte de Goiás para São Paulo e vice-versa. Não esquecendo também que pode haver o transporte aéreo, uma vez que, a cidade dispõe de um aeroporto com uma pista pavimentada com 1.800 metros de cumprimento por 45 metros de largura, comportando o fluxo de pouso e decolagem de aeronaves de grande porte.

A meta dos governos de desenvolver o Centro Oeste atingiu o seu objetivo com a exploração agrícola do cerrado. A economia impulsionada, proporcionou o crescimento de toda esta região até então relegada ao esquecimento.

Muito mais que o desenvolvimento do Centro-Oeste, a viabilização da agricultura no Cerrado pelo PRODECER permitiu a aproximação da Amazônia com o resto do país. Hoje se torna real a possibilidade de inclusão efetiva do vasto território da Amazônia à economia brasileira. A evolução do Centro-Oeste levou grandes contingentes da população ao entorno da Amazônia, com grande capacidade de transformação, e num passo seguinte permite, com base nesta ponte formada pela exploração do Cerrado, efetivamente ocupar a Amazônia.

A FNS começa a ser construída e os trechos iniciais estão em obras com muita expectativa dos possíveis beneficiários, mas a demanda de recursos e a possibilidade de demora no retorno dos investimentos, aliado a recente crise econômica mundial explicam a morosidade na implantação.

A Ferronorte

A Ferronorte é uma artéria logística das regiões Norte e Centro-Oeste do País, em sua ligação com Sul e Sudeste e com portos de exportação. É outra ferrovia viabilizada pelo crescimento do Centro-Oeste no lastro da agricultura no Cerrado.

Mapa 8.6 - Ferronorte

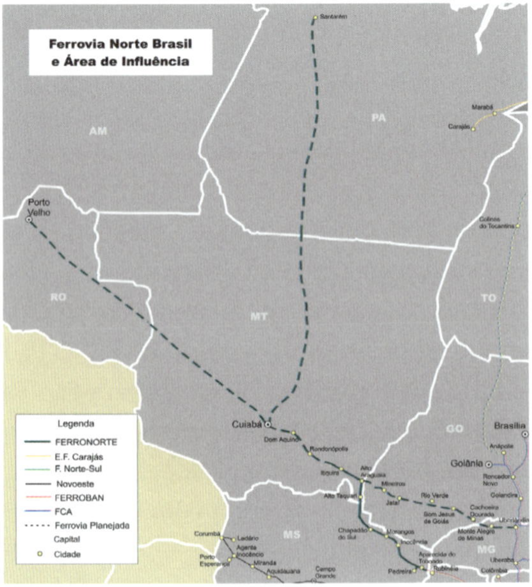

Fonte: *Ministério dos Transportes*

"A Ferronorte vai trazer para Goiás não só prestígio e facilidades, mas também muito desenvolvimento e riqueza". O prefeito de Rio Verde, Paulo Roberto Cunha, ressalta que a escolha desta cidade se deve ao fato de se tratar de um importante município por onde vai passar a ferrovia. *"Somos um polo na área*

do agronegócio e escoamento dos grãos. A ferrovia vai facilitar muito o trabalho dos nossos produtores", frisa.

É um projeto de longo prazo, estritamente privado, não acarretando ônus para a União. A outorga foi concedida em 1989 pelo prazo de 90 anos para construir e operar um sistema ferroviário de carga de cinco mil quilômetros, ligando Cuiabá (MT), Uberlândia (MG), Santa Fé do Sul (SP), Aparecida do Taboado (MS), Porto Velho (RO) e Santarém (PA).

Em sua concepção global, este projeto insere-se no esforço de desenvolvimento de grande parte da região Centro-Oeste, visando a integração de seus mercados à economia nacional e à racionalização do escoamento de sua produção.

Pretende-se interligar Cuiabá (MT) com as malhas ferroviárias existentes no Triângulo Mineiro e São Paulo, alcançar Porto Velho (RO), onde começa a navegação do Rio Madeira, e Santarém (PA), onde vai se integrar à navegação de longo curso pelo Rio Amazonas. Em Aparecida do Taboado (MS), vai se interligar com a hidrovia Tietê-Paraná, servindo de alternativa para se atingir os principais mercados do Sul do país. Abre ainda a possibilidade de escoamento da produção do Centro-Oeste pelos portos de Santos (SP) e Sepetiba (RJ).

A extensão da ferrovia é de 5.228 km, sendo formada por quatro grandes trechos:

- Cuiabá – Alto Araguaia (MT) – Aparecida do Taboado (MS): 957 km;
- Alto Araguaia – Uberlândia : 771 km;
- Cuiabá – Porto Velho: 1.500 km;
- Cuiabá – Santarém: 2.000 km

Empreendimento iniciado em setembro de 1992, foi incluído no Programa Brasil em Ação em julho de 1996. A inauguração da parte ferroviária da ponte sobre o Rio Paraná foi em 9 de janeiro de 1998, a do primeiro trecho de 110 km entre a Ponte Rodoferroviária sobre o Rio Paraná e o Terminal de Inocência (MS) foi em 29 de maio de 1998. O segundo trecho até o Terminal Chapadão do Sul (MS), com 291,3 km, foi inaugurado em 31 de maio de 1999, e a do terceiro trecho até o Terminal Olacyr de Moraes (Alto Taquari - MT), com 403,1 km, foi em 06/08/1999, completando a extensão de 805 km.

A Estrada de Ferro Carajás

A malha ferroviária melhor estruturada que compõe o Corredor de Exportação Norte é, no entanto, a da EFC (Estrada de Ferro Carajás).

Em 1966, os diversos estudos geológicos na região de Carajás, no Estado do Pará, levaram a Companhia Vale do Rio Doce a iniciar negociações e formalizar uma associação com a U. S. Steel. A Amza (Amazônia Mineração S. A.) foi fundada em abril de 1970, com o objetivo de a operar o Projeto Ferro Carajás, sendo 51 % das ações pertencentes à CVRD e 49 % à U. S. Steel.

Foto 8.1 - Estrada de Ferro Carajás

Fonte: *Ministério dos Transportes*

Os estudos de viabilidade foram concluídos em 1974 e iniciados os projetos de engenharia. Em 1976 houve a concessão pelo governo federal da construção e operação da ferrovia entre a Serra de Carajás e a Ponta da Madeira, no litoral do Maranhão. Em 1977 a CVRD adquiriu da U. S. Steel as ações restantes da Amza, incorporando sua razão social em 1981 e assumindo com exclusividade a responsabilidade pela implantação do Projeto Ferro Carajás.

A construção da EFC foi iniciada com o lançamento dos trilhos dos primeiros 15 km em agosto de 1982 e, prosseguindo as obras com alto índice de mecanização alcançou a divisa entre os Estados de Maranhão e Pará em setembro de 1984, no km 668. Inaugurada em 28 de fevereiro de 1985, permitiu a conexão entre o interior do Pará e Maranhão ao principal porto da região, em São Luís.

Com seus 892 quilômetros de linha singela, 73% de sua extensão em linha reta e 27% em curva, de excelentes condições técnicas, a EFC é uma das ferrovias com melhores índices de produtividade do mundo.

A EFC foi concebida para dar maior produtividade aos trens de minério e hoje tem um dos centros de controle mais modernos do mundo, possuindo

Mapa 8.7 - Estrada de Ferro Carajás

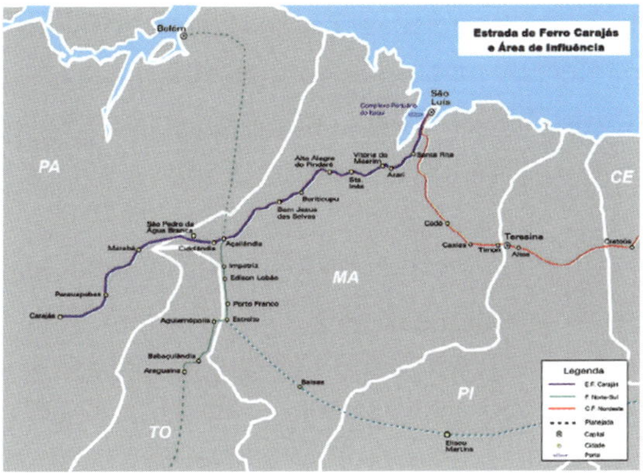

Fonte: *Ministério dos Transportes*

um sistema integrado baseado em rede de telecomunicações por fibra ótica. A velocidade máxima durante o tráfego é de 80km/h com o trem vazio e 75km/h com o trem carregado e no percurso existem 347 curvas. A EFC conta hoje com 5.353 vagões e 100 locomotivas.

O transporte de passageiros liga as cidades de Parauapebas à capital do Maranhão, sendo de grande importância para maranhenses e paraenses por se tratar de um transporte seguro e mais barato que a opção rodoviária. Há um projeto de duplicação para a Ferrovia dos Carajás, que pode diminuir os atrasos no transporte de passageiros.

Esta ferrovia conecta-se à CFN (Companhia Ferroviária do Nordeste), à FNS (Ferrovia Norte-Sul), ao Terminal Marítimo de Ponta da Madeira (São Luís - MA), ao Porto de Itaqui (São Luís - MA). Ainda beneficia-se da integração da sua malha com a estrutura de logística da CVRD, que conta com mais duas ferrovias, oito portos, serviços de navegação costeira e armazéns, o que possibilita a composição de inúmeras soluções intermodais para os clientes.

Nos seus quase 20 anos de existência, além de minério de ferro e manganês, têm passado pelos seus trilhos, anualmente cerca de cinco milhões de toneladas de produtos como madeira, cimento, bebidas, veículos, fertilizantes, combustíveis, produtos siderúrgicos e agrícolas, com destaque para a soja produzida no sul do Maranhão, Piauí, Pará e Mato Grosso. Construída para transportar principalmente minérios, essa ferrovia passou nos anos 1990 a disponibilizar sua logística também para o escoamento de mercadorias agrícolas.

No caso da soja, o volume transportado pela EFC passou de 280 mil em

1997, para 490 mil toneladas em 2000. Em 1992, foram escoadas por essa mesma ferrovia apenas 27 mil toneladas. Esse crescimento do envio de soja pela EFC demonstrou o interesse da CVRD, concessionária da ferrovia, em também adequar suas estruturas de transporte para atender ao setor agropecuário que avança na área do entorno da ferrovia, onde se forma uma extensa rede de interligação viária.

A utilização do complexo portuário de Itaqui/Ponta da Madeira, o porto de maior profundidade do Brasil que suporta navios de até 420.000 TPB (Toneladas de Porte Bruto), representa uma economia de tempo e recursos financeiros aos exportadores de mercadorias agrícolas. Sua posição geográfica encurta a distância, comparativamente a outros portos brasileiros, para importantes mercados consumidores da Europa e dos Estados Unidos.

Aqui também se constata a otimização do sistema de transporte ferroviário com o crescimento da produção agrícola dos Cerrados, que passou a utilizar deste sistema de transporte ampliando a vantagem econômica mutuamente.

Tabela 8.3 - Evolução do Volume Transportado na Estrada de Ferro Carajás

Produção / Ano	2001	2002	2003	2004	2005
Produção em TKU (em bilhões)	48,1	49,29	52,64	63,53	69,49
Produção em TU (em milhões)	48,1	58,91	62,3	73,8	82,6

Fonte: *Ministério dos Transportes*

A Ferrovia Transnordestina

A Ferrovia Transnordestina forma o outro eixo e torna-se uma via de ligação dos cerrados nordestinos aos portos marítimos de Suape, em Pernambuco, e Pecém, no Ceará. Projeta-se para 2009, o término dos 1.860 quilômetros de extensão da ferrovia a serem executados com aporte financeiro do governo federal e de empresas privadas. A participação desses dois agentes econômicos na execução de obras de tamanha envergadura deve-se ao modelo amparado pela nova legislação brasileira (Parceria Público-Privada — PPP), em que o estado divide com a iniciativa privada parte da responsabilidade pelos investimentos em grandes obras de infraestrutura no território nacional.

A Transnordestina, um dos primeiros projetos em execução sob intervenção de tal modelo guiado pelos preceitos do neoliberalismo, iniciará seu percurso em Eliseu Martins, no sul do Piauí. Desse município, situado na zona de

Mapa 8.8 - *Ferrovia Transnordestina*

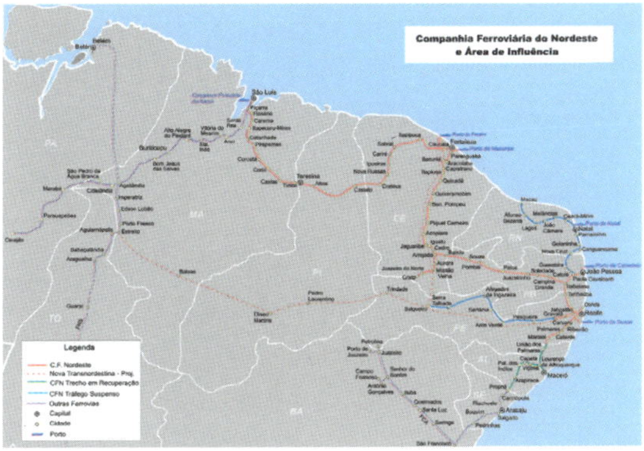

Fonte: *Ministério dos Transportes*

contato do cerrado com a caatinga, (importante área de aceleração da produção agrícola moderna de grãos e de outros gêneros destinados à produção de biodiesel, como mamona e soja) a ferrovia seguirá em direção ao interior de Pernambuco até a cidade de Salgueiro, importante área de extração mineral, onde se bifurcará em dois ramais. Um deles ruma para o complexo portuário de Suape, o outro fará ligação ao porto de Pecém. No traçado projetado para a ferrovia existe ainda a formação de mais um ramal que chegará até Juazeiro-BA/Petrolina-PE, onde será possível a transferência de modal a partir da hidrovia do rio São Francisco.

Estrada de Ferro Vitória-Minas (EFVM)

Incorporada à Companhia Vale do Rio Doce (CVRD) na década de 1940, a Vitória- Minas foi construída pelos ingleses e inaugurada em 18 de maio de 1904. É uma das mais modernas e produtivas ferrovias brasileiras, transportando 37% de toda a carga ferroviária do país.

Localizada na região Sudeste, a EFVM faz conexão com outras ferrovias integrando os Estados de Minas Gerais, Goiás, Espírito Santo, Mato Grosso, Mato Grosso do Sul, Tocantins e o Distrito Federal, além de ter acesso privilegiado aos principais portos do Espírito Santo, entre eles os de Tubarão e Praia Mole.

A EFVM conta com 905 quilômetros de extensão de linha, sendo 594 quilômetros em linha dupla, correspondendo a 3,1% da malha ferroviária brasileira. Dispõe de 15.376 vagões e 207 locomotivas e transporta cerca de 110 milhões de toneladas por ano, das quais 80% são minério de ferro e 20% correspondem a mais de 60 diferentes tipos de produtos, tais como aço, carvão, calcário, gra-

Mapa 8.9 - *Estrada de Ferro Vitória-Minas*

Fonte: *Ministério dos Transportes*

nito, contêineres, ferro-gusa, produtos agrícolas, madeira, celulose, veículos e cargas diversas. A ferrovia tem cerca de 300 clientes.

O CTC (Controle de Tráfego Centralizado), localizado em Tubarão (ES), controla todas as operações da ferrovia. Seu painel contém a representação esquemática da linha férrea, por meio da qual os operadores localizam os trens e decidem quais rotas devem seguir. O maquinista está em comunicação direta e permanente com o CTC. E por meio de rádio, fala com estações, terminais e oficinas, quando necessário.

Com o escritório-sede localizado em Tubarão, a Estrada de Ferro Vitória a Minas, como prestadora de serviços está apta a planejar, organizar e gerenciar as estratégias complexas que compõem um sistema intermodal, através de sua área comercial.

Os clientes da EFVM acompanham toda a operação de transporte de suas cargas diretamente em seus computadores, interligando-os à ferrovia através do Sistema de Informações a Clientes (SIC). E podem ainda implantar projetos de EDI (Troca Eletrônica de Dados).

Diariamente, um trem de passageiros circula em cada sentido entre Vitória e Belo Horizonte/Itabira, transportando anualmente cerca de um milhão de pessoas. Por meio da Estrada de Ferro Vitória a Minas e dos portos do Espírito Santo, a Companhia Vale do Rio Doce permite o acesso dos produtos brasileiros ao mercado internacional em condições mais competitivas, reafirmando sua responsabilidade com o desenvolvimento econômico e social do Brasil.

Tabela 8.4 - Evolução do Volume Transportado na Estrada de Ferro Vitória-Minas

Produção / Ano	2001	2002	2003	2004	2005
Produção em TKU (em bilhões)	54,41	56,99	60,43	64,69	68,65
Produção em TU (em milhões)	108,71	113,58	118,39	125,93	130,97

Fonte: *Ministério dos Transportes*

Ferrovia Centro-Atlântica

A Ferrovia Centro-Atlântica (FCA) tornou-se uma concessionária do transporte ferroviário de cargas em setembro de 1996, a partir do processo de desestatização da Rede Ferroviária Federal. Responsável pela operação de uma malha com 7.840 km de linhas, a FCA hoje abrange sete Estados - Minas Gerais, Espírito Santo, Rio de Janeiro, Sergipe, Goiás, Bahia, São Paulo - além do Distrito Federal.

A FCA é também o principal eixo de conexão entre as regiões Nordeste, Sudeste e Centro-Oeste. Sua frota atual é composta por cerca de 12.000 vagões e 500 locomotivas, todas monitoradas via satélite (GPS).

Mapa 8.10 - Ferrovia Centro-Atlântica

Fonte: *Ministério dos Transportes*

Desde que assumiu a operação da malha Centro-Leste, a FCA coloca em prática um sólido plano de investimentos em segurança operacional, recuperação e manutenção da via permanente, melhorias tecnológicas e aquisição de vagões e locomotivas.

Os principais produtos transportados pela FCA são: álcool e derivados de petróleo, calcário, produtos siderúrgicos, soja, farelo de soja, cimento, bauxita, ferro gusa, clínquer, fosfato, cal e produtos petroquímicos.

A FCA é um completo sistema logístico de transporte. Está interligada com as principais ferrovias brasileiras e possui parcerias com outros modais, o que possibilita a conexão com os maiores centros consumidores do Brasil e do Mercosul.

A FCA se conecta com a estrutura de logística da CVRD, que conta com mais duas ferrovias, – a Estrada de Ferro Vitória a Minas (EFVM) e a Estrada de Ferro Carajás (EFC) – com portos, serviços de navegação costeira e armazéns, o que possibilita a composição de inúmeras soluções intermodais para os clientes.

FEPASA - ALL

Depois da Segunda Guerra Mundial, as pequenas ferrovias de São Paulo foram ficando obsoletas pela falta de adequação técnica, operacional ou física. Para unificar e centralizar o transporte de todas aquelas ferrovias, o governo paulista criou, em 1971, a Fepasa (Ferrovia Paulista S/A). A empresa passou a contar com 5.252 km de linhas, 622 locomotivas, 1.109 carros de passageiros de longo percurso, 116 trens-unidade para transporte urbano e 17.200 vagões, além de 36.624 funcionários.

Entre as décadas de 1970 e 1980 foram grandes os investimentos realizados no transporte ferroviário, que teve um expressivo crescimento: até 1976, a média de carga transportada era de oito milhões por ano. Esse número saltou para 23 milhões em 1982. Mas, no início dos anos 1990, a ineficiência estatal chegou também às ferrovias. Em 1994, a Fepasa transportava cerca de 18,5 milhões de toneladas, e três anos depois apenas 13 milhões de toneladas, com uma queda de quase 30%.

Mal administrada, a Fepasa não conseguiu controlar a crise. O Estado foi incapaz de manter a estatal e a entregou para o governo federal em 1997. Na corrida pelas privatizações, a União não perdeu tempo e inseriu a empresa nos planos de privatização do Conselho Nacional de Desestatização (CND) em 1998.

A malha paulista com 4.186 km de extensão foi vendida ao consórcio Ferrovias que é liderado pela holding Ferropasa. Esta holding controla a Ferronorte (ferrovia em construção que liga São Paulo ao Pará e Rondônia) e a Novoeste (ex- Malha Oeste, antes da RFFSA, Rede Ferroviária Federal S/A, concessionária que liga Bauru à Corumbá, no Mato Grosso do Sul). A Ferropasa tem cerca de 74% das ações ordinárias distribuídos entre seus acionistas (Laif, Funcef, Previ, Bradesco, Chase Latin America).

Mapa 8.11 - ALL – América Latina Logística

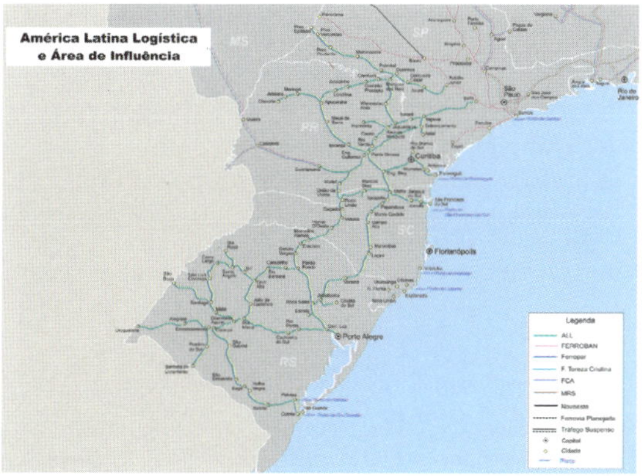

Fonte: *Ministério dos Transportes*

Os outros 26% das ações ficam com a Vale do Rio Doce (que tem participação em quatro das seis malhas concessionadas da RFFSA), onde 6% pertence ao fundo de investimentos dos funcionários. Existe ainda uma pequena participação das Ferrovias Sul Atlântico (FSA, que liga o Paraná ao Rio Grande do Sul) e a Ferrovia Centro Atlântica (FCA, que liga Minas Gerais, Goiás, Bahia, Alagoas e Pernambuco).

Em 1997, ainda como FEPASA, foram transportadas 13,8 milhões de toneladas de mercadorias (óleo diesel, fosfato, bauxita, álcool, soja, etc.), equivalente a 5,03 bilhões de TKU, e 673 mil passageiros de longo percurso, equivalente a 102,10 milhões de TKU, empregando 8.434 funcionários.

Ferrovia Novoeste

A Ferrovia Novoeste S.A. opera a Malha Oeste da Rede Ferroviária Federal S.A. – RFFSA -, abrangendo a antiga SR-10 (Bauru), ferrovia localizada nos Estados de São Paulo e Mato Grosso do Sul com 1.622 km de extensão.

Em março do corrente ano, as empresas Ferrovia Novoeste S.A. e Ferronorte S.A. - Ferrovias Norte Brasil - submeteram ao Ministro dos Transportes, proposta de reestruturação societária, de modo que ambas passassem a ser subsidiárias integrais de uma mesma sociedade por ações de capital, com a incorporação pela Ferronorte Participações S.A. - Ferropasa. Esta ampla reestruturação societária contou com a prévia aprovação do Ministério dos Transportes, pelo Despacho Ministerial de 18/5/98.

Em 1997 transportou 2,54 milhões de toneladas de mercadorias (derivados claros e escuros, minério de manganês, soja, minério de ferro, cimento, produtos siderúrgicos, etc.), equivalentes a 1,49 bilhões de TKU, empregando 779 funcionários.

Mapa 8.12 - *Ferrovia Novoeste*

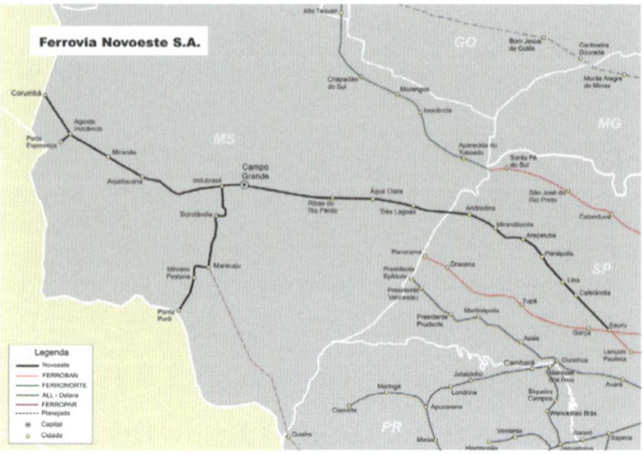

Fonte: *Ministério dos Transportes*

MRS

A MRS Logística é uma concessionária que controla, opera e monitora a malha sudeste da Rede Ferroviária Federal. A empresa atua no mercado de transporte ferroviário desde 1996, quando foi constituída, interligando os Estados do Rio de Janeiro, Minas Gerais e São Paulo. São 1.674 km de malha que facilitam o processo de transporte e distribuição de cargas numa região que concentra aproximadamente 65% do PIB e onde estão instalados os maiores complexos industriais do país. Pela malha da MRS também é possível alcançar os portos de Sepetiba e de Santos (o mais importante da América Latina).

O foco das atividades da MRS está no transporte ferroviário de cargas gerais, como minérios, produtos siderúrgicos acabados, cimento, bauxita, produtos agrícolas, coque verde e contêineres; e na logística integrada, que implica planejamento, multimodalidade e transit time definido. Ou seja, uma operação de logística completa. Para desenvolver suas atividades com eficácia, a MRS trabalha com equipamentos modernos de GPS (localização via satélite com posicionamento de trens em tempo real), sinalização defensiva, detecção de problemas nas vias com apoio de raios-X e ultrassom para detectar fraturas ou fissuras nos trilhos.

Criada com metas bem definidas sobre preservação do meio ambiente, a MRS implementa vários programas de cunho ambiental: recuperação de áreas degradadas com emprego de revestimentos vegetais, gerenciamento de resíduos e adoção de medidas preventivas para eliminação de processos poluidores são alguns exemplos. A responsabilidade social também merece destaque nas ações da MRS. A empresa implanta uma série de medidas sobre procedimentos operacionais, capacitação de recursos humanos, conscientização e emprego de tecnologias, para garantir o transporte eficiente e seguro não só de suas cargas, mas também de seus funcionários.

O objetivo da MRS para os próximos anos é alcançar o topo da eficiência operacional. Diferenciais competitivos, reestruturação de processos existentes para conquista de novos clientes, investimento em pessoal e ampliação da participação no mercado de carga geral está na pauta, para fazer da MRS a melhor operadora logística ferroviária do país.

Mapa 8.13 - *MRS - Logística*

Fonte: *Ministério dos Transportes*

8.3.2 - O Transporte Hidroviário

O Brasil, país de dimensões continentais e com grandes bacias hidrográficas tem o perfil ideal para o aproveitamento das calhas dos rios para o transporte de cargas. Tem o custo mais barato, porém não são utilizadas basicamente por dois motivos: as regiões desenvolvidas preferem o transporte rodoviário, um meio mais rápido e flexível; as regiões mais distantes, que poderiam se beneficiar do baixo custo operacional, não oferecem volume de produção capaz de atrair os investimentos necessários de estruturação deste meio de transporte.

O país optou por transportes rodoviários construindo grandes estradas paralelas a locais navegáveis. Grande parte das bacias Amazônica e do Paraguai são perfeitamente navegáveis, mas em alguns trechos há a necessidade de correções para a sua utilização. Outro fator que contribuiu para a pouca utilização das hidrovias brasileiras, são os custos cobrados por tonelada no embarque e no desembarque aumentando em cinco vezes o valor dos transportes em relação aos países desenvolvidos.

Em 1980, foram elaborados projetos para o desenvolvimento da navegação fluvial. O Brasil tem mais de 4.000km de costas navegáveis e milhares de quilômetros de rios, os trechos mais importantes estão no Sul e no Sudeste do país.

Existem trechos que operam compondo um importante elo no transporte de grande escala nas regiões Centro-Oeste e Norte, interligando suas rotas às de rodovias, principalmente no Corredor de Exportação Norte. Embora seja o meio de transporte mais barato, fica restrito aos locais que contam com um curso d´água em volume suficiente para dar suporte e calado para embarcações adequadas ao transporte. É o único meio de transporte existente em muitas regiões mais remotas, principalmente da Amazônia, onde ainda o ritmo de desenvolvimento não permite a construção de outros meios de transporte mais ágeis e flexíveis como o transporte rodoviário.

O transporte hidroviário cresce gradativamente aproveitando a navegabilidade dos rios Araguaia, das Mortes e Tocantins para construir uma via de circulação de grãos produzidos nos Estados de Mato Grosso, Pará, Tocantins e Goiás. O projeto de navegação Araguaia-Tocantins tem o objetivo de escoar grãos por essa hidrovia, seguindo num dos trajetos por todo o curso do rio Tocantins até a foz com o Rio Amazonas, onde haverá, no Porto de Vila do Conde - PA, o transbordo das cargas para navios marítimos. No trajeto da hidrovia é possível aproveitar os pontos de entroncamento para transferência de modal, tais como os de interligação da hidrovia com as ferrovias Norte-Sul e Carajás. Inicialmente essa mudança de modal poderá ocorrer nos municípios de Estreito, Porto Franco, Imperatriz, no Maranhão e Marabá no Pará.

Outro corredor de escoamento que começa a ser viabilizado pelo aumento da produção agrícola nos cerrados nordestinos envolve dois importantes eixos de interligação aos portos exportadores do Nordeste. Trata- se da hidrovia do Rio São Francisco em conexão com a Ferrovia Transnordestina. Embora ainda em fase de formação, essas vias serão aproveitadas a partir de diversos modais, constituindo importantes rotas de circulação de mercadorias agrícolas e minerais, além de produtos manufaturados das indústrias que se instalam nas áreas de aceleração da modernização na região.

O eixo do Rio São Francisco se tornará viável com a efetivação plena da navegação comercial do rio, pois atualmente transporta carga somente em alguns trechos e mesmo assim de pequena escala, e terá papel de destaque na consolidação da logística de transporte entre o interior e o litoral abrangendo, sobretudo, os estados de Minas Gerais, Bahia e Pernambuco. O aumento da produção agrícola dos cerrados do oeste baiano aumenta a viabilidade da construção da hidrovia. O sistema visa conectar o oeste baiano a um sistema intermodal rodovia-hidrovia-ferrovia com articulações rodoviárias desde Luiz Eduardo Magalhães/Barreiras, através da BR-242, até Ibotirama, onde acontecerá o transbordo para as embarcações que seguirão pelo São Francisco em direção a Juazeiro/Petrolina, onde se articula com a ferrovia Juazeiro – Aratu – Ilhéus.

A partir de meados dos anos 1990, as linhas fluviais de escoamento para o mercado externo situadas nas regiões Norte e Centro-Oeste entraram com vigor no foco das discussões em torno do incremento da logística de transportes e do barateamento dos custos de frete. Assim, uma série de rios e de portos foi inserida em planejamentos estratégicos de nível federal e estadual, "virando de cabeça para baixo" o mapa logístico do país, até então restrito às tradicionais saídas portuárias do Centro-Sul como Vitória, Rio de Janeiro, Santos, Paranaguá, São Francisco do Sul, Itajaí e Rio Grande.

A hidrovia do Rio Madeira ganhou destaque no cenário nacional com o escoamento de uma parte da safra de grãos do Mato Grosso. Elpídio Gomes da Silva Filho, superintendente da AHIMOC (Administração das Hidrovias da Amazônia Ocidental), reconhece que devido à circulação de commodities, as verbas e os planos do órgão que também é responsável pelo gerenciamento dos rios Negro, Solimões, Branco, Purus, Acre e Juruá, são totalmente destinados à intervenção no Madeira, que se tornou uma "via comercial". "*Quem usa a matriz de forma mais racional é quem ganha esse mercado*", comentou.

Apesar da importância adquirida recentemente, a hidrovia não vem recebendo os devidos cuidados. Houve apenas uma implantação de balizamento e sinalização das margens e do canal em 1999 e uma draga em operação ancorada em Humaitá (AM), insuficiente para realizar os serviços necessários, sobretudo nos pontos críticos.

"A nossa missão, enquanto prestador de serviço público, é garantir um calado mínimo de 2,5 metros na seca", admitiu o dirigente, culpando a situação deficitária das hidrovias pela reduzida inserção da Amazônia no planejamento nacional e pela cultura "rodoviarista" que impera no país. Ademar Alexandre Pinheiro Maciel, supervisor de Operações Fluviais da Hermasa, também critica as condições atuais de navegação no Rio Madeira. *"Para se tornar uma hidrovia de fato, requer mais investimento em dragagem, derrocagem, destocamento e previsibilidade de situações."*(Huertas, 2007:269)

Gráfico 8.2 - Transporte de Soja na Chapada dos Parecis (MT) (US$/t – posto porto de Santos ou Paranaguá)

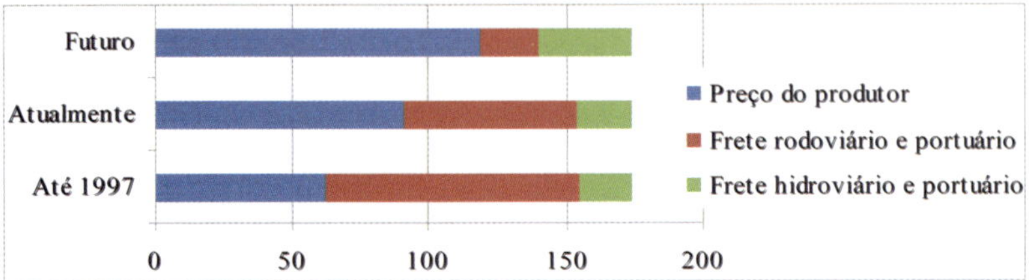

FONTE: *Ahitar.em (HUERTAS:2007, 213).*
OBS.: Modelo de custos médios simplificados. O horizonte futuro considera a implantação da Hidrovia Guaporé- Madeira, via Vila Bela (MT), com a construção de eclusas no Rio Madeira.

A hidrovia do Rio Madeira, implantada em 1997 com investimentos da União e dos governos do Amazonas e de Rondônia reduziu o frete da soja de US$ 85/t para US$ 40/t (Gráficos 8.2 e 8.3).

Como podemos observar no Grafico 8.2, o custo de transporte pode ser reduzido sensivelmente com a melhoria do sistema de transporte principalmente para os produtos do Centro-Oeste que se localizam longe dos portos, mas isto depende dos investimentos e recursos previstos serem contingenciados de acordo com os planos.

O Grupo Maggi criou a empresa Navegação da Amazônia S/A (Hermasa) e instituiu o que intitula de "rota de desenvolvimento", corredor intermodal entre o Mato Grosso e o Amazonas que gerou vantagens competitivas bastante significativas (Fotos 8.2 e 8.3).

A "perna fluvial" Porto Velho – Itacoatiara (AM) opera com dois regimes de navegação. Durante o período chuvoso (novembro a junho), cada balsa carrega até duas mil toneladas de soja; na vazante (julho-outubro), a capacidade de carga é reduzida pela metade devido à redução da profundidade

Gráfico 8.3 - Carga Transportada pela Hermasa (mil t)

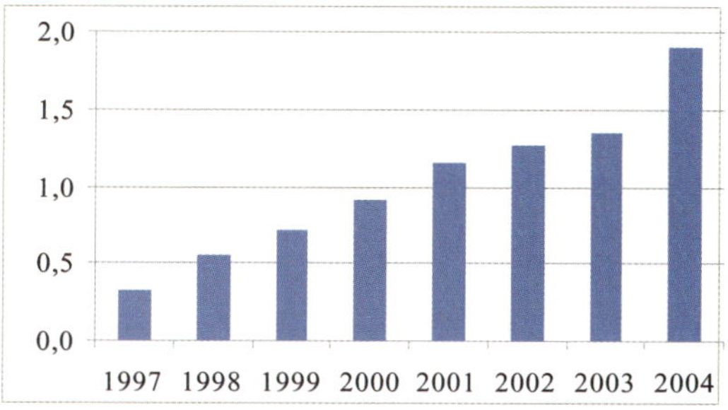

Fonte: *Hermasa*

Foto 8.2 e 8.3 - Terminal graneleiro da Hermasa em Porto Velho

Fonte: *(Huertas, 2007:214)*

do leito do rio em determinados pontos. Os comboios podem levar 9, 12 ou 16 balsas, dependendo da capacidade do empurrador. A cidade de Itacoatiara foi considerada estratégica por causa da ligação rodoviária com Manaus (230 km pela AM 010, em ótimas condições de tráfego) e da diminuição dos custos operacionais, já que se encontra na foz do Madeira.

No terminal graneleiro de Itacoatiara (Foto 8.4), parte da soja é processada e transformada em farelo e óleo para abastecimento do mercado de Manaus. O restante é exportado a granel, com o transbordo para navios panamax 120. No retorno para Porto Velho, as balsas transportam fertilizantes e corretores do solo (grânulos fostáticos, cloreto de potássio e monogrânulos de fósforo e nitrogênio).

A Cargill também apostou no transporte fluvial como a melhor estratégia logística para o escoamento dos grãos produzidos no Mato Grosso. A empresa norte-americana desembolsou US$ 20 milhões para construir um terminal de uso privado na área do porto organizado de Santarém (Fotos 8.5 e 8.6), concluído em abril de 2003, visando a pavimentação da BR 163. Foi assinado um contrato de 25 anos com a CDP (Companhia Docas do Pará), renovável por mais cinco, e estipu-

Foto 8.4 - Terminal da Hermasa em Itacoatiara

Fonte: *(Huertas, 2007:215)*

lando o pagamento de taxas de serviço de movimentação de carga, atracação e arrendamento. (Huertas, 2007:215)

Em 2004, 90% do total movimentado em Santarém teve como origem o terminal de Porto Velho, construído fora da área do porto organizado da capital de Rondônia; e 10% vieram por rodovias, da produção obtida em Alenquer, Mujuí, Belterra e Rurópolis. *"A tendência é que esse quadro seja alterado, principalmente a partir da BR 163"*, explicou Gilmar Tirapelle, técnico da área comercial da Cargill, antecipando a aposta da empresa em um aumento da produção ao longo do trecho paraense da estrada, sobretudo nas imediações de Castelo dos Sonhos e Novo Progresso. (Huertas, 2007:215)

Foto 8.5 e 8.6 - Terminal Portuário da Cargill em Santarém

Fonte: *(Huertas, 2007:215)*

As projeções da Cargill para a região de Santarém são grandes. A curto prazo, espera a participação de 300 produtores (100 ainda em estágio de experimentação) cultivando uma média de 300 hectares cada um, sendo 50% com soja e 50% com arroz e milho. Pelos dados da Embrapa, no eixo Monte Alegre - Prainha, existem 500 mil hectares de áreas degradadas (pastagens e extração madeireira) aptas ao cultivo da soja. Vendo este importante ponto de conexão hi-

Foto 8.7 - Vista Aérea do Terminal Portuário da Cargill em Santarém

Fonte: *(Huertas, 2007:218)*

droviária, planeja instalar uma de suas fábricas quando o mercado local atingir 400 mil hectares de área colhida. (Huertas, 2007:217)

Objetiva fincar a sua bandeira com mais objetividade neste centro de escoamento de produtos do agronegócio, área ainda comandada pelas principais concorrentes diretas, Amaggi e Bunge. O terminal portuário de Santarém destoa da paisagem local pela sua grandiosidade (Foto 8.7), uma redenção da economia local. (Huertas, 2007:217)

Esta é mais uma iniciativa de grandes empresas multinacionais que acreditam na capacidade de crescimento do agronegócio brasileiro a partir da produção do Cerrado. Até mesmo nos pontos onde o governo não tem condições de oferecer o aporte às empresas, estas vislumbram a possibilidade de alavancar os seus negócios e investem na formação da infraestrutura.

Principais hidrovias

Existem varias hidrovias que podem ser otimizadas com investimentos em infraestrutura para ajuste do leito e do calado e equipamentos para o transbordo de mercadorias. Algumas já operam com bons resultados, como mencionados.

Hidrovia Araguaia-Tocantins

A Bacia do Tocantins é a maior bacia localizada inteiramente no Brasil. Durante as cheias, seu principal rio, o Tocantins, é navegável numa extensão de 1.900 km, entre as cidades de Belém, no Pará, e Peixes, em Goiás, e seu potencial hidrelétrico é parcialmente aproveitado na Usina de Tucuruí, no Pará. O Araguaia cruza o Estado de Tocantins de norte a sul e é navegável num trecho de 1.100 km. A construção da hidrovia Araguaia-Tocantins visa criar um corredor de transporte intermodal na Região Norte.

Hidrovia São Francisco

Entre a Serra da Canastra, onde nasce, em Minas Gerais, e sua foz, na divisa de Sergipe e Alagoas, o "Velho Chico", como é conhecido o maior rio situado inteiramente em território brasileiro, é o grande fornecedor de água da região semiárida do Nordeste. Seu principal trecho navegável situa-se entre as cidades de Pirapora, em Minas Gerais, e Juazeiro, na Bahia, num trecho de 1.300 quilômetros. Nele estão instaladas as usinas hidrelétricas de Paulo Afonso e Sobradinho, na Bahia; Moxotó, em Alagoas; e Três Marias, em Minas Gerais. Os principais projetos em execução ao longo do rio visam melhorar a navegabilidade e permitir a navegação noturna.

Hidrovia do Madeira

O Rio Madeira é um dos principais afluentes da margem direita do Amazonas. A hidrovia, com as novas obras realizadas para permitir a navegação noturna, está em operação desde abril de 1997. As obras ainda em andamento visam baratear o escoamento de grãos das Regiões Norte e Centro-Oeste.

Hidrovia Tietê-Paraná

Esta via possui enorme importância econômica por permitir o transporte de grãos, de um lado para os centros consumidores dos mercados de São Paulo e exportação e de outro lado facilitar o acesso de matérias-primas, insumos básicos para a agricultura, além de outras mercadorias de três Estados: Mato Grosso do Sul, Paraná e São Paulo. Ela possui 1.250 quilômetros navegáveis, sendo 450 no Rio Tietê, em São Paulo, e 800 no Rio Paraná, na divisa de São Paulo com o Mato Grosso do Sul e na fronteira do Paraná com o Paraguai e a Argentina. Para operacionalizar esses 1.250 quilômetros, é necessária a conclusão da eclusa na represa de Jupiá para que os dois trechos se conectem.

Taguari-Guaíba

Com 686 quilômetros de extensão, no Rio Grande do Sul, esta é a principal hidrovia brasileira em termos de carga transportada. É operada por uma frota de 72 embarcações, que podem movimentar um total de 130 mil toneladas. Os principais produtos transportados na hidrovia são grãos e óleos. Uma de suas importantes características é ser bem servida de terminais intermodais, o que facilita o transbordo das cargas. No que diz respeito ao tráfego, outras hidrovias possuem mais importância local, principalmente no transporte de passageiros e no abastecimento de localidades ribeirinhas.

8.3.3 – O Transporte Rodoviário

O transporte rodoviário é o principal meio de transporte de cargas consolidado no Brasil. Pela agilidade e flexibilidade operacional, além do baixo custo de investimento inicial, este meio de transporte acabou se fixando como o principal meio de transporte. Esta tendência também se confirmou no Cerrado. Embora o governo tenha maior capacidade de investimento e maior facilidade de planejamento para otimizar a produção nesta região, o alto custo de investimento inicial acaba predicando o transporte ferroviário e hidroviário. Talvez a maior dificuldade esteja na baixa flexibilidade destes sistemas.

Mapa 8.14 – Canais de Escoamento de Soja da Região Oeste da Bahia – Ano 2000

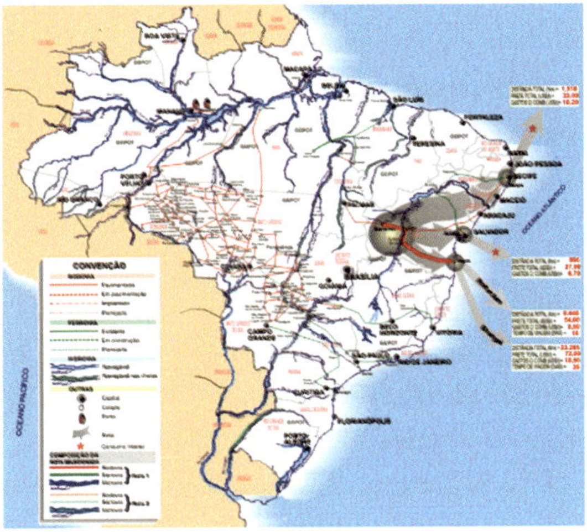

Fonte: *Empresa Brasileira de Planejamento de Transportes — GEIPOT — Ministério dos Transportes — s/d em (ALVES, 2006:60)*

O transporte de grãos produzidos no oeste da Bahia segue predominantemente pelo modal rodoviário para os portos de Aratu e Ilhéus (mapa 8.14). É possível também transportar a produção dessa região baiana pelo Corredor de Exportação Norte. Nesse caso, o acesso a Estreito ocorre passando por Tocantins, através de rodovias estaduais (TO-070 e 060), até Palmas-TO de onde ruma para a BR-153 (Belém-Brasília) em direção à cidade maranhense onde ocorre a mudança da carga para os vagões da Ferrovia Norte-Sul. Esse percurso, no entanto, não é o mais utilizado para o escoamento da produção do oeste baiano, e sim o que se direciona para o litoral do próprio Estado, através das rodovias.

Outra facilidade proporcionada pelo sistema de transporte rodoviário é a flexibilidade característica necessária nas vendas internas da produção, principalmente quando se busca melhores preços nas vendas ao mercado varejista mais pulverizado. Hoje, a produção do cerrado não atende somente ao mercado externo, mas também tem arcado com o abastecimento dos centros urbanos do Norte e Nordeste, além dos mercados do Sul e Sudeste que começam a receber os produtos de menor custo, produzidos com alta tecnologia nos cerrados a custo inferior aos do Sul e Sudeste.

Com a migração de grandes empresas processadoras de alimentos tanto nacionais como multinacionais para esta região, parte da produção é beneficiada e industrializada no local e transportada já como produtos prontos, tanto aos centros consumidores internos como no mercado externo. Nestes casos em que o valor agregado da mercadoria fica maior, permite o frete elevado desde que atenda à flexibilidade e pontualidade na entrega, ponto forte do transporte rodoviário. O mesmo pode-se dizer do transporte aéreo, embora com custo elevado, atende clientes exigentes de mercados longínquos.

Observa-se que a organização da nova logística nas áreas de fronteira agrícola busca, sobretudo, atender às demandas geradas pelas empresas que atuam no setor de produção agropecuária do Cerrado.

Lamentavelmente, o governo brasileiro nos últimos anos não tem cuidado da rede rodoviária e a sua malha. Em algumas regiões tendem até mesmo a encolher devido à péssima qualidade da capa asfáltica, que não permite o trafego rodoviário no período das chuvas.

Do ponto de vista logístico, a União tem participado na adequação do escoamento da soja, sobretudo a partir das ações conduzidas pelo Brasil em Ação e Avança Brasil. Um estudo do Geipot (2002) apontou saídas a médio prazo, delimitando áreas de produção potencial e corredores estratégicos de desenvolvimento, mediante a formulação de cenários em que sinalizam crescimento significativo de produção de soja e demais grãos (Tabela 8.3) que requerem rotas otimizadas de escoamento. (Huertas, 2007:218)

O Estado do Mato Grosso, no seu Projeto Estradeiro, tem feito parcerias com prefeituras e até mesmo com os produtores para pavimentação de rodovias. A participação do produtor é voluntária e eles compartilham as tarefas por conta própria. Além disso, a sua contribuição de modo geral, é proporcional à distância da fazenda à rodovia. Até 2005, haviam sido institucionalizados 53 consórcios, dos quais 32 com associações de produtores e 21 com prefeituras, totalizando 1.102,8 mil km de rodovias pavimentadas – outros 532,8 km foram pavimentados somente com recursos estaduais. Conforme

Tabela 8.5 - Projeção de produção de soja em áreas de expansão de fronteira agrícola

Estado	Região	Pólo	2000	2015*
MT	Oeste	Campo Novo dos Parecis	2.947,00	7.745,10
	Norte	Sorriso	2.222,70	5.841,10
	Leste	Primavera do Leste	1.643,00	4.320,20
	Sudeste	Rondonópolis	1.336,70	2.949,60
	Centro-Oeste	Nova Xavantina	242,7	538,2
GO		Goiânia	460,6	1.799,60
	Centro-Sudoeste	Rio Verde	3.463,60	12.878,50
BA	Oeste	Barreiras	1.524,50	4.808,70
MA/PI	Sul do MA e PI	Balsas	511,2	3.795,00
MS	Norte	Chapadão do Sul	564,5	1.421,50
	Centro	Campo Grande	424,3	1.068,60
	Sul	Dourados	1.248,10	3.143,20
MG	Oeste	Uberlândia	716,9	923,9
TO	Centro	Palmas	92,7	2.006,30
RO	Sul	Vilhena	33,7	4.511,80
		Total	17.432,20	56.682,70

FONTE: *Geipot (2002:88). em (HUERTAS, 2007:219) * Projeção*

Mello, na equação das contas do projeto, 65% dos custos foram arcados pelo poder público e 35%, pelas associações. (Huertas, 2007:219)

8.3.4 - O Transporte Aéreo

O Aeroporto Internacional de Brasília tornou-se o segundo maior hub aéreo do Brasil, sobretudo nas ligações do Norte-Nordeste com o Sul-Sudeste.

O crescimento do mercado consumidor regional, a concentração de empresas de transporte de carga e o "amadurecimento" das cidades-satélites de Taguatinga e Ceilândia (cada vez mais autônomas do Plano Piloto) indicam transformações relevantes na fluidez territorial deste anel, de grande polarização econômica e populacional. Os movimentos econômicos entre os centros urbanos de Brasília, as cidades-satélites e o entorno do Distrito Federal (Águas Lindas de Goiás, Valparaíso de Goiás, Luziânia/GO, Formosa/GO, Planaltina de Goiás, Santo Antônio do Descoberto/GO e Unaí/MG), estão entre os mais densos do país.

8.4 - Os Reflexos nos outros Segmentos Econômicos

A viabilidade dos cerrados atraiu grandes grupos econômicos para o Centro-Oeste.

De 1985 a 2002, a produção de soja no Mato Grosso cresceu a espantosa taxa de 1.200%, ou cerca de 66% a.a, número esclarecedor do contexto deste Estado no avanço da fronteira agrícola. Terceiro maior Estado brasileiro em área (903.386,1 km^2), tornou-se rota obrigatória da moderna agricultura.

O Centro-Oeste atrai atenção de todas as grandes empresas do agronegócio como as principais empresas ligadas ao setor alimentício do mundo como a Cargill, Bunge, Coinbra, Dreifuss, Dupont, Pioneer, Monsanto, Basf, Bayer, Avents e ADM, e de grandes empresas nacionais como a Amaggi, Sadia, Perdigão, Caramuru, Orsa e Fundação -MT. As grandes construtoras também estão envolvidas nos projetos de expansão de redes rodoviária, ferroviária, hidroviária e aeroportuária. Os grupos da área de telefonia têm expandido seus pontos de atuação para buscar o nicho deste mercado. As usinas hidrelétricas que estavam paradas em projetos para as regiões Norte, Nordeste e Centro-Oeste entram efetivamente em obras.

Toda movimentação de investimentos a esta região gera maior volume de negócios no país, que dia-a-dia assume posição de maior importância no cenário mundial.

Como boa parte da produção é enviada para o exterior – segundo o Anuário Estatístico de Mato Grosso 2004, grãos de soja, bagaços e outros resíduos sólidos da extração do óleo de soja e óleo de soja em bruto correspondem aos maiores itens da pauta estadual de exportações por valor FOB (US$ 1,703 bilhão) –, surge no horizonte do circuito espacial produtivo da soja um obstáculo logístico tido como um dos principais gargalos do "custo Brasil" para o setor: o alto preço dos fretes até os portos do Centro-Sul.

É interessante notar como uma produção considerável de estudos que analisam essas questões logísticas aponta para uma saída inevitável em relação à diminuição dos custos de transporte da fronteira agrícola como um todo, em especial o Mato Grosso: o escoamento da produção pela Região Norte.

As vantagens são evidentes:

- Possibilidade de maior utilização do modal hidroviário (Madeira – Amazonas e/ou Araguaia – Tocantins), reconhecidamente mais barato do que o ferroviário e o rodoviário;

- Considerável redução da distância marítima, já que a saída pelo estuário do Amazonas se encontra mais perto do Hemisfério Norte onde se localizam os maiores importadores;
- Possibilidade de maior utilização dos portos de Santarém (PA) e Itaqui (MA); das ferrovias Norte-Sul (FNS) e de Carajás (EFC) e da BR 163 (Cuiabá – Santarém), fixos e considerados prioritários por causa das amplas perspectivas logísticas que oferecem.

Consequentemente, novos corredores de exportação e de escoamento da produção agrícola são arquitetados tanto pelo poder público quanto pela iniciativa privada. Além disso, são inevitáveis as comparações com os baixos custos de transporte praticados nos EUA, cujos efeitos reduzem a competitividade do produtor brasileiro no mercado internacional. (Huertas, 2007:208)

Dentre as principais rotas da soja em grão no Mato Grosso, destaca-se a densidade rodoviária do trecho Sinop – Cuiabá – Rondonópolis, composto pelas BRs 070/364 e 163, respectivamente tronco e ramal interno da rede estruturadora de fluxos. Tudo indica que em um futuro próximo, o trecho citado pode vir a ser um único tronco, com Cuiabá, Várzea Grande e Rondonópolis alcançando a posição de nodais centrais.

O valor estratégico do transporte de grãos no sul do Estado pode ser medido pela densidade rodoviária e pela organização do setor. Somente a Bunge e a ADM descarregam diariamente de 50 a 70 carretas de soja nas suas plantas agroindustriais de Rondonópolis, enquanto que o terminal da Ferronorte de Alto Araguaia recebe cerca de 4,5 milhões de toneladas anuais de soja (grão e farelo). Rondonópolis também é sede da ATC (Associação dos Transportadores de Carga do Mato Grosso), entidade criada em 2002, que congrega 102 empresas filiadas com quatro mil caminhões que consumem 30 milhões de litros de óleo diesel por mês. (Huertas, 2007:209)

O principal obstáculo logístico enfrentado pela empresa, segundo Dionísio Andreis Xavier Mendes, gerente de Transportes do Grupo Amaggi, é a falta de opções de portos, proporcionada pela saturação de Santos e Paranaguá e pela grande distância de São Luís e Vitória: "*Quanto mais próximo do porto, maior a liquidez da produção. O restante [rodovias e ferrovias] é adaptável.*" Para ele, a única viabilidade atual está em Santarém, que teria potencial para "*espalhar os fluxos e criar uma opção*". (Huertas, 2007:212) O Grupo André Maggi (Amaggi) é composto pela Amaggi Exportação e Importação, Divisão Agro, Hermasa Navegação da Amazônia e Maggi Energia. (Huertas, 2007:240)

O parque industrial brasileiro cresce. A indústria automobilística atinge a quarta posição no mercado mundial. A frota de veículos é a sétima maior do mundo. A área de desenvolvimento de trabalhos na área de comunicação e marketing se destaca no cenário mundial. Até mesmo setores como a moda assumem posição de destaque no cenário mundial.

8.5 - Empresas Modelo

Se estas empresas cooperam com a agricultura ou a agricultura permitiu que estas empresas crescessem é como se discutir se a galinha ou o ovo nasceu primeiro, mas cabe destaque às empresas que muito influenciaram na evolução do agronegócio.

É certo que uma infinidade de empresas que agregam todo o povo brasileiro e porque não povos de outros países que compartilham as nossas ações, quer fornecendo, quer adquirindo produtos e serviços, proporcionaram este crescimento ao Brasil.

Foram escolhidas como modelos, duas empresas brasileiras e uma entidade de imigrantes de descendência japonesa representando o laço fraternal que uniu no projeto PRODECER dois países diametralmente opostos na geografia mundial, porém sinérgicos nas suas intenções e uma empresa genuinamente brasileira com fortes laços de ligação com a comunidade nipo-brasileira.

8.5.1 - Jacto

"Ninguém cresce sozinho".

Shunji Nishimura

A Indústria de Máquinas Agrícolas Jacto, uma das mais influentes empresas de mecanização agrícola do país, fundada pelo Sr. Shunji Nishimura, traz consigo uma história de árduo trabalho, perseverança e de conquistas.

A imagem simples e humilde de Shunji contrasta com a magnitude e a grandeza de suas obras erguidas na cidade de Pompéia, interior de São Paulo.

Disposto a encontrar uma saída para a difícil situação econômica que passava a sua família, ainda jovem, busca na escola profissionalizante, a Rikkokai, a possibilidade de um futuro melhor.

Foto 8.8 - Shunji Nishimura

Cortesia Jacto

Aos 22 anos e um diploma de técnico em mecânica, viajou para o Brasil, passou pelo Rio de Janeiro, Santos, São Paulo até chegar a Botucatu, onde trabalhou em uma lavoura de café. Ele teve, no começo, grandes dificuldades para se adaptar ao duro trabalho braçal, devido à sua baixa estatura e saúde frágil. No entanto, ao final de um ano conseguira dominar o serviço pesado.

Percebendo que neste emprego não conseguiria atingir seu objetivo decidiu voltar para o Rio de Janeiro, onde procurou emprego como mecânico. Entretanto, como na época não existiam muitas indústrias, Nishimura conseguiu apenas um emprego como garçom em uma residência. Após algum tempo prestando serviços a essa casa, resolveu investir em sua educação, estudando durante um ano no Colégio Adventista Brasileiro, em Santo Amaro.

Em nova busca por emprego, desta vez foi contratado como aprendiz de soldador e torneador em uma fábrica, sem experiência no ramo.

Após casamento com Chieko, para aumentar os seus rendimentos resolveu abrir uma oficina chamada "Seikosha" (Hoshina e Okamoto. Em Hashimoto, 2008) em sociedade com quatro amigos. Após o nascimento de sua filha, vendo a necessidade de aumentar os seus ganhos, depois de explicitar a situação aos seus sócios, partiu para o interior, mais precisamente para a cidade de Pompéia -SP.

Sem muitos recursos, Nishimura pendura na porta de sua casa uma tabuleta com os dizeres:

"Conserta-se tudo"

A partir de então, praticou pequenos trabalhos que garantiram a confiança da população pela qualidade dos trabalhos e produtos que oferecia. Economizou o necessário para a compra de uma solda elétrica. Entretanto, ao chegar a São Paulo, constatou que o dinheiro economizado era insuficiente. Sem saída, buscou a ajuda de seu amigo Takaoka, companheiro de viagem do Japão ao Brasil, que amealhou junto aos amigos a quantia necessária. Com a solda em sua oficina, Nishimura alcançou um novo patamar. Impulsionado pelas necessidades que surgiam em decorrência da guerra, conseguiu em um ano de trabalho quitar a sua dívida e ainda aumentar a sua oficina.

A crise decorrente da Segunda Guerra Mundial atingiu todo o país. A oficina de Nishimura não vivia momentos diferentes. Somente depois do final da guerra, quando a agricultura começou a ser novamente estimulada pelo governo, a oficina vislumbrou novas possibilidades.

Foto 8.9 – O Fundador e uma Turma de Formandos da Fundação Shunji Nishimura

Cortesia Jacto

Naquela época, o algodão dominava o oeste paulista. A grande crise da II Guerra Mundial quebrara a economia cafeeira, abrindo as portas para novas atividades rurais. Durante, pelo menos, duas décadas, a cotonicultura iria capitanear o crescimento do interior. As regiões da Sorocabana e da Paulista, assim conhecidas graças ao ramal da estrada de ferro, tiveram no ouro branco seu alicerce econômico. Embora curto, um apogeu.

> Extremamente suscetível às pragas e doenças, a cultura do algodão demanda forte dose de agrotóxicos em sua proteção. Muitos ainda se lembram que naqueles tempos os venenos agrícolas vinham em pó. Nesse ponto o obstinado Nishimura burilou sua criatividade com perícia mecânica. A primeira máquina polvilhadeira do Brasil surgiu utilizando um galão vazio de querosene, daqueles utilizados durante a Segunda Guerra Mundial. Árduos tempos. **(Graziano Neto: 2008)**[2]

Num período em que as plantações de algodão eram acometidas pelas pragas e doenças, conseguiu desenvolver uma polvilhadeira de fabricação própria. Em 1949, Nishimura vende sua primeira polvilhadeira, quadrada, costal, mais robusta que as importadas, mas ainda de qualidade inferior que o desejado pelo seu criador. Para contornar o problema, adota uma postura radical de total assistência. Todas as polvilhadeiras teriam garantia total, se quebrassem seriam reparadas gratuitamente. Tal política quase levou a oficina à falência, mas de outro lado, fez a marca de confiança em Nishimura e em seus produtos. Seguindo esta linha de trabalho, privilegiando a qualidade de seus produtos e a satisfação de seus clientes, a pequena oficina se transforma na majestosa empresa Máquinas Agrícolas Jacto.

> Começa assim a história da empresa que, além de liderar o setor nacional, mantém negócios de exportação em 106 países. Curiosa é a origem do seu nome. Acontece que, utilizadas na lavoura para combater pragas, as polvilhadeiras baforavam uma nuvem de pó, assemelhando-se assim ao rastro de fumaça dos modernos aviões que riscavam os céus. Por analogia, batizaram as máquinas agrícolas "à jacto". **(Graziano Neto: 2008)**

Após 23 anos retorna ao Japão, ao reencontro de seus familiares. Quando volta ao Brasil, encontra sua empresa afundada em dívidas por causa de uma grave crise provocada por chuvas torrenciais que haviam devastado a safra agrícola.

Novamente com o apoio de amigos pôde reerguer a sua empresa.

Com ajuda de seu genro que cuidava da parte administrativa, Nishimura começa a expandir seus negócios para além do estado paulista dedicando-se ao desenvolvimento de produtos.

Na busca de solução para o problema de corrosão de seus equipamentos metálicos pelos produtos químicos, fez viagens à Inglaterra, à Alemanha e ao

---

2 Francisco Graziano Neto - Deputado Federal por dois mandatos, Chefe de gabinete da Presidência da Republica, Secretário da Agricultura do Estado de São Paulo e Secretario do Meio Ambiente do Estado de São Paulo.

Japão, chegando na escolha final, ao equipamento alemão para fabricação da bomba pulverizadora em plástico, por sua qualidade superior.

Ao constatar que para importar equipamento alemão seria necessário o pagamento de uma nova taxa que inviabilizaria a importação, foi a Brasília ao encontro do Sr. Hugo de Almeida Leme, ministro da Agricultura e seu amigo. Não conseguindo encontrar o amigo procurou o deputado federal Aniz Badra, que agendou um encontro com o presidente Castelo Branco. Nesse encontro ficou surpreso com a possibilidade de um simples imigrante se encontrar com o presidente, quando em seu próprio país não conseguiria nem mesmo conversar com um ministro.

Julgando ser importante para o desenvolvimento da agricultura brasileira, o presidente isentou o imposto de importação deste equipamento.

Desse modo, em 1965, foi introduzido o plástico na agricultura brasileira.

> Com o progressivo êxito da nova geração de defensivos agrícolas diluídos em água, a Jacto lança, em 1966, seu famoso pulverizador costal. Máquina simples, manual, trazia a inovação e a leveza do plástico no tambor da calda de aplicação. Seu pioneirismo e utilidade a assemelham, no ramo dos automóveis, ao fusca. Quem não quis possuir um? **(Graziano Neto: 2008)**

Foto 8.10 – Evolução dos equipamentos manuais Jacto

Cortesia Jacto

Mantendo seu empenho na busca pela qualidade de seus produtos prosperou e contribuiu para o crescimento da agricultura brasileira.

Tendo nas lembranças a grande dificuldade na colheita manual do café, um dos fatores motivadores, para resolver o problema da colheita do café, em 1979 lançou a primeira colheitadeira de café do mundo após sete anos de intensas pesquisas envolvendo todo o staf de sua empresa no projeto K3.

> *... fazendo-o rememorar o tempo que sangravam suas mãos na colheita dos cafezais em Botucatu, logo quando, fugindo da crise japonesa, aportou ao país em 1932. Dureza do trabalho rural.*

Durante seis anos, uma equipe de 20 engenheiros aperfeiçoou o projeto básico, baseado nas pequenas máquinas norte-americanas capazes de colher blueberry. Seu princípio reside na vibração. Hastes flexíveis, grandes o suficiente para penetrar na planta do cafeeiro, vibram fortemente, causando a derriça dos frutos. Estes, ao invés de caírem ao chão, como na colheita manual, são recolhidos e ensacados imediatamente. Rapidez e qualidade se combinam.

A colheitadeira de café, única no mercado mundial, causou compreensível espanto inicial. Sua inusitada operação irritava os incautos. A maioria dizia que as plantas de café sucumbiriam em poucas safras. Ou que o custo não compensaria nunca o investimento. Progressivamente, porém, as novas lavouras foram se instalando nas áreas planas do cerrado mineiro, propícias à mecanização, incorporando seu uso. Um sucesso, típico da economia de escala no campo. Já passam de mil máquinas em trabalho na moderna cafeicultura.

Vários outros produtos pioneiros da Jacto chegaram ao mercado. Foi também a empresa de Pompéia que primeiro lançou o conceito do pulverizador agrícola automotriz, uma mistura de trator com máquina agroquímica. Tradicionalmente, a aplicação de agrotóxicos nas lavouras advém de pulverizadores acoplados, ou melhor, puxados por tratores. Quer dizer, os implementos não se deslocam por conta própria.

Grandes áreas cultivadas, todavia, favoreceram especializar complexas máquinas pulverizadoras, autopropelidas. Olhadas de longe, elas se parecem com enormes gafanhotos, pernas altas, pneus grandes e finos, que andam na roça por cima das plantas, garantindo a fartura, cuja falta angustia o mundo globalizado. Sem a engenharia mecânica, aí sim, grassaria a fome no mundo. **(Graziano Neto: 2008)**

Este foi um grande feito e no seu lançamento contou com a presença do vice-presidente Aureliano Chaves e do ministro do Trabalho Murilo Macedo. Foi também motivo de condecoração por parte do governo brasileiro e do governo japonês pela sua contribuição para o desenvolvimento do Japão no exterior.

O desenvolvimento desta máquina coincide com a mudança do cultivo do café para o cerrado como consequência das geadas que acabaram com a cultura do café nos Estados do Paraná e São Paulo. O café do cerrado plantado em solo mais plano permite o uso da colheitadeira que alavanca a produção brasileira.

Em 2008, ano do Centenário da Imigração Japonesa no Brasil, Nishimura faz mais um grande feito. Desta vez com o lançamento da colheitadeira de laranja.

Foto 8.11 - Colheitadeira de Café (Projeto K3)

Cortesia Jacto

Chegou a K-5000, a máquina de colher laranja. Exposta na vitrine do Agrishow, lá estava ela, imponente, espantando os incrédulos. O surpreendente invento nasce com a marca do sucesso. Seu parente próximo, a colheitadeira de café, funciona há 30 anos. Maravilhas da engenharia agrícola.

Em Ribeirão Preto, no recinto da espetacular feira de tecnologia agrícola, agricultores, técnicos e curiosos se aglomeram para olhar a máquina destinada à colheita dos laranjais. Para quem visualiza um pé de laranja, alto, carregado com frutas amarelas, parece incrível que aquele trambolho vá funcionar. Mas quem conhece a história da Jacto e de sua colheitadeira de café, entre outras geringonças, sabe que o rumo vitorioso está traçado. **(Graziano Neto:2008)**

A Jacto, hoje representada pelas seguintes empresas: Jacto, Unipac, Multi Jacto, Mizumo, Poly Composite, Jacto Cleaning e Fundação Shunji Nishimura, continua contribuindo para o desenvolvimento do Brasil e porque não dizer da humanidade.

Agradecido pelas oportunidades proporcionadas pelo país, Nishimura buscou uma forma de retribuir tudo o que havia recebido, idealizando um espaço onde pudesse passar a sua experiência a outras pessoas, unindo teoria e prática em um único espaço, uma escola.

Através da Fundação Shunji Nishimura, o Colégio Técnico Agrícola de Pompéia, fundado em 26 de abril de 1982, firmou-se com grande sucesso. Após os três primeiros anos em regime de internato muito rígido, o aluno estagia

Foto 8.12 - Secretário do Meio Ambiente do Estado de São Paulo recebe Shunji Nishimura

Cortesia Secretaria Meio Ambiente

um ano inteiro em uma das várias fazendas/empresas espalhadas pelo país, nos Estados Unidos ou no Japão.

A Fundação Shunji Nishimura além de manter esta escola, que até 2006 formou mais de 700 alunos, instituiu o Colégio Shunji Nishimura, direcionado inicialmente para o ensino fundamental, localizado também na cidade de Pompéia, dentro de diretrizes pedagógicas inovadoras no intuito de criar o bem-estar dos alunos e melhorar a qualidade das aulas, hoje funciona também os cursos técnicos em Mecânia e Eletro-eletrônica. Fundou também, em 2005, a Escola Profissionalizante Chieco Nishimura, que atuando em convênio com o SENAI, oferece cursos de formação:

- Aprendiz de mecânico de usinagem dentro do Programa do Menor Aprendiz, ministrado em 2 anos (carga horária de 1.600 horas);
- De Montador Especializado para Deficiente Intelectual dentro do Programa de Inclusão Social, ministrado em um ano (carga de 400 horas);
- Cursos de formação continuada com carga horária de 30 a 200 horas (Hidráulica básica, Pneumática, GD&T - Tolerância e forma e posição, Pro-Engeneer - CDA, AutoCAD, Mecânico de usinagem convencional, Ferramenteiro para moldes de injeção e solda.

O povo japonês é amigo da produtividade do solo.

Sua cultura, florescida na escassez da terra, se esconde por detrás do crescimento do cogumelo, da avicultura, das flores e frutas, da abertura do cerrado, da maquinaria agrícola.

Sempre em cooperação, os japoneses emprestaram seu capricho, único, ao progresso do campo.

A história familiar do Shiro Nishimura comprova. Sem a Jacto a agricultura voava devagar. **(Graziano Neto:2008)**

8.5.2 - Horita

A Família Horita é um exemplo que pode ilustrar muito bem a atuação dos descendentes de japoneses que atuam na formação do Brasil através da agricultura. Vieram para trabalhar na agricultura, lutaram e venceram. A origem do nome Horita em Japonês, significa "cultivar o campo". (Horita: 2007)

A Horita - Empreendimentos Agrícolas Ltda. -- iniciou suas atividades no Brasil com a imigração da família em 1937. Os imigrantes instalaram-se inicialmente numa fazenda de algodão, passando depois para o café no interior do Estado de São Paulo. Em meados da década de 1940, a família trocou as fazendas de café pelo cultivo de hortaliças numa pequena área rural, porém própria, nos arredores da cidade de Olímpia (SP). Com a renda desse novo empreendimento, em 1950 foram adquiridos 72 hectares de terras virgens no norte do Estado do Paraná, no município de Floresta. Iniciava-se então o cultivo de café em terras próprias. Mais tarde, com aquisição de tratores, plantou soja, milho e trigo. Foi da terra que tirou tudo o que forma o patrimônio da família. Satoshi acreditava que poderia dar aos filhos um futuro mais confortável, com uma formação que lhes garantisse alternativas à vida na lavoura. Assim, todos os seus cinco filhos são graduados, mas, nenhum deles é agrônomo, veterinário, ou outra coisa ligada à agropecuária. Apesar disso, todos se voltaram para o campo, assim como as muitas e muitas gerações que antecederam.

O Grupo Horita chegou a cultivar mais de 500 hectares no Estado do Paraná, antes de decidir investir no cerrado do oeste do Estado da Bahia, em 1984. Naquele ano foi adquirida uma área virgem de 1.210 hectares, onde foram cultivados inicialmente 135 hectares de soja e 35 hectares de arroz.

Definitivamente, não combinava em nada com a imagem de paraíso tropical, de belas praias. O cerrado parecia inóspito, com sua vegetação rude e jeito de caatinga.

Arvores retorcidas, plantas raquíticas, longe de tudo e da humanidade...

O inicio foi realmente bastante árduo. Tudo era distante.

Foto2 8.14 e 8.15 - Primeiras Atividades da Família Horita no Cerrado

Cortesia Horita

Foto 8.16 - Família Horita

Cortesia Horita

Para Satoshi Horita, com seu espírito desbravador, aquela paisagem revelava um horizonte de prosperidade e progresso. Ele calculava em mente quantos sacos de soja poderia produzir com este novo investimento. Era a soja que abria o cerrado. Depois dela é que vinham o milho e o feijão. Já o algodão, veio bem depois.

Para a sua esposa, que equilibrava certo conservadorismo com uma alma vanguardista, o cerrado arenoso era uma interrogação. Não que não acreditasse no sucesso. Mas, quando se traz na memória as lembranças de tempos difíceis, de enxada e machado, de relatos paternos sobre uma sofrida viagem de 45 dias a bordo de um navio do Japão para o Brasil, pensar em mudança, depois de ter conquistado a estabilidade e um patrimônio confortável no Paraná, causava arrepios em Ayaco Shato Horita.

Foto 8.17 e 8.18 - Vista aérea de uma das fazendas do Grupo Horita e Vista Panorâmica do conjunto de silos

Cortesia Horita

Na época, a produtividade era muito baixa, em decorrência da falta de variedades adaptadas e de tecnologias desenvolvidas para as terras pobres do cerrado da Bahia. Porém, vislumbrando o potencial da região, a família continuou investindo na aquisição de terras e no aumento da área cultivada.

Os negócios prosperaram. Em 1998 foram vendidas as propriedades no Paraná e todos os membros da família passaram a residir na cidade de Barreiras (BA). Em 1999 a matriz produtiva do grupo, composta por soja, milho, arroz e feijão, ficou ainda mais diversificada, com o início do cultivo do algodão.

O Horita - Empreendimentos Agrícolas Ltda. -- desenvolve a atividade agrícola, operando comercialmente como pessoa física, na forma de condomínio, com a participação equitativa de cada sócio, Ricardo Lhossuke Horita, Wilson Hideki Horita e Walter Yukio Horita.

Foto 8.19 e 8.20 - Colheita de Algodão e Pluma de Algodão

Cortesia Horita

Atualmente, o grupo é proprietário de uma área total de 36.015,13 hectares onde cultiva 29.508 hectares de lavouras, sendo 11.671 hectares de soja, 15.780 hectares de algodão e 2.057 hectares de milho.

O algodão é o principal negócio do grupo, representando mais de 78% do faturamento. As fazendas estão estruturadas para armazenar toda a produção de grãos e, também, para o beneficiamento de todo o algodão produzido.

A estrutura de armazenagem atende a 100% da produção própria, composta de silos e armazéns: Fazenda Querubim: armazéns a granel com capacidade de 15.000 toneladas (250.000 sacas); Fazenda Acalanto: 04 silos com capacidade de 14.400 toneladas (240.000 sacas de soja grão), Fazenda Ventura: 02 silos com capacidade de 8.400 (140.000 sacas) e Fazenda Sagarana: 02 silos com capacidade de 8.220 toneladas (137.000 sacas).

As condições edafoclimáticas na região oeste da Bahia são privilegiadas e favorecem o desenvolvimento da agricultura, com destaque para a produção de grãos e algodão. São terras bastante valorizadas, permitindo maior produtividade.

O Grupo Horita desenvolve o agronegócio com visão de sustentabilidade, tendo por base três princípios sólidos:

- ***Econômico:*** rentabilidade estável no tempo.
- ***Ambiental:*** manutenção das características fundamentais do ecossistema sob uso quanto aos seus componentes e interações.
- ***Social:*** o manejo e a organização do sistema produtivo devem ser compatíveis com os valores culturais e éticos do grupo envolvido e da sociedade.

Foto 8.21 e 8.22 - Lavoura de Algodão e Central de Processamento de Algodão

Cortesia Horita

Gráfico 8.4 - Evolução da Área Plantada

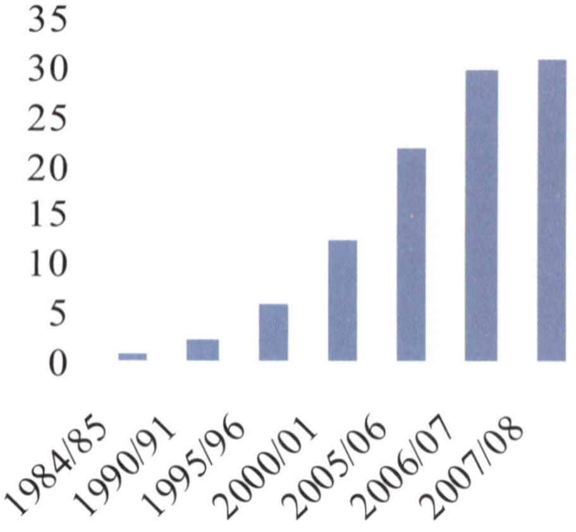

Fonte: *Horita*

Como resultados deste trabalho são alcançados os seguintes níveis de produtividade: soja 3.600 kg/ha, milho com 10.200 kg/ha e o algodão com 4.650 kg/ha de algodão em caroço ou 1.815 kg/ha de pluma.

Ainda quanto ao ponto de vista ambiental, é observada a prática do plantio direto com rotação de culturas, a tríplice lavagem e devolução das embalagens de agrotóxicos e a preservação das áreas de Reservas Permanente e Legal.

Possui um corpo funcional experiente e capacitado.

Para a tomada de decisão das áreas e culturas a serem exploradas, são feitas reuniões conjuntas entre os sócios e o corpo técnico, sendo definido todo o pacote tecnológico (adubação, herbicidas, inseticidas e herbicidas), gerando toda a demanda de compra necessária para a safra.

A compra dos insumos e a comercialização dos produtos são centralizadas no escritório, na cidade de Barreiras. O suprimento dos insumos é realizado através da negociação direta com os principais fornecedores de agroquímicos e fertilizantes. A comercialização da produção é realizada junto às principais tradings para o mercado externo e comerciantes e indústrias do país, com a prática de contratos de venda futura. Os grãos são destinados ao mercado interno. No caso do algodão, 50% da produção são exportadas.

8.5.3 - Grupo Escoteiro Caramuru

Várias das pessoas que participaram do projeto deste livro, têm em comum pertencer a uma entidade que também, como o Prodecer, integrou culturas diferentes: o Grupo Escoteiro Caramuru, fundado em 1953 com o intuito de criar ambiente propício para a integração dos jovens nisseis na comunidade brasileira. Liderado pelo Dr. Shizuo Hossoe, médico e humanista que muito ajudou a comunidade nipobrasileira, inclusive fundando entidades assistenciais como o Centro de Assistência Medica Doojinkai, o Hospital Santa Cruz, o Sanatório São Francisco Xavier, a Associação de Assistência ao Imigrante Japonês, hoje Beneficência Nipo-Brasileira Enkyo. Este humanista, após ouvir a palestra do Visconde Mitiharu Mishima, líder do movimento escoteiro no Japão, disse: "esse é o movimento ideal para obter a integração social, econômica e cultural dos nisseis na sociedade brasileira".

Capítulo 9

Raízes do futuro

Celso Norimitsu Mizumoto
Júlio César Augusto Sesma da Cruz
Yoshisuke Ogura

> "... estou muito feliz, porque vejo agora a questão da bioenergia , da agroenergia. Empresas japonesas se associam a empresas brasileiras debaixo do "guarda-chuva" que foi criado em 1978 com o PRODECER".
> "... é a mesma coisa, produzir alimentos e produzir energia..."
> "Hoje o Brasil é eficiente, é competitivo... temos muito a agradecer a esse relacionamento Brasil-Japão".
>
> (Paulinelli, 2007)

Analisando o futuro de projetos de cooperação Brasil-Japão, o ministro da Economia da Embaixada do Japão no Brasil, Sr. Shigeru Otake (embaixador em exercício), salienta que a perspectiva de intercâmbio tecnológico tende a continuar. A tecnologia digital do Japão sendo enviada ao Brasil em troca da tecnologia do biocombustível.

Ressalta que se trata de disponibilizar a tecnologia digital para que técnicos brasileiros a incrementem. Da mesma forma, permitir que a tecnologia da energia renovável desenvolvida pela agricultura brasileira seja melhorada, agregando os conhecimentos disponíveis no Japão. Este é o conceito da parceria vislumbrado. Não se trata simplesmente de uma cessão de tecnologia.

De outro lado salienta que a tecnologia não é somente a TV digital e sim todo um complexo de comunicação com base na energia, permitindo um sistema de comunicação digital interativo, a baixo custo e alta eficácia. A interação é total, com máquinas e equipamentos supervisionando e a pessoa humana interagindo nos processos operacionais: industriais, comerciais, serviços e até nas atividades residenciais.

Este tipo de cooperação juntando os conhecimentos de dois povos resultará certamente em aumentos incrementais no desenvolvimento tecnológico.

Por ocasião da visita do presidente Luis Inácio Lula da Silva ao Japão, foi assinado com o primeiro ministro Koizumi um comunicado conjunto com sessenta projetos factíveis de serem realizados ao longo do tempo, possibilitando utilizar as idéias, os conhecimentos e a criatividade dos brasileiros no desenvolvimento de tecnologias para a solução de problemas globais, numa grande parceria entre Brasil e Japão.Um comprometimento de governo a governo. Envolvem desde projetos simples até os de ampla envergadura, buscando inclusive solucionar problemas do meio ambiente. A idéia surgiu na reunião de 1992, na Cúpula de Kyoto - transcrita no Protocolo - . Dentre os diversos projetos desperta particular interesse o projeto do etanol em termos do MDL (Mecanismo de Desenvolvimento Limpo), onde o sequestro do carbono gera créditos que podem ser compensados pelo Japão para cumprir as metas do Protocolo de Kyoto. A experiência de intercâmbio acumulada ao longo do tempo, tendo o PRODECER como ápice, possibilita novas e arrojadas parcerias, como fruto deste longo relacionamento tecnológico e da aplicação de recursos a fundo perdido do governo japonês. Permitirá um amplo projeto de saneamento do meio ambiente no Século XXI.(Yamanaka:2007 Entrevista)

O Japão tem hoje uma população de 128 milhões, com uma renda per capita de US$ 35.787/ano (2005). Sem dúvida, um gigante consumidor de produtos de origem agrícola. Dentre os países desenvolvidos é o que tem menor índice de autossuficiência de produção alimentar - somente 40%. Importou em 2005 cerca de US$ 52 bilhões em alimentos. É um imenso mercado para o Brasil.(Rodrigues:2008 Entrevista)

Atualmente, o Brasil finaliza as negociações de um grande financiamento concessional com a JBIC, para pesquisa e ampliação da produção de energia limpa a partir de fontes renováveis de base agrícola. O Japão, que depende da importação de energia, tem grande interesse na bioenergia, como etanol e biodiesel, em que o Brasil é muito competitivo. Será um parceiro estratégico e comercial muito relevante. No Brasil, o que falta é base política e educação. Tem tudo para ser o melhor país do mundo.(Delfim:2008)

9.1 - O Cenário Mundial: Alimento e Energia

Com um povo ou outro, a fome é o maior problema do homem e sempre acompanhou a história da humanidade.

Nas primeiras horas é um suave vazio no estômago... , ... nos primeiros dias come as forças, os movimentos ficam lentos e a água é fundamental para a manutenção da vida

> ... , ... nas primeiras semanas é um desespero que transforma o corpo no reino da doença e da dor. Não há mais energia nem para as funções básicas das células. Vem a visão dupla. O vômito e bílis esverdeada. Não se ouve direito. As pernas não se movem. Os braços idem. Os músculos, fracos, causam lesões no sistema nervoso. É a morte chegando. (Veja. Ed 2062, 28/05/08 p.75)

"*A fome é um incêndio frio...*

... é como uma corrente de anzóis que nos crava por dentro"(Neruda em Veja Ed. 2062, 28/05/2008 p75)

Não há receita pronta para superar a crise de alimentos. Há a necessidade do aumento da produção. Investir mais em tecnologia para aumentar a produtividade agrícola. No México, desenvolveu-se um milho capaz de resistir à seca da África e um trigo que sobrevive às pragas do sul da Ásia, mas nunca houve recursos para que estas variedades chegassem às mãos dos pobres.

Cientistas descobriram quatorze traços genéticos que podem salvar o arroz da praga do gafanhoto na Ásia, mas não teve investimento para executar o trabalho. É uma negligência inadmissível. O intercâmbio existe há séculos: se os europeus trouxeram os cavalos e o trigo para as Américas e levaram daqui a batata doce e o tomate, porque hoje não se consegue levar uma tecnologia do México para o Togo? Não existe interêsse econômico? O mundo hoje vive somente de interêsses econômicos?

A fome foi usada como arma de guerra. Na Segunda Guerra, cada judeu recebia somente 200 calorias diárias de ração enquanto o recomendado é na faixa de 2.500. A fome matou milhares de soviéticos no cerco nazista a Leningrado, que ficou meses sem comida.

> Contando a historia da fome, conta-se a historia da humanidade.
>
> A fome está na guerra.
>
> A fome está na política, na forma da greve de fome.
>
> A fome está na religião, na forma do jejum.
>
> A fome está no centro da tragédia humana, mas sempre fomos salvos pelo engenho cientifico do próprio homem, a ciência que fertilizou a terra, controlou pestes e reinventou sementes. A ciência terá mais uma vez de nos salvar.(Veja. Ed.2062, 28/05/2008 p75)

Na década de 1960, quando a população crescia mais que a produção de alimentos, uma crise se avizinhava, mas foi espantada pela "revolução verde" que quadruplicou a produção. Índia e Paquistão adotaram novas sementes, irrigação e fertilizantes com base na idéia capitaneada pelo agrônomo americano Norman Borlaug.

Josette Sheeran, que coordena o Programa Mundial de Alimentação da ONU, diz que a crise atual é um "tsunami silencioso". A produção mundial de alimentos é suficiente para alimentar todos, mas a logística de distribuição não permite que todos sejam alimentados.

Os biocombustíveis, produzidos e manipulados de forma inadequada, são um dos fatores que prejudicam o equilíbrio mundial de alimentos retirando-os da boca do povo mais pobre para abastecer os automotivos, mantendo o conforto dos mais ricos.

É necessário buscar mais opções de biocombustíveis como o etanol brasileiro.E desenvolvido em um sistema de produção agrícola integrado. No mesmo espaço em que se produz a cana, na rotação de cultura, se plantam outros tipos de cereais que resultam no aumento da produção. Esta policultura contribui na diminuição dos danos ambientais.

"O Brasil é o maior e mais eficiente produtor de biocombustíveis do mundo, com base na cana-de-açúcar de baixo custo. Mas são poucos os outros países em desenvolvimento que podem ser produtores eficientes com tecnologias atuais". (Banco Mundial)

As reservas mundiais de combustíveis fósseis estão se exaurindo, apesar de nos novos campos petrolíferos estarem sendo descobertas em alta profundidade (pré-sal no Brasil), mas com tecnologia insuficiente para sua extração e economicamente inviável ao preço de abril 2009 , de menos de US$ 50 o barril. A solução sensata economicamente e menos danosa ao meio ambiente parece ser o desenvolvimento de combustíveis recicláveis.

Por ganância, egoísmo ou insensibilidade humana, os países ricos insistem em obstáculos ao crescimento da produção nos países pobres ou em desenvolvimento, colocando barreiras de importação. O álcool brasileiro é taxado em 14 centavos de dólar por litro ao entrar nos Estados Unidos e em 29 centavos de dólar ao entrar na Europa. Os países ricos não abrem mão de suas riquezas e não permitem que os demais países tenham um padrão de vida mais igualitário.

A ONU prevê que entre 2000 e 2030 a população mundial crescerá 30% passando de 6,1 bilhões de habitantes para 8,2 bilhões. Deste crescimento demográfico, 85% será na África e na Ásia, portanto países mais pobres.

A expectativa de crescimento econômico é de 4,5% nestes países contra 2,6% nos países ricos. Isto faz com que haja uma mudança no fluxo do comércio mundial.

Gráfico 9.1 - Crescimento da População em Países Selecionados

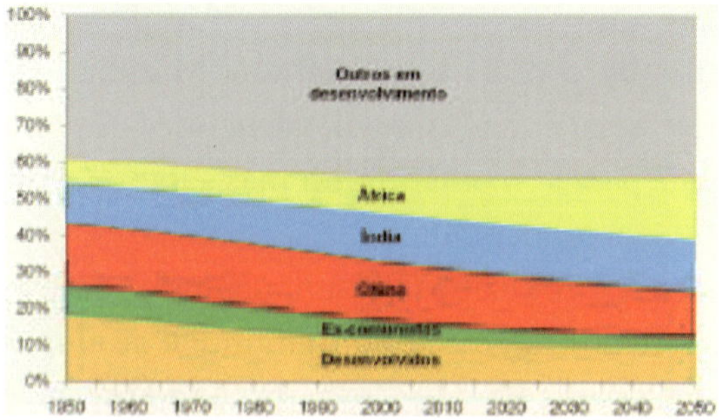

Fonte: *ONU, 2006. Elaboração: ICONE. Em (Jank:2008)*
Nota: *Ex-comunistas correspondem ao Leste Europeu e países da CEI.*

Agentes mundiais que operam com combustíveis renováveis prevêem crescimento de 55% nos próximos 30 anos contra a perspectiva de redução de produção de petróleo.

Dados publicados pela revista Dinheiro mostram outro enfoque da demanda de alimentos nas próximas décadas.

Tabela 9.1 - Produção atual e demanda prevista para 2025 (em milhões de toneladas)

Produto	Produção Atual	Demanda 2025	Crescimento %
Cereais	2219,4	3140,4	41,5
Oleaginosas	595,01	750,97	26,2
Carnes	264,7	376,49	42,2
Café	7,72	9,4	21,8

Fonte: *Dinheiro 551 de 23/04/08*

A idéia de um mundo famélico à beira do colapso, assombra a humanidade desde que o economista e demógrafo Thomas Malthus (1766 - 1834) previu, no século XVIII, que no futuro não haveria alimento em quantidade suficiente para todos. Sua teoria não se confirmou, mas volta e meia assusta.

Os principais organismos internacionais - ONU, Banco Mundial, BID e FMI chamaram atenção para a gravidade dos problemas decorrentes da alta dos alimentos. Em 2007 os preços subiram 57% em média, o trigo aumentou 130%. Para as pessoas que vivem no limiar da miséria, significa "fome".

O Banco Mundial previu que 100 milhões de pessoas podem submergir na linha que separa a pobreza da miséria absoluta devido ao encarecimento dos alimentos. Jean Ziegler, representante da ONU para o direito à alimentação,

Gráfico 9.2 - População Mundial em faixas etárias

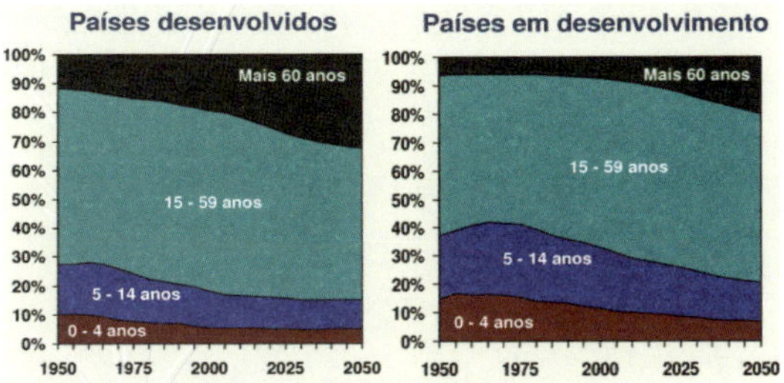

Fonte: *ONU, 2006. Elaboração: ICONE. Em (Jank:2008)*
Nota: *Divisão dos países segue a classificação da ONU.*

culpa os biocombustiveis pela fome no mundo e chega a afirmar que é um "crime contra a humanidade".

O ponto central é que o preço dos alimentos alcançou o pico mais alto dos últimos 30 anos. Eles podem recuar um pouco mas nunca teremos preços iguais aos da década de 1970. O mundo está migrando para uma nova realidade de custo de alimento. O problema se tornou crítico porque vários fatores adversos ocorreram simultaneamente (síndrome da "vaca louca", influenza aviaria, secas atingindo varios países europeus, etc) e afetaram a produção. Os estoques estão no nível mais baixo das últimas três décadas. "O mundo está comendo mais"!

Gráfico 9.3 - Taxa de crescimento da Renda Per Capta (média anual)

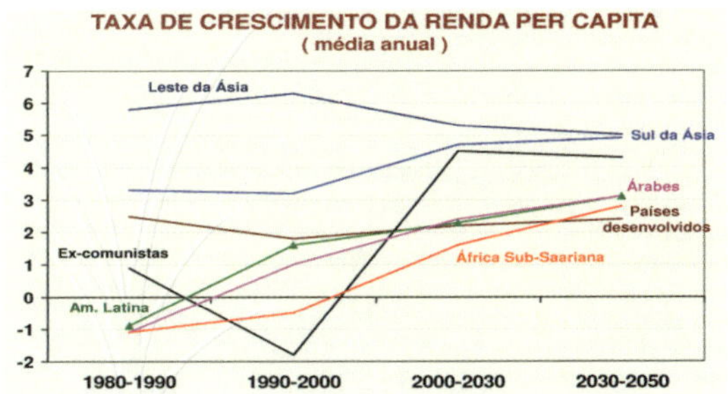

Fonte: *World Bank (2005-2007); FAO(2006). Em (Jank: 2008)*
Nota: *América Latina inclui Caribe. Árabes compreendem Norte da África e Oriente Médio. Ex-comunistas correspondem ao Leste Europeu e países da CEI.*

O aumento da demanda se deu principalmente na China, na Índia e no Brasil, as economias emergentes que lideram o movimento de alta no padrão de consumo de suas populações. Juntos, os três países têm mais de um terço de habitantes do planeta. Uma mudança no padrão de consumo é suficiente para uma alteração significativa na economia global. A economia mundial cresceu 20% nos últimos quatro anos; em 2008 a China aumentou seu PIB em 11,4%; a Índia cresceu 9,6%, aumentando o consumo de alimentos nestes países. Além deste fator, esta população está se tornando urbana, deixando de produzir o seu próprio alimento, passando a comprar no supermercado, tornando necessário o aumento da produção.

Como alimentar toda essa gente? Como educá-los? Como garantir boa saúde? Como assegurar uma velhice tranqüila?

É claro que as previsões são feitas em cima de hipóteses heróicas. No caso da África, por exemplo, a ONU considera que a Aids, que hoje mata três milhões de pessoas por ano no continente, estará dominada até 2005. Da mesma forma, aquele organismo não considera os alertas da Organização Mundial da Saúde segundo os quais o mundo é afetado periodicamente por pandemias (em especial de gripe) que ceifam milhões de vidas. No momento, a OMS se preocupa com a possibilidade de uma influenza de origem aviária se transformar na primeira pandemia do século 21 (OMS, "Avian influenza and human health", 2004).

Mas será que temos de contar com as doenças, com as guerras e com a criminalidade para chegar a uma população mais equilibrada? Se assim for, é muito triste. (Moraes :2004)

Gráfico 9.4 - Evolução da População Rural e Urbana no Mundo

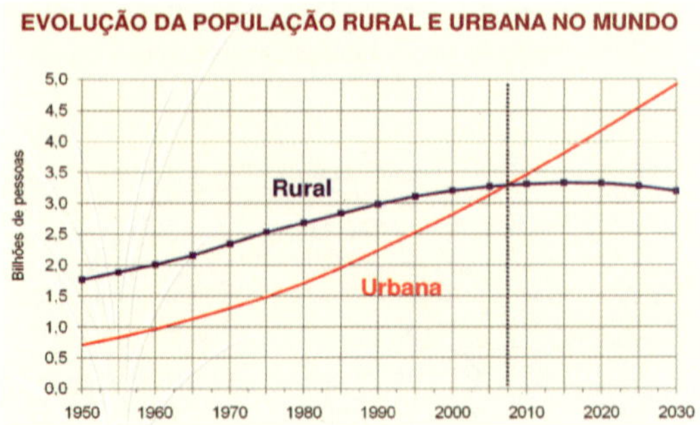

Fonte: *FAO*

Significa que a agricultura precisa crescer muito para dar respaldo a esta demanda por alimentos. Temos dois desafios no Século XXI: aumentar em 45% a produção de alimentos em 30 anos e atender ao aumento de 55% no consumo de combustíveis líquidos.

A economia mundial cresceu 20% nos últimos 4 anos. O preço do barril de petróleo aumentou 110% no início de 2007, onerando o custo dos transportes e insumos como os fertilizantes e produtos químicos utilizados na lavoura.

Gráfico 9.5 - Evolução do Consumo de Alimentos per capta (Kcal/pessoa/d)

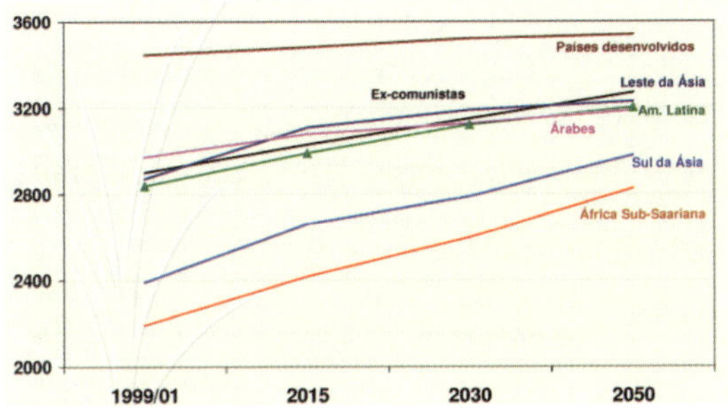

Fonte: *FAO(2006). Em (Jank: 2008)*
Nota: *América Latina inclui Caribe. Árabes compreendem Norte da África e Oriente Médio. Ex-comunistas correspondem ao Leste Europeu e países da CEI.*

O clima que provocou quebra de safra nos principais países produtores também contribuiu para a redução da oferta, principalmente na China, Austrália e Europa.

A grande crise econômica de fins de 2008 provocou uma série de mudanças no cenário mundial, com significativas alterações nos preços e custos, mas ainda não fica definida uma nova posição que permita avaliar o nível em que os fatores de produção e consumo se estabilizarão.

O crescimento da renda dos trabalhadores destes países fêz com que mudassem seus hábitos de consumo e, por consequência, sua dieta. Trocaram carboidratos por mais proteínas de origem animal no cardápio. Cabe neste ponto ressaltar que para produzir um quilocaloria de carne são necessários de oito a

Gráfico 9.6 - Aumento de preços (março/2007 a março/2008)

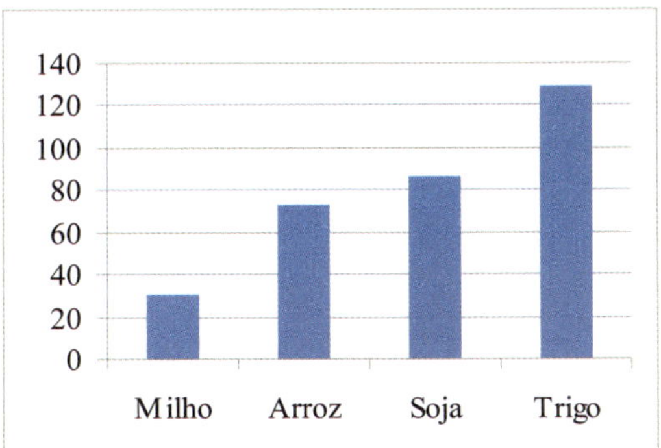

Fonte: *Bloomberg e FAO/Jackson Son &Co*

10 quilocalorias de vegetais, pois é esta a quantidade que o gado precisa comer para engordar.

Muitos produtores americanos migraram a sua produção da soja e trigo para o milho em decorrência dos incentivos governamentais para a produção do etanol, contribuindo para o aumento dos preços dos grãos.

Gráfico 9.7 – Mudança nos Padrões de Consumo

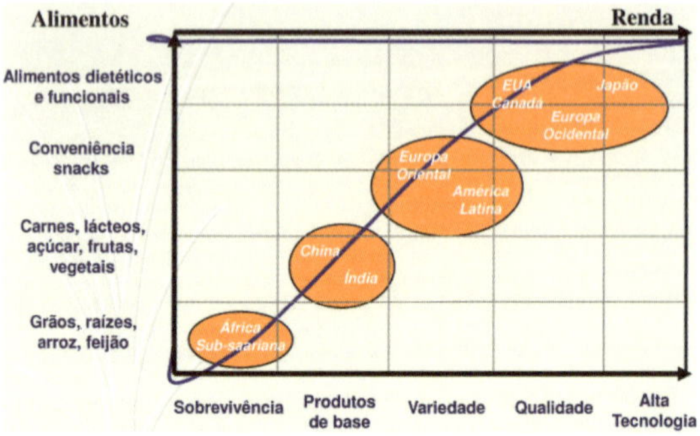

Fonte e elaboração: *Rabobank Asia, 2005. Reelaboração: ICONE. Em (Jank:2008)*

Os países em desenvolvimento têm maior gasto com alimentação do que os desenvolvidos. Com o crescimento, o consumo de alimentos passa a ser mais intenso, e nesta situação, a posição do Brasil com o seu grande potencial de aumentar a produção agrícola, pode se tornar um dos protagonistas principais na batalha contra a fome.

Gráfico 9.8 – Média do Índice de aumento de preços de seis grupos de alimentos (2000 = 100)

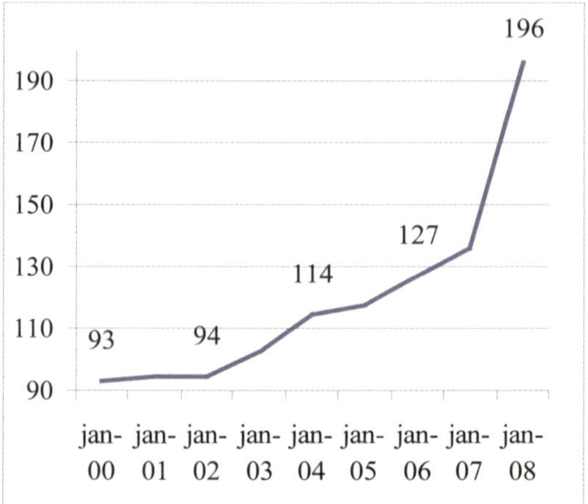

Fonte: *FAO*

A China, embora tenha um dos maiores territórios do mundo, possui apenas 2,7% das terras ainda disponíveis para ampliar sua agricultura. As pastagens não são conversíveis para produção agrícola, sobretudo porque estão em regiões geladas, ao Norte e Noroeste. O governo chinês estima que existam, nessas regiões, cerca de 260 milhões de hectares sofrendo problemas de desertificação, a maioria pastagens decadentes. Além disso, restritos também se encontram os recursos hídricos. A produção irrigada cobre 55 milhões de hectares no país, com elevado consumo de água. A crescente urbanização provoca forte competição pelo uso da água disponível, o que, obviamente, limita a capacidade de produção rural. Por isso, segurança alimentar virou uma obsessão na política econômica chinesa.

Gráfico 9.9 – Consumo de alimentos no mundo (Kg/pessoa/ano)

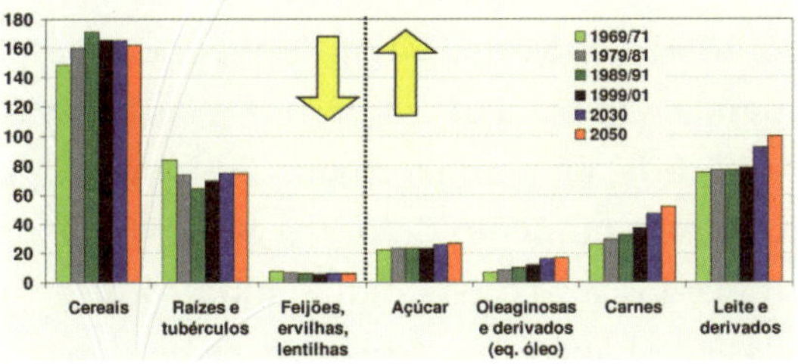

Fonte: *FAO, 2006. Nota: não inclui cereais utilizados para a alimentação animal*

Observa-se no quadro acima que as duas maiores fontes de energia em 2100 serão a utilização da energia solar e da biomassa moderna (cana-de-açúcar, milho, beterraba, etc).

As demais fontes de combustíveis fósseis (petróleo, carvão e gás natural) serão pouco representativas na matriz energética mundial.

Gráfico 9.10 – Século XXI: O início de uma Nova Era

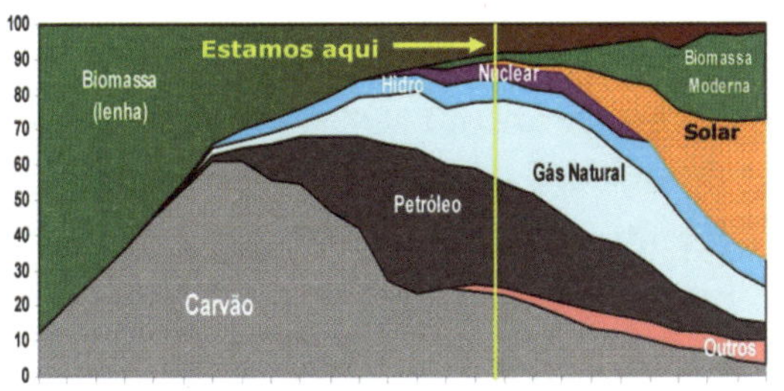

Fonte: *Nakicenovic, Grübler e MaConald, 1998.*
Em Pinto, L. C. G. Agroenergia.

9.2 - A Resposta à Crescente Demanda de Alimentos e Energia Renovável

Embora existam muitos pontos criticos que empurram os preços dos alimentos para cima, outros fatores reduzem esta pressão de consumo.

Alguns países produzem alimentos para abastecer toda a sua demanda e ainda exportar os excedentes. O desenvolvimento de novas tecnologias aumenta a produtividade das lavouras, reduz perdas na colheita e o processamento industrial dos alimentos é mais otimizado. A consciência do desperdício é cada vez mais preponderante no consumidor final ajudando a diminuir a perda de alimentos.

A perspectiva dos países ricos de eliminarem as suas barreiras e subsídios para a entrada de produtos, gera a expectativa de queda dos preços dos alimentos e aumento da demanda (nestes países), o que benificiaria esta população mais rica. Em contrapartida, aumenta a receita dos países mais pobres – pelo aumento da produção, pelo aumento do preço de venda devido a uma maior demanda e pela retirada dos subsídios - reduzindo a fome dessa população.

Em termos de desenvolvimento e pesquisas de genomas, existem centros de excelência de nível mundial desenvolvendo produtos de alto padrão tecnológico, decodificando alguns genomas mas ainda sem resultados práticos comerciais de "indivíduos" geneticamente modificados.

O Brasil tem hoje o maior percentual de reservas naturais. A questão do meio ambiente é importante e deve ser considerado como meta prioritária mundial. O que não podemos fechar os olhos é para a questão do abastecimento da população mundial e isto implica diretamente no aumento da área de produção agrícola, horizontal e vertical.

É fundamental ressaltar que o problema é o desequilíbrio entre os seres vivos na face da terra. Os vegetais predominantemente fazem o processo de redução (sintetizando a matéria orgânica com absorção do gás carbônico e água) e os animais o processo de oxidação (queimando a matéria orgânica produzida pelos vegetais). O aumento da população humana requer maior quantidade de alimentos tanto animal como vegetal, provocando o desequilíbrio, pois rompe com o ciclo natural acima mencionado. Isto gera um dano ambiental. Para alimentar o excesso da população humana e animal se faz a agricultura intensiva, que tira a estabilidade das matas e florestas naturais. A agricultura orgânica reduz o dano causado, mas ainda está longe de ser uma atividade produtiva equilibrada. A substituição dos produtos químicos por orgânicos não é suficiente para a estabilidade. A técnica do plantio direto, desenvolvida na década de 1970 no Paraná, é uma outra forma de manter o equilíbrio da microflora e fauna do solo, pelo fato de não arar após a colheita. O plantio se faz na palha remanescente da cultura anterior, que ajuda também como isolamento na incidência direta dos raios solares, protegendo os micro-organismos. Hoje, países europeus exigem a "agricultura natural" onde a atividade agrícola passa a ser efetuada em ambiente mais similar à natureza.

> *"Aos defensores da fraternidade universal que afirmam sermos todos igualmente responsáveis pelo destino do planeta, pergunto: por que esta solidariedade toda só aparece na hora de socializar as perdas, e não os ganhos? Por que parece natural e aceitável dizer que nós, brasileiros, devemos preservar nossas florestas e rios para o bem dos europeus, mas parece ficção científica sugerir aos mesmos europeus que devolvam as toneladas de recursos naturais brasileiros que eles roubaram durante séculos de colonização?Por que eles podem defender nossas árvores e ficar com nosso ouro?*
>
> *Não estou defendendo o desmatamento da Amazonia nem a poluição de nossos rios. A beleza das paisagens imaculadas me maravilha tanto quanto ao manifestante do Greenpeace. Mas há uma questão de prioridade e de foco. Nosso foco deve ser o bem- estar do brasileiro, antes daquele de outros paises. Enquanto uma massa de brasileiros vive em condições subumanas, sinto moralmente impedido de defender a preservação do mico-leão-dourado. Se os países ricos querem que preservemos nossas florestas, que paguem por isso. Se querem evitar o desmatamento, por que não param de subsidiar os seus agricultores e passem a transferir renda para os nossos? Precisamos defender os nossos intereresses e pensar na estratégia ambiental que interessa aos brasileiros. A generosidade é um lindo traço da espécie humana, mas ela precisa de um substrato material. Do contrário, passa a ser autofagia".(Ioschpe, 2008)*

A este cenário se soma a questão tecnológica. O aquecimento global nos leva a observar o planeta com olhos inquiridores.

> *"O aquecimento global é um assunto que efetivamente merece a consternação planetária (ainda que, já desde Malthus, uma boa dose de ceticismo para com as previsões cotastróficas seja sempre recomendada). Faz todo o sentido que os países desenvolvidos , que danificaram seu patrimônio natural (e, em muitos casos, aquele de suas colonias) enquanto enriqueciam, queiram agora usar um pouco dessa riqueza acumulada para melhorar a qualidade de vida de seus cidadãos, reconstruindo aquilo que foi danificado em seus paí-*

Gráfico 9.11 - Evolução da Área Agrícola e da População Mundial

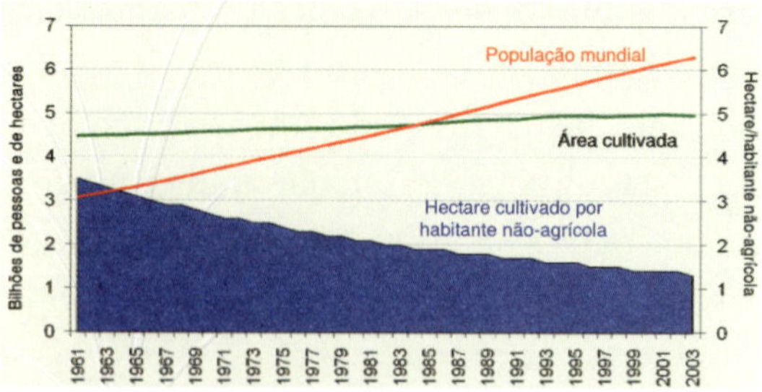

Fonte: *FAO (2007). Elaboração: ICONE e UNICA. Em Jank:2008)*

ses. Faz mais sentido ainda que queiram dividir a empreitada com países pobres, instando-os a preservar suas áreas naturais e poupando a atmosfera e os mares - não apenas para reduzir a fatia do ônus que lhes cabe, mas também pelo bônus adicional de impor aos países em desenvolvimento uma série de medidas restritivas ao crescimento.

O que espanta no caso brasileiro, é que esse discurso tenha sido integralmente "comprado" por aqueles que certamente colhem mais custos do que benefícios com a preservação ambiental, da maneira como vem sendo praticada. Estudo recente da economista U. Srinivasan, da Universidade da California, em Berkeley, estima que os países ricos imporão perdas ambientais de até 7,4 trilhões de dólares aos países de renda per capta baixa e média (como o Brasil) em razão de suas ações no período 1961-2000. Segundo o estudo, são estimativas conservadoras, e não levam em consideração todo o dano causada desde os primórdios da Revolução Industrial até os anos 1960. Nem aliás, danos atuais - sim, porque os países ricos propagam seus gases poluentes com voracidade maior do que a expansão de suas idéias preservacionistas. Segundo relatorio do IPCC de 2005, a América Latina é responsavel por 5% do volume anual de emissão global de CO_2 - os EUA respondem sozinhos por 25% e os outros paises da OCDE, por mais 24%. (Ioschpe, 2008)

O programa de uso do álcool, um combustível automotivo verde e renovável, a partir da cana-de-açúcar, diminui o problema do aquecimento global, sendo motivo de admiração mundial.

Roberto Rodrigues, ministro da Agricultura, pergunta e responde: *o mundo tem condição de resolver tudo isto?*

Sim, a agricultura sempre respondeu positivamente aos desafios e atendeu às necessidades da humanidade mediante adoção de novas tecnologias.

Mas onde vai ocorrer este incremento?

Gráfico 9.12 - Projeção da distribuição da produção mundial de soja

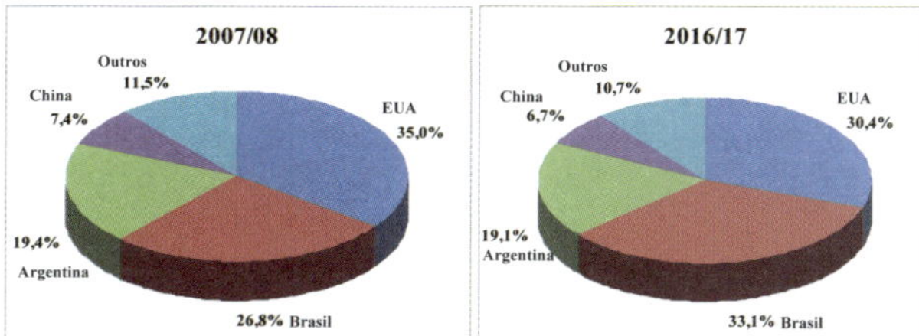

Fonte: *FAPRI, Elaboração AGE/MAPA*

É neste ponto que o Brasil tem papel preponderante em dois aspectos.

O cerrado jogou e ainda jogará um papel extraordinário neste cenário.

Hoje, o Brasil tem 62 milhões de hectares de terras agricultáveis, considerando todas as culturas e, 220 milhões de pastagens, dos quais 90 milhões são aptos à agricultura e a maior parte disto está nos cerrados.

Então, a área agricultável, ainda não plantada, é uma vez e meia a área hoje plantada. Temos capacidade de crescer 150%.

Nenhum continente tem esta capacidade de crescimento horizontal.

Gráfico 9.13 - Projeção de Exportação de Soja em Grão

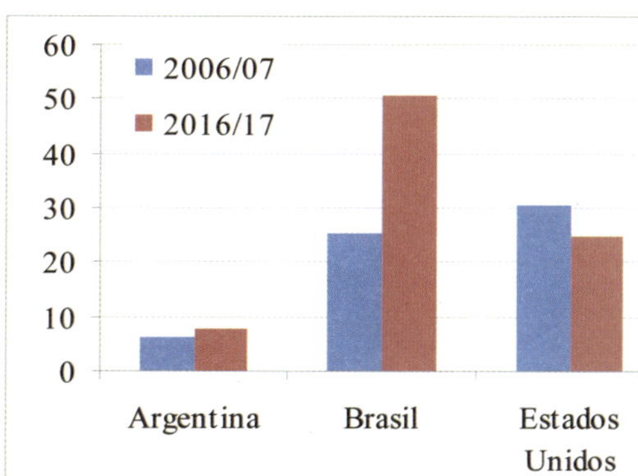

Fonte: *FAPRI, Elaboração AGE/MAPA*

Na outra mão temos o crescimento vertical.

Embora tenhamos exemplos de alta produtividade, a média ainda é muito baixa. Então temos onde crescer verticalmente.

O Brasil produziu 144 milhões de toneladas de grãos em 2008 e pode produzir 350 a 400 milhões de toneladas, que é o que produz hoje os EUA e a China. Em 25 a 30 anos podemos chegar a estes níveis de produção, desde que tenhamos as condições necessárias de financiamento, tecnologia, logística e infraestrutura.

Tabela 9.2 - Produção de Principais Produtos Agrícolas (mil ton.)

Produto	2007 / 2008	2017/ 2018	Cresc Anual %	Cresc %
Algodão	2.292	3.508	4,4	53
Arroz	11.269	13.134	0,9	17
Feijão	3.547	3.874	1,2	9
Milho	51.064	64.122	2,9	26
Soja	57.551	75.348	2,4	31
Trigo	4.128	5.036	2	22
Farelo de Soja	22.785	27.271	1,8	20
Oleo de Soja	5.586	6.717	1,9	20
Carne de Frango	9.821	14.414	3,3	47
Carne Bovina	10.630	13.796	2,5	30
Carne Suína	20.973	3.730	1,9	-82
Açúcar	30.708	43.213	3	41
Etanol *	14.222	30.337		113
Café **	42.512	39.112	-0,6	-8
Leite ***	26.675	33.089	1,9	24
Mandioca	27.479	34.223	2,2	25

Fonte: *AGE / MAPA * Milhões de Litros ** Milhões de sacas de 60 Kg *** Mil litros*

Tabela 9.3 - Exportação de Principais Produtos Agrícolas

Produto	2007 / 2008	2017/ 2018	Cresc Anual %	Cresc %
Algodão	470	910	6,8	94
Soja	25.200	35.248	3	40
Milho	7.500	12.043	6,7	61
Farelo de Soja	12.700	13.784	1	9
Carne de Frango	2.984	4.467	3,5	50
Carne Bovina	2.265	4.473	6,2	97
Carne Suina	499	971	4,9	95
Açucar	19.550	31.266	4,2	60

Fonte: *AGE / MAPA * Milhões de Litros ** Milhões de sacas de 60 Kg *** Mil litros*

O Brasil tem capacidade e condição de responder a esta necessidade crescente de produção de alimentos, que poucos países do mundo têm.

Este é o primeiro importante ponto a considerar no papel do Brasil.

O segundo ponto é que temos a melhor tecnologia de produção em clima tropical. A Embrapa e o Instituto Agronômico de Campinas em conjunto com as universidades brasileiras têm conhecimento e as melhores condições tecnológicas de produzir sementes de alta produtividade, adaptados aos cerrados.

Tabela 9.4 - Consumo de Principais Produtos Agrícolas (mil ton)

Produto	2007 / 2008	2017/ 2018	Cresc Anual %	Cresc %
Arroz	13.000	14.700	1,1	13
Feijão	3.300	3.743	1,2	13
Milho	39.500	48.636	1,9	23
Soja	31.700	38.836	1,9	23
Trigo	10.393	13.331	1,6	28
Farelo de Soja	10.200	13.889	2,7	36
Oleo de Soja	3.400	4.111	2	21
Açucar	10.943	13.700	1,7	25
Café **	17	27	2,8	62
Carne de Frango	6.837	9.927	3,3	45
Carne Bovina	8.390	10.850	2,3	29
Carne Suina	2.475	3.136	2,3	27
Leite ***	26.546	32.395	1,8	22

Fonte: *AGE / MAPA * Milhões de Litros ** Milhões de sacas de 60 Kg *** Mil litros*

O Ministério da Agricultura recebe inúmeras visitas de ministros e embaixadores de outros países querendo firmar convênios com a Embrapa na busca de tecnologias para a produção agrícola. O seu primeiro escritório foi aberto em Gana, na África, com o objetivo de difundir a tecnologia de cultivo do cerrado. O Brasil tem tecnologia para exportar aos países tropicais.

Resumindo, são dois os segmentos em que o Brasil pode atuar:

Primeiro: aumentando internamente a produção, tanto de alimento quanto de biocombustíveis. Dos 90 milhões de hectares agricultáveis ainda disponíveis, 22 milhões vão para o cultivo da cana-de-açúcar. Temos mais 75 milhões que permitem dobrar a produção de alimentos além de multiplicar por três a área de cana de açúcar para biocombustíveis.

Segundo: temos a expectativa de desenvolver a agricultura em outras regiões em parceria com o Japão e outros países, sobretudo em locais onde a edafoclimatologia tenha similaridade com o cerrado.

9.2.1 - Pesquisas para o desenvolvimento de novas tecnologias de produção e produtividade de alimentos e energia renovável

A empresa Verenium inaugurou a primeira usina dos EUA em junho de 2008 com objetivo de produzir 14.500 litros de álcool a partir da fermentação do bagaço de cana. O etanol de celulose (álcool sintetizado a partir da celulose) é uma inovação no processo de produção dos biocombustíveis, e o bagaço de cana é a matéria-prima na qual o Brasil aposta para entrar neste mercado.

A Verenium é uma das diversas empresas americanas pesquisando esta área, apoiada por investimentos milionários do Departamento de Energia do EUA. Visando reduzir a dependência do petróleo, os Estados Unidos tem a meta de produzir 79,5 bilhões de litros de biocombustíveis até 2022, dos quais 60,5 bilhões de etanol de celulose. A Verenium planeja abrir uma usina comercial em 2010 com capacidade para 310 mil litros de etanol por dia.

O projeto sinaliza que o Brasil pode deixar de ser o pioneiro na corrida pelo etanol produzido a partir da celulose. O Brasil tem muito pouco a mostrar nesta área. A indústria Dedini trabalha desde 2002, com uma planta piloto na Usina São Luis em Pirassununga, no interior paulista, projetada para produzir 5.000 litros de etanol de celulose por dia, mas funciona apenas ocasionalmente. Outra planta piloto no campus do Centro de Pesquisas da Petrobrás (Cempes) no Rio de Janeiro, inaugurada em outubro de 2007, nunca funcionou plenamente.

Toda a tecnologia brasileira é baseada no caldo de cana, que contém somente um terço da energia da planta. Os outros dois terços estão no bagaço, metade do qual é queimado para produzir energia. A palha da cana, outra fonte de celulose, é deixada no campo como fonte de matéria orgânica que ajuda na conservação do solo.

O uso pleno da celulose das plantas utilizadas na síntese de álcool, consumindo toda a matéria orgânica que compõe os vegetais, pode provocar uma maior degradação do meio ambiente com a redução da reposição desta matéria ao solo.

A inovação do biocombustível a partir da celulose, requer atenção especial quanto ao desequilíbrio ecológico. É vital para a subsistência da agricultura a manutenção microbiológica do solo. A vantagem econômica do uso de toda a matéria orgânica na síntese de álcool gera, em contrapartida, o seqüestro de produtos necessários para a recomposição orgânica do solo. São necessários pesquisa e desenvolvimento de métodos e tratos culturais para a recomposição deste desequilíbrio. Sem estas providências este processo induzirá à desertificação.

9.2.2 - A perspectiva de crescimento da agricultura brasileira

Os Estados Unidos consomem 3,7% de sua área para a produção do álcool, enquanto no Brasil usamos somente 1%. Um hectare de cana-de-açúcar produz 7.500 litros enquanto o milho só produz 3.000 litros.

O Brasil possui 850 milhões de hectares de terras sendo 355 milhões ará-

Gráfico 9.14 - *Terras aráveis: Brasil X EUA*

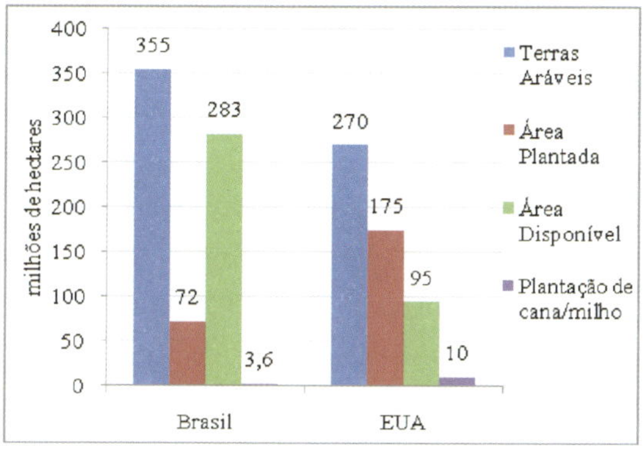

Fonte: *Veja Ed. 2058 p. 58-61*

veis, dos quais somente 20,2% (72 milhões) estão plantados, enquanto que os Estados Unidos tem 800 milhões com 270 milhões aráveis, dos quais 64,8% (175 milhões) estão plantados, restando pouca área para expansão.

A safra nacional de cereais e oleaginosas de 144,1 milhões de toneladas em 2008 foi superior em 9% à obtida em 2007 (133,1 milhões de toneladas). Em relação à área colhida, o aumento foi de 4,2% comparada a 2007, situando-se em 47,3 milhões de hectares.

Em termos absolutos, regionalmente, a estimativa de produção de cereais e oleaginosas está assim distribuída: Região Sul (60,9 milhões de toneladas), Centro-Oeste (50,4 milhões de toneladas), Sudeste (17,6 milhões de toneladas), Nordeste (12,5 milhões de toneladas) e Norte (3,8 milhões de toneladas).

Gráfico 9.15 - *Exportações Mundiais de Soja: projeção até 2018*

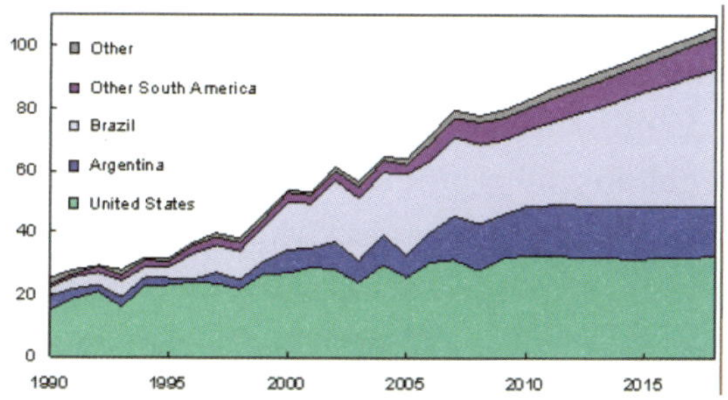

Fonte: *USDA - Projeções Agricolas para 2018*

Projeção elaborada pela USDA em fevereiro de 2009 considera que o Brasil passará efetivamente a liderar a produção de soja em 2018, com crescimento médio anual de mais de 3,5%, alcançando mais de 30 milhões de hectares de área cultivada e exportando mais de 80% desta produção.

9.2.3 - A eficiência dos biocombustíveis brasileiros

A OCDE destaca o álcool brasileiro como o biocombustível que mais reduz a emissão de gases poluentes. Enquanto os biocombustíveis de trigo, beterraba e óleos vegetais reduzem a emissão de gases entre 30 e 60%, e do milho, 30%, o álcool da cana permite redução de até 90%.

Em 2007 os Estados Unidos foram os maiores produtores de etanol, com 48% da produção mundial, enquanto o Brasil ficou em segundo com 31%. Com 60% do total, a Europa lidera a produção mundial de biodiesel.

Gráfico 9.16 - Eficiencia dos biocombustíveis (redução de emissões em equivalente CO2, em %)

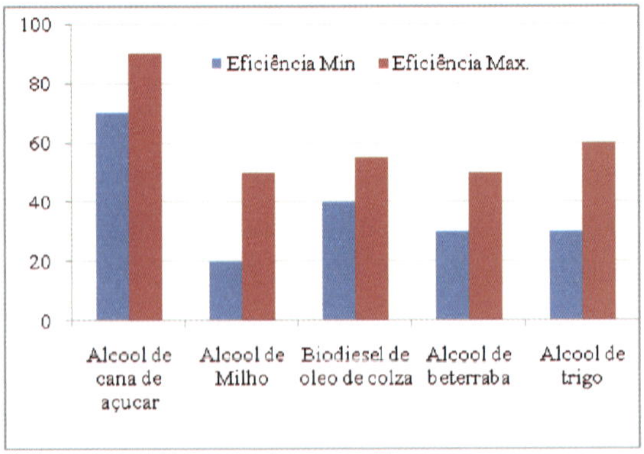

Fonte: *OCDE*

A grande vantagem do Brasil em relação aos demais produtores de biocombustíveis é o custo de produção que fica aquém da metade de outros sistemas, além da vantagem do impacto positivo na produção de alimentos.

No caso do etanol do milho produzido pelos Estados Unidos, o processo requisita o grão de milho, alimento pronto para consumo, deixando o mercado desabastecido deste importante cereal. Os produtores americanos em busca de melhor remuneração de sua atividade agrícola deixam de produzir a soja para produzir o milho.

Gráfico 9.17 - Custo comparativo de produção de biocombustível (US$/l de gasolina equivalente)

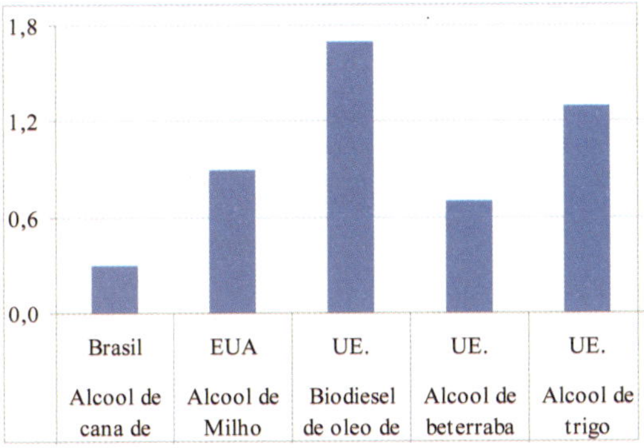

Fonte: *OCDE em FSP - 17/07/08 p.B10*

Gráfico 9.18 - Produção mundial de etanol

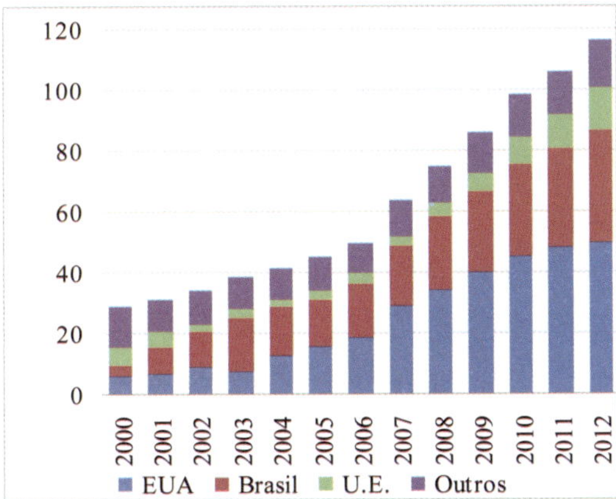

Fonte: *Fapri, Acti, FO Licht, Única e Toepfer.Elaboração: Única. Em (Jank:2008)*

Nota: *projeções para 2008/2012 baseadas na capacidade de produção e metas de consumo nos principais países*

A falta de alimentos levou algumas lideranças mundiais a criticar o álcool brasileiro, confundindo com o programa americano, que usa o milho produzido com muito subsídio governamental. A redução da oferta de alimentos que são consumidos, para serem utilizados na produção do álcool no método americano não ocorre aqui, devido à rotação de culturas que utiliza 15% da área de canaviais no cultivo de soja e feijão, incrementando a produção de grãos.

Quando se analisa a perspectiva de longo prazo, fica ainda mais evidente o Brasil como fundamental *player* no mercado mundial de etanol. O gráfico abai-

Gráfico 9.19 - Biocombustíveis X Alimentos
Projeção do impacto dos programas de biocombustíveis nos preços dos alimentos, entre 2013 e 2017 em %

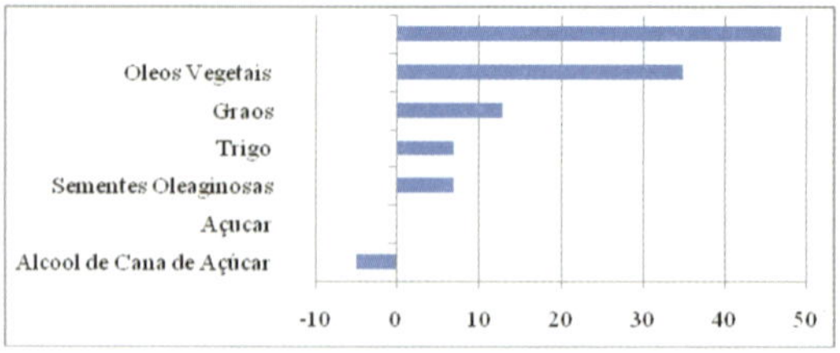

Fonte: *OCDE em FSP - 17/07/08 p.B10*

Gráfico 9.20 - Etanol Brasileiro: evolução da produtividade agrícola e industrial

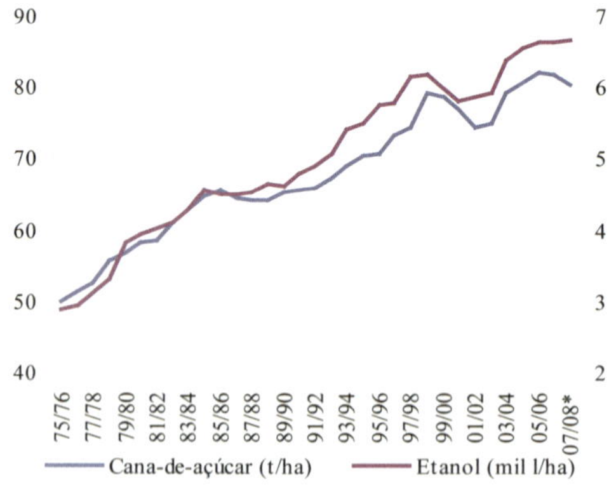

Fonte: *UNICA. Nota: 07/08* – estimativa*

xo mostra o crescente desenvolvimento da produtividade da cana de açúcar e do etanol, consolidando sua liderança neste setor.

9.3 - Difusão da Tecnologia Brasileira de Agricultura no Cerrado

Roberto Rodrigues salienta que tem difundido entre os seus interlocutores a importância e a viabilidade de projetos tripartite de desenvolvimento da agricultura mundial, com a difusão da tecnologia brasileira de exploração do cerrado aos países da Ásia, África e América Latina. Em sua gestão no Ministério da Agricultura criou um centro de pesquisa da Embrapa na África (Gana).

O projeto - participação do Brasil como parceiro tecnológico, de países ricos como parceiro capitalista e os países subdesenvolvidos ou em desenvolvimento como polo produtor de alimentos - visa abastecer o crescimento vegetativo previsto em 45% no consumo de alimentos nos próximos 30 anos; e uma crescente demanda por energias renováveis, em substituição ao combustível fóssil, um recurso não renovável da natureza.

A redução da desigualdade social no mundo passa necessariamente pela difusão do conhecimento a países menos favorecidos. Esta política permite que o índice de desenvolvimento humano (IDH) melhore nos países pobres, refletindo no bem estar da comunidade local.

O futuro Brasil-Japão não significa aumentar a produção no país, mas uma parceria para aumentar a produção em terceiros países.

Este tema de enorme repercussão no cenário mundial deve ser tratado em ambiente mais amplo, envolvendo inclusive outros países ricos, que se disponham a investir na produção de alimentos e energia renovável.

9.4 - Ações Preparatórias para o século XXI

"Chegamos a 2007. O Brasil já é líder mundial em quase dez sistemas de produção e está a caminho da liderança em diversos outros. O agronegócio foi nos últimos 15 anos o principal negócio da economia brasileira, responsável por contínuos e crescentes superávits da balança comercial, imbatível em custos, e lutando contra todas as adversidades que abordamos nos capítulos iniciais deste livro. Coisa de herói. Finalmente, um herói mais reconhecido pela nossa sociedade, se bem que falta muito reconhecimento.

Desde 1994 frequento reuniões internacionais dos agronegócios. Nunca o Brasil foi tão respeitado como agora. No agronegócio, lamentavelmente talvez um dos únicos setores, somos o país a ser copiado. Nós jogamos na primeira divisão, somos o País a ser perseguido, o País a ser copiado. Estamos como a seleção brasileira de futebol antes da copa da Alemanha. Nestes últimos anos, tive oportunidade de viajar mais ainda pelo país e pelo mundo, visitando casos de empresas e de sistemas produtivos que conseguiram levar o desenvolvimento a regiões onde antes pouco existia. Dentre estas, uma das regiões que mais temos visitado e acompanhado é a região de Petrolina e Juazeiro, graças a projetos com a dinâmica Codevasf, de onde muito aprendizado pode ser retirado. Vi exemplos de assentados convivendo interligados com empresas exportadoras, vi multinacional produzindo banana com altíssima qualidade, vi produção de vinhos sendo exportada para os países mais exigentes.

Mais do que nunca estou confiante no agronegócio brasileiro, pelos fatores listados neste livro. Mais ufanista ainda. A bioenergia quebrará paradigmas e arrebentará gradualmente com o protecionismo. As terras e a produção se valorizarão nos próximos dez anos, e o Brasil se consolidará definitivamente como o fornecedor mundial de alimentos e bioenergia.

É notável a posição ocupada hoje pelo Brasil na exportação desses diversos sistemas produtivos. Também é notável a capacidade de expansão da produção nacional.

Concorrendo num cenário de protecionismo no comércio mundial, onde os subsídios atingem a cifra de um trilhão de dólares anuais, a competitividade do Brasil tem se mostrada efetiva com aumentos anuais na participação e no abastecimento de alimentos.

Outro segmento que ainda não temos a mensuração do tamanho do mercado é o da bioenergia.

Os EUA com a maior produção mundial de 18 bilhões de litros de álcool atendem apenas 2,5% de sua demanda de gasolina. Estima-se que em 2017 a demanda será de 132 bilhões de litros.

A migração do milho americano para produção do biodiesel esta trazendo reflexos no mercado mundial de grãos como a soja e o próprio milho que tem a sua cotação significativamente elevada refletindo em todos os outros produtos alimentícios a ponto de trazer racionamento de arroz em alguns países subdesenvolvidos.Grandes produtores mundiais estão racionalizando as suas exportações de arroz resultando em desabastecimento dos países mais pobres.

O Brasil tem tudo para abastecer esta carência, mas precisa realizar alguns ajustes na sua política pública."(Neves, 2008)

Tudo isto implica no estabelecimento de uma política agrícola. A queda do país de 57ª para a 66ª posição do Índice de Competitividade Global do Fórum Econômico Mundial demonstra também a necessidade de uma política de rendas, pois sem ela, os resultados obtidos pela primeira poderiam ser insuficientes para elevar e manter o Brasil em posição de destaque no cenário mundial.

9.4.1 - Política Agrícola e Agroenergia

O Brasil precisa realizar ajustes importantes:

- Reformular o crédito rural em função do uso de tecnologias modernas tanto de práticas agrícolas como de mercado e de responsabilidade socioambiental (O PRODECER utilizou esta ferramenta).

- Assegurar a segurança fundiária garantindo o direito de propriedade, hoje bastante conturbado devido à passividade do governo. Quando adota alguma medida, são ações inócuas por serem lentas, como no caso em que os invasores do Movimento dos Sem Terra acabaram com a pesquisa de mais de 20 anos no laboratório do Rio Grande do Sul. Os produtores precisam de amparo legal.

- Incentivar a gestão agroindustrial nos padrões de qualidade exigidos pelos consumidores dos países desenvolvidos: a certificação de origem, produção sustentável e a rastreabilidade dos produtos.

- Políticas de promoção dos produtos brasileiros no mundo, com estímulo ao comércio exterior, com efetiva participação ativa do governo, como faz muito bem o governo americano (a soja do PRODECER foi beneficiada por estas ações).

- Buscar alternativas para fertilizantes fósseis.

Em 2007 exportamos 63% dos nutrientes dos fertilizantes que utilizamos (consumimos 37%). A expectativa é que em 10 anos exportemos 82% e em 20 anos 90%. Isto preocupa sobremaneira porque o Brasil não tem reserva de potássio.

Para trabalhar a malha de formação de custo de produção, os nutrientes para as fórmulas de adubo se tornam um ponto crítico. Há uma crescente demanda porque os cerrados exigem fertilização pesada e correção de solo. A questão logística que onera o envio do adubo aos centros de produção é um gargalo a ser analisado ao longo do tempo.

Os fertilizantes fósseis são encontrados principalmente na Rússia e no Marrocos, que são regiões socialmente instáveis, exigindo estratégias eficientes para garantir o suprimento, fator fundamental para acompanhar esta "marcha batida" da demanda mundial de alimentos e energia. A técnica do plantio direto trouxe benefícios mas é necessário muita pesquisa para que a agricultura orgânica possibilite uma redução no consumo de fertilizantes fósseis.

- Incentivar a pesquisa e desenvolvimento com políticas claras e bastante divulgadas. Estabelecer parcerias profundas com países desenvolvidos na direção desse acordo de interesse trilateral. Brasil de um lado, os países ricos como fomentadores do novo modelo de produção nos cerrados e de outro lado, países da Ásia, África, América

Latina, interessados em aumentar a sua capacidade de produção agrícola, tanto de alimentos como de energia renovável (foi um dos pilares do PRODECER).

- Incentivar a defesa sanitária determinando a execução dos planos de saúde animal e controle dos processos de produção nas indústrias alimentícias, garantindo produtos de qualidade ao mercado mundial. É necessário implementar um processo de rastreabilidade (agrotóxicos e transgênicos) dos produtos de origem animal e vegetal. Adotar procedimentos definidos em programas de qualidade como BPF (Boas Práticas de Fabricação), PPHO (Procedimento Padrão de Higiene Operacional) e o APPC (Análise de Perigos e Pontos Críticos de Controle), estimulando a adoção de processo de qualidade ISO.

- Estimular as parcerias público-privadas com intercâmbio tecnológico entre os diversos institutos de pesquisa como a Embrapa, institutos agronômicos, centros de excelência de universidades, empresas privadas, centros de tecnologia de cadeias produtivas. Estimular parcerias com organismos internacionais de pesquisa e desenvolvimento (também um dos pilares do PRODECER).

- Melhorar a infraestrutura e logística de escoamento da produção e de envio dos insumos agrícolas aos centros produtores. As rodovias brasileiras não possuem uma infraestrutura suficiente para suportar o pesado transporte de cargas e, no período de chuvas, o problema é mais visível pela quantidade de buracos que a manutenção corretiva demora a reparar. Exceção para as rodovias do Estado de São Paulo, totalmente privatizadas, com manutenção adequada garantindo segurança no tráfego e diminuição do custo do frete. Falta planejamento e recursos governamentais para investimento e manutenção preventiva das rodovias. A malha ferroviária – sucateada na década de 1990 -, ainda incipiente do ponto de vista da necessidade em relação à existente, requer investimento maciço tanto do governo, como da iniciativa privada. As hidrovias são um recurso fundamental para baratear o custo do transporte principalmente na região dos cerrados onde se encontram as terras disponíveis para a ampliação da fronteira agrícola brasileira (ponto fundamental no sucesso do PRODECER).

  "... o mais importante é gastar bem. A qualidade do gasto conta mais do que o montante que é despendido. O Brasil tem problemas que dependem muito de gastos públicos. Tome-se o caso da infraestrutura. Uma boa parcela de nossas ferrovias, estradas de rodagem e portos estão sobrecarregados." (Moraes, 2005)

- Promover ações contra as barreiras tarifárias. Manter acesa a discussão na OMC na política internacional porque é o fórum para equalizar as barreiras tarifárias e não tarifárias de modo que os produtos agrícolas tenham possibilidade de adentrar a todos os mercados. Sem esta abertura *"eu vou produzir e não vou ter onde colocar a minha produção."* *(Rodrigues, 2007)*

- Os transgênicos e a agricultura

> *"Outro ponto critico é a falta de tomada de decisão que acaba emperrando tudo, como no caso da CNT-Bio, responsável pelo assunto transgênicos no Brasil".(Neves, 2008)*

Alimento transgênico é resultado da modificação genética de sementes em laboratório com objetivo de resistir às pragas, insetos, herbicidas e inseticidas. Os transgênicos reduzem agrotóxicos com aplicação de produtos químicos adequados e proporcionam economia nos tratos culturais. Na lavoura de soja convencional, utiliza-se até cinco aplicações de herbicida, enquanto na transgênica apenas uma aplicação.

Um exemplo interessante são as culturas baseadas na tecnologia Bt, resultante de um melhoramento por transgenia (incorporando genes da bactéria *Bacillus thuringiensis*), que confere à planta uma proteção natural a larvas de certos insetos, tornando praticamente desnecessário o controle por meio de pesticidas normalmente neurotóxicos, de alta agressividade ambiental, que em culturas não transgênicas são utilizados em larga escala. Em observações recentes polemiza-se se esta tecnologia afetaria também insetos não-alvo, como abelhas e borboletas. Artigos científicos demonstram que os insetos não-alvo são mais abundantes nos campos de plantas transgênicas do que nos campos convencionais. Por outro lado, um caso desfavorável: estudo de pesquisadores da Universidade de Indiana descobriu que, o pólen e outras partes da planta de milho transgênico Bt são lixiviadas para os cursos de água próximos (até distâncias de dois km), apresentando efeitos de toxicidade na mosca-da-água, um alimento importante para organismos superiores dos ecossistemas aquáticos, tais como os peixes e anfíbios.

Existe um debate intenso relacionado à inserção de alimentos geneticamente modificados (AGM). Alguns mercados, tais como o da Europa e do Japão, rejeitam fortemente a entrada de alimentos com estas características, enquanto que outros, como o norte e sul-americanos e o asiático (com a exceção japonesa), têm aceito estas variedades agronômicas.

A potencial reação alérgica dos animais e humanos a estes alimentos tem sido criticada. O caso mais conhecido foi a utilização de um gene de uma noz brasileira no melhoramento da soja, que causava alergia. O gene tinha como função aumentar os níveis de metionina. Estudos realizados verificaram que a capacidade alergênica da noz tinha sido transmitida à soja, o que acarretou o encerramento desta pesquisa. Outro ponto na crítica ao produto transgênico está na questão econômica. Países que têm sua economia baseada na genética clássica são contra os transgênicos. A Europa - uma agricultura familiar baseada em cultivares desenvolvidos durante séculos - não tem condições de competir com países que cultivam os transgênicos.

Estudos demonstram a existência de polinização cruzada, e é crítica. O cruzamento de "indivíduo" geneticamente modificado com os não modificados, prolifera a produção de alimentos trangênicos. Insetos e agentes polinizadores transportam o material genético modificado, alterando os genes da espécie cultivada na região.

O desenvolvimento de produtos transgênicos trouxe uma grande contribuição ao abastecimento de alimentos. Muitos cultivares tiveram a sua produtividade incrementada, outros a qualidade melhorada e outros, os custos de produção otimizados (diminuição de produtos químicos ou redução nos tratos culturais).

9.4.2. Política de Renda e Diversas

- Acabar com a cobertura cambial, permitindo a manutenção de recursos em moedas estrangeiras.
- Estimular a formação e capacitação com investimentos em educação e formação profissional. O país não tem investido o mínimo essencial em educação de qualidade, nos três níveis de ensino. A escola pública está em crise há décadas e não se tem adotado medidas corretivas. Pelo contrário, tem contribuído para a maior desagregação da formação dos jovens: baixa valorização do professor, instalações precárias, promoção automática dos alunos, programas de reservas de vagas. Falta no Brasil um projeto de longo prazo, que transforme, de verdade, a educação em prioridade absoluta por 20 anos.

"No início de 2008, foram revelados os últimos resultados do Indicador de Alfabetismo Funcional. De 2001 a 2007, o índice de pessoas plenamente alfabetizadas no Brasil permaneceu praticamente estável, passando de 26% para 28% da população adulta. São dados desesperadores. A cada dia, milhões de crianças vão para as nossas escolas e saem

delas sem conseguir ler nem escrever ou dominar as operações aritméticas básicas. Neste tipo de preservação, somos craques: já está garantido que o cérebro da nossa populacão permanecerá território virgem pelos próximos trinta anos. O país vai fechando suas possibilidades de desenvolvimento.

Fico imaginando, otimista, o que aconteceria com o Brasil se a nossa obcessão fosse a criação e a preservação de cérebros brilhantes. Se toda essa energia despendida na preservação de florestas e animais selvagens fosse investida na consecução de um único, singelo e não tão dificil objetivo: garantir que todos as nossas crianças aprendam a ler e escrever na primeira série. Para começar só isto bastaria. Que revolução seria se nos preocupássemos mais com a inteligência das nossas crianças e menos com as opiniões da "intelligentsia" estrangeira.

Se a colonização intelectual nos leva à cópia de todas as porcarias que vêm do Hemisferio Norte , do "fast food ao blockbuster", será que não podíamos também copiar o pragmatismo e o patriotismo que ajudaram a levar esses países aonde eles estão hoje?" (Ioschpe, 2008)

- O ajuste cambial para proporcionar o devido balanço no comércio exterior.

- O ajuste nas taxas de juros para direcionar os investidores do mercado financeiro para ativos produtivos. Não podemos continuar com uma das mais altas taxas de juros do mundo. Com juro real de 10% (na China é negativo), os investidores aplicam no mercado financeiro em detrimento do setor produtivo. O volume de investimentos externos em capital fixo no Brasil poderia ser maior. Nos anos 70, a taxa de investimentos do país era de 37% do PIB, representando 27% do IED (Investimento Externo Direto, investimento em capital produtivo) mundial. Entre 1993 e 1998, apesar do *boom* de investimentos nas telecomunicações e energia elétrica com as privatizações, representou apenas 4,5% do IED. Hoje representa apenas 1,5% do IED mundial. (Neves, 2008:16)

- Diminuir a elevada carga tributária que atinge 40% do PIB, (o da China é de 14%) o que permitiria ao governo enorme capacidade de investimento se os recursos fossem corretamente administrados.

- Desburocratizar o país permitindo agilidade nas operações das empresas em todos os sentidos, além de reduzir o custo Brasil. Com gastos sempre maiores da máquina estatal, não sobram mais do que 2% dos recursos do orçamento federal para investir em infraestrutura.E como o governo não corta despesas de custeio nem combate o desperdício, todo o superávit fiscal – de 4,7% do PIB – é consumido no pagamento dos juros de uma dívida interna crescente, já na casa de R$ 1 trilhão.

A burocracia e a lentidão da Justiça infernizam o cidadão, emperram a vida empresarial e inibem novos investimentos. Como exemplo, temos as agências reguladoras que vão sendo implacavelmente esvaziadas e desprofissionalizadas. Tudo se faz em função do interesse político-partidário do governo.

"Noventa por cento do orçamento federal está comprometido com pessoal, estrutura administrativa e pagamento de juros da dívida pública. Precisamos urgentemente reduzir o tamanho da máquina pública e aumentar a sua produtividade para podermos disponibilizar verbas para o investimento em pesquisas e infraestrutura básica.

A burocracia faz com que a abertura de uma empresa leve 152 dias no Brasil contra dois dias na Austrália; o licenciamento ambiental pode levar até dois anos no Brasil contra cinco meses na Inglaterra. São emitidas 55 normas tributárias por dia desde 1998. Isto forma um ambiente em que se passa a desrespeitar os contratos firmados, as invasões e desrespeito à propriedade da terra e de propriedades privadas. Invasões de institutos de pesquisa com o argumento de combater a produção de produtos geneticamente modificados que são o futuro da humanidade assim como o foi o melhoramento genético no século passado. Isto tudo com a aparente permissividade do governo que não se empenha em atuar firmemente contra este tipo de delitos.

Esta falta de ação fica claro quando vemos nos últimos anos o debate entre os ministérios da Agricultura de um lado e os do Ambiente e do Desenvolvimento Agrário de outro em torno da falsa dicotomia entre agricultura familiar e agronegócio.

A contínua redução do orçamento federal destinado à agricultura de 3% para 0,3% compromete o crédito, os estoques e os seguros agrícolas. Resultou também na redução da verba para a defesa agropecuária resultando no aparecimento de focos de febre aftosa nos Estados de Mato Grosso do Sul e Paraná em 2005 e do foco de newcastle no Estado do Rio Grande do Sul em 2006.

O investimento em transporte caiu de R$4,2 bilhões em 1999 para R$1,6 bilhões em 2004, apesar da entrada em vigor do imposto sobre a gasolina (CIDE). Isto leva ao caos o sistema de escoamento da produção agrícola e o transporte de insumos agrícolas para os centros produtores.(Neves:2007,7)

- Investir no setor energético. Nessa área o Brasil corre risco de enfrentar novo apagão por falta de investimento em usinas hidrelétricas. O crescimento econômico implica aumento da demanda de fatores de produção e o fornecimento de energia elétrica é um fator limitante do crescimento da produção industrial.

  "Eu acho que a explosão da crise de energia já era algo previsto. Esse problema de energia existe desde 1953. Estava claro que a crise viria, bastava para isso que o Brasil voltasse a crescer para que ela estourasse a qualquer momento. Sempre disse que o dia em que for para apagar a luz eu quero ser o último a fazê-lo. " (Moraes, 2001)

  Contra o hidrogênio existe o gás natural. Temos reservas e produção, mas não permitindo concorrer com países como a Rússia e Oriente Médio, que têm muito mais reserva de gás.

- Recursos para a saúde. Subdimensionada e tecnologicamente atrasada, a rede hospitalar pública oferece um dos mais baixos padrões de atendimento do mundo.

  "Na área social, então, nem se fala. A capacidade da rede de centros de saúde e hospitais do governo foi exaurida há muito tempo."(Moraes, 2005)

- Investir em telecomunicações. Na indústria eletrônica a ausência de uma política nacional para semicondutores ameaça elevar o déficit da balança comercial setorial dos atuais US$8 bilhões para mais de US$15 bilhões até 2010. E, pior, o Brasil não tem sequer uma política nacional séria para o software.

  A falta de legislação clara no setor não passa de uma colcha de retalhos com incoerências e conflitos. Em lugar de buscar o entendimento entre as operadoras de telecomunicações (teles) e as empresas de comunicação eletrônica (redes de emissoras de radio, TV aberta e TV por assinatura), o governo acirra o conflito entre os setores.

  Os programas de inclusão digital não têm ido alem das intenções. O Brasil já poderia – mesmo com investimentos muito baixos – ter levado internet em banda larga e telefonia fixa-móvel a mais de oito mil municípios que ainda não dispõem de nenhum acesso a web nem de cobertura celular, utilizando as novas tecnologias de redes sem fio Wi-Fi, WiMax e Mesh.

  A "banda larga" no país é uma das piores do mundo. Internet rápida no Japão é a melhor e a única pronta para atender às necessidades dos usuários em um período de três a cinco anos. Pesquisa realizada para a Cisco pelas universidades de Oxford (Reino Unido) e Oviedo (Espanha), mostra que o Brasil tem um dos piores sistemas superando somente países como Chipre, México, Índia e China. Enquanto a velocidade mínima adequada para baixar arquivos na internet é de 3,75 Mbps (megabits por segundo), o Brasil considera banda larga a velocidade de 128 Kbps, muito inferior ao desejado. Pesquisadores afirmam que no prazo de três a cinco anos, a velocidade de download passará para 11,25 Mbps para se ter boa qualidade para assistir a vídeos de alta definição. Depois do Japão, os melhores serviços são oferecidos pela Suécia, Holanda e Estônia.

"Segundo a ONU, o Brasil ocupa a 71ª posição entre as 180 economias com maios acesso às tecnologias de comunicação (telefonia fixa e móvel, acesso a computadores e internet)". (Neves, 2008)

- Reforma da legislação trabalhista e previdenciária. O déficit da previdência ameaça explodir em menos de cinco anos.

"Outro gargalo é a reforma trabalhista e previdenciária, que se faz necessário para proporcionar a competitividade retirando benefícios absurdos permitindo aumentos de renda ao trabalhador com menos encargos a empresas, atraindo mais investimentos privados ao país". (Neves, 2008)

9.5 - O Brasil e o Meio Ambiente

"A miopia ambiental brasileira é chocante. O país abençoado por Deus e bonito por natureza pode não ser tudo isso que a música celebra, mas tem tudo para ser uma potência ambiental. Afinal, o Brasil tem 60% da Amazônia, a maior potência tropical do mundo, com 30 mil espécies vegetais. O Brasil tem a maior planície inundável do mundo, o Pantanal, com mais espécies de aves do que a América do Norte e mais espécies de peixes do que a Europa. O Brasil tem o maior volume de água doce superficial do mundo. Quase 14% do estoque do planeta. São números estonteantes, bonitos por natureza". (Petry, 2008. Em Veja. Ed. 2061:2008/05/21, p 66)

A questão ambiental deve ficar sob controle. A natureza não deve ser agredida de qualquer forma para garantir o abastecimento. É necessário manter uma política ambiental coerente preservando a ecologia e buscando o desenvolvimento.

A própria agroenergia faz parte disto por ser um combustível renovável: sequestra carbono pela fotossíntese na produção da matéria-prima, emite o oxigênio na natureza e contribui de maneira positiva para o aquecimento global, absorvendo o calor, que é acumulado na forma de matéria orgânica nas plantas. Agroenergia além de limpa tem a vantagem do crédito do carbono.

As fontes renováveis, como as hidrelétricas e os biocombustíveis - como por exemplo o álcool - foram desenvolvidas por brasileiros e contribuem para a preservação da natureza.

O caso de geração de energia é emblemático. Há anos o Brasil flerta com a escassez de energia e existe grande risco de o apagão voltar num futuro próximo.

Apesar disso há, segundo site do Ibama, 45 projetos de usinas hidrelétricas aguardando a expedição de licenças ambientais para iniciar a operação.Uma delas, a de Tujuco Alto, se arrastou por sete anos antes de ter o pedido negado e o novo pedido foi inciado há quatro anos. As mais importantes são provavelmente as duas usinas do Rio Madeira, obras do PAC, responsáveis conjuntamente pela produção de 6.450 megawatts.

O processo da maior delas, a do Jirau, foi aberto em 2005. Dois anos depois, em julho passado, foi expedida a licença prévia da obra – com 33 condicionantes. Cumpridas estas condicionantes, virá a licença de instalação e só depois a licença de operação, sabe lá quando. Os danos não serão sentidos apenas em caso de apagão – são perceptíveis desde já. No comeco deste ano, o preço da energia elétrica no mercado atacadista subiu 90% em apenas uma semana, chegando ao patamar mais alto desde o racionamento de 2002. Esta alta de um dos insumos básicos da produção causará cancelamento de investimentos, demissões e aumento de preços ao consumidor. (Ioschpe, 2008)

É preciso saber diferenciar e priorizar entre uma barragem que vai beneficiar o crescimento econômico ou a preservação da vida de alguns animais que sequer estão em fase de extinção.

"O Brasil tem uma área de 8,5 milhões de quilômetros quadrados, mas pouco mais de um terço desse território é para brasileiros. O restante , uma área de 5,4 milhões de quilômetros quadrados, equivalente a quase o triplo da área ocupada por França, Espanha, Itália, Reino Unido e Alemanha somados, é destinada por lei às árvores e aos animais. Não quaisquer animais, aliás, apenas aqueles que não produzem divisas. A criação de bois e vacas não é permitida. O número é uma subestimação, pois inclui apenas as florestas federais e as reservas obrigatórias da área da Amazônia Legal e dos campos registrados pelo IBGE no resto do país. Faltaria ainda incluir as áreas protegidas por legislação estadual e municipal e ainda as áreas às margens dos rios, reservas indígenas, etc...

Mesmo nas áreas em que a atividade industrial é permitida, ela não escapa do controle – e dos custos – da polícia verde. Qualquer obra de grande impacto ambiental no país (fábricas, siderúrgicas...) deve pagar uma taxa de 0,5% de seu valor ao Instituto Chico Mendes, orgão do Ministério do Meio Ambiente. Esta taxa deve produzir uma arrecadação de 400 milhões de reais no triênio 2008-2010. Além disso, a empresa precisa obter liçencas do Ibama para operar.

O orçamento da União de 2008 resume bem a punição que o Brasil se impõe: o orçamento do Ministério do Meio Ambiente (2,9 bilhões de reais) é mais do que o dobro daquele destinado ao Ministério de Desenvolvimento, Indústria e Comércio Exterior (1,3 bilhões de reais). Apesar de sermos um país jovem e pobre, investimos mais na conservação da nossa escassez do que na produção de riquezas futuras. Esse não é um fetiche dos nossos governantes: é algo enraizado na sociedade brasileira. Conforme se divulgou recentemente na coluna Radar, somos um dos povos mais ligados às questões ambientais: 96% dos nossos compatriotas se dizem preocupados com o aquecimento global, contra 85% da média internacional. Os programas jornalísticos da Rede Globo transmitiram no ano passado 281 matérias sobre questões ambientais – quase uma por dia. É só no Brasil que a Ford produz um carro – esse monumento à poluição e ao sedentarismo – chamado EcoSport."(Ioschpe, 2008)

Todas as crises mundiais trazem em seu bojo um problema de natureza ambiental: hoje, a mudança climática é um tema muito discutido; um dos maiores temores da humanidade é que no futuro venha a faltar água no planeta, uma questão ambiental. Apenas 1% da água do mundo é apropriado para beber ou ser usado na agricultura. O restante corresponde à água salgada dos mares e ao gelo dos polos e das montanhas. Hoje utilizamos a metade das fontes de água doce e em quarenta anos utilizaremos 80%. A situação se complica quando 50% dos rios do mundo se encontram poluídos e não possuem água potável.

A atual crise mundial de alimentos, uma crise ambiental, está revivendo a ameaça da fome. O planeta tem 15 bilhões de hectares de terra, mas somente 12% servem para o cultivo agrícola. As demais áreas correspondem a cidades, pastos, desertos, montanhas e geleiras. Nas ultimas três décadas, o total de terras atingidas por secas severas dobrou por causa do aquecimento global. Na China, todos os anos se perdem áreas equivalentes ao Estado do Sergipe, por desertificação.

Das 200 espécies de peixes de maior interesse comercial, 120 são exploradas além do nível sustentável, podendo diminuir o volume de pescado em 90% até o ano 2050.

A humanidade já consome mais recursos naturais do que o planeta é capaz de repor. O colapso é visível nas florestas, oceanos e rios. O ritmo atual de consumo é uma ameaça para a prosperidade futura da humanidade.

A exploração dos recursos naturais da terra permite à humanidade atingir patamares de conforto cada vez maiores, Diante da abundância de riquezas proporcionada pela natureza sempre se aproveitou como se o dote fosse inesgotável.

Hoje se sabe que a maioria dos recursos naturais pode desaparecer num prazo relativamente curto, se explorado inadequadamente. É urgente evitar o desperdício e ajustar formas de exploração racional da natureza de maneira a permitir a manutenção e até mesmo a recuperação da vida natural.

Hoje, como pondera a ONG WWF (World Wildlife Fund), a exploração dos recursos naturais está sendo feita de forma inadequada, podendo provocar um desastre ecológico, colocando o planeta em colapso.

Estima-se que 40% das áreas de oceano estejam gravemente degradadas pela ação do homem. Nas últimas cinco décadas, o número de zonas mortas nos oceanos aumentou de três para 150. Das 1.400 espécies de coral conhecidas, 13 estavam ameaçadas de extinção há dez anos e hoje são 231 espécies nesta situação.

Nas últimas cinco décadas a quantidade de dióxido de carbono despejada pela humanidade na atmosfera cresceu mais de 10 vezes. Esta descarga provoca o aquecimento global, causando inundações, secas, acidificação dos rios e oceanos, extinção de espécies de seres vivos e toda ordem de intempéries atmosféricas.

A degradação do meio ambiente tem causado grandes mudanças climáticas que resultaram em desastres ecológicos como o "*tsuname*" que devastou muitos países da Ásia, o furacão Katrina que devastou New Orleans e fenômenos climáticos causados pela degradação da camada de ozônio, uma preocupação mundial.

A WWF estima que cada habitante usa 2,7 hectares do planeta por ano. O brasileiro com a sua renda consome na média 2,4 hectares por ano. Pela análise deste mesmo órgão, a natureza só consegue recompor o equivalente ao consumo de 2,1 hectares por habitante/ano. A continuar neste ritmo, em 2030 serão necessários recursos naturais equivalentes a dois planetas Terra para atender ao padrão de consumo.

Nos últimos 45 anos, a demanda por recursos naturais dobrou, principalmente devido ao aumento do padrão de vida.

A população africana triplicou nas ultimas quatro décadas. O crescimento econômico vem em ritmo acelerado em países como a China e a Índia, aumentando a demanda de matérias-primas pelas indústrias. Pelas contas da WWF, enquanto o consumo de um chinês é de 2,1 hectares do planeta, o americano chega a utilizar 9,4 hectares. Se todos os habitantes da Terra adotassem o mesmo padrão de vida do americano, seriam necessárias 4,5 Terras para suprir esta demanda.

"Hoje a produtividade da lavoura é calculada com base nos quilos de alimentos produzidos por hectare. No futuro, deverá ser baseada na capacidade de economizar recursos escassos como a água".(Izquierdo em VEJA Ed 2085 p 99)

Dentro deste cenário, se torna importante o desenvolvimento de tecnologias de alta capacidade de preservação do meio ambiente aliado a altas produtividades de alimentos e energia renovável.

O economista Jeffrey Sachs da Universidade de Columbia em Nova York diz que a sociedade global tem três desafios para o século XXI, que comprometem a sobrevivência da humanidade no planeta: eliminar a pobreza extrema, conter o crescimento populacional e trabalhar bem com o meio ambiente. "*Não é protegê-lo numa redoma como relíquia intocável. É lidar com ele, avançar sem matá-lo. É ser verde*".

Projeto como o PRODECER, onde a união de forças de dois países viabilizou a exploração dos cerrados brasileiros, colocou dentro de seu escopo preocupações de preservação ambiental. É um exemplo a ser disseminado. Nova aliança nestes moldes, juntando a capacidade de pesquisa dos japoneses com a criatividade dos brasileiros, pode resultar um grande projeto de recuperação do meio ambiente do planeta.

Outra informação digna de nota observa-se nos dados a seguir, mostrando a liderança do Brasil na preservação das matas naturais. O país dispõe de 152,5 milhões de hectares de área agricultável, que representa 17,9% do território. Desta área, apenas 15 milhões de hectares (1,8% do território) plantados com lavouras permanentes; 42,5 milhões de hectares (5% do território) com lavouras temporárias; 5 milhões de hectares (0,6% do território) ocupados com florestas plantadas; 177 milhões de hectares (20,8% do território) com pastagens e 440 milhões de hectares (57% do território) mantidos com florestas naturais e reservas ambientais.

Levantamento realizado pela Embrapa pelo sistema de monitoramento por satélite mostra que dos 64,176 milhões de km2 de florestas primárias originais existentes no mundo há 10 mil anos, somente 43% - que equivalem a 27,399

Gráfico 9.21 - O Uso da Terra no Brasil

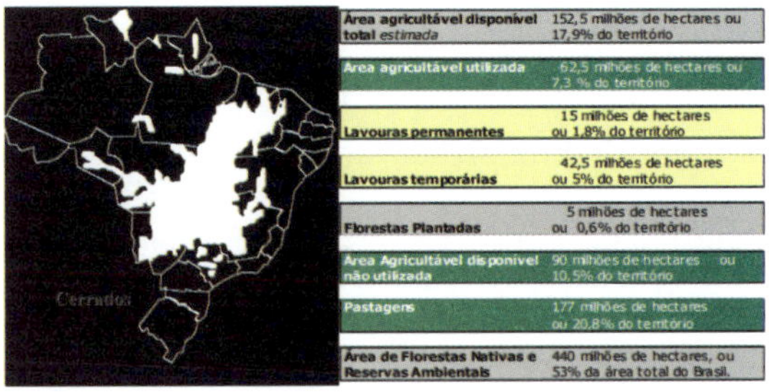

Fonte: *IBGE e CONAB – adaptação MAPA. Em (Marques: 2004)*
A área agricultável não utilizada de 90 milhões de hectares (10,5%do território) permite triplicar a produção do agronegócio brasileiro.

Tabela 9.5 - Remanescentes das Florestas Primarias Originais (1.000Km²)

País\Ano	8000 AC*	%	1000	%	1650	%	1850	%	1950	%	Atual	%
África	6.799	10,6	6.459	10,9	5.779	11,3	5.099	12,1	2.380	8,7	527	3,4
Ásia	15.132	23,6	13.619	22,9	11.349	22,1	8.323	19,7	3.783	13,8	844	5,5
América do Norte	10.877	16,9	10.333	17,4	9.245	18	8.158	19,3	5.439	19,9	3.737	24,2
América Central	1.779	2,8	1.743	2,9	1.334	2,6	890	2,1	712	2,6	172	1,1
América do Sul	11.709	18,2	11.592	19,5	11.475	22,4	11.124	26,4	8.196	30	6.412	41,4
Rússia	11.759	18,3	10.583	17,8	9.407	18,3	7.055	16,7	5.880	21,5	3.448	22,3
Europa	4.690	7,3	3.852	6,3	1.407	2,7	469	1,1	235	0,9	14	0,1
Oceania	1.431	2,2	1.402	2,4	1.288	2,5	1.073	2,5	716	2,6	319	2,1
Mundo	64.176	100	59.484	100	51.285	100	42.190	100	27.399	100	15.473	100
Brasil	6.304	9,8	6.241	10,5	6.178	12	5.989	14,2	5.043	18,4	4.378	28,5

Fonte: *Embrapa Monitoramento por Satélite* * *Floresta Original*

milhões de km2 - estavam preservados em 1950 e que, atualmente, caiu para 24,1% - que representam 15,473 milhões de Km2. Em resumo: devastou-se em 50 anos a metade dos últimos 10.000 anos.

O Brasil tem ainda a grande virtude de ter conservado a maioria das florestas primárias de seu extenso território. Dos 6.304 mil km2 de florestas naturais que recobriam o país há 10 mil anos, ainda estão preservado 4.378 mil km2 - que representa 70% das florestas primarias. Já, o continente africano preservou somente 527 mil Km2 dos 6.799 mil km2 existentes ou 8% das florestas primárias. A Ásia preservou somente 5,6%, a América do Norte – 34%, a América Central –10%, A Rússia – 29%, a Oceania – 22%. A Europa preservou somente 0,3% das florestas naturais.

O Brasil é o país com maior reserva de matas naturais preservadas (28% do total mundial). O Brasil mantém grande parte do seu território conservado, como resultado de uma política agrícola consciente, sendo o PRODECER o melhor exemplo.

Esta grande reserva ecológica do Brasil permite ao país aumentar significativamente a sua produção agropecuária para abastecer o mundo de alimentos e energia, preservando a qualidade de vida de seu povo.

"Brasil, campeão mundial na preservação das matas naturais!"

Gráfico 9.22 - Remanescentes das Florestas Naturais Primarias (%)

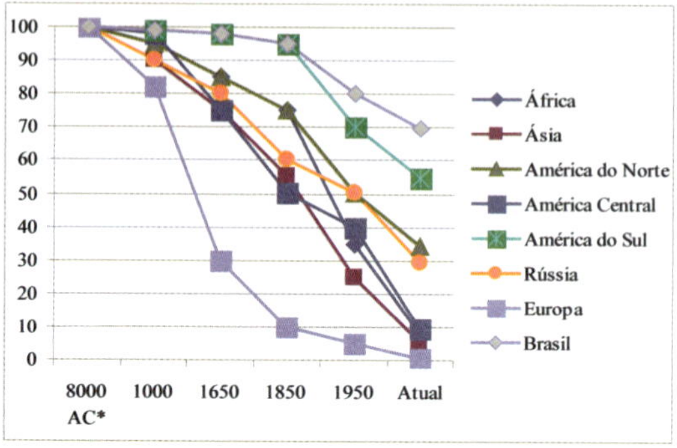

Fonte: *EMBRAPA Monitoramento por satelite. Em (Pinto, L.C.G.: 2008 - Agroenergia)*

9.6 – "O Brilho continua..."

Na visão de Toffler[1], testemunhamos a chamada *"terceira onda de mudanças na história"*.

A primeira aconteceu com a invenção da agricultura, há dez mil anos; a segunda foi impulsionada pela Revolução Industrial, no século XVIII. O que particulariza o momento atual, é uma economia essencialmente dependente do conhecimento, um recurso inesgotável.

"Não há limites para a agricultura baseada em conhecimento, nem para o que podemos produzir se usarmos o conhecimento e o desenvolvermos de forma adequada."

"O que é necessário, é uma estratégia voltada para a transformação das áreas rurais empobrecidas de hoje em centros de empresas produtivas altamente avançadas.

Não somos mais dependentes do poder dos músculos dos nossos pais, mas do poder do cérebro dos nossos filhos."

A FAO considera que a oferta de grãos precisa crescer 45% em 30 anos para atender à demanda. A oferta de carne e proteínas animais requer este mesmo

1 Alvin Tofler – Especialista em apontar tendências para o futuro que com duas décadas de antecedência previu a disseminação dos computadores.

ritmo de crescimento e simultaneamente progredir na preservação do meio ambiente.

Os governos precisam criar políticas que assegurem a adoção de medidas e hábitos sustentáveis. Não se pode esperar que o povo venha a adotar ações, que acabam sendo onerosas, por conta própria.

Evitar uma catástrofe planetária é possível. O grande desafio é conciliar o desenvolvimento com a preservação dos recursos naturais. Para isso são necessárias soluções políticas e tecnológicas. É preciso salvar a Humanidade da Fome e da Subnutrição.

Eis o grande desafio da ciência.

"No mundo de hoje, ser uma potência ambiental é muito relevante. Amanhã será mais do que isto. Será decisivo".(Petry, 2008)

Bibliografia

AB'SÁBER, Aziz. **Os domínios de natureza no Brasil:** potencialidades paisagísticas. São Paulo: Ateliê Editorial, 2003, 159p.

AITH, Marcio. O despertar do dragão. **Veja,** São Paulo, Ed. 2063, ano 41 nº 22, p 142-151, nov. 2008.

ALVES, Vicente Eudes Lemos. **Mobilização e Modernização nos Cerrados Piauenses:** Formação Territorial no Império do Agronegócio. Tese (Doutorado): Universidade de São Paulo, 2006, 305p.

ANDRADE, Manuel Correia de. **Formação territorial do Brasil.** Em: **Geografia e meio ambiente no Brasil**. São Paulo: Hucitec, 1996, p.163-180.

______. **Paisagens e problemas do Brasil**. São Paulo: Brasiliense, 1968, 273p.

ANUT – Associação Nacional dos Usuários do Transporte de Carga. **Transporte - Desafio ao Crescimento do Agronegócio Brasileiro.** Mar. 2004, 60 p. Em http://www.anda.org.br/boletins/resumos_trab_min_agricultura_080404.pdf. acesso em out. 2007. AS NOVAS FRONTEIRAS DOS BILHÕES. **Veja.** São Paulo: Ed. Abril, Ed. 2070, ano 41, nº29, jul. 2008, p. 56-107.

ASSOCIAÇÃO NIPO-BRASILEIRA DE GOIAS e MOTA, Fátima Alcídia Costa. **Meia volta ao mundo**: imigração japonesa em Goiás. Goiânia: ANBG, 2008, 240 p.

ATTUCH, Leonardo e NETTO, Ibiapaba. O Brasil com apetite global: enquanto o mundo discute a agroinfalção, as multis brasileiras de alimentos jantam concorrentes e colhem lucros fartos. **Isto é – Dinheiro.** São Paulo: Ed. Três, nº 551, abr. 2008, p. 26-29.

BALARIN, Raquel. Agnelli renegocia seu contrato com a Vale. **Valor Econômico**, São Paulo, 23-25 jul. 2004. Empresas & Tecnologia, p. B1.

BANDA LARGA NO PAÍS É UMA DAS PIORES DO MUNDO internet rápida brasileira só supera a de 4 países em estudo com 42 serviços. **Folha de são Paulo.** São Paulo, 13/09/08, p.B9.

BERTRAN, Paulo. **Uma introdução à história econômica do Centro-Oeste do Brasil.** Brasília: CODEPLAN, 1988

BERTRAND, Jean Pierre (e outros). **O Mundo da Soja**. São Paulo: Hucitec/Edusp,1987

BIALOSKORSKI NETO, Sigismundo, MACHADO FILHO, Claudio Antônio Pinheiro e MARCHI, Daniel. **Estudo de caso - Comigo: network e desenvolvimento**. São Paulo: Pensa, out.2002, 21 p.

BIASETTO, Daniel e AMARO, Mariana. As cidades que são número 1. **Veja.** São Paulo, Ed. Abril, Ed. 2070, ano 41, nº 29, jul. 2008, p. 110-115.

BORGES, Fernando Tadeu de Miranda. **Do extrativismo à pecuária:** algumas observações sobre a história econômica de Mato Grosso (1870 a 1930). São Paulo: Scortecci, 2001, 191 p.

BORGES, José Luiz. Em SASAKI, Luiz Isamu. **Portal do Cerrado**, São Gotardo, MG, 2008

BRANDÃO, Carlos A. **Triângulo:** capital comercial, geopolítica e agro-indústria. Dissertação (Mestrado). CEDEPLAR/UFMG, Belo Horizonte, 1989, 183p.

BRITO, Agnaldo. Ferrovia Norte-Sul abre nova fronteira agrícola: estrada de ferro será também nova saída para exportações do Centro-Oeste. **Folha de São Paulo.** São Paulo, 06/07/08, p. B14.

BRUM, Argemiro J. **Modernização da agricultura:** trigo e soja. Ijuí:Fidene, 1985, 318 p.

BUNGE NO CAMPO. Ano 5, nº 32, julho 2008, 4 p.

BRUNO, Ernani Silva. **História do Brasil:** geral e regional. São Paulo: Editora Cultrix, 1967. v. VI: Grande Oeste (Goiás e Mato Grosso).

CAETANO, Jose Roberto. O setor privado toma a frente: a estabilidade da moeda e o bom momento da economia estão levando as empresas a intensificar os investimentos em infraestrutura. **Exame.** São Paulo:Ed. Abril, Ed. 925, ano 42, nº 16, ago. 2008, p. 48-50.

CALÉ. Amazônia oriental: há quase 80 anos, imigrantes japoneses estabeleceram no Pará uma colônia que definiu uma floresta diferente - onde se joga golfe e beisebol e onde se cultiva sem agredir. **NATIONAL GEOGRAPHIC - BRASIL.** São Paulo:Ed. Abril, jul. 2007, p. 24-32.

CARELLI, Gabriela. A lenda chamada Moore. **Tecnologia-Veja especial.** São Paulo: Ed. Abril, ano 41 ed. 2078, set. 2008, p. 82-87.

CASTELLS, Manuel. **A sociedade em rede**. 2. ed. São Paulo: Paz e Terra, 1999.

CASTILLO, Ricardo. **Transporte e logística de granéis sólidos agrícolas:** componentes estruturais do novo sistema de movimientos do território brasileiro. Investigaciones Geográficas, Boletín del Instituto de Geografía, UNAM ISSN 0188-4611, Núm. 55, 2004, pp. 79-96. Em http://www.igeograf.unam.mx/instituto/publicaciones/boletin/bol55/b55-5.pdf. acesso em 20/06/07 .

CASTRO, Ana Célia; Fonseca, Maria da Graça D. **A dinâmica agroindustrial do Centro- Oeste.** Brasília: IPEA, 1995, 220 p.

CASTRO, Paulo Rabelo de. Ainda o problema dos juros. **Folha de São Paulo.** São Paulo, 30/07/08, p. B2.

CHAIB FILHO, Homero e outros. **Representação da Área do Cerrado por Municípios e Microrregiões Geográficas.** Em COMUNICADO TECNICO 76 - MAPA. Planaltina - DF:2002, 7p.

COMO OS GRANDES TEMAS DO BRASIL FORAM TRATADOS NAS PAGINAS DA REVISTA. **Veja.** São Paulo, Ed. Abril, Ed. 2070, ano 41, nº 29, jul. 2008, p.117-121.

CONAB - Companhia Nacional de Abastecimento. **Corredores de escoamento da produção agrícola**. Dez. 2005.

CONAB - Companhia Nacional de Abastecimento. **Séries históricas de produção agrícola**. Em http://www.conab.gov.br/conabweb/index.php?PAG=131 em 25/01/08

COOKSON, Clive. Crise alimentar turbina transgênicos. **Folha de São Paulo.** São Paulo, 15 de julho de 2008, p. B10.

COOPADAP. **Padap 30 anos.** (DVD comemorativo de 30 anos de fundação da PADAP) São Gotardo (MG), 2003.

CORRÊA, Rafael e NEIVA, Paula. O que era medo se tornou esperança. **Veja.** São Paulo:Ed. Abril, Ed. 2070, ano 41, nº 29, jul. 2008, p. 152-158.

COSTA, Maria de Fátima. **História de um país inexistente**: o Pantanal entre os séculos XVI e XVII. São Paulo: Estação Liberdade/Kosmos, 1999.

COSTA, Wanderley M. **O Estado e as políticas territoriais no Brasil**. São Paulo: Edusp / Contexto, 1988.83 p.

COUTINHO, Leonardo e CABRAL, Otávio. O desafio da economia verde. **Veja.** São Paulo: Ed. Abril, Ed. 2061, ano 41, nº 20, mai. 2008, p. 62-65.

COUTO e SILVA, G. **Geopolítica do Brasil.** Livraria José Olympio, 1967.

DELFIN NETO, Antonio. **Admiração pelos imigrantes.** Em http://www.japaobrasil/opiniao/415.php, em 14/07/08

DINIZ, Bernardo Palhares Campolina. **O grande cerrado do Brasil Central:** geopolítica e economia. Tese (doutorado) São Paulo: USP, 2006, 231p.

DOHA PROJETOU BRASIL, avaliam especialistas. **Folha de São Paulo.** São Paulo, 30/07/08, p. B5.

DUAILIBI, Julia. Ele é o falso vilão. **Veja.** São Paulo: Ed. Abril, Ed. 2058, ano 41, nº 17, abr. 2008, p. 58-61.

DUSEK, Andre. Vinte obstáculos ao crescimento sustentável. **O Estado de São Paulo.** São Paulo, 24/12/06.

ESCOBAR, Heitor. Álcool de bagaço de cana, nos EUA. Americanos lideram pesquisa com etanol de celulose, usando, inclusive, a principal fonte de biomassa brasileira. **O Estado de São Paulo.** São Paulo, 23/06/08, p. A14.

ESTEVAM, Luis Antônio. **O tempo da transformação:** estrutura e dinâmica na formação econômica de Goiás. Tese (Doutorado). IE/Unicamp, Campinas, 1997

FAVARET FILHO, Paulo e LIMA DE PALA, Sergio Roberto. **Um estudo da integração a partir do Projeto Buriti, da Perdigão.** Rio de janeiro: BNDES, 11 p.

FERREIRA, Ester William. **Triângulo Mineiro e Alto Parnaíba:** Características dos fluxos imigratórios (1980-1991). Dissertação (Mestrado). Universidade Federal de Uberlândia, Uberlândia, 1998.

FERRI, Mario Guimarães - Coordenador, **IV Simpósio sobre o Cerrado:** bases para utilização agropecuária. São Paulo: Editora da USP / Livraria Itatiaia Editora Ltda., 1977, 405 p.

FRANÇA, Ronaldo e SOARES, Ronaldo. O Mr. X da bolsa. **Veja**. São Paulo, Ed. 2065, ano 41, nº 24, p. 94-100.

FURTADO, Celso. **Formação Econômica do Brasil**. Rio de Janeiro: Cia. Editora Nacional, 2005[1959].

GALINDO, Osmil; SANTOS, V. M dos. **Centro-Oeste: evolução recente da economia regional.** Em: AFFONSO, R. B. A.; SILVA, P. L. B. (Org.). **Desigualdades regionais e desenvolvimento**. São Paulo: FUNDAP; Universidade Estadual Paulista, 1995. (Col. Federalismo no Brasil).

GANTOIS, Gustavo. O mundo em guerra pelo pão: os preços disparam e os governos vetam exportações, mas o Brasil pode ser, enfim, a grande solução. **Isto é – Dinheiro.** São Paulo: Ed. Três, nº 551, abr. 2008, p. 30-33.

GARCIA, Etelvina. **Zona Franca de Manaus:** história, conquistas e desafios. Manaus: Norma Ed., 2004, 230p.

GASPAR. Malu. Maior e mais poderosa: para transformar o petróleo das profundezas do oceano em riqueza, a Petrobras terá, primeiro, de transformar a si própria. **Veja.** São Paulo: Ed. Abril, Ed. 925, ano 42, nº 16, ago. 2008, p.32-37.

GASPAR, Malu e TEIXEIRA Jr., Sergio. A riqueza do fundo do mar. **Exame.** São Paulo: Ed. Abril, Ed. 925, Ano 42, nº 16, Ago. 2008, p. 22-28.

GASQUES, Jose Garcia e outros. **Projeções do Agronegócio** – Mundo e Brasil – 2007/08 a 2017/19. Ministério da Agricultura, Pecuária e Abastecimento – Assessoria de Gestão Estratégica, Brasília - DF, Nov 2007. www.abmr.com.br/marketing/apresentacoes/projecoes_agronegocio_jose_gasques.pdf . Acessado em 20/01/08.

GONÇALVES NETO, Wenceslau. **Estado e agricultura no Brasil:** política agrícola e modernização econômica brasileira. 1960-1980. Tese de Doutoramento FFLCH/USP, São Paulo, 1991

GOODMAN, David. **Expansão da fronteira e colonização rural**: recente política de desenvolvimento no Centro-Oeste. Em: BAER, W; GEIGER, P. P.; HADDAD, P. R. **Dimensões do desenvolvimento brasileiro**. Rio de Janeiro: Campus, 1978.

GUANDALINI, Giuliano. As defesas da supereconomia: o Brasil resiste de maneira inédita aos choques da crise interna e festeja o aumento do crescimento e o recorde de investimentos. **Veja.** São Paulo, Ed. Abril, Ed. 2078, ano 41, nº37, set. 2008, p. 94-103.

GUIMARÃES, Eduardo Nunes. **Infra-estrutura pública e movimento de capitais:** a inserção do Triângulo Mineiro na divisão inter-regional do trabalho. Dissertação (Mestrado). CEDEPLAR/UFMG, Belo Horizonte, 1990.

GUIMARÃES, Eduardo Nunes; LEME; Heladio José de Campos. **Caracterização histórica e configuração espacial do Centro-Oeste.** Campinas: Unicamp. Texto para Discussão Nepo, n. 33, 1997.

GUIMARÃES, Eduardo Nunes e LEME, Heládio José de Campos. **Caracterização histórica e configuração espacial da estrutura produtiva do Centro-Oeste.** In: HOGAN, Daniel Joseph et al (orgs). **Migração e ambiente no Centro-Oeste**. Campinas: Nepo/Unicamp, Pronex, 2002, p17-85

GUZZO, I.R. O arco da fome. **Veja.** São Paulo: Ed. Abril, Ed. 2058, ano 41, nº 17, abr. 2008, p. 62.

HARADA, Kiyoshi. **O Nikkei no Brasil.** Ed. Atlas, 2008, 630 p.

HARVEY, David. **The urbanization of capital.** Oxford: Blackwell, 1985.

HASHIMOTO, Francisco; TANNO, Janete Leiko e OKAMOTO, Monica Setsuyo (orgs.). **Cem anos da imigração japonesa:** história, memória e arte. São Paulo:Ed. UNESP, 2008, 371p.

HASSE, Geraldo. 100 anos de Brasil. **Globo Rural.** São Paulo: Ed. Globo, junho 2008, nº 272, p. 42-60.

HEITOR KANEGAE: sob a benção de JK. **Jornal Informe do DF.** Brasília: Modulo 4, ano II, nº 6, jun. 2006, p.1.

HOSHINA, Hélio Yoshiyuki e OKAMOTO, Monica Setsuyo. **Shunji Nishimura**: historia de um vencedor. Em HASHIMOTO, F.; TANNO, J.L.; OKAMOTO, M.S. (orgs). **Cem anos da imigração japonesa:** história, memória e arte. São Paulo:Ed. UNESP, 2008, pp. 285-289.

HUERTAS, Daniel Monteiro. **Da fachada atlântica ao âmago da Hiléia:** Integração Nacional e fluidez territorial no processo de expansão da fronteira agrícola. Dissertação (mestrado) São Paulo: USP, 2007, 315p.

IBGE. **Séries estatísticas de produção agrícola e pecuária.** Em http://www.sidra.ibge.gov.br/bda/tabela/listabl.asp?c=1612&z=t&o=11 . Acessado em 28/02/09.

INDUSTRIA AVICOLA. Rockford (IL): Set 2007, vol. 54, num. 9, 54 p.

IOSCHPE, Gustavo. E se plantássemos cérebros? **Veja.** São Paulo:Ed. Veja, Ed. 2053, ano 41, nº 12, Mar. 2008, p. 120-121.

ISIHIKAWA, Yoshinobu, Uma nova etapa de intercâmbio. em WWW.japaobrasil/opiniao/442.php, em 14/07/08

JANK, Marcos Sawaya. A dinâmica da inserção do Agronegócio brasileiro na Economia mundial. ÚNICA. São Paulo, 13 de outubro de 2008. Em www.unica.com.br/download.asp?mmdCode=B8698FC3-9727-406F-B1B9-7C74925C0424 . Acesso em 10/02/09.KUBITSCHEK, Juscelino. [1975] **Por que construí Brasília.** 2. ed. Brasília: Senado Federal (Conselho Editorial), 2002, 477p. (Coleção Brasil 500 anos).

LIMA, Roberta e VIEIRA, Vanessa. A terra não agüenta. **Veja,** São Paulo, Ed. 2085, ano 41 nº 44, p. 96-99, nov. 2008.

LOPES, Elieser de Lima, GIACOMETTI, Gastão e MACÊDO, Fernando dos Santos. **Intercâmbio comercial do agronegócio**: trinta principais parceiros comerciais. Brasília: MAPA/SRIA/DPIA/CGOE, 2006, 197 p.

MACHADO, Maria Clara Tomaz. **Cultura Popular e Desenvolvimentismo no Interior das Gerais:** caminhos cruzados de um mesmo tempo (1950-1980). Tese Doutorado São Paulo: USP, 1998.

MARCHETTI, Dalmo dos Santos. Workshop – **Plano nacional de logística.** Rio de janeiro: BNDES-Departamento de Transporte e Logística-Área de Infraestrutura e Energia. Reunião de 31/08/06.

MARQUES, Eduardo Sampaio. **O estado da arte da Agricultura Brasileira.** Secretaria de Política Agrícola - Ministério da Agricultura, Pecuária e Abastecimento. Rio de janeiro, RJ, 26 de abril de 2004.

MARTINE, George. **Estado, economia e mobilidade geográfica:** retrospectiva e perspectiva para o fim do século. Revista Brasileira de Estudos Populacionais, Campinas, v. 11, n. 1, 1994.

MARTINS, Sergio. Figurino de desenvolvimento: descendentes de europeus usam parte do lucro de suas confecções para erguer uma cidade modelo no Sul. **Veja.** São Paulo; Ed. Abril, Ed. 2070, ano 41, nº29, jul 2008, p.108-109.

MATOS, Patrícia Francisca e PESSÔA, Vera Lúcia Salazar. **A modernização da agricultura no cerrado:** as transformações sócio-espaciais nas áreas de chapadão do distrito de Santo Antonio do Rio Verde (Catalão – GO)- 1980-2000. II Simpósio Regional de Geografia: "Perspectivas para o cerrado no século XXI". Uberlândia (MG): Universidade Federal de Uberlândia – Instituto de Geografia, 26 a 29/11/03, 6p.

MATTOS, Carlos de Meira. **Uma geopolítica pan-amazônica**. Rio: Biblioteca do Exército, 1980, 181 p.

MENDONÇA, Marcelo Rodrigues e THOMAZ, Antonio Júnior. **A modernização da agricultura nas áreas de Cerrado em Goiás (Brasil) e os impactos sobre o trabalho.** Em: Investigaciones Geográficas. **Boletín del Instituto de Geografía,** UNAM, ISSN 0188-4611, Núm. 55, 2004, pp. 97-121

MINISTÉRIO DA AGRICULTURA, PECUÁRIA E ABASTECIMENTO - Assessoria de Assuntos Estratégicos. **Projeções do agronegócio** – mundial e Brasil 2006/07 – 2016/17. Brasília: dez. 2006, 61 p.

MINISTÉRIO DA AGRICULTURA, PECUÁRIA E ABASTECIMENTO - Assessoria de Gestão Estratégica, **Projeções do agronegócio:** Mundo e Brasil - 2006/07 a 2017/18, Brasília, novembro de 2007, 50 p..

MINISTÉRIO DA AGRICULTURA, PECUÁRIA E ABASTECIMENTO - SECRETARIA DE POLÍTICA AGRÍCOLA. 70 anos de política agrícola no Brasil (1931-2001). Revista de Política Agrícola - Edição Especial. Brasília: Ano X, nº 1, jul, ago, set/2001 dez. 2006, 58 p.

MINISTÉRIO DOS TRANSPORTES. Malha ferroviária brasileira. Em http://www.transportes.gov.br/bit/inferro.htm . Acessado em 20/11/08.

MINISTÉRIO DOS TRANSPORTES. Malha hidroviária brasileira. Em http://www.transportes.gov.br/bit/inhidro.htm. Acessado em 20/11/08.

MINISTÉRIO DOS TRANSPORTES. Malha rodoviária brasileira. Em http://www.transportes.gov.br/bit/inrodo.htm . Acessado em 20/11/08.

MONTEIRO Neto, A.; GOMES, G. M. **Quatro décadas de crescimento econômico no Centro-Oeste brasileiro:** recursos públicos em ação. Texto para Discussão, n. 712, Brasília: IPEA, 2000

MONTE-MÓR, R. L. **O que é o urbano, no mundo contemporâneo.** Texto para Discussão. Belo Horizonte: Cedeplar/UFMG, 2004.

MONTE-MÓR, R. L. **Urbanização extensiva e novas lógicas de povoamento:** um olhar ambiental. Em: SANTOS, Milton.; SOUZA, Maria Adelia A. S.; SILVEIRA, Maria Laura. (Org´s), **Território**: globalização e fragmentação. São Paulo: Hucitec/Anpur, 1994.

MORAES, Carlos e FIALDINI, Romulo. **Shunji Nishimura. São Paulo:** DBA-Artes Gráficas, 2ª ed, 1998, 95 p.

MORAES,Antônio Ermírio de. Gargalos brasileiros Transportes: ferroviário, rodoviário, portos e energia. **Folha de São Paulo.** 27/11/2005

MORAES,Antônio Ermírio de. O grande enigma. **Folha de São Paulo**. 06/12/2004.

MORAES,Antônio Ermírio de. "Sou favorável àquele que vem ao Brasil para produzir e não àquele que vem para especular". Entreivsta a Tharcisio Bierrenbach de Souza Santos, Carlos Eduardo Evangelisti Mauro e Mariana Lemann. Estratégica. São Paulo:FAAP, Ano I - nº 2 julho/Setembro 2001. Em http://www.faap.br/noticias/antonio_ermirio.htm. Acessado em 12/05/09

MORENO, Gislaine. **(Des)caminhos da apropriação capitalista da terra em Mato Grosso.** Tese de Doutorado, Departamento de Geografia, FFLCH/USP, São Paulo, 1993, 633p.

MORENO, Gislaine e HIGA, Tereza Cristina Souza (orgs.) **Geografia de Mato Grosso:** território, sociedade e ambiente. Cuiabá: Entrelinhas, 2005, 296 p.

MOTA, Fátima Alcidia Costa. **Imigração Japonesa em Goiás:** a colônia ou a ilusão do cerrado. Dissertação de mestrado. Goiânia, UFG, 1992, 225 p.

MÜLLER, Charles Curt. **Políticas governamentais e expansão da agropecuária no Centro-Oeste.** Planejamento e Políticas Públicas, Brasília: IPEA, v. 2, n. 3, p. 45-74, 1990.

MUELLER, Charles C. e MARTHA Jr, Geraldo B.. **A agropecuária e o desenvolvimento sócio-econômico recente do Cerrado.** Em: Simpósio nacional cerrado e 9º Simpósio internacional savanas tropicais. **A agropecuária e o desenvolvimento sócio-econômico recente do Cerrado.** Brasília: Embrapa Cerrados, 12 a 17 de outubro de 2008.

NAKASUMI, Tetsuo & YAMASHIRO, José. **Fim da Imigração e Consolidação da Nova Colônia Nikkei.** p. 381-458. Em: **Uma Epopéia Moderna:** 80 Anos Da Imigração Japonesa no Brasil. (Comissão de Elaboração da História dos 80 Anos da Imigração Japonesa no Brasil). São Paulo: Hucitec/Sociedade Brasileira de Cultura Japonesa, 1992. 604p.

NEVES, Marcos Fava – coordenador. **AGRONEGÓCIOS & DESENVOLVIMENTO SUSTENTÁVEL:** uma agenda para a liderança mundial na produção de alimentos e bioenergia. São Paulo: Editora Atlas – Pensa, 2007, 172p.

NINIO, Marcelo.OCDE ataca subsídios e elogia o álcool brasileiro. **Folha de São Paulo.** São Paulo, 17de julho de 2008, p. B10.

NINOMIYA, Yasushi, Potencial de negócios Brasil-Japão. em http//www.japaobrasil/opiniao/424.php, em 14/07/08

NOGUEIRA, Marcelo Chalella. **Priorização de investimentos para o desenvolvimento logístico do Mato.** 22º Congresso nacional de transporte aquaviário, construção naval e offshore – sobena 2008.

OECD-FAO. Agricultural Outlook 2008-2017. Em http://www.fao.org/es/ESC/common/ecg/550/en/AgOut2017E.pdf . Acessado em 22/04/2008.

OHARA,Tuyoci. **O apoio do governo do Japão à comunidade Nikkei**. Em HARADA, Kiyoshi. **O Nikkei no Brasil.** 2008. p. 379-397.

OKAMOTO, Monica Setuyo e HOSHINO, Hélio Yoshiyuki. **Shunji Nishimura:** História de Um Vencedor. Em HASHIMOTO, Francisco. **Cem anos da Imigração Japonesa no Brasil,** História,memória e arte. São Paulo, 2008 371p.

OLIVEIRA, Clesiane e CARVALHO, Glauco Rodrigues. **Financiamento da agricultura brasileira**: os novos instrumentos de captação de recursos privados. Fortaleza: Anais do XLIV Congresso da Sociedade Brasileira de Economia e Sociologia Rural, 23 a 27/07/2006, 16 p.

OSADA, Neide Mayumi. PRODECER: projetos no Cerrado e dívidas agrícolas. Carta Asiática. (Artigos). Núcleo de Pesquisa em Relações Internacionais, 1999. Disponível em: <http://www.nupri.prp.usp.br/nupri/cartasia_indice.htm>.

PESSOA, Vera Lúcia Salazar. **Ação do Estado e as transformações agrárias no cerrado das Zonas de Paracatu e Alto Paranaíba -MG.** Tese Doutorado Rio Claro, IGCE-UNESP, 1988.

PETRY, André. Vai ter para todo mundo? **Veja.** São Paulo: Ed. Abril, Ed. 2062, ano 41, nº 21, mai. 2008, p.68-77.

PETRY, André. A miopia do verde. **Veja.** São Paulo: Ed. Abril, Ed. 2061, ano 41, nº 20, mai. 2008, p. 66.

PINTO, Luís Carlos Guedes. Agroenergia: as bases de defesa do etanol brasileiro, 54º Fórum de Debates do Projeto Brasil. São Paulo, 08 de maio de 2008.

PINTO, Luís Carlos Guedes. Panorama Atual da Agricultura Brasileira e Desenvolvimento Sustentável: os Riscos do Risco. Campinas – SP, 2008. Em www.fenaseg.org.br/services/DocumentManagement/FileDownload.EZTSvc.asp?DocumentID=%7BE6BE659 2-040A . Acessado em 15/12/08.

PINTO, Marcos Mendes de Oliveira, e outros. Priorização de investimentos para o desenvolvimento logístico do Mato Grosso voltado para o escoamento da produção agrícola. Em Anais do 22º Congresso nacional de transporte aquaviário, construção naval e offshore. Sobena, 2008.

PRIMEIRO NISSEI CANDANGO ASSUME ADMINISTRAÇÃO DO RIACHO FUNDO I. Jornal Informe do DF. Brasília: Modulo 4, ano II, nº 6, jun. 2006, p.3.

PRODECER, Estudo de avaaliação conjunta - Relatorio Geral - MAPA (Ministerio da Agricultura, Pecuaria e Abastecimento) e JICA (Agencia de Cooperação Internacional do Japão).

RODRIGUES, Roberto. Mais negócios – Brasil e Japão. Em http//www.japaobrasil/opiniao/415A.php, em 14/07/08

SAINT-HILAIRE, Auguste de. **Viagem às nascentes do Rio São Francisco**, Tradução de Regina Regis Junqueira. São Paulo: Editora da USP/ Livraria Itatiaia Editora Ltda., 1975, 190 p.

SAN MARTIN, Paulo e PELEGRINI, Bernardo. **CERRADOS:** uma ocupação japonesa no campo. RJ: Editora Codecri, 1984, 163p.

SANTANA, Charles D'Almeida. **Fartura e Ventura Camponesa:** Trabalho, Cotidiano e Migrações. Dissertação de Mestrado São Paulo, PUC, 1996.

SANTOS, Miltom. **Economia espacial:** críticas e alternativas. São Paulo. Editora Hucitec, 1979. (Série Economia e Planejamento).

SANTOS, Milton. **Técnica, espaço, tempo:** globalização e meio técnico-científico informacional. São Paulo: Hucitec, 1994. (Série Geografia e Realidade: 25)

SASAKI, Luiz Isamu. **Portal do Cerrado**: as histórias e aventuras dos pioneiros no desbravamento e na criação da maior região agrícola do Brasil. São Gotardo (MG):CDU, 2008, 343 p.

SASSEN, Saskia. **The Global City**: New York, London, Tokyo. Princeton University Press, 1991.

SASSINE, Vinícius Jorge. Cana avança sobre cerrado. **O Popular.** Goiânia, 29/10/07, p.3.

S.N.D.B.C. - Serviço Nacional de Divulgação Cultural Brasileiro. **Historia da Imigração no Brasil**

– **As Famílias.** São Paulo: 7ª Ed., 304 p.

SCHELP, Diogo. A guerreira do clima. (entrevista com Connie Hedegard - Ministra e Clima e Energia – Dinamarca) **Veja.** São Paulo: Ed. Abril, Ed. 2081, ano 41 nº 40, p. 17-21.

SOUZA JÚNIOR, Alcione de. **Desenvolvimentismo e modernização no cerrado mineiro – Patrocínio (década de 1970).** Uberlândia (MG): 2008, 17 p.

STRAPASSON, Alexandre Bernardi e outros. **Balanço nacional da cana-de-açúcar e agroenergia.** MINISTÉRIO DA AGRICULURA, PECUÁRIA E ABASTECIMENTO. 2007.

TAMANINI, Lourenço Fernando. **Brasília: Memória da Construção.** Brasilia: Projecto Editorial, 2ª Ed., 2003, 714p.

TÁVORA, Fernando Lagares. A política agrícola brasileira: análise e histórico recente. **Revista de Informação Legislativa**. Brasília: ano 40, nº 157, jan./mar. 2003, p. 153-207.

THÉRY, Hervé e MELLO, Neli Aparecida de. **Atlas do Brasil:** disparidades e dinâmicas do território. São Paulo: Edusp, 2005, 312p.

TODESCHINI, Marcos e BETTI, Renata. O Brasil da inovação. **Veja.** São Paulo: Ed. Abril, Ed. 2081, ano 41, nº 40, out. 2008, p. 158-166.

TURKLE, Sherry. 10 visões sobre tecnologia. **Tecnologia-Veja especial.** São Paulo: Ed. Abril, ano 41 ed. 2078, set. 2008, p. 72-76.

UDOP – União de Destilarias do Oeste Paulista. Em http://www.udop.br . Acessado em 2006

UDOP – União dos Produtores de Bioenergia. Em http://www.udop.com.br . Acessado em 02/05/09.

UEHARA, Alejandro Ratsuo. Relações Brasil-Japão: Aproximações e Distanciamentos. Carta Asiática. Em http://www.asiayargentina.com/usp-06.htm . Acessado em 20/11/07.

USDA. Agricultural Projections to 2018. Fev. 2009, 100 p. Em http://www.usda.gov/oce/commodity/archive_projections/USDAAgriculturalProjections2018.pdf . Acesso em 20/03/2009.

VEIGA, Jose Eli. Cidades imaginárias: o Brasil é menos urbano do que se calcula. Campinas, SP: Editora Autores Associados, 2002.

VEIGA, Jose Eli. **Cidades imaginárias:** o Brasil é menos urbano do que se calcula. Campinas, SP: Editora Autores Associados, 2002.

VEJA - Edição especial – 40 anos. São Paulo: Editora Abril, Ano 41, set. 2008

VERGOLINO, José Raimundo e GOMES, Gustavo Maia. **Metamorfoses da economia amazônica**. Em: MENDES, Armando Dias (org.). 2. ed. **A Amazônia, terra e civilização: uma trajetória de 60 anos**. Belém: Banco da Amazônia, v.2, 2004, p.447-479.

VIEIRA, Eduardo. Vai de trem? A venda da Brasil Ferrovias para a ALL dá um novo impulso ao transporte ferroviário do país. **Época.** São Paulo: Ed. Globo, Ed. 417, mai. 2006, p.70.

WILLIAMS, Raymond. **Marxismo e Literatura.** Rio de Janeiro: Zahar Editores, 1979.

YAMANAKA, Isidoro. **A influência do Nikkei na agricultura**. Em HARADA, Kiyoshi. **O Nikkei no Brasil.** 2008. p. 111 a 160.

YOSHII, Kazuhiro ; CAMARGO, Amarilio José Aires de (orgs). **Monitoramento ambiental nos Projetos Agrícolas do PRODECER**. Brasilia: Embrapa, 2000, 162 p.

YURI, Flavia, e SHIMIZU, Heitor. 10 tecnologias emergentes. **Tecnologia-Veja especial.** São Paulo: Ed. Abril, ano 41 ed. 2078, set. 2008, p. 55-61.

Relação de entrevistados

Rondon Pacheco - Governador de Minas Gerais

Alyson Paulinelli - Ministro da Agricultura

Shigeru Otake - Embaixador em exercício

Paulo Afonso Romano - Presidente da Campo

Isidoro Yamanaka - Asses. Especial do Ministro da Agricultura

Yasuhiro Kataguiri - Pioneiro de Brasilia

Heitor Mitsuaki Kanagae - primeiro Nikkey nascido em Brasilia

Fumiko Kanagae - Pioneira de Brasilia

Ueno - Pioneiro de Brasilia

Antonio Ikeda - Pioneiro de Brasilia

Hayakawa - Pioneiro de Brasilia

Shigueru Hayashi - Vice Presid. Feanbra

Yukio Matsunaga - Pioneiro de Brasilia

Emiliano Pereira Botelho - Presidente da Campo

Mitsutoshi Akimoto - Diretor da Campo

Alcione de Souza Jr - Prof. UNICERP

Vicente Arantes - São Gotardo

Gerson Barbosa - São Gotardo

Joaquim Correia Machado - São Gotardo

Rubnens Rocha Machado - São Gotardo

Paulo Takano - São Gotardo

Catarina Miyake - São Gotardo

Jorge Elias Brandão - São Gotardo

Eisei Uezu Neto - São Gotardo

Jorge Hoba - São Gotardo

Marta Brandão - São Gotardo

José Carlos Grossi - São Gotardo

Mamoru Nakamura - São Gotardo

Nadim Barrijo Sahium - São Gotardo

Makoto Edson Sekita - São Gotardo

Katsuji Sekita - São Gotardo

Tsuyoshi Shimozaki - São Gotardo

Massato Sakuma - São Gotardo

Massayoshi Mario Yamashita - São Gotardo

Paulo Ueizu - São Gotardo

Takashi de Souza Uezu - São Gotardo

Seiji Eduardo Sekita - São Gotardo

Jorge Fukuda - São Gotardo

Hamilton Yoshio Narita - São Gotardo

Luiz Issamu Sassaki - São Gotardo

Pedro Hiroshi Takigami - São Gotardo

Dario Minoru Hiromoto - Dir. Superint - Fundação MT

Akihiro Ikeda - Economista

Keigo Minami - Profesor ESALQ

Toyoshiko Kashima - Diretor Jacto

Roberto Rodrigues - Ministro da Agricultura

Jorge Tadashi Koyama - Presidente da Coproeste – Barreiras

Ricardo Hidekazu Uemura - Agronomo e produtor - Barreiras

José Cisino Menezes Lopes - Diretor Meio Ambiente AIBA - Barreiras

Antonio José Tarcisio Assunção - Gerente Coproeste - Barreiras

Yoshito Shibuya - Agronomo - Barreiras

Luiz Sugul Kinoshita - Agronomo - Barreiras

Walter Yukio Horita - Presidente Horita Empreend. Agric - Barreiras

Alex Rasia - Diretor Executivo AIBA - Barreiras

Paulo Mizoti - Produtor - Barreiras